BAEDEKER

M
MÜNCHEN

»
Vom Ernst des Lebens
halb verschont
ist der schon, der
in München wohnt
«

Eugen Roth

baedeker.com

TOP 20

Die Top-Sehenswürdigkeiten in München

ASAMKIRCHE
Atemberaubendes Rokoko auf kleinstem Raum: die Privatkirche des Baumeisters und Malers Egid Quirin Asam **S. 52**

BAVARIA UND RUHMESHALLE
Über der weltbekannten Theresienwiese setzte König Ludwig I. Bayerns Glorie in Szene. **S. 243**

BAYERISCHES NATIONAL-MUSEUM
Einzigartige Sammlung von Kunst und Kunsthandwerk aus Süddeutschland, von der Romanik bis zum Jugendstil **S. 58**

BMW
Der Münchner Autobauer präsentiert sich und seine Produkte mit spektakulärer Architektur. **S. 63**

DEUTSCHES MUSEUM
Technik und Naturwissenschaften – die Grundlagen unserer Lebenswelt –, anschaulich und spannend präsentiert **S. 77**

ENGLISCHER GARTEN
Auslauf satt im größten Stadtpark der Welt **S. 81**

FRAUENKIRCHE
Der Münchner Dom, mächtig und doch zurückhaltend **S. 87**

HAUS DER KUNST
Der Nazi-Tempel für deutsche Propagandakunst wurde zum Ort für kulturelle Begegnung ohne Grenzen. **S. 109**

HOFBRÄUHAUS
Das wahrste Wahrzeichen Münchens – probieren Sie's aus! **S. 117**

ISAR
Die Renaturierung hat's gebracht: Die einstige Lebensader der Stadt wurde zur Freizeit- und Feierlandschaft. **S. 123**

★★
KUNSTAREAL
Griechische Tempel mit antiker Kunst am Königsplatz, drei Pinakotheken von Weltgeltung, der »Blaue Reiter« im Lenbachhaus ... **S. 140**

★★
LUDWIGSTRASSE
Der Prachtboulevard des Königs nach italienischer Art, kühl, aber beeindruckend **S. 155**

★★
MARIENPLATZ
Dem Mittelpunkt der bayerischen Metropole verleiht das Neue Rathaus sein Flair. **S. 159**

★★
MICHAELSKIRCHE
Mit machtvoller Renaissance glänzte die Gegenreformation in Bayerns Hauptstadt. **S.171**

★★
NYMPHENBURG
Barocke Sommerresidenz der bayerischen Fürsten mit einem herrlichen Park und einer berühmten Porzellanmanufaktur **S. 180**

★★
ODEONSPLATZ
Hier ist München am italienischsten: mit der »florentinischen« Feldherrnhalle und der »römischen« Theatinerkirche St. Kajetan.
S. 188

★★
OLYMPIAPARK
Rund ums fantastische Zeltdach breitet sich ein Freizeit- und Eventpark aus. **S. 192**

★★
RESIDENZ
Wohnsitz, Verwaltungszentrum und verschwenderischer Repräsentationsbau der bayerischen Herzöge und Könige **S. 205**

★★
SANKT-JAKOBS-PLATZ
Früher Marktplatz, heute mit der Synagoge und dem Stadtmuseum ein weiteres Zentrum Münchens **S. 217**

★★
VIKTUALIEN-MARKT
Der legendäre Bauch der Stadt liefert alles, ob heimisch oder exotisch, ob alltäglich oder exklusiv. Eine kleine Oase im Stadtzentrum ist sein Biergarten.
S. 252

DAS IST MÜNCHEN

TOUREN

LEGENDE

Baedeker Wissen
● Textspecial, Infografik, 3D

Baedeker-Sterneziele
★★ Top-Sehenswürdigkeiten
★ Herausragende Sehenswürdigkeiten

SEHENSWERTES VON A BIS Z

HINTERGRUND

ERLEBEN UND GENIESSEN

PREISKATEGORIEN

Restaurants
Preise für ein Hauptgericht

€€€€	über 35 €
€€€	bis 35 €
€€	bis 25 €
€	bis 15 €

Hotels
Preise für ein Doppelzimmer mit Dusche/Bad und Frühstück

€€€€	über 300 €
€€€	bis 300 €
€€	bis 200 €
€	bis 100 €

PRAKTISCHE INFORMATIONEN

ANHANG

MAGISCHE MOMENTE

ÜBERRASCHENDES

D

DAS IST ...

München

Die großen Themen
rund um den schönsten Ort der Welt.
Lassen Sie sich inspirieren!

DIE KUNST-SINNIGE

Mit den Plänen, aus der Residenzstadt ein »Isar-Athen« zu machen, legte Ludwig I. den Grundstein für die Kunstmetropole München. Heute ist die große Zahl von Museen für klassische und moderne Kunst einzigartig. Damit das so bleibt, will die Stadt auch für die Subkultur mehr Freiräume schaffen.

KUNST kostet. Das wusste schon König Ludwig I., der seine ambitionierten Pläne, München zu kultureller Größe zu verhelfen, sogar mit viel privatem Geld vorantrieb. Wollte er doch »aus München eine Stadt machen, die Teutschland so zur Ehre gereichen soll, dass keiner Teutschland kennt, wenn er nicht München gesehen hat.« Um aus der Hauptstadt seines 1806 gegründeten Königreichs eine Art Isar-Athen zu machen, ließ der Regent alsbald fast ganz München umkrempeln. Nach antiken Vorbildern entstanden neben der klassizistischen Ludwigstraße auch so stadtbildbestimmende Gebäude wie der Königsbau der Residenz und die Glyptothek samt der Antikensammlung und den Propyläen am Königsplatz.

5000 Jahre Kulturgeschichte

Hier, mit dem Königsplatz und den Pinakotheken, ist über Jahrhunderte ein veritables Museumsareal herangewachsen. Das »Kunstareal« mit 18 Museen, über 40 Galerien und Kunstinstitutionen (auch sechs renommierte Hochschulen sind hier ansässig) gilt heute als absolut einzigartig. In der Maxvorstadt nördlich des Stadtzentrums gibt es auf nur etwa einem Quadratkilometer Kulturgeschichte aus über 5000 Jahren zu bestaunen. Die architektonischen Akzente reichen von klassizistischen bis zu zeitgenössischen Bauwerken wie dem Museum Brandhorst, das selbst schon wie ein abstraktes Gemälde wirkt, bilden doch 36 000 Keramikstäbe in 23 Farben seine Außenhaut.
Doch München setzt nicht nur auf etablierte Kunst. Um vor allem jungen Kreativen zentrumsnahen Lebensraum zu bieten, steht die Stadt städtebaulich vor der größten Herausforderung seit der Nachkriegszeit. Revolutionäre Ideen wie die des Blauen Reiters oder expressionistische Strömungen, die Ende des 19. und Anfang des 20. Jahrhunderts aufkamen, reiften vor allem im neuen Stadtteil Schwabing. Hier lebten und arbeiteten Maler wie Wassily Kandinsky und Paul Klee, weil die Mieten günstig waren (»Leider nicht in bester Lage, sondern in Schwabing«, konnte Klee noch über sein Domizil sagen). Doch rasch etablierte sich Schwabing als Szeneviertel, das sich junge Nachwuchskünstler bald nicht mehr leisten konnten. So lief man in München allmählich Gefahr, seine Subkultur zu verlieren, liegt es doch auch auf dem heimischen Kunstmarkt im Trend, Kunst als Geldanlage zu zu betrachten.

Gekommen, um zu bleiben

Erst eine Studie 2016 rüttelte die Stadt wach, die feststellte, dass in der Landeshauptstadt 95 000 Menschen in kreativen Berufen arbeiten und einen Jahresumsatz von mehr als 10 Milliarden Euro erwirtschaften. Zur Zeit entstehen deshalb mit dem Werksviertel am Ostbahnhof und dem Kreativquartier an der Dachauer Straße zwei neue, stark kulturell ausgerichtete Stadtzentren, bei denen Wohnen und Arbeiten mit Kunst- und Kulturstätten verknüpft werden sollen.
»Kunst ist kein ästhetischer Gaumenschmaus, sondern eine existenzielle Angelegenheit«, sagt Christian Schnurer, der im Kreativquartier die künstlerische Leitung der Halle 6 inne hat. Das Areal ist im Besitz der Stadt, und dort beteuert man, eine Profitmaximierung stünde nicht im Vordergrund. Schließlich sei der künstlerische Nachwuchs ja gekommen, um zu bleiben.

BAEDEKER DAS IST ...

LANGE NÄCHTE

Münchens Kulturleben lässt sich besonders intensiv bei den »Langen Nächten« entdecken. Rund 70 Galerien und Museen machen bei der Langen Nacht der Museen im Oktober mit; in ungeraden Jahren öffnen im Januar über 50 Gebäude ihre Türen zur Langen Nacht der Architektur. Bei der Langen Nacht der Musik Ende April/Anfang Mai ist an etwa 100 Orten alles zwischen Klassik und Techno zu hören. www.muenchner.de/musiknacht, www.muenchner.de/museumsnacht, www.lange-nacht-der-architektur.de

OBEN: Ein ganz besonderes Lehrobjekt: Der »Barberinische Faun« in der Glyptothek
UNTEN: Luigi Colani sorgte in den 1950er-/1960er-Jahren als Designer für Aufsehen. Seine »Formstudie für ein Flugobjekt« in der Pinakothek der Moderne.

METRO-POLE AN DER ISAR

Kaum eine Stadt pflegt ein so inniges Verhältnis zu ihrem Fluss wie München, schließlich fließt die Isar durch die ganze Stadt. Nach der umfangreichen Renaturierung schätzen Einheimische wie Besucher den enormen Freizeitwert am Wasser – Lebensqualität für alle.

EINE Straßenbahn voll hübscher Mädels und Burschen in Badesachen, das ist vermutlich nur in München zu bestaunen. Die »Eisbach-Tram« nutzen besonders in den Sommerferien jugendliche Badefans, die sich im Eisbach, einem von der Isar gespeisten Kanal, durch den Englischen Garten treiben lassen und mit der Tram den Rückweg antreten. Weil die aber in großer Zahl auftreten und anderen Fahrgästen dann und wann Ungemach bereiten, verkündet die Münchner Verkehrsgesellschaft via Facebook, sie wolle ja keinem das Sommervergnügen verderben, aber man solle sich bitte nicht mit nassen Sachen hinsetzen, und sie weist auch darauf hin, dass man auch in Bikini oder Badehose selbstverständlich eine gültige Fahrkarte dabeihaben müsse.

Leben und leben lassen

Bei solcher Toleranz blickt der Rest der Welt oft neidisch auf München. Während andere Großstädte zur Erholung allenfalls den einen oder anderen Park anzubieten haben, sorgt in Bayerns Metropole ein Wildfluss aus den Alpen für zusätzliche Lebensqualität. Die nach über zehn Jahren 2011 abgeschlossene Renaturierung ließen sich der Freistaat Bayern und die Stadt 35 Millionen Euro kosten. Vor allem die befestigten Ufer, die die Isar in ein begradigtes Betonkorsett gezwängt hatten, sind flachen Ufern aus Kieselsteinen gewichen. Der Freizeitwert, den die Isar nun auf ihren etwa 14 Kilometer langen Weg quer durch die ganze Stadt zu bieten hat, ist riesig. Nirgends kann man die Münchner Devise »Leben und leben lassen« besser erleben als an der Isar. Denn schließlich ist sie für alle da. Und so tummeln sich hier Badende neben (zu vielen) Grillern, Floß- und Kanufahrer neben Spaziergängern, Joggern und Radlern. Beim Verein Isarlust träumt man sogar von einem Bad nach dem Vorbild der Schweizer »Flussbadis«.

Isarflimmern im Paradies

Auch Münchner Musiker und Schriftsteller hat die Isar schon immer in ihren Bann gezogen. So wie den Liedermacher Konstantin Wecker, der sich gern an unbeschwerte Kindertage erinnert, als sei-

BAEDEKER DAS IST ...

EINE FLOSSFAHRT, DIE IST ...

In Wolfratshausen entern Sie morgens das Floß, dann geht es feucht und fröhlich durch die malerische Landschaft gen München. Dabei kann das Floß mal gegen Felsen rumpeln, ein Höllentempo erreicht es auf den Rutschen bei den Wehren. Nachmittags endet der Spaß an der Floßlände in Thalkirchen. Info unter flossfun.de, www.freizeit-spezial.de, flossfahrt.de, isarflossfahrten.de, flossfahren.de

OBEN: Beim sommerlichen »Kulturstrand« am Vater-Rhein-Brunnen auf der Isarinsel nördlich des Deutschen Museums
LINKS: Noch feuchter als sonst wird es auf dem Floß bei der rasanten Passage einer der schiefen Ebenen, hier in Thalkirchen kurz vor dem Ende der Fahrt.

ne Mama ihm in der Isar das Schwimmen beigebracht hat. »Am Flussufer« heißt ein Wecker-Album, das den passenden Soundtrack fürs Baden in der Isar liefert: »Wenn der Sommer nicht mehr weit ist und der Himmel ein Opal, weiß ich, dass das meine Zeit ist«, lautet ein Refrain. Der bayerische Bluessänger und »Isar-Indianer« Willy Michl – der schon beim »Bullen von Tölz« für exotisches Kolorit sorgte – besingt die Schönheit des Alpenflusses gar als »Isarflimmern im Paradies.«

Bei so paradiesischen Zuständen möchte wohl jeder gerne mal für einen Sommer lang ein Münchner sein: Wenn einem der Grillduft am Flaucher um die Nase weht, sich unter schattigen Kastanienbäumen im Biergarten die Leute zuprosten und ein paar Nackerte vor Sonnenuntergang noch ein letztes Bad im glitzernden Fluss nehmen. So kann man den Schriftsteller Eugen Roth nur zu gut verstehen, wenn er schrieb: »Vom Ernst des Lebens halb verschont ist der schon, der in München wohnt.«

DOLCE FAR NIENTE

Draußensein steht bei den Münchnern hoch im Kurs. Schon bei den ersten wärmenden Sonnenstrahlen, die den Frühling ankündigen, werden in den Cafés, Restaurants und Biergärten Stühle und Bänke ins Freie gestellt. Denn hingebungsvoll pflegt München seinen Ruf, die nördlichste Stadt Italiens zu sein – mit Offenheit und einer gewissen Leichtigkeit.

SEHEN und gesehen werden, darauf kommt es an, und genau dafür bietet München eine große Bühne. Auf den exklusiven Dachterrassen wie im Hotel Mandarin Oriental oder draußen im Hofgarten bei »Schumann's« treffen sich von smart bebarteten Hipstern bis zu schlauchbootlippigen Damen mit großen Sonnenbrillen Angehörige einer bestimmten Szene. Doch nicht nur die Schickeria findet in der Stadt ihre Freiluftplätze. Außer der Isar sind die vielen Biergärten und Parks für Münchner und die Gäste der Stadt Oasen der Erholung. Üppig wuchernde Kastanienbäume, die früher zur Kühlung der Bierkeller beitrugen, sorgen auch im heißesten Sommer für einen kühlen Kopf.

Beachboys und Wanderschäfer

Begegnet man in der U-Bahn oder einer Tram einem Beachboy mit Surfbrett unterm Arm, hat man keineswegs zu tief ins Glas geschaut. Der junge Mann ist zum Eisbach am Englischen Garten unterwegs. Dort befindet sich nämlich Deutschlands einzige stehende Welle mitten in einer Großstadt. Sogar bis in australische Reiseführer hat es die Eisbach-Welle gebracht. Und es gilt als besonders skurril, dass in der bayerischen Hauptstadt fast das ganze Jahr über gesurft werden kann, obwohl das Meer gut eine Tagesreise entfernt liegt.
Der Englische Garten erlangte schon in den 1970er-Jahren Berühmtheit, als die New York Times über »paradiesische Zustände in München« berichtete und die Nackerten zur Touristenattraktion wurden. So etwas hatte die Welt noch nicht gesehen: Da liefen mitten in der Stadt Menschen herum wie am FKK-Strand. Und einmal in der Woche radelte gar ein Briefträger zum Monopteros, um den Hippies, die den Kulthügel zum Wohnsitz machten, die Post vorbeizubringen. Paradiesisch erscheint der Park heute besonders im Norden, wo Schäfer Johannes Rosenhuber hin und wieder seine 400 Schafe weiden lässt. Die flauschigen Wolltiere sind dank ihrer Gefräßigkeit als Landschaftspfleger im Einsatz. Denn sie halten das Gras kurz und verhindern, dass der Park an abgelegenen Stellen zuwuchert.

Privilegiertes Voralpenland

Fluchtpunkte für eine kleine Auszeit gibt es in München viele, und die Einheimischen nutzen sie auch unter der Woche reichlich. Doch am Wochenende zieht es sie hinaus aufs Land. Schließlich liegen die Berge und Seen direkt vor der Haustür. Schon nach 30-minütiger Fahrt findet man sich in der wunderbaren Bilderbuchlandschaft Oberbayerns wieder. »Wen Gott liebt, den lässt er fallen in dies Land«, schrieb einst Ludwig Ganghofer über das bayerische Alpenvorland. Pech für diejenigen, die Gott nicht hier hat »fallen lassen« – ihnen bleibt aber immerhin: Hier öfters Urlaub machen!

Studentisch locker geht es im Café Vorhoelzer Forum im Zentralgebäude der TU zu, umwerfend ist der 360-Grad-Ausblick von der Dachterrasse – auch auf die benachbarten Pinakotheken und den Königsplatz; Arcisstraße 21, tgl. ab 9 Uhr geöffnet.

ROMANTISCHE RUDERPARTIE

Zwischen quakenden Enten über den Kleinhesseloher See im Englischen Garten zu schippern macht nicht nur Romantikern Spaß. Baden darf man hier zwar nicht, dafür kann man, idyllisch von uralten Bäumen umgeben, gemütlich um drei Inseln rudern. Zur Stärkung gibt's dann eine Brotzeit samt kühler Maß im Seehaus-Biergarten am Ostufer.

»WER KO, DER KO«

In keiner anderen deutschen Stadt haben mehr DAX-Unternehmen ihren Hauptsitz als in der bayerischen Metropole. Mit seinem Umland zählt München zu den attraktivsten Wirtschaftsregionen Europas. Hier wird viel Geld umgesetzt, doch geschieht dies meist mit unaufgeregter Gelassenheit.

DASS es auf der Donnersberger Brücke nicht öfter zu Auffahrunfällen kommt, grenzt fast an ein Wunder. Denn hier, in seiner Münchner Niederlassung, hat Mercedes-Benz in eine 145 Meter lange, mehrgeschossige Glasfassade eine Galerie seiner schönsten Autos gestellt; an Weihnachten wird sie sogar zum Adventskalender, bei dem sich täglich ein neues Fenster öffnet, das die Autofahrer bei der Fahrt über die Brücke bestaunen könn(t)en.
Ausländische Gäste sind angetan von Münchens Straßenbild, in dem die komplette Riege deutscher Luxusautos in großer Dichte zu bewundern ist. Allen voran natürlich Fahrzeuge von BMW, für die die Münchner Autobauer am Olympiapark eine ganze Erlebniswelt ins Leben gerufen haben, die inzwischen mit mehr als drei Millionen Besuchern pro Jahr doppelt so viele Gäste zählt wie das berühmte Schloss Neuschwanstein.

DAX-Unternehmen

Die Münchner können nicht nur Autos bauen. In keiner anderen deutschen Stadt sind mehr DAX-Unternehmen zu Hause als in München: z. B. Allianz, BMW, Linde, Siemens und die Munich Re, der größte Rückversicherer der Welt. Im Landkreis kommen noch der Chiphersteller Infineon Technologies in Neubiberg und die ProSiebenSat.1 Media SE in Unterföhring dazu.
Das unerschütterliche Selbstvertrauen, das die Münchner Boulevardpresse immer wieder beschwört, gipfelt in dem ziemlich dummen Spruch »Mia san mia!« (»Wir sind wir!«), den der »Rekordmeister« FC Bayern auch auf seine Fan-Trikots druckt. Jeder einigermaßen vernünftige Stadtbewohner würde sich vor solchen Überheblichkeiten hüten, trotzdem darf er an dem notorischen, leicht respektlosen Selbstvertrauen festhalten, wie es von dem Lohnkutscher Franz Xaver Krenkl überliefert ist: Anfang des 19. Jh.s überholte er – was streng verboten war – die Kutsche des Kronprinzen Ludwig, und er verteidigte sich gegenüber dem gekränkten Souverän mit »Wer ko, der ko!« (»Wer kann, der kann!«) – gemeint ist: »Wer zu etwas fähig ist, darf das auch.«

Lizenz zum Gelddrucken

Bei der Bewertung der Lebensqualität unter politischen, sozialen, wirtschaftlichen und ökologischen Aspekten landet München im internationalen Vergleich regelmäßig auf einem der vorderen Plätze. Zudem ist in Bayerns Hauptstadt die Wertschöpfung größer als sonstwo in Deutschland, weshalb Einkommen und Vermögen entsprechend hoch sind. Mit 30900 € pro Einwohner (2016) ist die Kaufkraft die höchste im Vergleich deutscher Großstädte. Damit das so bleibt, sind die Münchner auf gut dotierte Arbeitsplätze angewiesen, um sich ein Leben in der teuersten Großstadt der Republik leisten zu können. Schließlich hat nicht jeder gleich auch noch eine Lizenz zum Gelddrucken. Obgleich man in München in der Tat sogar noch bis 2015 das Recht zum Gelddrucken hatte, als das Münchner Unternehmen Giesecke & Devrient im Auftrag der Deutschen Bundesbank Banknoten und Chipkarten herstellte. Aber nachdem das Bargeld bedroht ist und elektronische Bezahlsysteme allmählich die Macht übernehmen, hat sich die Firma inzwischen zukunftsträchtigeren Märkten zugewandt: Systemen für die Cybersicherheit.

BMW INSIDE ERLEBEN

Man nennt eine Postleitzahl (80788) und ein Zwei-Sterne-Restaurant sein eigen – die BMW Welt ist ein kleiner Planet für sich. Das ungewöhnliche Gebäude präsentiert sich als Kombination aus Ausstellungs-, Auslieferungs- und Eventstätte. Interessante Einblicke in modernste Produktionstechniken des Autobaus gewährt eine Führung durch das benachbarte Werk (frühzeitige Anmeldung ist nötig): Hier laufen täglich um die 950 Autos und über 3000 Motoren vom Band. www.bmw-welt.com.

OZAPFT IS!

Oktoberfeste gibt es in aller Welt so viele, dass man kaum den Überblick behält. Doch nur München hat das unverwechselbare Original. Um die sechs Millionen Gäste in gut zwei Wochen machen die »Wiesn« zur größten Party der Welt.

SCHON Albert Einstein hat auf dem Oktoberfest dafür gesorgt, dass den Besuchern ein Licht aufgeht. Den Nobelpreis für seine Relativitätstheorie bekam er viel später, doch schon 1896 schraubte Albert als 17-jähriger Lehrling in der Elektrofirma seiner Eltern im Schottenhamel-Zelt die Glühbirnen ein. Dort beginnt auch jedes Jahr der gut zwei Wochen dauernde Ausnahmezustand, wenn der Oberbürgermeister mit wuchtigen Hieben (möglichst nicht mehr als zwei) das erste Bierfass anzapft und ein kerniges »Ozapft is!« ins Zelt ruft: Die Wiesn ist wieder einmal eröffnet.

Wer zum ersten Mal das Oktoberfest besucht, staunt oft nicht schlecht, wenn er in ein mit 6000, 7000 Menschen zum Brechen gefülltes Riesenzelt kommt, in dem die Gäste auf den Bänken »tanzen« (wenn sie nicht schon betrunken darunter liegen) und lautstark zur Musik grölen: »Wahnsinn, warum schickst du mich in die Hölle? Hölle! Hölle! Hölle!« Die Luft ist stickig und die Kapelle spielt in einer Lautstärke, die eine Kommunikation mit mehr als drei Wörtern über mehr als 30 cm Abstand unmöglich macht. Aber zum Reden ist man schließlich auch nicht hier.

Multikulti und Promis

Umso mehr rückt man beim Schunkeln und Maßkrugleeren global zusammen und übt sich in Völkerverständigung. Schließlich haben alle die Australier, Neuseeländer, Inder, Japaner und US-Amerikaner lange Flüge auf sich genommen, um hier mitzufeiern. Dass auch viele Italiener das Oktoberfest lieben, ist kein Geheimnis; das mittlere Wiesn-Wochenende ist seit Jahren als »Italienerwochenende« bekannt. Aber am Wochenende geht sowieso kein vernünftiger Münchner auf die Wiesn. Außer er hat Besuch. Denn wegen Überfüllung werden die Zelte an diesen Tagen meist kurz nach der Öffnung schon wieder geschlossen. Ohne Reservierung zugängliche Plätze sind nämlich rarer als ein Ticket für ein FC-Bayern-Spiel in der Allianz Arena. Auch die Promis wissen um die Einmaligkeit der Wiesn und lassen sich deshalb hier gerne blicken. Wer jedoch unbedingt mal mit einem Star oder Sternchen schunkeln will, muss sich schon Zugang zu einem der privilegierten Plätze im Käfer-Zelt verschaffen.

Von der Hochzeit zum Mega-Event

Ein Privileg ist auch der Bierausschank auf dem Oktoberfest, das ausschließlich Münchner Bauereien zusteht. Jahrelang hat Luitpold Prinz von Bayern, Chef der König-Ludwig-Brauerei Kaltenberg – ca. 50 km westlich von München – vergeblich darum gekämpft, dass auch sein Bier ausgeschenkt werden darf. Dabei würde das Oktoberfest ohne seine Vorfahren nicht existieren, denn es geht auf das Hochzeitsfest von Kronprinz Ludwig und Prinzessin Therese von Sachsen-Hildburghausen zurück, das 1810 auf der Theresienwiese – daher der Name Wiesn – stattfand. Bei etwa 500 Mio. € Umsatz, die das Oktoberfest jedes Jahr verzeichnet (außerhalb der Wiesn geben die Gäste noch einmal so viel aus), ist das Interesse verständlicherweise groß, einer der mehr als 200 Schaustellerbetriebe oder Betreiber eines der 14 großen Bierzelte zu werden. Denn aus dem urigen Volksfest von einst ist längst ein Riesengeschäft geworden – der Reingewinn aus einem großen Bierzelt liegt bei 2 bis 3 Mio. €.

BAEDEKER DAS IST ...

BLASMUSIK STATT BALLERMANN

Nüchtern betrachtet ist das größte Volksfest der Welt ein ziemlicher Wahnsinn. Wer es ruhiger haben will, ist auf der »Oidn Wiesn« im Südteil der Theresienwiese richtig. Sie kostet Eintritt (3 €), aber das hält die Saufkundschaft fern. Man kann sich in nostalgischem Ambiente in alten Fahrgeschäften amüsieren, im Bierzelt »Tradition« mit Keferlohern anstoßen und es sich bei echter Volksmusik gutgehen lassen (www.oktoberfest.info/oide-wiesn).

OBEN: Man muss nicht oberbayerisch gewandet sein, um beim Tanz auf der Oidn Wiesn Spaß zu haben!
UNTEN: Besonders bunt und quirlig geht's am Familientag zu.

T

TOUREN

Durchdacht, inspirierend, entspannt

Mit unseren Tourenvorschlägen
lernen Sie Münchens beste Seiten kennen.

UNTERWEGS IN MÜNCHEN

Das Stadtzentrum – der Bereich innerhalb des Altstadtrings – ist etwa 1,5 × 1,5 km groß, sodass man es zu Fuß problemlos kennenlernen kann (mit einem Auto wäre man dort sowieso verloren). Dasselbe gilt für die Vorstädte; die S-, U- und Straßenbahnen sowie die Busse des Münchner Verkehrsverbunds sorgen für eine rasche, bequeme Verbindung. Drei, vier Tage sollte man sich genehmigen, um in Ruhe die großen Sehenswürdigkeiten kennenzulernen, in das eine oder andere der großartigen Museen zu schauen, den Einkaufsbummel mit Pausen in einem Café oder Biergarten angenehm zu verbinden und auch das Nachtleben zu genießen.

HERRSCHAFTLICH: DAS HERZ DER STADT

Start und Ziel: Karlsplatz (Stachus) | **Dauer:** 1 – 2 Tage

Tour 1

Bei diesem Spaziergang lernt man nicht nur die frequentierteste Fußgängerzone Deutschlands mit den höchsten Ladenmieten kennen, sondern auch einige der bedeutendsten und bekanntesten Bauwerke der Stadt. Wer ihnen die Zeit widmet, die sie verdienen, und hin und wieder in einen Shoppingtempel schaut, kann mit der Tour ohne weiteres zwei Tage füllen. Für genussvolle Breaks gibt's der Gelegenheiten viele; zu den »münchnerischsten« zählen der »Augustiner« und das Hofbräuhaus.

Vom Karlsplatz zum Marienplatz

Der verkehrsreiche 1 **Karlsplatz (Stachus)** bildet mit dem Karlstor den westlichen Eingang zum Stadtzentrum. Hier beginnt die in München einfach als »Fußgängerzone« bekannte, zum Marienplatz führende Einkaufsmeile Neuhauser Straße & Kaufingerstraße. Wenige Schritte hinter dem Karlstor lohnt die äußerlich schlichte barocke **Bürgersaalkirche** einen Blick, ihre Unterkirche ist dem Gedächtnis des Paters Rupert Mayer gewidmet. Rechts zu beachten der »Augustiner«, eine prächtige Gaststätte aus der Prinzregentenzeit. Dann folgt links die beeindruckende 2 ★★ **Michaelskirche**, mit der sich die Gegenreformation machtvoll in Szene setzte; in der Gruft ist u. a.

König Ludwig II. bestattet. Beim Jagd- und Fischereimuseum – in der Augustinerkirche aus dem 13. Jh. – links abbiegend steht man gleich vor der ❸ ★★ **Frauenkirche**, Münchens bekanntestem Wahrzeichen. Nicht nur die Kirche mit ihren gewaltigen Ausmaßen und der Fülle kunsthistorischer Kostbarkeiten zieht die Besucher an, auch der Blick vom 98 m hohen Südturm ist ein Highlight. Nun entlang der Kirche (hier reihen sich beliebte Gaststätten) nach Osten zum **Marienhof** hinter dem Neuen Rathaus; gegenüber leuchtet dort das noble Feinkosthaus Dallmayr. Wir nehmen den Weg rechts hinunter zum ❹ ★★ **Marienplatz** mit dem Neuen Rathaus, Zentrum des städtischen Lebens und Treff aller Touristen; zu den gegebenen Zeiten verfolgen viele Menschen andächtig das Glockenspiel im Rathausturm.

Vom Marienplatz zum Odeonsplatz

Vor dem gotischen **Alten Rathaus** geht links die Burgstraße ab; unter den nach dem Zweiten Weltkrieg restaurierten Häusern ist dort besonders Nr. 5 zu beachten (»Hofer Stadtwirt«), das um 1550 zum Stadtschreiberhaus umgebaut wurde; typisch die Halbgauben außen, die prachtvolle Bemalung wurde nach originalen Resten rekonstruiert. Die Straße zum ❺ **Alten Hof**, den bescheidenen Rest der wittelsbachischen Burg des 13. Jh.s; in den Gewölben wird im »Infopoint Museen & Schlösser« die Stadtgeschichte schön präsentiert. Nun durch die Pfisterstraße zu »der« Münchner Adresse, dem Platzl mit dem berühmten ❻ ★★ **Hofbräuhaus** – probieren Sie unbedingt aus, ob es Ihnen taugt. Wenige Meter nördlich tritt man hinaus auf die ❼ ★ **Maximilianstraße**: kostspielige Karossen und glitzernde Geschäfte mit bekannten Namen, in denen man nur selten Kunden sieht. Nach einem kurzen Bummel stadtauswärts – in der Ferne grüßt das Maximilianeum – und wieder zurück, vorbei am Hotel Vier Jahreszeiten, empfängt eine weitere Bühne, der ❽ ★ **Max-Joseph-Platz** mit dem ★ **Nationaltheater**, dem Königsbau der ★★ **Residenz** und der Loggia der ehemaligen Residenzpost gegenüber. In der Residenz, für über 500 Jahre die »Herzkammer« Bayerns, kann man gut einen Tag zubringen, ein halber sollte es mindestens sein. Die Residenzstraße bringt entlang der Alten Residenz und ihren prächtigen Portalen zum ❾ ★★ **Odeonsplatz**, dem »italienischen« Platz der Stadt: eingerahmt von der ★★ **Theatinerkirche** nach römischem und der ★ **Feldherrnhalle** nach Florentiner Vorbild. Relaxen kann man nebenan im schönen **Hofgarten** mit seinem Dianatempel, vielleicht macht dort jemand Musik.

Vom Odeonsplatz zum Karlsplatz

Nun an der Brienner Straße, ebenfalls eine noble Adresse, ein kleines Stück nach Westen zxum **Wittelsbacherplatz** mit dem Denkmal Kurfürst Maximilians I. und kühlen klassizistischen Palazzi. Gegenüber, vor dem Luitpoldblock, leitet links der Amiraplatz zum ❿ **Salvatorplatz** über mit dem Literaturhaus, der literarischen »Zentrale« Münchens, und der spätgotischen Salvatorkirche. Auf der Salvatorstraße zurück zur ⓫ **Theatinerstraße**, an der edle Geschäfte,

Alter Nördlicher Friedhof
8
Zieblandstr.
Blütenstr.
Adalbertstr.
Siegestor
Ludwig-Maximilians-Universität
Prof.-Huber-Platz
G.-Elser-Platz
Geschwister-Scholl-Platz
10
Veterinärstr.
Schellingstr.
Schraudolph-
MAXVORSTADT
Theresienstr.
Steinheilstr.
Enhuber-str.
Steinicke-weg
7
Neue Pinakothek
Aula
9
St. Ludwig
Technische Universität
Türken-
Reich der Kristalle
Barer Str.
Paläontologisches Museum
Ägypt. Museum
Alte Pinakothek
6
M.-von-Wefekin-Weg
Museum Brandhorst
Walter-Klingenbeck-Weg
Bayerische Staatsbibliothek
Kaulbachstr.
Augusten-
Luise
Wagner-Str.
4
Gabelsberger
5
Pinakothek der Moderne
Theresienstr.
Amalien-
Lenbachhaus
Brienner
Glyptothek
Bernd-Eichinger-Pl.
Hochsch. für Musik
Hochsch. für Fernsehen und Film
Ludwigstr.
Bay. Haupt-staatsarchiv
Kunstbau
Propyläen
3
Königsplatz
Arcis
Prinz-Ludwig-Str.
Markuskirche
Schönfeld-
Ring
Türkenstr.
Glückstr.
Von-der-Tann-Str.
Antikensammlungen
2
Obelisk
NS-Dok.-zentrum
Karolinenplatz
Katharina-von-Bora-Str.
Karlstr.
St. Bonifaz
Luisenstr.
M.-Joseph-Str.
Finanzgarten
Prinz-Carl-Palais
Galeriestr.
Wittelsbacherpl.
Odeonsplatz
Theatermuseum
Pl.d.Opfer des Nationalsozialismus
Ottostr.
Brienner
Hofgarten
Alter Botanischer Garten
Arcostr.
Maximiliansplatz
Salvatorplatz
Salvatorkirche
Staatskanzlei
Franz-Josef-Strauß-Ring
1
13
Kunstpavillon
Wittelsbacherbrunnen
Theatinerkirche
Feldherrnhalle
Neptunbrunnen
Elisenhof
Justizpalast
Lenbachplatz
Rochusstr.
Pranner-str.
Theatinerstr.
11
Residenz
Marstallpl.
Prielmayerstr.
Ottostr.
Dreifaltigkeitskirche
Hypo-Kunsthalle
Preysing Palais
Marstall
Künstlerhaus
Maxburgstr.
12
Pacellistr.
M.-Joseph-Platz
8
Nationaltheater
Karl-Scharnagl-
Promenadeplatz
Bürgersaalk.
Residenzpost
Maximilianstr.
Karlsplatz
1
Michaelskirche
Schäffler Str.
Schrammerstr.
Karlstor
3
Neuhauser
7
Schlosserstr.
Herzogspitalk.
2
Jagd.-mus.
Frauenkirche
Alter Hof
Hof-
5
Pfisterstr.
Kammerspiele
A.-Kolping-Str.
Kaufingerstr.
Damenstiftskirche
Neues Rathaus
6
Werkraumtheater
Weinstr.
Hofbräuhaus
Deutsches Theater
Marienplatz
4
Altes Raths.
Josephspitalstr.
Damenstiftstr.
Hotterstr.
Färbergraben
Rindermarkt
Sparkassenstr.
Ledererstr.
Landwehrstr.
Sonnenstr.
Kreuzstr.
Brunnstr.
Hofstatt
1
Peterskirche
Heilig Geist
Bier- u. Oktoberfestmuseum
Hermstr.
Marienstr.
Mathildenstr.
Asamkirche
Löwenturm
Stollberg-
Thomas-Wimmer-Rg.
5
Sendlinger Str.
Sebastiansplatz
Stadtmuseum
2
Viktualienmarkt
ADAC
Jüdisches Zentrum
4
Isartor (Valentin-Karlstadt-Musäum)
Isartorplatz
Frauenstr.
Sendlinger Tor
6
Synagoge
Schrannenhalle
Hauptfeuerwache
Oberanger
Wallstr.
Rumfordstr.
St.-Jakobs-Platz
Reichenbachpl.
Nussbaumstr.
Teamth.
Matthäuskirche
Blumenstr.
Müllerstr.
Buttermelcherstr.
Aventinstr.
150 m
Fliegenstr.
Unt. Anger
Städt. Hochhs.
Blumenstr.
Corneliusstr.
Zweibrückenstr.
©BAEDEKER
Klinikum Innenstadt der LMU
Altkath. Kirche
Herz-Jesu-Kl.
Baaderplatz
Morassistr.
Marionettentheater
Müllerstr.
Klenzestr.
Stephansplatz
Gärtnerplatztheater
3
Gärtnerplatz
Kohlstr.
Dt. Patent- u. Markenamt

die Einkaufspassage »Fünf Höfe« und die ★ **Hypo-Kunsthalle** liegen. Mit Shoppingverlockungen geht's weiter, durch die Maffeistraße mit dem berühmten Loden-Frey erreicht man den langen ⓬ **Promenadeplatz**, den das alteingesessene Luxushotel Bayerischer Hof dominiert. Die Pacellistraße – Kunstfreunde schauen hier in die barocke **Dreifaltigkeitskirche** – verbindet mit dem **Lenbachplatz**, den großartige Bauten des Großbürgertums säumen. Durch ein erhalten gebliebenes Tor gelangt man in den ⓭ **Alten Botanischen Garten**, außer einem großen Neptun-Brunnen und bunten Blumenbeeten lädt hier das Parkcafé mit seinem Biergarten zur Einkehr. Die ÖPNV-Drehscheibe Karlsplatz (Stachus) ist wenige Schritte entfernt.

BÜRGERLICH: SÜDLICHE ALTSTADT

Start und Ziel: Marienplatz | **Dauer:** 3 – 4 Std. (ohne Museen)

Tour 2

Auch dieser Teil des Innenstadt versammelt große Sehenswürdigkeiten, insbesondere den Viktualienmarkt. Während die nördliche Altstadt von Monumenten der weltlichen und geistlichen Macht dominiert wird, bewegt man sich hier in einer unprätentiös-bürgerlichen Welt. Ein besonderer Höhepunkt ist das moderne Jüdische Gemeindezentrum mit seiner Synagoge.

Vom Marienplatz zum Sendlinger Tor

Südlich des ❶ ★★ **Marienplatzes** ragt der Turm der ★ **Peterskirche** in den Himmel, von dem man einen großartigen Blick über die Stadt und ihr Umland genießen kann. Vom Treppenklettern erholt man sich auf dem bunten, lebhaften ❷ ★★ **Viktualienmarkt**, der sich unterhalb der Kirche ausbreitet. Kunstfreunde werfen einen Blick in die die gotische, prächtig barockisierte ★ **Heilig-Geist-Kirche** an. Vom Viktualienmarkt bietet sich ein Abstecher südlich in die Isarvorstadt an, ins Gärtnerplatzviertel, das ab 1861 bebaut wurde; sein Zentrum ist der atmosphärereiche ❸ **Gärtnerplatz** mit dem Gärtnerplatztheater. Dann auf der Corneliusstraße nordwestlich zur Blumenstraße, jenseits von ihr rechts in die Prälat-Zistl-Straße entlang der **Schrannenhalle** (mit dem »Eataly«), dann gleich links auf den Sebastiansplatz, den Altmünchner Häuser säumen. Er geht über in den ❹ **St.-Jakobs-Platz** mit der großartigen Synagoge »Ohel Jakob« des ★★ **Jüdischen Zentrums**, das auch ein interessantes Museum unterhält. Rechterhand der große Komplex des ★★ **Münchner Stadtmuseums**, dessen Sammlungen illustrieren, was »typisch münchnerisch« ist, und viele andere mehr. Vom Jakobsplatz geht man nordwestlich hinauf zur Einkaufsmeile der **Sendlinger Straße**. Nicht auslassen sollte man dort die 5 ★★**Asamkirche**, ein überwältigendes Rokoko-Gotteshaus. Einige Schritte stadtauswärts markiert das 6 **Sendlinger Tor** den südwestlichen Eingang zur Altstadt.

Hackenviertel

Vom Sendlinger Tor führt die Tour nördlich ins ruhige, etwas abseits gelegene **Hackenviertel**: durch die Kreuzstraße, die vom Turm der Kreuzkirche dominiert wird, und die Damenstiftstraße zur kunsthistorisch interessanten 7 **Damenstiftskirche St. Anna**; dann einige Schritte zurück und links in die Brunn-/Hackenstraße mit einer Reihe alter, stattlicher Häuser – mit guten Geschäften und Restaurants – zur Sendlinger Straße und zurück zum Marienplatz.

GROSSE KUNST IM ISAR-ATHEN

Start: Karlsplatz (Stachus) | **Ziel:** Geschwister-Scholl-Platz
Dauer: 3 – 4 Stunden (plus 2 – 3 Stunden pro Museum)

Tour 3

Eine monumentale griechische »Akropolis«, bombastische Bauten aus dem Dritten Reich, weltberühmte Kunstsammlungen und das quirlige Universitätsviertel stehen bei dieser Tour auf dem Programm. Mindestens einer der Pinakotheken sollte man gleich einen Besuch abstatten.

Vom Alten Botanischen Garten zum Lenbachhaus

Nördlich des 1 **Alten Botanischen Gartens** nahe dem »Stachus« beginnt das einstige »braune Viertel« Münchens. An der Sophienstraße sind am Landesamt für Steuern (Nr. 6, früher Finanzpräsidium) noch »entnazifizierte« NS-Embleme erhalten, selbst das Park-Café besitzt eine protzige Fassade nach NS-Art (1937). An der Katharina-von-Bora-Straße folgt die Zentrale der NSDAP, heute Sitz der Staatlichen Graphiksammlung. Dahinter quert die Brienner Straße, rechts leuchtet weiß das 2 ★★**NS-Dokumentationszentrum**, das die Geschichte Münchens im Dritten Reich eindringlich vor Augen führt. Jenseits der Kreuzung der »Führerbau«, heute Musikhochschule. Links mündet die Brienner Straße auf das »Forum der Antike«, den großen 3 ★★**Königsplatz** mit seinen kühlen klassizistischen Tempelbauten: ★★**Glyptothek**, **Antikensammlungen** und **Propyläen**. Im Café in der Glyptothek oder – jenseits der Propyläen – im Restaurant des ★★**Lenbachhauses** kann man vor oder nach

der Kunst gemütlich relaxen. Letzteres, die toskanische Villa des Malerfürsten Franz von Lenbach, und der goldene Anbau beherbergen u. a. weltberühmte Werke des »Blauen Reiters«.
An der Arcisstraße liegen weitere einzigartige Kunstsammlungen. Im Untergeschoß der neuen Hochschule für Fernsehen und Film hat das 4 ★★ **Staatliche Museum Ägyptischer Kunst** seine Heimstatt, nördlich gegenüber zieht die 6 ★★ **Alte Pinakothek** mit europäischen Meisterwerken aus 500 Jahren Kunstbegeisterte in den Bann. Auf der anderen Seite der Barer Straße liegt die Betonschachtel der 5 ★★ **Pinakothek der Moderne**, die zentrale Werke der Klassischen Moderne versammelt, darüber hinaus werden modernes Design und großartige Grafik präsentiert. Das ★ **Reich der Kristalle** fasziniert die Liebhaber funkelnder Mineralien. Schließlich erreicht man die 7 ★★ **Neue Pinakothek**, die Werke großer Meister des späten 18. Jh.s bis Anfang des 20. Jh.s präsentiert. Nun folgt man der Arcisstraße zum 8 **Alten Nördlichen Friedhof**, einem besonders schönen in der Reihe der alten Friedhöfe Münchens. An der Hauptachse des Universitätsviertels, der **Schellingstraße**, und den Querstraßen Türken- und Amalienstraße reihen sich Cafés und Kneipen, darunter echte »Sehenswürdigkeiten« der alten Bohème. Die Schellingstraße läuft auf die kühle, kunsthistorisch interessante 9 ★ **Ludwigskirche** an der Ludwigstraße zu, ihr Altarfresko gilt als das größte der Welt. Zuletzt an der ★★ Ludwigstraße links hinunter zum Hauptgebäude der 10 Ludwig-Maximilians-Universität (LMU), einem heiter-würdigen Komplex am Geschwister-Scholl-Platz. Im Lichthof des Gebäudes erinnert die DenkStätte an die Weiße Rose.

Eisstockschießen vor der königlichen Kulisse von Schloss Nymphenburg

AUF DEN SPUREN EINER LEGENDE: SCHWABING

Start: Leopoldstraße/Giselastraße, U-Bahn-Station Giselastraße | **Ziel:** Leopoldstraße/Siegestor | **Dauer:** 3 – 4 Stunden

Tour 4

Schwabing ist ein (sehr) bürgerlicher Bezirk links und rechts der Leopoldstraße, geprägt von stattlichen Häuserzeilen des 19. und frühen 20. Jh.s; nahe dem Englischen Garten ist seine dörfliche Vergangenheit noch zu ahnen. Dieser Spaziergang spürt der Atmosphäre in den recht unterschiedlichen Teilen des Viertels nach, hübsche Gelegenheiten für einen Einkauf oder eine gemütliche Pause gibt es allenthalben.

Durch das östliche Schwabing

Es war einmal: An der Ecke ① **Leopoldstraße/Giselastraße** eröffnete 1969 die Città 2000, Deutschlands erstes Vergnügungszentrum mit Kino, Kneipen und Läden, das wie das »Blow up« und der »Drugstore« zum Imperium der Samy-Brüder gehörte (den Drugstore am Wedekindplatz gibt es noch, jüngst wurde er behutsam renoviert).

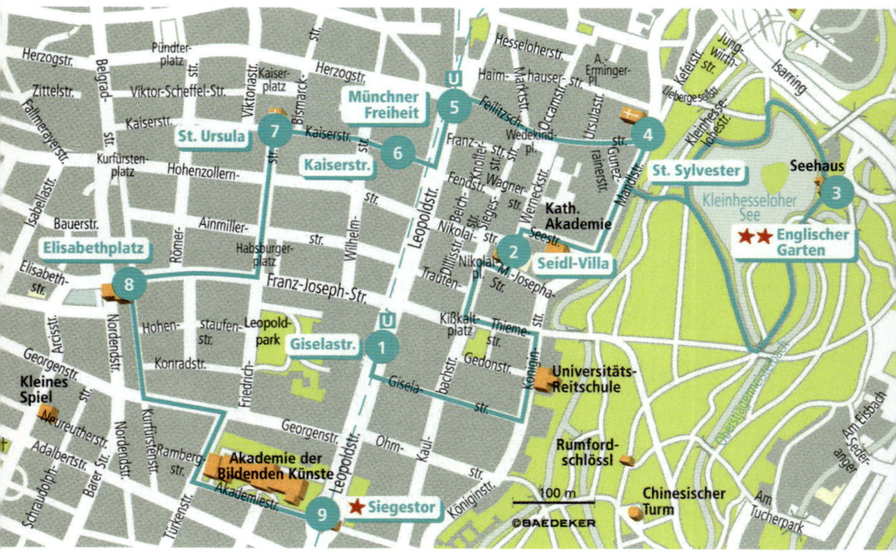

Gehen Sie die Giselastraße östlich hinunter zur vornehmen Königinstraße, die am Englischen Garten entlangführt; voraus der Komplex der Allianz-Generaldirektion (1955). Nun links zur Universitätsreitschule mit seinem bekannten Caférestaurant, durch die Fenster kann man den Reitern zusehen. Etwas weiter nördlich beeindruckt das monumentale »Schloss« der Münchner Rückversicherung (1913). Dann links an seinem prachtvollen ummauerten Garten entlang zur Kaulbachstraße, dort rechts zur hübschen 2 **Seidlvilla**, ein Kulturzentrum mit vielfältigem Programm. Im Zickzack (Werneckstraße, Seestraße) weiter zur Mandlstraße; am Eck rechts steht ein klassizistischer Tempel – das schönste Standesamt Münchens. Immer an noblen Häusern entlang erreicht man die Katholische Akademie, in deren Park das Schloss Suresnes (Werneckschlössl) steht, das letzte Zeugnis der Landhäuser, die sich hochmögende Leute im 18./19. Jh.s in Schwabing bauen ließen. Die Akademie nützt auch den Viereckhof, den ältesten Bauernhof des Dorfs. Nach einem Abstecher in den 3 ★★ **Englischen Garten**, mit einer Runde um den Kleinhesseloher See, sollte man sich die gotisch-barocke Kirche 4 **St. Sylvester** ansehen, die um 1925 einen Anbau erhielt und einige schöne Kunstwerke birgt. Die Feilitzschstraße mit Ursulastraße, Occamstraße und Wedekindplatz bildet »das« Schwabinger Vergnügungsviertel mit Kneipen, Restaurants und Kleinkunstbühnen. Dann tritt man auf den Platz 5 **Münchner Freiheit** hinaus, dem der seltsame Bus-/Tram-Bahnhof auch nicht aufhilft. Am Westrand des Platzes (Leopoldstr. 77) prangt ein herrliches Jugendstilhaus (M. Dülfer, 1902), davor erinnert ein Denkmal an die Volkssängerin Bally Prell (legendär für ihre sonore Tenorstimme). Architekturfreunde sollten sich unbedingt die ungewöhnliche Erlöserkirche nördlich des Platzes ansehen.

Durch das westliche Schwabing

Einige Schritte südlich der Münchner Freiheit biegt man westlich in die 6 **Kaiserstraße** ein, deren Häuser von 1870–1900 fast ausnahmslos in der Denkmalliste stehen: Neorenaissance, Neobarock und Jugendstil wechseln sich ab, besonders hübsch die Villenreihe Nr. 4–12 (1884). Den **Kaiserplatz** nimmt 7 ★ **St. Ursula** ein, die Replik einer italienischen Renaissance-Kirche; im Gasthaus »Kaisergarten« hofft man auf einen Platz draußen. Nun auf der Friedrichstraße nach Süden zur Franz-Joseph-Straße; man quert dabei die Hohenzollern- und die Ainmillerstraße (wenn Sie Zeit haben, sehen Sie auch in diese, wegen der Architektur und der kleinen Läden). Die großzügige Franz-Joseph-Straße bringt Sie zum 8 **Elisabethplatz**, dem gemütlichen »Bauch von Schwabing«. Nun durch die Nordend- oder die parallele Kurfürstenstraße zur **Georgenstraße**, die die Südgrenze Schwabings markiert. Hier ist der Georgenhof (Ecke Friedrichstr.) eine gute bayerische Ess-Adresse; ein Kuriosum bilden Nr. 8 (Palais Bissing) und 10 (Pacelli-Palais), die um 1880 als symmetrisches Doppelhaus konzipiert worden waren. Die Türkenstraße – an ihr liegt das renommierte ARRI-Kino – führt zur Kunstakademie, die Akademiestraße weiter zum 9 ★ **Siegestor** auf der Leopoldstraße.

ENTLANG UND JENSEITS DER ISAR

Start und Ziel: Ludwigsbrücke | **Dauer:** 3–4 Stunden

Tour 5

München, Stadt am Fluss – historisch stimmt das nicht so ganz, aber heute ist die Isar ein besonderes Plus in der Landeshauptstadt. Zu allen Jahreszeiten spaziert oder radelt man gern am meist ruhig strömenden Fluss entlang, auf den Kiesbänken und Grasflächen breitet man in der warmen Jahreszeit sein Handtuch aus. Auf der Anhöhe jenseits der Isar liegen mit Bogenhausen und Haidhausen atmosphärereiche Vorstädte mit eigenem Charakter.

Von der Ludwigsbrücke nach Bogenhausen (▶ S. 125)

Von der 1 **Ludwigsbrücke** beim Deutschen Museum gehen Sie hinunter zur baumbestandenen Museumsinsel, rechterhand leuchtet golden das Müller'sche Volksbad. Unter dem Wehrsteg stürzt tosend das Wasser von der Großen in die Kleine Isar. Einen Blick lohnt links der mächtige neogotische Rundbau der Lukaskirche. Nun überquert man auf dem elegant geschwungenen Kabelsteg den Fluss, dann hält man sich links: Zwischen der Isar und dem Auer Mühlbach, teils auf einem Holzplankensteg, gehen Sie zur 2 **Maximiliansbrücke**, über der das ★ **Maximilianeum** thront, der Sitz des bayerischen Landtags. Durch die lauschigen Maximiliansanlagen gelangt man zum 3 ★ **Friedensengel**, auf seiner Terrasse genießt man den Blick über die Prinzregentenstraße. In einem Viertelstündchen weiter durch den Park erreichen Sie 4 ★ **St. Georg** in Bogenhausen, eine besonders schöne barocke Dorfkirche, auf dem kleinen Friedhof ruhen unter den schmiedeeisernen Kreuzen berühmte Persönlichkeiten.

Von St. Georg zur Ludwigsbrücke

Die »Sehenswürdigkeiten« von **Bogenhausen** sind die herrschaftlichen, mehr oder weniger auf Wirkung bedachten Villen. Exemplarisch dafür sind die Maria-Theresia-Straße und die Möhlstraße, die St. Georg mit dem Friedensengel verbinden (ca. 1 km). Wer darauf verzichten bzw. abkürzen will, fährt mit der Tram 16 auf der Ismaninger Straße zur **Prinzregentenstraße**: Hier empfängt ein Juwel dieser Prachtstraße, die 5 ★★ **Villa Stuck**, mit der sich Franz von Stuck, einer der Münchner »Malerfürsten«, in Szene setzte. Das Café dort ist ein wunderbarer Platz für eine Pause, sonst kann man sich einen Block

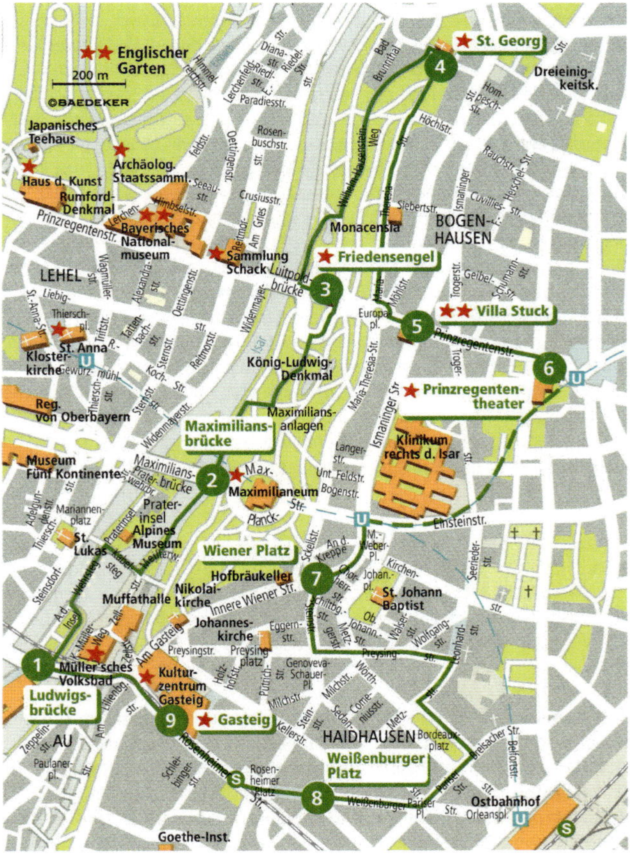

weiter östlich im berühmten Feinkosthaus **Käfer** mit erlesenem Proviant versorgen. Am beliebten Prinzregentenbad vorbei erreicht man das 6 ★ **Prinzregententheater**, in dessen Gebäude sich Klassizismus und Jugendstil verbinden.

Damit hat man einen guten Eindruck von Bogenhausen gewonnen. Mit der U-Bahn nun eine Station nach **Haidhausen** zum Max-Weber-Platz. Wenige Schritte südlich empfängt der 7 **Wiener Platz**, eine kleine Idylle mit Marktständen, Maibaum, Herbergen und dem Hofbräukeller. Auf der anderen Seite der Inneren Wiener Straße (die Äußere Wiener Straße heißt heute Einsteinstraße; zusammen bildeten sie einst die nach Osten führende Salzstraße) gehen Sie in die hübsche Steinstraße mit guten kleinen Läden, Cafés und Restaurants. Dann links in die ebenfalls charakteristische Preysingstraße, an deren Ende zwei Herbergen von der alten Vorstadt zeugen. Nun steht das »Franzosenviertel« auf den Programm, das nach 1871 angelegt wurde; besonders eindrücklich, wenn auch etwas eintönig, der gut 200 m lange **Bordeauxplatz**. Über den irreführend benannten, weil schlichten Pariser Platz erreicht man den hübschen 8 **Weißenburger Platz**, das Zentrum eines unprätentiösen Wohnbezirks. Vom Rosenheimer Platz gehen Sie nach rechts die Rosenheimer Straße hinunter, an der noch vor 150 Jahren ein Dutzend Bierkeller lagen; erst nach dem letzten Krieg wichen die Ruinen der Münchner-Kindl-Brauerei dem furchtbaren Motorama-Gebäude, der berühmt-berüchtigte Bürgerbräukeller dem Hilton und dem GEMA-Gebäude. An Letzeres schließt die durchaus angenehme »Backsteinburg« des 9 ★ **Kulturzentrums Gasteig** an. Unterhalb, an der Inneren Wiener Straße, werfen Sie einen Blick in die kleine Nikolaikirche aus dem 13. Jh., an die 1678 eine Loretokapelle gebaut wurde. Nun haben Sie die **Isar** wieder erreicht – bei schönem Wetter krönt man die Tour auf der Caféterrasse des ★Müller'schen Volksbads oder, hinter diesem, im Biergarten der Muffathalle.

INTERESSANTES WEITER DRAUSSEN

In München

Auf den beschriebenen Rundgängen lernt man die inneren Stadtbezirke kennen, aber natürlich sind weiter draußen ebenfalls große Attraktionen zu entdecken. Noch recht nah am Zentrum liegt der ★★**Olympiapark** im Norden der Stadt mit seinem imposanten Zeltdach und dem Fernsehturm. Nebenan empfängt das ★★**BMW**-Gelände mit dem BMW-Museum, der BMW Welt und Werksführungen technik- und autobegeisterte Besucher. Im Westen der Stadt sollte man das barocke Schloss ★★**Nymphenburg** mit seinem schönen französisch-englischen Park besuchen. In unmittelbarer Nähe laden der ★**Botanische Garten** und – ein kleines Stück Richtung Stadtmitte – der **Hirschgarten** ein, Letzterer mit einem großen, zünftigen Biergarten. Und am westlichen Stadtrand findet man mit dem Schloss ★**Blutenburg** ein besonderes Juwel; das nahe gelegene, wunderbare ★Pippinger Kircherl ist i. A. sonntags ab 18 Uhr zugänglich. Im Süden – entlang der Isar auch zu Fuß und per Rad zu erreichen – zieht der ★**Tierpark Hellabrunn** Groß und Klein an. Für Barockfreunde lohnen sich die Ausflüge zu den ★barocken Kirchen in **Ramersdorf** und **Berg am Laim.**

HÖHEPUNKTE IN DEN AUSSENBEZIRKEN

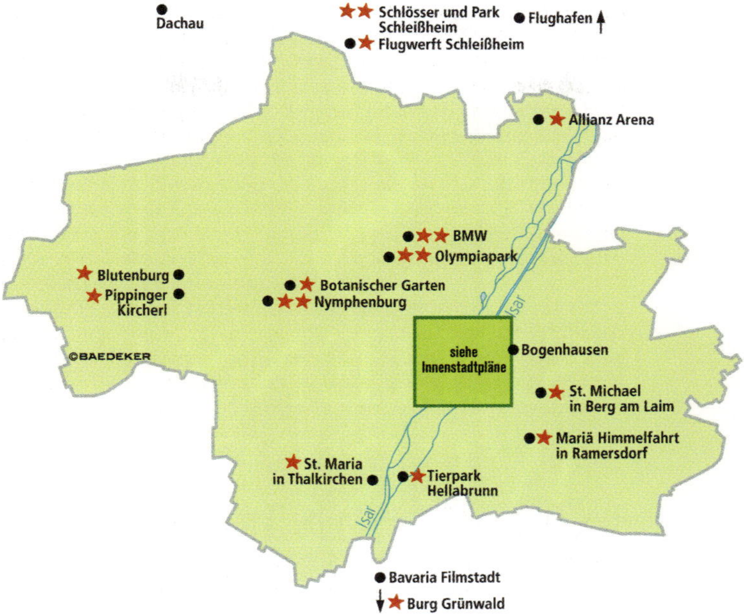

Im Umland

Schon außerhalb der Stadtgrenzen liegt Geiselgasteig, wo man in der **Bavaria Filmstadt** die »Münchner Traumfabrik« kennenlernen kann. Südlich von Geiselgasteig fließt die Isar in einem recht idyllischen, teils wildromantischen Tal (mit Wanderwegen), über dessen östlichem Hang die alte ★Burg von **Grünwald** thront. Nördlich von München, alle mit der S-Bahn gut erreichbar, liegen Dachau, Oberschleißheim und der Flughafen. In **Dachau**, gut 15 km nordwestlich, ist die ★ Konzentrationslager-Gedenkstätte zu besuchen, aber auch das Städtchen selbst mit seinem hochgelegenen Schloss. Oberschleißheim wartet mit der barocken Schlossanlage ★★**Schleißheim** auf, mit Altem und Neuem Schloss sowie dem Schloss Lustheim. Eine große Attraktion für Luftfahrtfans ist nebenan die ★**Flugwerft Schleißheim** auf einem der ältesten Flugplätze Deutschlands. Zwischen Freising und Erding zieht der **Flughafen München** vor allem in den Schulferien Tausende Besucher an.

S

SEHENS-WERTES

Magisch, aufregend, einfach schön

Die Sehenswürdigkeiten sind alphabetisch geordnet. Sie haben die Freiheit der Reiseplanung.

★ ALLIANZ ARENA

Lage: Fröttmaning | **U-Bahn:** U 6 Fröttmaning | **FC Bayern Erlebniswelt:** Tgl. 10–18 Uhr (an Spieltagen gesonderte Öffnungszeiten), Eintritt 12 €, mit Arena-Tour 19 € | **Karten für Spiele:** Tel. 089 6 99 31-333 | **www.fcbayern.com, www.allianz-arena.com**

An der Autobahn nach Nürnberg verblüfft ein riesiges, nachts bunt leuchtendes »Schlauchboot«. Seit 2005 gibt es diesen Fußballtempel. Der Bau war seinerzeit höchst umstritten, heute ist er aus Münchens Stadtlandschaft nicht mehr wegzudenken.

Stadion der Superlative

Gewaltig sind die Ausmaße des von den renommierten Basler Architekten Herzog & de Meuron projektierten Baus: Länge 258 m, Breite 227 m, Höhe 50 m. Neu war die lichtdurchlässige Hülle: 2760 mit Luft gefüllte, rautenförmige Membrankissen lassen Wände und Dach (66 500 m² Fläche) als Einheit erscheinen und verbergen das imposante Dachtragwerk. Die Illumination hält da mit: Gab es bis 2015 drei Farben – Bayern-Heimspiel Rot, 1860 Blau, für Weder–noch Weiß –, machen 300 000 LEDs die buntesten Effekte möglich, z. B. für eine La-Ola-Welle oder einen Torjubel. Eindrucksvoll ist auch der Weg über die Esplanade von der U-Bahn und den Busparkplätzen zur Arena: Unter ihr liegt das mit 9800 Plätzen größte Parkhaus Europas. Bei nationalen Spielen finden ca. 75 000 Zuschauer Platz, bei internationalen, wo nur Sitzplätze erlaubt sind, ca. 70 000. Für das Catering sorgen zwei Restaurants – besser gesagt Bierhallen – mit je 1300 Plätzen, ein Bistro, ein Biergarten und 28 Kioske.
Ursprünglich finanzierten der FC Bayern und der TSV 1860 München die Arena zu gleichen Teilen. 2006 mussten die abstiegs- und skandalgebeutelten »Löwen« ihren Anteil verkaufen, seit 2017 – nach dem Abstieg in die Regionalliga – kicken sie wieder im angestammten Grünwalder Stadion. 2015 konnte der FC Bayern vermelden, dass seine Investition von 346 Mio. € gänzlich abbezahlt sei, nicht zuletzt dank der Beteiligung der Allianz AG an der FC Bayern AG. Weitere Anteile an Letzterer halten Adidas und Audi.

Erlebniswelt

Daran kommt kein Bayern-Fan vorbei: Die FC Bayern Erlebniswelt in der Allianz Arena ist, wie es sich für einen »Rekordmeister« gehört, das **größte Vereinsmuseum Deutschlands**. Es präsentiert multimedial, inklusive eines virtuellen Franz Beckenbauer, die ruhm- und facettenreiche Geschichte des Vereins. Interessant: Vor den lebensgroßen Aluminiumfiguren der aktuellen Mannschaft bleiben Frauen länger stehen als Männer. Ein Fanshop ist auch in der Innenstadt in der Orlandostraße beim Hofbräuhaus zu finden, wenige Meter entfernt verkauft der TSV 1860 München seine Devotionalien.

Die Arena leuchtet im Rot des FC Bayern München.

Fröttmaning

Auf der anderen Seite der Autobahn
Fröttmaning heißt der Stadtteil, in dem das Stadion steht, so hieß aber auch ein verschwundenes Dorf. Jenseits der Autobahn ragt der **Fröttmaninger Berg** mit einem Windrad auf, ein Erholungsgebiet mit Spazier- und Schlittenwegen und großartigem Ausblick – ab 1954 aus Münchner Müll aufgetürmt. Das Dorf musste weichen, dank hartnäckiger Bürger blieb aber die spätromanische **Kirche Heilig Kreuz** (13. Jh.) erhalten; einzigartig in Deutschland sind ihre romanischen Fresken. Die Kirche hat einen symbolhaft halb verschütteten »Doppelgänger«, den der Künstler T. Ulrichs 2006 aus Beton schuf.
Kirchenführungen April–Sept. 1-mal monatlich So. | Termine an der Tür und im Pfarrbüro Tel. 089 36 04 97- 0 (Di., Do., Fr. 9–12 Uhr)

ALPINES MUSEUM

Lage: Lehel, Praterinsel 5 | **S-Bahn:** S 1 – 8 Isartor | **U-Bahn:** U 4/5 Lehel | **Tram:** 18 Mariannenplatz | Di.– So. 10 – 18 Uhr, Eintritt 4,50 €
www.alpenverein.de/Kultur/Museum

Idyllisch auf der Praterinsel mitten in der Isar liegt das Museum des Deutschen Alpenvereins, nicht nur für passionierte Bergfexe ein Anziehungspunkt – im Garten des Cafés lässt man den Fluss gemächlich an sich vorbeiströmen ...

STADION DER SUPERLATIVE

Als Meilenstein moderner Architektur gilt die Allianz Arena, Münchens großes Stadion, das 2006 als ein Austragungsort der Fußballweltmeisterschaft eine gewichtige Rolle spielte. Die Arena entstand nach dem Entwurf der Schweizer Architekten Herzog & de Meuron und kann 70 000 bis 75 000 Zuschauer aufnehmen. Das Projekt wurde zunächst von den Clubs TSV 1860 München und FC Bayern München finanziert, heute gehört das Stadion dem FC Bayern allein.

1 Außenhaut
Das imposante Dachtragwerk verbirgt sich hinter 2760 rautenförmigen, mit Luft gefüllten Kissen aus transparenter Folie. Ein aufwendiges LED-System lässt die Arena in Tausenden von Farben leuchten.

2 Nordkurve
Je 10 000 Sitzplätze in der Nord- und Südkurve können durch Hochklappen der Sitze in Stehplätze umgewandelt werden. In der Nordkurve liegt eines der Restaurants.

3 Südkurve
Hier liegt das zweite der beiden Fan-Restaurants mit je ca. 1000 Plätzen.

4 Unterer Rang
Für diejenigen, die hautnah dransein wollen Hier erleben die Zuschauer das Spielgeschehen aus dem kleinsten möglichen Abstand (7,50 m).

5 Mittlerer Rang
Durch einen Böschungswinkel von 30 Grad ist von jedem Platz aus eine gute Sicht gewährleistet.

6 Oberer Rang
Wegen der extremen Neigung von 34 Grad kann man auf diesem Rang nur sitzen. Die oberste Sitzreihe des Stadions verläuft nicht weniger als 39 m hoch über dem Rasen.

7 VIP-Logen
Für wichtige Stadionbesucher reserviert sind 106 Logen mit 1374 Plätzen. Die meisten Logen sind fest vermietet, was im Jahr zwischen 100 000 und 250 000 € kostet.

Arena-Tour
Werfen Sie einen Blick hinter die Kulissen des Stadions: In einstündigen Touren erleben Sie die Technik der Folienhülle, die Mannschaftskabinen und den Spielertunnel, die Anlage der Tribünen und ggf. die FC Bayern Erlebniswelt. Spezialtouren versetzen Sie in die Perspektive eines VIP-Gastes. Tgl. 10 –18 Uhr, Tel. 089 6 99 31-222, Eintritt 12 €. Die Teilnahme an einer Spieltags-Tour erfordert den Besitz einer Eintrittskarte für das Spiel.

Wie hinkommen?
Benützen Sie für die Anfahrt zu einem Spiel unbedingt die U-Bahn oder den Shuttle-Bus von der Donnersberger Brücke (Abfahrt 13–15 Uhr alle 10 Min.). Für die Ausfahrt aus den Parkhäusern nach dem Spiel muss man bis zu 2 Stunden rechnen!

Wissen für Berg-freunde

War der Alpinismus anfangs eine Sache abenteuerlustiger Adliger und Bürger, so wurde er in den ersten Jahrzehnten des 20. Jh.s zu einer Massenbewegung; begeisterte Gipfelstürmer fanden sich in den Alpenvereinen zusammen. Gemälde und Dokumente, Bergsteigerausrüstungen, Messinstrumente und andere Exponate dokumentieren die Entwicklung des Tourismus und des Bergsports in den Alpen, das **Archiv** verwahrt kulturhistorische Schätze des Alpenraums aus über 250 Jahren. Interessante wechselnde **Ausstellungen** sind unterschiedlichen Aspekten der Erschließung und Nutzung der Alpen für Tourismus und Kommerz gewidmet. Die hervorragende **Bibliothek** besitzt über 70 000 Medien – Bücher, Führer, Karten und Zeitschriften –, ihr Katalog ist online zugänglich, Mitglieder der Alpenvereine können Medien ausleihen (Di.–Fr. 10–18 Uhr, Lesesaal auch Sa., So./Fei. geöffnet). Im **Café Isarlust** mit seinem wunderbaren Garten – den Kuchen bezieht man vom Café Ruffini (► S. 324) – können Sie Ihren Ausflug in die Bergwelt planen. Und die Berghütte, die im Park steht, ist die Höllentalangerhütte von 1894 (am Weg zur Zugspitze), die 2015 durch ein modernes Berghotel ersetzt wurde.

ALTER HOF

Lage: nordöstlich des Rathauses/Burgstraße | **Innenstadtplan:** c III | **S-Bahn:** S 1–8 Marienplatz | **U-Bahn:** U 3/6 Marienplatz | **Tram:** 19 Perusastraße/Nationaltheater | **www.muenchner-kaiserburg.de**

In München gab es mal eine Burg: Nach der Teilung der bayerischen Herzogtümer nahm Herzog Ludwig der Strenge 1255 Residenz in München, und zwar in der Alte Veste im Nordosteck des damaligen Stadtmauerrings.

Es war einmal ...

Von hier lenkte Kaiser Ludwig der Bayer 1328 bis 1347 das Heilige Römische Reich – der erste feste Regierungssitz eines deutschen Kaisers. Aus dieser Glanzzeit sind nur wenige, nicht sehr beeindruckende Reste erhalten. Ende des 14. Jh.s wurde der Alte Hof zu klein, unmodern und unsicher, und man begann mit dem Bau der Neuveste (► Residenz). Ein Gutteil wurde im 19. Jh. abgebrochen, bei den Bombenangriffen 1944/45 blieben der Torturm und der Südflügel (Burgstock) mit dem gotischen »Affentürmchen« erhalten, der Rest wurde vereinfacht wiederhergestellt. Die Rauten-Bemalung im Innenhof ist dem Zustand im 15. Jh. nachempfunden, der Nordteil des Komplexes wurde abgerissen und von einem Investor in unfassbarer Hässlichkeit mit Luxusdomizilen und -praxen ersetzt, was die Stadt München 2008 mit ihrem »Preis für Stadtbildpflege« honorierte.

Historisch Interessierte sollten den **Infopoint Museen & Schlösser** besuchen (► S. 358), wo in den gotischen Gewölben die Geschichte der Burg und der Stadt sehr schön dargestellt wird. Sonst versorgt hier die »Landesstelle für die nichtstaatlichen Museen in Bayern« mit Material über Museen und Schlösser im ganzen Freistaat.
Den Hof kann man nach Westen durch einen Durchgang verlassen (links das Restaurant »Alter Hof«, ► S. 320), bei »manufactum« tritt man auf den Marienhof hinaus (► S. 162). Oder man verlässt den Komplex nach Norden und erreicht über die Pfisterstraße (»Bäckerstraße«) das Platzl mit dem ► Hofbräuhaus.

Repräsentative Renaissance

Alte Münze

Mit der Vierflügelanlage nordöstlich des Alten Hofs, die Herzog Albrecht V. ab 1567 errichten ließ, hielt die Architektur der italienischen Renaissance in München Einzug. Durch Gänge mit dem Alten Hof und der Neuveste verbunden, diente die Anlage als Marstall, Kunstkammer – aus der die Schatzkammer in der ► Residenz hervorging – und Bibliothek. Der schöne **Arkadenhof** ist in ursprünglicher Gestalt erhalten. Von 1809 bis 1983 war hier die bayerische Münze untergebracht, heute residiert hier das Landesamt für Denkmalpflege.
Hofgraben 4 | Innenhof zugänglich Mo. – Do. 8 – 16.15, Fr. bis 14 Uhr

★ ARCHÄOLOGISCHE STAATSSAMMLUNG

Lage: Lehel, Lerchenfeldstraße 2 | **U-Bahn:** U 4/5 Lehel | **Tram:** 17 Nationalmuseum | **Bus:** 100 Nationalmuseum | Wegen Umbau zur Zeit geschlossen | **www.archaeologie-bayern.de**

Hinter dem ► Bayerischen Nationalmuseum, am Rand des Englischen Gartens, versteckt sich das zentrale bayerische Landesmuseum für Vor- und Frühgeschichte, das kostbare Zeugnisse aus dem Alltagsleben von der Steinzeit bis zum Frühmittelalter birgt.

Reise in die Frühzeit des Landes

Das Museum – das auch neun Zweigmuseen in ganz Bayern unterhält – erforscht und dokumentiert die Besiedlung des Landes von der Altsteinzeit bis zur Zeit Karls des Großen; eine eigene Abteilung ist dem Mittelmeerraum und dem Orient gewidmet, um den frühen Kontakt mit diesen weit entfernten Gebieten vor Augen zu führen. Ihren Ursprung nahm die Staatsammlung mit der Gründung der Bayerischen Akademie der Wissenschaften 1759 als Prähistorische Staatssammlung, wesentliche Impulse erhielt sie durch König Max I. Joseph und den Historischen Verein von Oberbayern. Wegen der Generalsanierung ist das Museum voraussichtlich bis 2020 geschlossen; Teile der Sammlung sind an anderer Stelle zu sehen, etwa in der Residenz oder in der Burg ▶ Grünwald. Lust auf einen Imbiss? Hinter der Tram-Haltestelle am Rand des Englischen Gartens bietet sich dafür der Kiosk »Fräulein Grüneis« an, einst ein Klohäusl von 1904 (Mo.–Fr. ab 8, Sa. und So. ab 10 Uhr, www.fraeulein-grueneis.de).

Schmuck und Waffen, Skulpturen und Geräte

Herausragende Exponate

Funde aus den **Klausenhöhlen bei Neuessing** und aus den Weinberghöhlen bei Mauern belegen, dass schon in der Altsteinzeit Jäger und Sammler Bayern durchstreiften. Aus der Mittelsteinzeit stammen die Funde vom **Speckberg bei Eichstätt**. Im Raum Kelheim besaß man in der Jungsteinzeit Werkzeuge aus Stein und Keramik, wie die **Funde von Hienberg** zeigen. Aus der Urnenfelderzeit sind Lanzen, Schwerter und Prunkäxte erhalten. Gold- und Bernsteinschmuck, Ornamente und die Gefäße aus dem **Schirndorfer Gräberfeld** sind Zeugnisse aus der Hallstattzeit. Zu den vielfältigen Funden aus der Latène- bzw. späten Keltenzeit gehören Tierplastiken (u. a. Stier von Weltenburg, Eber von Lindau), Gegenstände aus dem Obermenzinger Arztgrab und Relikte aus dem **Oppidum Manching**. Die römische Besetzung zwischen Donau, Iller und Salzach ist gut dokumentiert, u. a. mit Waffen aus dem **Donau-Kastell Künzing** und Teilen des römischen Bads von Schwangau. Auch die Rekonstruktion des berühmten Frauengrabs von Wehringen bei Augsburg beeindruckt. Aus dem frühen Mittelalter sind außer einer Moorleiche v. a. Waffen und Schmuck erhalten, darunter kunstvolle Fibeln. Im **Fürstengrab von Wittislingen** wurden eine Goldscheibenfibel und ein Goldblattkreuz entdeckt. Modelle frühmittelalterlicher Kirchen und Dörfer runden die Präsentation ab.

★★ ASAMKIRCHE

Lage: Altstadt, Sendlinger Str. 32 | **Innenstadtplan:** b IV | **U-Bahn:** U1–3, 6–8 | **Tram:** 16–18, 27, 28 (alle Sendlinger Tor) | **Bus:** 62 St.-Jakobs-Platz | Tgl. 9–18 (Fr. ab 13) Uhr. Keine Besichtigung während der Gottesdienste (Mo.–Fr. 17, So./Feiertag 10 Uhr)

Beim Bummel durch die ▶Sendlinger Straße werden Ihnen zwei eindrucksvolle Rokoko-Fassaden auffallen: Sie gehören zu der Privatkirche, die sich der große Bildhauer, Maler und Architekt Egid Quirin Asam gönnte, und seinem Wohnhaus.

Rokoko-wunder auf kleinstem Raum

Hinter dem Portal öffnet sich eine andere Welt – wer ein wenig abschalten will, achte auf die lebhafte Fassade der Rokoko-Kirche, die Egid Quirin Asam mit seinem Bruder Cosmas Damian 1733–1746 als sein privates Gotteshaus erbaute und ausstattete: eine der ungewöhnlichsten Schöpfungen des deutschen Rokokos. Auf nur 28 × 9 m Grundfläche – also gerade so groß wie ein großzügiges Einfamilienhaus –, dafür 18 m hoch, schufen die beiden eine überbordende Sinfonie der Formen in Gold, Rot- und Blautönen. Ein Gag am Rand: Aus seinem Schlafzimmer konnte Egid Quirin Asam durch ein Fenster auf den rechten Seitenaltar mit einer Figur seines Namenspatrons sehen.

»Theatrum sacrum«

Das zweistöckige **Portal** scheint mit seinen Säulen aus Felsen zu erwachsen, über dem Erdgeschoss wird der hl. Johannes Nepomuk – dem die Kirche geweiht ist – von Engeln in den Himmel geleitet. Die ovale **Vorhalle** empfängt mit geschnitzten Beichtstühlen und großen Stuckfiguren (links Petrus, rechts Hieronymus), von oben strahlt die Sonne. Ein schönes schmiedeeisernes Gitter schließt den **Kirchenraum** ab, ein »Heiliges Theater«, das im Lauf des Tages unterschiedliches Licht erhält – ein reizvoller Effekt. Der Raumgestalt entsprechend wird das Licht nach oben intensiver, der Raum weiter (das entstellende gelbe Fenster im oberen Hochaltar datiert von 1978). Eine umlaufende Galerie teilt den Raum horizontal, was seine extremen Proportionen mildert. Dementsprechend sind auch der Chor und der **Hochaltar** geteilt. Im unteren Altar ein Glassarg mit der

ASAMKIRCHE

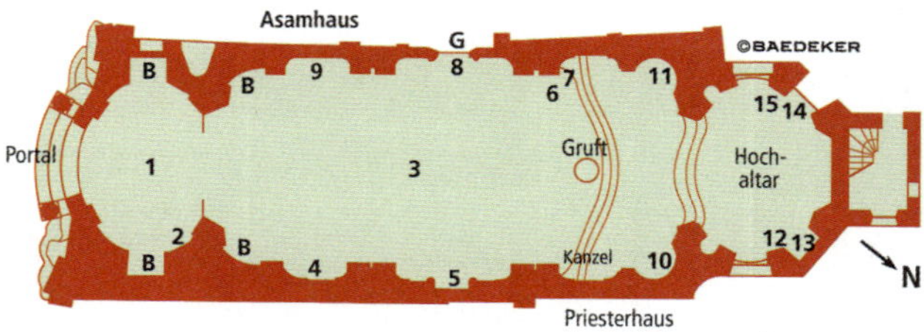

1 Marienvision des hl. Nepomuk (Deckenfresko)
2 Zech-Epitaph von Ignaz Günther
3 Szenen aus dem Leben des hl. Nepomuk (Deckenfresko)
4 Übergabe des Rosenkranzes an den hl. Dominikus (Wandbild)
5 Verehrung der Zungenreliquie (Wandbild)
6 Kruzifix mit Schmerzensreicher Muttergottes
7 Christus und Nikodemus (Wandbild)
8 Vertreibung aus dem Tempel (Wandbild)
9 Schutzengel (Wandbild)
10 ehem. Quirinus-Altar, Josephsstatue
11 ehem. Ägidiusaltar, Statue Maria vom Sieg
12 Evangelist Johannes (Statue)
13 Porträt von C. D. Asam
14 Porträt von E. Q. Asam
15 Johannes der Täufer (Statue)

B Beichtstuhl
G Zugang zur Gruft

Wachsfigur des hl. Johannes Nepomuk, in der silbernen Pyramide darüber die Zunge (!) des Heiligen; zu Seiten des Altars ovale Bildnisse der Asams (Kopien). Der obere Altar ist besonders großartig gestaltet. Die vier gewendelten Säulen vor ihm spielen auf Berninis »Cathedra Petri« in der Peterskirche in Rom an; am Gesims darüber eine höchst expressive Darstellung, die als **Gnadenstuhl** bezeichnet wird: Gottvater (mit Papsttiara) beugt sich über seinen am Kreuz gestorbenen Sohn, darüber im Strahlenkranz die Taube des Heiligen Geistes. Das **Deckengewölbe** ist, wie im Kloster Weltenburg an der Donau, durch ein Gesims von der Wand abgesetzt; in der Hohlkehle versilberte Stuckreliefs mit Szenen aus dem Leben der hl. Johannes Nepomuk. Im riesigen, teils rekonstruierten Deckenfresko schildert Cosmas Damian Asam das Leben des Priesters, der 1393 in Prag gefoltert und von der Karlsbrücke in die Moldau gestürzt wurde, weil er ein Beichtgeheimnis nicht preisgeben wollte; 1729 wurde er heiliggesprochen und zu einem Patron Bayerns erklärt.

Unverkennbar des Meisters Heimstatt

★ Asamhaus

Das Haus links der Kirche, aus dem 16. Jh., erwarb Egid Quirin Asam 1733, um 1735 schmückte er es reich mit weißem Stuck. Unverkennbar wurde hier die oberbayerische Lüftlmalerei plastisch umgesetzt. In der unteren Hälfte stellt Asam die künstlerische Tätigkeit des Menschen und die sinnliche Welt dar, darüber den Himmel der Antike und des Christentums. Über dem Portal stehen drei Putten für die Kunst der Asams: Architektur, Plastik und Malerei; die plastischen Figuren links und rechts symbolisieren Poesie und Musik.

BAVARIA FILMSTADT

Lage: Grünwald-Geiselgasteig, Bavariafilmplatz 7 | **Tram:** 25 Bavariafilmplatz | Anf. April – Anf. Nov. tgl. 9 – 18 Uhr (Führungen mehrmals stündlich), sonst 10 – 15.30 Uhr (letzter Einlass) | **Eintritt Filmtour:** 13 €, Kinder (6 – 17 J.) 11 € | **Eintritt für alle Attraktionen:** 27,50 €, Kinder 22 € | **Info-Tel.** 089 64 99-20 00 | **www.filmstadt.de**

Das »bayerische Hollywood« ist an der südlichen Peripherie Münchens zu finden. In den Studios der Bavaria Film – die zu den größten in Europa gehören – wurden und werden Kinofilme und Fernsehserien produziert, die als Meilensteine gelten.

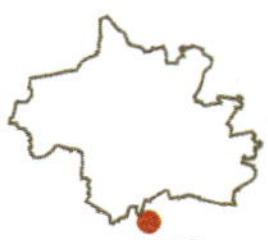

G 12

Die 1919 gegründete »Münchener Lichtspielkunst AG« produzierte im selben Jahr den »Ochsenkrieg« nach Motiven von Ludwig Ganghofer, Alfred Hitchcock drehte 1925 hier seinen allerersten Film, mit

BAEDEKER ÜBERRASCHENDES

6X DURCHATMEN

Entspannen, wohlfühlen, runterkommen

1. VERSTECKT

Einen zauberhaften Platz finden Sie an der Ostseite der Residenz, neben der Allerheiligen-Hofkirche: den von Mauern eingefassten **Kabinettsgarten**. Wasserbassins mit Mosaiken, ein Springbrunnen unterm Platanen-Blätterdach ... ▶ **S. 214**

2. SCHÄFERIDYLLE

Im Nordteil des **Englischen Gartens** erlebt man bisweilen eine Szenerie wie in einem niederländischen Landschaftsgemälde: Ein Schäfer steht mit Hirtenstab in seiner Herde, die unter hohen Bäumen auf den grünen Wiesen grast. ▶ **S. 83**

3. FRIEDEN FINDEN

Unter uralten Bäumen trauern marmorne Engel und pausbäckige Putten – der **Alte Süd-** und der **Alte Nordfriedhof** werden seit langem nicht mehr genützt. Sie sind nicht nur echte Biotope, sondern auch Oasen zum Lesen oder zum Spazierengehen. ▶ **S. 94**

4. TEATIME IM THEATINERHOF

Der einstige Klosterhof an der Theatinerkirche ist rings von Gebäuden umgeben, ein idealer Platz für einen geruhsamen Tee (oder sonst etwas) bei **Arzmiller**. ▶ **S. 190**

5. KUNST-PAUSE

Klassizistisch strenge Mauern schirmen den Hof der **Glyptothek** von der Außenwelt ab. Bei einem kleinen Imbiss planen Sie hier den restlichen Tag oder lesen, um dem Genius loci Genüge zu tun, ein antikes Theaterstück. ▶ **S. 135**

6. ASAMKIRCHE

Die kleine Kirche in der Sendlinger Straße macht sprachlos, und das ist gut so: Lassen Sie das Getümmel der Stadt draußen und die unendlich vielen wunderbaren Details dieses **Rokoko-Juwels** auf sich wirken. ▶ **S. 52**

dem vielversprechenden Titel »Irrgarten der Leidenschaften«. Die Liste der Berühmtheiten, die hier arbeiteten, ist lang: Regisseure wie Orson Welles, Ingmar Bergman und Billy Wilder, Schauspieler/-innen wie Sophia Loren, Romy Schneider, Liz Taylor, Richard Burton und Heinz Rühmann. Viele Folgen erfolgreicher TV-Serien wie »Derrick« mit dem legendären Horst Tappert, »Raumschiff Orion«, »Marienhof«, »Der Fahnder« und »Tatort« wurden hier gedreht, ebenso Kino-Blockbuster wie »Die unendliche Geschichte«, »Enemy Mine« und »Das Boot«. Das originalgetreu nachgebaute Innere des U-Boots war schließlich die Keimzelle für die »Bavaria Filmstadt«, die einen Blick hinter die Kulissen vermittelt.

Bayerisches Hollywood

Erlebnisse in der Traumfabrik

Beeindruckend und verblüffend ist zu erleben, mit welchen Tricks und welchem technischen Aufwand die Bilder auf der Leinwand fabriziert werden. Die begleitete **Filmtour** führt durch nachgebaute Straßen und herrschaftliche Villen, durch Aufnahme- und Trickfilmstudios. Kinder können auf dem Drachen aus der »Unendlichen Geschichte« reiten, im U-Boot wird der Horror der Besatzung nachvollziehbar. Ein eigener Programmpunkt (ohne Führung) ist das **Bullyversum**, eine »Filmerlebniswelt« rund um Michael Bully Herbig und seine albernen Filme mit ihrem speziellen Humor. Das **4D-Erlebniskino** bietet ein multimediales Erlebnis der besonderen Art, optisch, akustisch und körperlich (für schwangere Frauen und Menschen mit Herz- oder Rückenproblemen nicht geeignet).

In der Original-Kulisse für den Klassiker »Das Boot«

Der Besuch aller Attraktionen dauert ca. 4 Stunden, die Filmstadt-Führung ca. 90 Minuten. Für die Filmstadt-Führung mit Erlebniskino wird an der Kasse eine Uhrzeit zugeteilt. Das Bullyversum ist immer zugänglich. Nicht unwichtig: Auf dem Gelände gibt es nur einen McDonald's, man kann sich seine Brotzeit mitbringen.

★★ BAYERISCHES NATIONALMUSEUM

Lage: Lehel, Prinzregentenstr. 3 | **Innenstadtplan:** c II | **U-Bahn:** U 4/5 Lehel | **Tram:** 18 Nationalmuseum | **Bus:** 100 Nationalmuseum | **Museum:** Di. – So. 10–17, Do. bis 20 Uhr | **Krippen:** Anf. Nov. – Ende Jan., sonst nach Anmeldung Tel. 089 21 12 42 27 | **Sammlung Bollert:** Do. – So. 10 – 17 Uhr | **Eintritt:** 7 €, am Sonntag 1 € | **Café:** Di. – So. 10 – 17 Uhr. **Restaurant:** Di. – Sa. 18 – 23 Uhr | **www.bayerisches-nationalmuseum.de**

Eine der bedeutendsten kunst- und kulturgeschichtlichen Sammlungen Europas besitzt das Bayerische Nationalmuseum: ein überwältigendes Schatzhaus für Kunst, Kunsthandwerk und Volkskunst von der Romanik bis zum Jugendstil. Sein Domizil steht dem nicht nach, gehört es doch zu den bemerkenswertesten und originellsten Museumbauten seiner Zeit.

Alles, was Rang und Namen hat

Haben Sie ein Faible für Kultur und Geschichte? Dann müssen Sie sich einen halben Tag für das Nationalmuseum reservieren. Gegründet wurde es 1855 von König Maximilian II. mit dem Ziel, »die interessantesten und vaterländischen Denkmäler und sonstigen Überreste vergangener Zeiten der Vergessenheit zu entreißen«. Zunächst – ab 1867 – war es im heutigen ▶ Museum Fünf Kontinente ansässig; da der Bau bald nicht mehr genügte, errichtete **Gabriel von Seidl**, der Münchner Meister des Historismus, 1894–1900 den riesigen Komplex. Er gilt als sein Hauptwerk und zitiert fast die ganze Architekturgeschichte, was ob der »malerischen« Wirkung großen Beifall fand. Innen setzt sich das Stilkonglomerat fort, denn die Gestaltung der Säle wurde auf die Exponate abgestimmt. Den Kern des Bestands bildet der **Kunstbesitz des Hauses Wittelsbach**. Höhepunkte – Zeugnisse höfischer Prachtentfaltung und überwältigender Handwerkskunst – sind gotische Skulpturen und Altäre, Objekte aus Renaissance, Barock und Rokoko, Porzellan, Musikinstrumente, Gobelins und die weltberühmte Krippensammlung. 2004 konnte das Museum einen

Ein eigener Saal ist den Münchner Großmeistern der Rokoko-Skulptur Johann Baptist Straub und Ignaz Günther gewidmet.

besonderen Leckerbissen übernehmen, die **Sammlung Bollert** mit einzigartigen Skulpturen aus Spätgotik und Renaissance (Eingang westlich des Hauptportals). Vor dem Gebäude grüßt **Prinzregent Luitpold** vom hohen Ross, geschaffen 1901–1913 von Adolf von Hildebrand (► S. 65). Im Westflügel lädt das **Caférestaurant Museum** – mit schöner Terrasse – zur Pause oder einem feinen Mahl.

Süddeutsches Kaleidoskop

Erdgeschoss

Dem süddeutschen Raum ist das Erdgeschoss gewidmet, von der Spätantike bis zum Ende des 18. Jh.s, wobei auch benachbarte Regionen wie Tirol berücksichtigt werden: mit Meisterwerken von Hans Multscher, Erasmus Grasser, Michael Pacher, Tilman Riemenschneider, Hans Leinberger, Johann Baptist Straub, Ignaz Günther und anderen. Barock und Rokoko haben im Westflügel ihre Heimstatt. Höhepunkte sind dort die **Seeoner Madonna** (um 1435), die großen Altäre aus der Werkstatt von **Jan Polack** (um 1500), das Landshuter Zimmer, das Tattenbach-Kabinett und das Schwanthaler-Zimmer. Unbedingt sehenswert sind auch die Augsburger Webstube, die flandrischen Tapisserien sowie die großen **Modelle** der Städte Straubing, München, Landshut, Ingolstadt und Burghausen, die Jakob Sandtner zwischen 1568 und 1574 für Herzog Albrecht V. schuf.

Porzellan, Elfenbein & anderes Kunsthandwerk

Obergeschoss

Thematische Sammlungen werden im Obergeschoss präsentiert. Dazu gehören Kostbarkeiten aus den Porzellanmanufakturen Meißen, Nymphenburg und Ansbach sowie kleineren Werkstätten. Sehenswert sind auch die barocken Ölskizzen aus der Sammlung Reuschel mit Blättern von Januarius Zick, J. A. Feichtmayr und F. A. Maulbertsch. Wertvolle Elfenbeinschnitzereien (wie die Reidersche Tafel), Gold- und Silberarbeiten, Intarsien, Textilien sowie Uhren und wissenschaftliche Geräte ergänzen die Ausstellung.

Landleben früherer Zeiten

Untergeschoss

Die volkskundliche Sammlung präsentiert Bauernstuben, kunstvolle Trachten, Schnitzereien, religiöse Volkskunst, Glas, Töpferwaren und Masken. Von Anfang Nov. bis Ende Jan. zugänglich ist die **Krippensammlung** mit über 60 Szenen und bis zu 40 cm hohen Figuren. Diese wunderbaren Zeugnisse des volkstümlichen Kunsthandwerks entstanden zwischen 1700 und 1850 in Neapel und Sizilien sowie im Alpenraum (Bayern, Tirol, Mähren, Provence), gesammelt hat sie der Münchner Bankier Max Schmederer (1854 –1917).

★ BLUTENBURG

Lage: Obermenzing/Würmtal | **S-Bahn:** S 3, 4, 6, 8 Pasing, dann Bus 56 | **Bus:** 56 | Zugang von der Verdistraße bei der AGIP-Tankstelle und von der Pippinger Straße | **Schlosskapelle:** April–Sept. 9–17, Okt.–März 10–16 Uhr | **www.blutenburg.de**

Zu jeder Jahreszeit zieht es viele hinaus an den westlichen Stadtrand, kein Wunder, das an der Würm gelegene Schlösschen Blutenburg und seine Umgebung sind einfach zu schön. Was man darüber nicht vergessen sollte: Das kunsthistorische Juwel erinnert an zwei starke Persönlichkeiten des Mittelalters.

Eine Burg für die Gefährtin

Nahe dem Beginn der A8 nach Stuttgart überrascht ein wunderbares Idyll. Der künftige Herzog Albrecht III. ließ ca. 1431–1440 ein älteres Herrenhaus zu einem Jagdschlösschen umgestalten, mit Mauerring, Wehrtürmen und Wassergraben, der vom Flüsschen Würm gespeist wird. Er lebte hier mit der Augsburger Baderstochter Agnes Bernauer – von einer Hochzeit ist nichts bekannt –, der er im nahen Untermenzing sogar zwei Bauernhöfe kaufte. (Die Geschichte ging übel aus: Albrechts Vater ließ die Bernauerin 1435 zu Straubing in der Donau ertränken, weil sein Sohn mit einer standesgemäßen Heirat den Fortbestand der Familie sichern sollte.) Hervorragend erhalten ist die spätgotische, 1488 geweihte **Schlosskapelle**. Bemerkenswert ist schon das Äußere, ein Beispiel für die meist verlorengegangene Bemalung spätgotischer Kirchen (der haarige Mann neben der Tür ist der heilige Einsiedler Onuphrius). **Jan Polack**, der hervorragende Münchner Maler der Zeit, schuf bzw. entwarf die feinen goldgrundigen Flügelaltäre. Am Hauptaltar zu sehen: Christus als Weltenrichter, die Taufe Jesu (rechts), die Krönung Mariens mit der Dreifaltigkeit als drei Königen (links). Nach den ausdrucksstarken geschnitzten Apostelfiguren an den Wänden ist ihr unbekannter Urheber benannt, der **Blutenburger Meister**. Neben dem Sakramentshäuschen links steht die in sich gekehrte Blutenburger Madonna eines anderen unbekannten Meisters; die Fenster zeigen in 16 Szenen das Leben Jesu sowie Wappen der Wittelsbacher und verwandter Häuser.

Ein Bücherschloss

Internationale Jugendbibliothek

Im Schloss ist die weltweit bedeutende Internationale Jugendbibliothek ansässig, die Kinder- und Jugendliteratur mit über 600 000 Bänden in über 130 Sprachen besitzt (mit Ausleihe!) und mit ihren Veranstaltungen – Führungen, Vorträge, Tagungen, Ausstellungen etc. – das Verständnis zwischen jungen Menschen aller Nationen fördern will. Besonders interessant sind auch die **»Lese-Museen«** für Erich Kästner, Michael Ende und James Krüss.

Spätmittelalterliche Idylle am Stadtrand: Schloss Blutenburg

BAEDEKER MAGISCHE MOMENTE

MUSIK IN DER BLUTENBURG

Einige Male im Sommer kann man Solisten- oder Kammerkonzerte genießen, zur Adventszeit wird bei den Blutenburger Konzerten Heimatliches geboten: Musik, Lesungen, Weihnachtsspiele. Und am ersten Dezember-Wochenende findet im Schlosshof ein romantischer kleiner Weihnachtsmarkt statt.
www.blutenburgerkonzerte.de, www.blutenburg.de
Karten bei München Ticket (► S. 308).

Sehr gut speist man in der gemütlichen **Schlossschenke** und auf ihrer Terrasse am Weiher. Im Park um die Blutenburg kann man relaxen, schön ist der 45–60 Min. lange Spaziergang auf der Grünachse **»Durchblick«** zum Schloss ► Nymphenburg. Dieses grüne Band ist übrigens nicht einfach »übriggeblieben«, sondern wurde zusammen mit dem Schlosspark Nymphenburg von F. L. von Sckell konzipiert, dem Gestalter des ► Englischen Gartens.

Jugendbibliothek: Studienbibliothek Mo.–Fr. 10–16 Uhr | **Michael-Ende-Museum:** Mi.–So. 14–17 Uhr; www.ijb.de | **Schlossschenke:** Mi.–Mo. 10–22 Uhr, Tel. 089 8 11 98 08

Nicht weniger schön ist die Dorfkirche

★ Pippinger Kircherl

Ein hübscher kurzer Spaziergang an der Würm nach Süden führt zu einem weiteren spätgotischen Kleinod, der Kirche St. Wolfgang an der stark befahrenen Durchgangsstraße (Pippinger Str. 49a). Die schön restaurierte Dorfkirche mit ummauertem Friedhof ist für Oberbayern ungewöhnlich, da die meisten alten Kirchen barock umgestaltet wurden. Auch die originale Ausstattung blieb im 17./18. Jh. unangetastet. Errichtet wurde St. Wolfgang 1478–1480 wohl durch die Münchner Dombauhütte. Seinen Spitzhelm bekam der Turm, nachdem 1794 ein Blitz eingeschlagen hatte. Die Fresken im Altarraum (Passion, Marientod, Propheten, Kluge und törichte Jungfrauen) und die Bemalung der Kanzel (Kirchenväter) schuf wahrscheinlich die Werkstatt von Jan Polack (1478). Sehen Sie sich die Passion genauer an – so war man im 15. Jh. gekleidet. Die Buntglasfenster datieren von 1479, die drei Schnitzaltäre von 1490.

Zugänglich So. ab 18 Uhr (Nov.–Febr. ab 18.30) vor dem Gottesdienst um 19 Uhr, nicht in den Sommerferien Aug.–Mitte Sept.

★★ BMW

Lage: Petuelring/Lerchenauer Str. | **U-Bahn:** U 3 Olympiazentrum | **Tram:** 27 Petuelring | **BMW Welt:** Mo.–Sa. 7.30 – 24, So. 9–24 Uhr, Eintritt frei | **BMW Museum:** Di.– So. 10 –18 Uhr, Eintritt 10 € | **BMW Werk:** Führungen Mo.– Fr. 9 –16.30, im Sommer bis 18.15 Uhr | **Besucherservice:** Tel. 089 1 25 01 60 01 | **www.bmw-welt.com**

Kathedralen des Automobils: Am Nordosteck des ▸Olympiaparks setzt sich der Münchner Autobauer eindrucksvoll in Szene, mit dem »Vierzylinder« der Zentralverwaltung, der »Silberschale« des BMW-Museums und der eigenwilligen BMW Welt.

Freude am Fahren, bayerisch

Die Bayerische Motoren-Werke AG (BMW) entstand 1916, als sich die Rapp Motorenwerke AG und die Gustav Otto Flugmaschinenfabrik zur Bayerischen Flugzeugwerke AG zusammenschlossen, die bald darauf den heutigen Namen bekam. Dass das berühmte Signet einen stilisierten Propellerkreis darstellen soll, ist eine Legende, die um 1929 auftauchte. Tatsächlich wurde es aus dem der Rapp Motorenwerke abgeleitet, wobei das blau-weiße Geviert – wie zu vermuten – die bayerische Identität ausdrücken soll. Die Farben sind vom bayerischen Wappen übernommen, aber gespiegelt, da Hoheitszeichen nicht als Warenzeichen verwendet werden dürfen.

Der »Vierzylinder«

BMW-Hochhaus

Die Mittelklassemodelle, mit denen BMW in den 1960er-Jahren aus der Misere fuhr, hatten Vierzylinder-Motoren. Das inspirierte den Wiener Architekten Karl Schwanzer zur Form des 99 m hohen BMW-Hochhauses (1973), in dem die Konzernverwaltung residiert: Um einen zentralen Schacht sind vier angeschnittene Zylinder angeordnet. Unter dem Hochhaus liegen weitläufige Werksanlagen und Parkhäuser für die Beschäftigten.

Legenden auf zwei und vier Rädern

★★ BMW Museum

Die legendären Produkte des Auto- und Motorradbauers sind in der silbernen »Schüssel« vor dem Hochhaus zu bestaunen. Vom »Dixi« der 1920er-Jahre bis zu den herrlichen Sport- und Rennwagen der 1950er- und 1960er-Jahre, vom erfolgreichen Motorrad R 32 von 1932 bis zur Weltrekordmaschine von 1955 werden nahezu alle Erzeugnisse des traditionsreichen Werks raffiniert in Szene gesetzt. Auch futuristische, nie realisierte Entwürfe werden präsentiert.

Tempel der automobilen Gesellschaft

★★ BMW Welt

Spektakulär ist er in der Tat, der Stahl-Glas-Bau des Wiener Architektenbüros Coop Himmelb(l)au, ein wildes Formenkonglomerat aus

Doppelkegel, gewellter Dachkonstruktion und einem taillierten Glaskasten mit kantigen Auswüchsen. Über 3 Mio. Besucher im Jahr machen das 2007 eröffnete Tor zur Marke BMW zum größten Publikumsmagneten in Bayern. Hier können Käufer ihre neuen Karossen abholen (etwa ein Zehntel reist aus den USA an) und künftige Kunden die Produkte des Hauses in Augenschein nehmen. Über 400 Veranstaltungen, vom Jazzkonzert bis zum Kardiologen-Kongress, verzeichnet das **Event Forum**. Die Gastronomie steht dem nicht nach: Das von Feinkost Käfer und Küchenchef Bobby Bräuer geführte **Ess-Zimmer** (französisch-mediterrane Küche) hat zwei Michelin-Sterne; weniger kostenintensiv verköstigt man sich in der Brasserie Bavarie und in den Cafeterien. Im **Junior Campus** können junge Leute entdecken, wie Autos funktionieren und gebaut werden. Eine große Zahl unterschiedlicher Führungen bietet der Besucherdienst an.

Ess-Zimmer: Di.–Sa. ab 19 Uhr, 1. Jan.-Hälfte und Aug. geschlossen | Tel. 089 358 99 18 14 | **www.esszimmer-muenchen.de**

Wunder-Werk der Technik

BMW-Werk

Im benachbarten Stammwerk der BMW AG fertigen rund 8000 Mitarbeiter täglich über 900 Fahrzeuge nach individuellen Kundenwünschen. Hier ist moderner Autobau hautnah zu erleben: Eine barrierefreie Produktionsmeile führt durch 12 Hallen, vom Presswerk über den Karosseriebau, die Lackiererei und den Motorenbau bis zur Fer-

Schicke Karossen im futuristischen Ambiente der BMW Welt – man kann hier aber auch exzellent essen und erstklassige Kultur erleben.

tigung der Ausstattung und schließlich zur Montage. Wegen der großen Nachfrage ist für die Führungen frühe Anmeldung notwendig.

BOGENHAUSEN

Lage: nordöstlich des Zentrums | **U-Bahn:** 4 Prinzregentenplatz-Arabellapark | **Bus:** 54 Prinzregentenplatz-Herkomerplatz | **Tram:** 16 Villa Stuck - Herkomerplatz

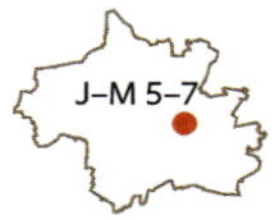

Außer Schwabing dürfte Bogenhausen Münchens berühmtester Stadtteil sein: Wie man »weiß«, sind dort die Villen besonders großartig, ihre (verbliebenen) Bewohner besonders betucht, die Gärten veritable Parks. Vom alten Ortskern zeugt noch die St.-Georgs-Kirche mit ihrem schönen kleinen Friedhof.

Man ist wer ...

Östlich der Isar, gegenüber dem Englischen Garten, schufen sich Ende des 19., Anfang des 20. Jh.s wohlhabende Bürger schöne Domizile, in denen heute Botschaften und Konsulate, Banken, Unternehmensberater, Rechtsanwälte und ähnliche Branchen residieren. Insbesondere am Isar-Hochufer, in der Maria-Theresia-Straße und der Möhlstraße, strahlen Gründerzeit- und Jugendstil-Villen nobles Flair aus. Doch der Stadtbezirk mit Gartenstadt-Charakter ist groß, er umfasst auch ganz normale Siedlungen mit Einfamilienhäusern und großen Wohnblocks, besonders östlich des Mittleren Rings (Richard-Strauss-Straße). In den 1950er-Jahren entstand die Parkstadt (heute denkmalgeschützt), in den 1970er-/1980er-Jahren folgte im Nordosten der Arabellapark mit modernen Büro- und Wohnbauten. Den Südrand des Viertel markiert die prunkvolle ►Prinzregentenstraße.

Das literarische Gedächtnis Münchens

★ Monacensia

Hinter dem Friedensengel geht von der ► Prinzregentenstraße die Maria-Theresia-Straße ab. Nr. 23 ist das hübsche, repräsentative Haus, das sich der renommierte Bildhauer **Adolf von Hildebrand** (1847 - 1921) - er schuf den Wittelsbacherbrunnen (► S. 130) und den Vater-Rhein-Brunnen (► S. 125)- 1897/1898 nach eigenen Plänen erstellen ließ. Seit 1977 ist hier die 1921 gegründete Monacensia zu Hause, die als Teil der Stadtbibliothek alles Gedruckte zum Thema München und Region sammelt (über 150 000 Medien). Sie verwahrt rund 300 Nachlässe und Archive von Schriftstellern, Künstlern und Wissenschaftlern, die in München tätig waren, etwa von Ludwig Thoma, Ludwig Ganghofer, Frank Wedekind, Lena Christ und der Familie Mann. Sehr interessant ist das große Veranstaltungsprogramm, und

Bogenhauser Künstlerdomizil: das Hildebrandhaus

im Garten und im modernen Glasanbau können Sie beim Cappuccino schmökern.

Mo.–Mi., Fr. 9.30 – 17.30, Do. 12.00 – 19.00, Ausstellungen auch Sa./So. 11 – 18 Uhr | Eintritt frei | Café: Di.– So- ab 11 Uhr | **www.muenchner-stadtbibliothek.de**

Eine besonders schöne Dorfkirche

★ St. Georg

Ein wenig dörfliche Atmosphäre spürt man noch im Norden Bogenhausens. Ein Spaziergang durch die Parkanlagen an der Maria-Theresia-Straße führt zur Kirche St. Georg, ein Rokoko-Juwel mit einem bezaubernden Friedhof. Das überraschend hochkarätig ausgestattete Kirchlein mit spätgotischem Chor wurde 1766 – 1768 nach Plänen des großen Baumeisters Johann Michael Fischer erstellt; der Hochaltar mit Figuren der hll. Georg, Donatus und Irene stammt von J. B. Straub, den rechten Seitenaltar mit dem hl. Korbinian und die Kanzel schuf Ignaz Günther; die Gewölbe malte ein Zimmermann-Schüler aus. Unter wunderschönen schmiedeeisernen Grabkreuzen ruhen viele berühmte Persönlichkeiten, so Liesl Karlstadt, Erich Kästner, Annette Kolb, Oskar Maria Graf, R. W. Fassbinder, Walter Sedlmayr und Helmut Fischer (»Monaco-Franze«); zuletzt wurde 2015 Helmut Dietl hier bestattet, der u. a. die Serie »Monaco-Franze« und den Film »Schtonk!« drehte. – Mit der Tram 16 gelangen Sie zurück zum Max-Weber-Platz (► S. 107), oder Sie gehen/fahren (Bus 54 oder 154) hinüber zum ► Englischen Garten.

Zeichen der neuen Zeit

Arabellapark

Wahrzeichen des Viertels ist der **HVB-Tower** an der Richard-Strauss-Straße, das erste Gebäude in München, das über 100 m hoch ist. Der immer noch hypermodern anmutende Verwaltungsbau der Hypo-Vereinsbank (Walther & Bea Betz, 1975–1981) besteht aus drei mit Glas und Aluminium verkleideten Prismen, die in zylinderförmigen Stelzen mit markanten Querträgern hängen. Über 3000 Menschen arbeiten hier. Um den Tower gruppieren sich weitere glas- und eloxal-verkleidete Gebäude, darunter Niederlassungen bekannter Industrieunternehmen und – für die Geschäftsreisenden – riesige Hotelkomplexe namhafter Ketten, das Westin Grand ist mit 627 Zimmern das größte Hotel der Stadt.

★ BOTANISCHER GARTEN

Lage: Nymphenburg, Menzinger Str. 65 | **Tram:** 17 Botanischer Garten | Tgl. ab 9 Uhr, Mai–Aug. bis 19 Uhr, April, Sept. bis 18 Uhr, Febr., März, Okt. bis 17, Nov.–Jan. bis 16.30 Uhr | **Eintritt:** 4,50 € | **www.botmuc.de**

Lieben Sie blühende Gärten, exotische Pflanzen oder romantische Parks? Wie der Schlosspark ► Nymphenburg zählt der angrenzende Botanische Garten zu den Plätzen, die die Münchner das ganze Jahr über gern besuchen. Seine Vielfalt und die gärtnerische Gestaltung machen ihn zu einem der schönsten in Europa.

Erlebnis für die Sinne

Als der alte Botanische Garten am ► Karlsplatz durch den zunehmenden Verkehr in Bedrängnis kam, legte man 1909–1914 einen neuen wissenschaftlichen Garten an. Auf über 21 ha werden, nach Pflanzengesellschaften zusammengestellt, rund 16 000 Pflanzenarten kultiviert, etwa die Hälfte davon in Gewächshäusern. Die Mitte der großzügigen Parkanlage bildet das Café mit herrlichen Terrassen, große bunte Keramikfiguren aus der berühmten Nymphenburger Porzellanmanufaktur setzen hübsche Akzente.

Immer interessant

In jeder Jahreszeit bietet der Garten ein anderes Bild. Im **Schmuckhof** vor dem Institutsgebäude kann man sich etwas für den eigenen Garten abschauen. Über 200 Arten **Rhododendren** blühen im Mai/Juni, der **Rosengarten** lockt mit seiner Duft- und Farbenpracht vom Frühsommer bis in den Herbst; angenehm kühl ist es im Sommer in der **Farnschlucht** in vielerlei Grüntönen. Im **Alpinum** wachsen Gebirgspflanzen aus aller Welt; im Juni blühen hier der Blaue Enzian, das orangerote Habichtskraut und der zwergwüchsige Alpenmohn. Eine Pracht ist der **Heidegarten** zur Ginsterblüte im Spätfrühling und bei der spätsommerlichen Blüte der Erika.

Schwüle Urwälder, trockene Steppen

Gewächshäuser

Das ganze Jahr über kann man die Gewächshauser besuchen, die verschiedenen Klimazonen gewidmet sind – dementsprechend mal kühl, mal trocken-heiß, mal schwül-warm. Hier gedeihen Schraubenpalmen, Bananenstauden, meterhohe Palmfarne und Bambusse, eine Vielfalt stachliger Kakteen, Kaffee- und Kakaosträucher, Orchideen und die »Königin der Wasserpflanzen«, die Riesenseerose **Victoria amazonica**, die im Sommer blüht. Im Haus 4 werden außer Wasserpflanzen Kannenpflanzen gezogen, die von Insekten leben. Im Winter, ca. von 20. Dezember bis 15. März, flattern dort **tropische Schmetterlinge** – herrliche fliegende Edelsteine.

In Blütenpracht schwelgen, auf der Caféterrasse entspannen

BRIENNER STRASSE

Lage: Nordwestrand der Altstadt | **Innenstadtplan:** c I–II |
U-Bahn: U 3/6, 4/5 Odeonsplatz | **Tram:** 27/28 Karolinenplatz |
www.brienner-quartier.de

Einst verband der »Fürstenweg« die Residenz mit dem Schloss Nymphenburg – im frühen 19. Jahrhundert übernahm eine der vier Prachtstraßen Münchens, die Brienner Straße, seine Funktion. Großzügige Plätze, der Wittelsbacher-, der Karolinen- und insbesondere der ▶Königsplatz, akzentuieren den Boulevard.

Ein Fürstenweg

Architekten wie F. L. von Sckell, Karl von Fischer und Leo von Klenze schufen das Konzept der Prachtstraße, die nach der Schlacht bei Brienne 1814 in Nordfrankreich benannt wurde; in den stattlichen Gebäuden im Stil des Klassizismus oder der Renaissance residierten Adlige, wohlhabende Bürger und angesehene Künstler. Durch den Zweiten Weltkrieg, die neue Bebauung und die Anlage des Altstadtrings ist das ursprüngliche Bild jedoch großenteils verlorengegangen, insbesondere zwischen Königsplatz und Stiglmaierplatz. Im kurzen, schmalen Ostteil der Straße zwischen dem ▶Odeonsplatz und dem Altstadtring kann man Geld ausgeben: Hier reihen sich Kunstgalerien und schnieke Läden für Lifestyle-Acessoires, Mode, Innenausstattung etc., ergänzt durch Cafés und Restaurants.

Konzernzentrale und Innenministerium

Wittelsbacherplatz

Der prächtig-öde Wittelsbacherplatz, der sich rechts öffnet, lässt die Handschrift von Klenzes erkennen. Auf dem Platz weist **Kurfürst Maximilian I.** zu Pferd den Weg; modelliert hat ihn der berühmte dänische Bildhauer Bertel Thorvaldsen, gegossen wurde er 1839 angeblich aus der Bronze türkischer Kanonen. Das **Ludwig-Ferdinand-Palais** am Nordrand, in dem Klenze selbst 25 Jahre wohnte, ist seit 1949 Unternehmenssitz von Siemens und wurde in die neue, 2016 eröffnete Konzernzentrale integriert. Das dänische Architekturbüro Henning Larsen Architects gestaltete das für alle zugängliche Erdgeschoß mit Café, Restaurant, begrünten Innenhöfen und Wasserspielen; auch wurde damit ein neuer Fußweg zwischen der Innenstadt und dem ▶Kunstareal geschaffen.
Die Westseite nimmt das **Palais Arco-Zinneberg** ein (L. von Klenze, 1820), die Ostseite das bayerische Innenministerium, in dem die Reste des Odeons aufgegangen sind (▶Odeonsplatz, S. 191 f.).

Vergangene Grandeur

Luitpoldblock

Dieses erste Geschäftshaus außerhalb der Stadtmauern wurde 1812 eröffnet, der damals gepflegte Branchenmix ist bis heute erfolgreich, auch wenn von der einstigen Pracht des Luitpoldblocks nichts mehr übrig ist (www.luitpoldblock.de). Ab 1888 beherbergte der Komplex zwischen Brienner Straße, ▶ Salvatorplatz und Maximiliansplatz das **Café Luitpold**, eines der prunkvollsten Kaffee- und Tanzhäuser der Welt, 1944 ging es im Bombenhagel unter. 1962 eröffnete das Café wieder, mit Confiserie, Restaurant und glasüberkuppeltem Palmengarten (kein Muss). Nebenan öffnet sich der Platz der Opfer des Nationalsozialismus mit einer mahnenden »ewigen Flamme«.

Musterbau

Almeida-Palais

Das klassizistische Palais an der Ecke zum Altstadtring (Nr. 14) zeigt, wie die ursprüngliche Bebauung aussah. Es wurde bis 1824 von J.-B. Métivier für Sophie Petin errichtet, ab 1823 Baronin von Bayrstorff. Heute residieren hier u. a. ein Inneneinrichter für Küchen und Bäder und das Europa-Büro des US-Bundesstaats South Carolina.

Pariser Place de l'Étoile im Münchner Maßstab

Karolinenplatz

Um 1810 wurde der Karolinenplatz angelegt, die Palazzi, die ihn umgaben, gingen 1944/1945 verloren, weshalb das Bild recht schlicht wirkt. Der 29 m hohe **Obelisk** (1833) erinnert an die 30 000 bayerischen Soldaten, die 1812 an Napoleons Russlandfeldzug teilnahmen (4000 kamen wieder zurück) – der Preis für die Königswürde, die Napoleon dem Kurfürsten Max Joseph verliehen hatte. An der Südseite das **Amerikahaus** (1957), das Informationen zu den USA und zu Kanada in vielfältiger Form bietet, u. a. mit über 200 Veranstaltungen im Jahr und großer Bibliothek (www.amerikahaus.de).

Eine der aufregendsten Bühnen Münchens

Volkstheater

Wenige Schritte weiter westlich folgen das NS-Dokumentationszentrum und der ▶ Königsplatz, jenseits der Propyläen das ▶ Lenbachhaus. Kurz vor dem Stiglmaierplatz findet man rechts das Volkstheater (Brienner Str. 50; ▶ S. 310), eine lebendige, »junge« Spielstätte in der Tradition des kritischen Volksstücks; aber auch Klassiker stehen auf dem Programm. Bis 2002 von Ruth Drexel geprägt, erfreut sich das Theater unter Christian Stückl bester Wertschätzung (Stückl ist auch Spielleiter im Oberammergauer Passionstheater). Der Dauerbrenner seit 2006 – und für jeden München-Besucher Pflicht! – ist der »Brandner Kaspar und das ewig' Leben« in der Inszenierung von Stückl: Franz von Kobells ebenso spaßige wie tiefsinnige Geschichte vom Brandner Kaspar, der den Tod (»Boandlkramer«) mit Kirschgeist abfüllt und dann beim Kartenspiel besch... t, um ihm noch ein paar Jahre auf Erden abzuluchsen – das Ganze in schönem Oberbairisch und von feiner Blasmusik begleitet. Und beim »Festival junger Regisseure – Radikal jung« Ende April/Anfang Mai stellen sich Nachwuchsregisseure vor. Gut, aber deutlich überteuert isst und trinkt man im Caférestaurant »Meschugge« (!).

BÜRGERSAALKIRCHE

Lage: Altstadt, Neuhauser Str. 14 | **Innenstadtplan:** b III | **S-Bahn:** S 1 – 8 Karlsplatz | **U-Bahn:** U 4/5 Karlsplatz | **Tram:** 16 – 18, 27, 28 Karlsplatz | **Museum:** 9 – 19, Mi. ab 7, So. ab 8.30 Uhr, Eintritt frei | **www.mmkbuergersaal.de**

Eine elegante rote Barockfassade mit einer freundlichen Madonna über dem Portal kennzeichnet diese ungewöhnliche Kirche in der »Fußgängerzone«, die für die Marianische Männerkongregation erbaut wurde. Bis heute bitten viele Münchner an der Grabstätte des Jesuitenpaters Rupert Mayer um Beistand.

Die Marianischen Kongregationen, eine Einrichtung der Jesuiten, hatten großen Zulauf; ihre Säle dienten zu Andachten und Versammlungen, für geistliche Musik und sakrale Schauspiele. Die Münchner Bürgerkongregation hatte im frühen 18. Jh. über 3000 Mitglieder. Die Pläne für ihren 1710 fertiggestellten Betsaal lieferte der Graubündner Antonio Viscardi, der zunächst für Kurfürst Ferdinand Maria arbeitete, dann als Privatunternehmer erfolgreich war; 1778 wurde das Gebäude zur Kirche geweiht (1944 zerstört, rekonstruiert).

Stätte der Marienverehrung

»Nur« ein Betsaal, aber prachtvoll ausgestattet

Die zwei Geschosse der Fassade entsprechen der Aufteilung in **Ober- und Unterkirche**. Dem Weihemotto der Kongregation, »Mariä Verkündigung«, ist der Hochaltar in der Oberkirche gewidmet; als ein Hauptwerk der bayerischen Skulptur um 1700 gilt das von Andreas Faistenberger geschnitzte Holzrelief (1711). Die Medaillons über den Fenstern (1774) und die Gemälde in den Wandfeldern der südlichen Joche haben die Muttergottes zum Thema; unter den Fenstern sind 14 bayerische Wallfahrtsorte porträtiert. Ignaz Günther schuf nach 1770 die Kanzel, von der immerhin die Figuren am Schalldeckel (Verkündigungsengel, Putten mit Symbolen von Glaube, Hoffnung und Liebe) den Krieg überstanden.
In der Unterkirche ist der Jesuitenpater **Rupert Mayer** (1876–1945) beigesetzt, der 1912–1939 in München als Seelsorger wirkte. Als Gegner der Nationalsozialisten wurde er dreimal verhaftet und u. a. im KZ Sachsenhausen festgehalten. Er überlebte das Kriegsende nur um Monate, 1987 sprach ihn Papst Johannes Paul II. im Münchner Olympiastadion selig. Schon zu Lebzeiten als »Apostel Münchens« verehrt, wird sein Grab von vielen Gläubigen besucht, ihre Berührungen haben die Büste des Paters an der Schulter glattpoliert.

Ein Meisterwerk von Ignaz Günther

★★ Museum

Von der Unterkirche geht es ins kleine Museum, das an Leben und Wirken Rupert Mayers erinnert und die Geschichte der Kongregation illustriert, u. a. mit der »Madonna von Foy« und dem verehrten »Augustinerkindl«. Das Highlight ist die berühmte **Schutzengel-Gruppe** von Ignaz Günther (1763): Der bemerkenswert androgyne Engel mit blasiertem Blick und lasziv hochgeschlitztem Rock weist mit der rechten Hand gelangweilt gen Himmel, die geziert gespreizte Linke leitet den pausbäckig-dümmlichen Buben eher widerwillig, die böse Schlange ergreift entsetzt die Flucht – eine eigenwillige Fassung der Geschichte vom jungen Tobias und dem Erzengel Raphael.

CIRCUS KRONE

Lage: Maxvorstadt, Marsstr. 43 | **S-Bahn:** S 1–8 Hackerbrücke | **Tram:** 16, 17 Hackerbrücke | **Info:** Tel. 0180 5 24 72 87 | **Eintritt:** 20–50 € | **www.circus-krone.de**

Europas größter Zirkus hat – in Deutschland einmalig – ein festes Domizil, und zwar auf dem Marsfeld nahe dem Hauptbahnhof. Von November bis März macht das weltberühmte Unternehmen hier Quartier, dann kommen auch München und seine Gäste in den Genuss erstklassiger Shows.

Premiere für die bis Ende März dauernde Spielzeit (mit drei unterschiedlichen Programmen) ist am 1. Weihnachtsfeiertag. Stars der Manege aus aller Welt bieten im 3000 Besucher fassenden Rundbau glänzende Artistik und großartige Tiershows. Von April bis Mitte November ist der Zirkus auf Reisen, in dieser Zeit gastieren hier Musicals, Popbands, Kabarettisten und dergleichen – bis heute berühmt ist das Konzert der Beatles am 24. Juni 1966.

Zirkus von Weltrang

Phönix aus der Asche

Krone-Bau

Der erste Manegenbau – noch aus Holz – auf dem Marsfeld wurde 1919 eröffnet, trotz der unruhigen Zeiten der Räterepublik war die Premiere ein großer Erfolg. Drei Tage vor Weihnachten 1944 fiel der Bau einem Bombenangriff zum Opfer, schon ein Jahr später war ein provisorischer Neubau erstellt. Der heutige Rundbau wurde 1962 eingeweiht, zur Gala-Premiere konnte die Familie Sembach-Krone 3000 Gäste begrüßen. Vor dem Haus erinnert eine Bronzeplastik an den berühmten Clown Charlie Rivel (José Andreo Rivel, 1896–1983), der für seinen Spruch »Akrobat – schöööön!« bekannt war.

DACHAU

Lage: 20 km nordwestlich | **S-Bahn:** S 2 Dachau

Mit dem Namen Dachaus ist das erste deutsche NS-Konzentrationslager verbunden, ein Besuch der Gedenkstätte eine nachhaltige Erfahrung. Dachau selbst ist ein reizvolles Städtchen, vom Schloss hat man einen großartigen Blick bis zu den Alpen.

Schon im Jahr 805 wurde der im Hügelland nahe der Amper gelegene Ort urkundlich erwähnt. Von 1830 bis ins frühe 20. Jh. war hier eine der bedeutendsten Künstlerkolonien in Deutschland zu Hause, Ludwig Thoma, der berühmte Porträtist oberbayerischer Seelenlandschaften, lebte hier von 1893 bis 1897 als Rechtsanwalt.

Freundliche Provinzstadt

Sehenswertes in Dachau

Rund um St. Jakob

Altstadt

Die katholische Pfarrkirche **St. Jakob**, ein bemerkenswert einheitlicher Bau der Spätrenaissance (1625), entstand nach Plänen des Münchner Hofbildhauers Hans Krumpper. Von der Vorgängerkirche stammt noch der Chor, den Hofbaumeister Friedrich Sustris um 1585 umgestaltete. Unter der Ausstattung ragen die Apostel an den

Gemütliche Pause am Schloss. Nach links hat man den großartigen Ausblick.

Langhauswänden (um 1625) und die Jakobusfigur aus getriebenem Silber (um 1690) in der Sakristei heraus. Gediegen bayerisch gibt sich der stattliche Gasthof **Zieglerbräu** wenige Schritte oberhalb der Kirche, seine Terrasse eröffnet einen atemberaubenden Ausblick bis zu den Alpen. In der **Gemäldegalerie** gegenüber dem Rathaus sind v. a. Werke der Dachauer Malerschule ausgestellt, auch die aktuelle Dachauer Kunstszene ist hier kennenzulernen.

Zieglerbräu: Konrad-Adenauer-Str. 8 | Tgl. 10–23 Uhr
Gemäldegalerie: Di. - Fr. 11 - 17, Sa., So. 13 - 17 Uhr | Eintritt 5 €

Ein prachtvoller Rest

★ Schloss

Das Schloss auf einem Ausläufer des Amper-Hügellandes – mit herrlichem Blick nach München und zu den Bergen – war eine Sommerresidenz der Wittelsbacher. Der heutige Bau ist der Rest der großen vierflügeligen Renaissance-Anlage des 16. Jh.s, die Hofbaumeister Joseph Effner im 18. Jh. umgestaltete, Treppenhaus und Westfassade (1715) zeigen Régence-Stil. Anfang des 19. Jh.s ließ König Max I. Joseph die anderen, hinfällig gewordenen Flügel abreißen. Mit der grandiosen Holzdecke gilt der Festsaal als **einer der bedeutendsten Renaissance-Säle** nördlich der Alpen, hier finden Konzerte und Ausstellungen statt. Das Restaurant bietet eine gehobene moderne Küche; lassen Sie sich Kaffee und Torte auf der Terrasse schmecken – über dem stimmungsvollen Obstgarten mit einem Laubengang aus 200 Jahre alten Linden.

April – Sept. Di. – So. 9 – 18, sonst 10 – 16 Uhr | Eintritt 2 € | **Konzerte:** Info & Karten bei der Touristeninformation Tel. 08131 75-286 | **Restaurant:** Mo./Di. geschl., Tel. 08131 2 60 78 18

Künstlerkolonie

Im 19. und frühen 20. Jh. zählte Dachau, wie etwa Worpswede, zu den bedeutenden europäischen Künstlerkolonien. Maler wie Adolf Hölzel, Carl Spitzweg, Ludwig Dill, Lovis Corinth, Arthur Langhammer und Emil Nolde, ein Schüler Hölzels, fanden im unberührten Dachauer Moos mit seinen besonderen Stimmungen reizvolle Motive. Einige Häuser können bei Führungen besichtigt werden (Touristeninformation).

★ KZ-Gedenkstätte

Lage: Dachau-Ost, Alte Römerstr. 75 | **Bus:** 726 vom S-Bahnhof | **Parkplatz:** März – Okt. gebührenpflichtig | Tgl. 9 – 17 Uhr, Eintritt frei | Dokumentarfilm (ab 12 Jahre): 9.30, 11, 13.30, 14.30, 15.30 Uhr | **Führungen:** tgl. 12 Uhr, Dauer 2.30 Std., Gebühr 3 € | **www.kz-gedenkstaette-dachau.de**

Das erste Konzentrationslager

Nur sieben Wochen nach der Machtergreifung, am 22. März 1933, trafen im Konzentrationslager Dachau die ersten Gefangenen ein. Bis zum 9. Mai 1945 wurden hier über 200 000 Häftlinge terrorisiert, v. a. Juden, Sinti und Roma, Geistliche, Kommunisten und Oppositionelle; der Tod von etwa 32 000 Menschen ist belegt, sicher ist die Zahl größer. Die Gedenkstätte wurde 1965 auf Initiative ehemaliger Häftlinge, die sich im Comité International de Dachau zusammenschlossen, mit Unterstützung des bayerischen Staats errichtet.
Das schmiedeeiserne Lagertor, mit dem infamen Spruch »Arbeit macht frei«, wird im Museum aufbewahrt, nachdem es 2014 gestohlen worden und 2017 aus Norwegen zurückgekommen war. Die Anordnung der Lagerbaracken ist noch zu erkennen, nordwestlich außerhalb des Lagers stand das Krematorium. Im ehemaligen Wirtschaftsgebäude dokumentiert eine erschütternde Ausstellung die **Todesmaschinerie des NS-Regimes**. Für den Dokumentarfilm wird ein Mindestalter von 12 Jahren empfohlen, begleitende Erwachsene mögen sich ihrer Verantwortung bewusst sein. Das Internationale Mahnmal (N. Glid, 1968) vor dem Museum stellt stilisiert Gefangene zwischen Stacheldraht dar. Am Rand des Geländes wurden **Sühnestätten** errichtet: die Israel-Gedenkstätte, die evangelische Versöhnungskirche und die katholische Todesangst-Christi-Kapelle. Nördlich außerhalb des Geländes liegen das 1964 eingeweihte Karmel-Sühnekloster und ein Jugendgästehaus.

DEUTSCHES JAGD- UND FISCHEREIMUSEUM

Lage: Altstadt, Neuhauser Str. 2 | **Innenstadtplan:** b III | **S-Bahn:** S 1–8 Karlsplatz, Marienplatz | **U-Bahn:** U 4/5 Karlsplatz, U 3/6 Marienplatz | **Tram:** 16 – 22 Karlsplatz | Tgl. 9.30 – 17, Do. bis 21 Uhr | **Führung:** Do. 17.30 Uhr | **Eintritt:** 5 € | **www.jagd-fischerei-museum.de**

Ein Eber und ein Wels aus Bronze dienen vielen Familien als willkommene Staffage fürs Erinnerungsfoto. Sie machen auf das Museum in der ehemaligen Augustinerkirche aufmerksam, das die Jagd zu Land und am Wasser seit der Steinzeit präsentiert.

Trophäen in der Klosterkirche

Die Kirche des Augustinerklosters war die erste außerhalb der Stadt Herzog Heinrichs (1294, um 1450 erweitert), um 1620 wurde sie barockisiert; schon 1328 erhielt das Kloster Münchens zweite große Braustätte (die Brauerei existiert immer noch, ▶ S. 113). Nach der Säkularisation 1803 wurde die Kirche unterschiedlich genützt, der Konvent wich um 1910 dem Polizeigebäude, das durch die hervorragende Fernsehserie »Löwengrube« (ab 1989) bekannt wurde.

Echte Geweihe, sagenhafte Wolpertinger

Museum

Das 1934 gegründete Museum war ein Prestigeobjekt des berüchtigten NSDAP-Stadtrats und Hitler-Vertrauten Christian Weber und ursprünglich im Schloss Nymphenburg ansässig, 1966 wurde es in der Augustinerkirche wiedereröffnet. Grundstock ist die weltberühmte Geweih- und Trophäensammlung des Grafen Arco-Zinneberg. Rund 1000 Wildtiere sind zu Dioramen zusammengestellt, Jagdwaffen und -utensilien vergangener Zeiten geben zusammen mit interaktiven Medien einen Einblick ins Waidwerk. In der Fischereiabteilung kann man u. a. versteinerte Urfische und Präparate heimischer Süßwasserfische studieren. Die ältesten Angelgeräte stammen aus der Steinzeit! Ein so profundes bayerisches Museum des Jagdwesens wäre indes unvollständig ohne eine solide Wolpertinger-Sammlung – dieses erschröckliche Wesen wurde einst erfunden, um ahnungslose Preißn (Nichtbayern aller Art) zu derblecken, d. h. aufs Glatteis zu führen.

»
Es war ein Schütz in seinen schönsten Jahren,
der wurde weggeputzt von dieser Erd ...
«

Aus dem Lied vom Schlierseer Wildschützen Jennerwein

★★ DEUTSCHES MUSEUM

Lage: Isarvorstadt, Museumsinsel 1 | **S-Bahn:** S 1 – 8 Isartor | **Tram:** 16 Deutsches Museum | **Bus:** 132 Boschbrücke | Tgl. 9 – 17 Uhr, an den meisten Feiertagen geschlossen | **Eintritt:** 11 €, Familien 23 €; Kombikarte mit Verkehrszentrum und Flugwerft Schleißheim 16 € | **Planetarium:** fast tgl. 10, 12, 14, 16 Uhr, Eintritt (zusätzlich) 2 € | **www.deutsches-museum.de, www.aufzu.deutsches-museum.de**

»Technik unterhaltsam erleben«, das war ein Leitgedanke Oskar von Millers, der 1903 das Deutsche Museum gründete, heute eines der bedeutendsten Technikmuseen der Welt und ein großer Besuchermagnet. Auf einer Insel in der Isar werden die Errungenschaften der Natur- und Ingenieurswissenschaften anschaulich und spannend vor Augen und Ohren geführt.

Das Alltägliche entdecken

Oskar von Miller kam »aus der Praxis«, als Pionier der Elektrotechnik gehört er zu den großen Namen der Industriegeschichte (▶ S. 298). Den Gebäudekomplex auf der »Museumsinsel«, den das Museum seit 1925 einnimmt, hat der große Architekt des Münchner Historismus Gabriel von Seidl konzipiert. Zum Museum gehören auch das Verkehrszentrum auf der Schwanthalerhöhe (▶ S. 250) und die Flugwerft Schleißheim (▶ S. 228).
Auf über 50 000 m² Fläche ist etwa ein Viertel des Bestands von gut 100 000 Objekten ausgestellt, die laufend aus der aktuellen technischen Entwicklung ergänzt werden. Zur Erklärung von Sachverhalten dienen Apparate, Versuchsaufbauten, Maschinen sowie Schaubilder, Dioramen und Modelle; oft kann man »Hand anlegen«. Als Bildungseinrichtung bietet das Museum auch unterschiedlichste Führungen und Vorträge an, in der Musikinstrumentensammlung finden Konzerte statt. – Aufgrund umfangreicher Umbaumaßnahmen sind einzelne Abteilungen längere Zeit geschlossen. Auf der Website www.aufzu.deutsches-museum.de ist die aktuelle Situation verzeichnet.

Brachliegendes Filetstück

Kongresshaus

Die Nordseite des Museumskomplexes an der Ludwigsbrücke bildet das 1928 – 1935 erbaute Kongresshaus, lange Zeit ein wichtiger Veranstaltungsort: Hier wurden 1945 die Christlich-Soziale Union (CSU) und 1949 der Deutsche Gewerkschaftsbund gegründet, auch als Konzerthaus hat es seine Geschichte. Man weiß seit vielen Jahren nicht, was man mit dem – exzellent gelegenen – Bau anfangen soll; gegenwärtig trifft sich die Feierpeople im »Blitz«, einem riesigen Elektro-Club mit vegetarischem Restaurant und Isarterrasse.

Ausstellungen

Die Fülle von Erlebenswertem wäre selbst an einem Tag bei weitem nicht zu bewältigen, wählen Sie anhand der Prospekte oder des preiswerten, inhaltsreichen Museumsführers aus. Den bekommt man im **Museumsladen**, einem Dorado für technisches Spielzeug, Experimentierkästen etc. sowie die entsprechende Literatur.

Unter Spannung gesetzt

Erdgeschoss und Untergeschoss

Im Erdgeschoss herrscht fast täglich (11, 14, 16 Uhr) **Hochspannung**: Dann steht der Faraday'sche Käfig unter Strom, Blitze zucken, es kracht gewaltig, und so manchem stehen buchstäblich die Haare zu Berge. Wie Kohle, Erze, Salz, Erdöl und Erdgas gewonnen werden, machen Modelle deutlich, auch wie eine Erdölraffinerie funktioniert, wie Eisen und Stahl erzeugt und verarbeitet werden. Im UG fährt man sogar in ein Bergwerk ein. Beim **Maschinenbau** reicht die Spanne vom 5000 Jahre alten Bohrer bis zur automatisierten Fertigungsanlage, vom archaischen Windrad bis zum Strahltriebwerk. Diverse Kraftmaschinen erzeugen mechanische Energie, die Grundlage der industriellen Tätigkeit. Tunnel-, Wasser-, Brücken- und Straßenbau werden an Modellen erläutert; man erfährt etwa, welche Probleme beim Bau der Münchner U-Bahn zu bewältigen waren. Viel Platz nimmt die **Schifffahrt** ein, mit einem Hochsee-Ewer von 1880 und einem Dampfschlepper von 1931 sowie Geräten, Maschinen und Schiffsmodellen. Im Museumsturm hängt, sehr interessant, ein **Foucault'sches Pendel**, das die Erdrotation sichtbar macht. Im Untergeschoss geht eine Schau auf die vielfältige **Umweltbelastung** durch den Menschen und die Möglichkeiten ihrer Verringerung ein. Das **Zentrum Neue Technologien** im Südflügel umfasst Ausstellungen zu den Themen Klimaforschung, Nano- und Biotechnik, Gentechnik, Medizintechnik und Robotik. Großes Interesse finden Vorführungen, das Gläserne Labor und das **DNA-Besucherlabor**.

Über den Wolken ...

Luftfahrt

In der anschließenden, über zwei Stockwerke reichenden Halle hat die Luftfahrt ihr Reich, von den Anfängen der Zeit Otto Lilienthals bis zur Gegenwart. Propeller, Flugmotoren, Strahl- und Turbinentriebwerke und das Cockpit eines Verkehrsflugzeugs sind hier zu sehen, Jagdflugzeuge aus den Weltkriegen, berühmte Verkehrsflugzeuge wie die JU 52, Teile eines Airbus A 300, ein Starfighter und ein Hubschrauber MBB BO 105. Noch viel mehr zum Thema erfährt man in der Flugwerft ► Schleißheim.

Freigelände

Bei gutem Wetter kann man nach draußen gehen, wo eine Windmühle und der **Seenot-Rettungskreuzer** »Theodor Heuss« stehen, der 1957 in Dienst gestellt und 1987 nach München überführt wurde.

Besonders eindrücklich wird es, wenn's dampft und zischt ...

Meilensteine und Musik

Erstes Obergeschoss

Außer der Luftfahrt ist diese Ebene großen **physikalischen Errungenschaften** gewidmet: u. a. den Magdeburger Halbkugeln von Otto von Guericke (1663), den elektromagnetischen Geräten von Heinrich Hertz (1889), den Röhren von Wilhelm Röntgen (1896) und dem Labor Justus von Liebigs (1803 – 1873). Darüber hinaus werden Energietechnik, Optik und Kernphysik vorgestellt. Eine Apotheke aus der Zeit um 1800 demonstriert die Entwicklung der **Pharmazie** bis zu den modernen Medikamenten. Im **Ehrensaal** werden große (v. a. deutsche) Namen aus Forschung, Technik und Wirtschaft gewürdigt, nebenan ist die Geschichte des Deutschen Museums das Thema. Auch **Musikinstrumente** haben im Museum ihren Platz. Die unterschiedlichsten Tasten-, Blas- und Saiteninstrumente sind zu sehen – darunter einzigartige alte Stücke – und auch zu hören (Konzerttermine auf der Website unter »Kalender«). Elektronische Instrumente und alte Musikautomaten sind im 2. Obergeschoss ausgestellt.

Vom Steinzeitmenschen bis zur Fischertechnik

Zweites Obergeschoss

Ein Höhepunkt des Museums ist die Nachbildung der prähistorischen **Höhlengemälde von Altamira**. Sonst werden hier Techniken und Technologien vorgestellt – von den ältesten bis zu den modernsten –, die unser alltägliches Leben vielfältig erleichtern und gestalten: Keramik und Glas, Papierherstellung, Satz und Druck, Textiltechnik sowie Foto und Film. Hübsche, für viele auch nostalgische Schmankerl präsentiert die Schau mit **technischem Spielzeug**, von alten Holzbaukästen über die Metallbaukästen von Märklin und Trix bis zur Fischertechnik, mit der ganze Produktionsanlagen simuliert werden können. Über der Luftfahrthalle (s. o.) geht es mit der Abteilung für **Raumfahrt** noch höher hinaus; Raketenmotoren, Modelle von Raketen, Satelliten und Sonden, die Nachbildung einer »Mercury«-Raumkapsel und ein Funktionsmodell des »Spacelab« in Originalgröße gehören zu den großen Attraktionen.

Zählen und rechnen

Drittes Obergeschoss

Im dritten Obergeschoss geht es um zwei grundlegende Bereiche des menschlichen Daseins. Beim **Zählen & Messen** machen älteste und modernste Instrumente zur Bestimmung von Ausdehnung, Gewicht und Zeit staunen, ob Sonnenuhren, eine alte Uhrmacherwerkstatt oder eine hochpräzise Funkuhr, einfache Maßbänder oder ingeniöse Sextanten und Theodoliten für die Erdvermessung. Über die Photogrammetrie (Luftbildauswertung) gelangt man zur Entwicklung der Kartografie. Fortgesetzt wird die Messtechnik mit der elektronischen Datenverarbeitung, mit Mikroelektronik und Informatik. So ist u. a. ein Nachbau des ersten programmgesteuerten Rechners der Welt ausgestellt, des Z3 von Konrad Zuse (1941); Grundlagen der Halbleitertechnik und integrierte Schaltungen werden ebenso dargestellt wie die Kristallzüchtung und die Herstellung von Computerchips. Das **Mathematische Kabinett** lädt Groß und Klein zum Rätseln und Knobeln ein. In der **Agrar- & Lebensmitteltechnik** spannt sich der Bogen von uralten, einfachsten Geräten zur Bodenbearbeitung über landwirtschaftliche Maschinen (wie dem legendären Lanz-Bulldog) bis zur modernen Zuckerfabrik, Molkerei und Brauerei.

Reise zu den Sternen

Astronomie im 3.–6. OG

Die Ausstellung zu **Astronomie und Astrophysik** beginnt im zentralen Rundbau im 3. OG und setzt sich bis ins 6. OG fort. Erläutert werden Aussehen und Aufbau unseres Sonnensystems und des Weltalls, Werden und Vergehen der Sterne, die Eigenschaften des Sternenlichts und die astronomischen Instrumente. Im **Planetarium** im 6. OG zaubert ein Zeiss-Projektor einen Himmel mit 5000 Sternen in die 15-m-Kuppel, wobei der Zeitpunkt und der Beobachtungsort auf der Erde frei gewählt werden können (der Vorführungsplan hängt tgl. ab 9 Uhr aus). Die **Sternwarte** verfügt über eine Ostkuppel mit Spiegelteleskop (Bj. 1913, Durchmesser 40 cm) und eine Westkuppel mit einem Zeiss-Refraktor (Bj. 1924, Durchmesser 30 cm). Vorführungen bei klarem Himmel: Westkuppel i. d. R. 10.30–11.30 Uhr, Ostkuppel 14.30–15.30 Uhr; Abendführungen außer Juni/Juli Di., Fr. 20 bzw. 21 Uhr (Info-Tel. 089 21 79-211). Auf der **Terrasse** im 6. OG sind 21 hochpräzise moderne Sonnenuhren aufgestellt, außerdem hat man von hier einen fantastischen Blick zu den Alpen.

★★ ENGLISCHER GARTEN

Lage: nordöstlich des Zentrums | **U-Bahn:** U 3 Odeonsplatz – Münchner Freiheit, U 6 Odeonsplatz – Studentenstadt | **Tram:** 18 Nationalmuseum, Paradiesstraße, Tivolistraße | **Bus:** 54, 154 Chinesischer Turm, 59 Osterwaldstraße

München wäre halb so schön ohne den Englischen Garten, der sich links der Isar von der Prinzregentenstraße etwa 5 km nach Norden erstreckt, bis weit über Schwabing hinaus. Manch ein Student soll hier mehr Zeit verbracht haben als im Hörsaal – nach der Devise »Leben und leben lassen«.

Zeitvertreib inkl. Anbandeln

Großzügige Weite prägt diesen klassischen Landschaftspark mit »natürlichen« malerischen Bäumen, Gehölzen, Wiesen und Bachläufen; mit 384 ha Fläche gilt er als größter Stadtpark der Welt, größer als derCentral Park in New York und der Hyde-Park in London (und er ist fast doppelt so groß wie das Fürstentum Monaco). Das ganze Jahr über bewegen sich hier Spaziergänger, Radfahrer und Reiter, toben Hunde, treffen sich Freizeitkicker und Beachvolleyballer. In der warmen Jahreszeit drängen sich Im Südteil Tausende Sonnenanbeter, die sich in den Bächen erfrischen (im Schwabinger Bach o. k., im Eisbach lebensgefährlich). Und die berühmten Nackerten? Sind heute kein Thema mehr, FKK reizt kaum noch jemanden. Offiziell gestattet ist »hüllenlos« in der Schönfeldwiese (in der Pferdebahn hinter dem Haus der Kunst) und in der Schwabinger Bucht (im Nordteil).

»

Der Zweck der Volksgärten besteht ... darin, daß sie den Menschen zur Bewegung und Geschäfts-Erholung, zum Genusse der freien und gesunden Lebensluft, und zum traulichen und geselligen Umgang und zur Annäherung aller Stände dienen ...

«

F. L. von Sckell

Volksgarten von des Kurfürsten Gnaden

Wie es dazu kam

Zu verdanken der Park dem Kurfürsten Karl Theodor, der aus der Pfalz nach München gekommen war. In der Stadt und in Bayern sehr unbeliebt, bewies er dennoch Wohlwollen und Weitsicht: Auf Vorschlag seines Beraters Benjamin Thompson, später Graf Rumford, ließ er am linken Isarufer einen großen Garten anlegen, und das just ab dem Jahr 1789, als in Paris die Revolution losbrach. Später wurden

OBEN: Der Monopteros, berühmter Blickfang und Treffpunkt im Englischen Garten

LINKS: Ein idealer Platz fürs Feierabendbier – Hochbetrieb im »Aumeister«

hier »zur Unterrichtung des Volks« landwirtschaftliche Betriebe eingerichtet, eine Schule für Ackerbau, Baumzucht und Vieharznei, eine Schweizerei (d. h. Molkerei) und eine Schäferei. Als Gestalter betätigten sich Thompson selbst, Reinhard von Werneck und v. a. der Landschaftsgärtner Friedrich Ludwig von Sckell, der u. a. in Versailles und in England »gelernt« hatte. Von Werneck legte 1802 den Kleinhesseloher See an, von Sckell erweiterte den Park bis 1804 um die Hirschau bis zum Grundstück des Aujägermeisters im Norden.

Hier geht's oft lebhaft zu ...

Südteil

Gleich hinter dem Haus der Kunst, auf einer von Eisbach umspülten Insel, überrascht eine exotische Idylle: das **Japanische Teehaus**, ein Geschenk der Urasenke-Teeschule zu den Olympischen Spielen 1972 (▶Magische Momente S. 84). Vom **Monopteros**, einem klassizistischen Rundtempelchen (Leo von Klenze, 1838), hat man einen wunderbaren Blick über die Stadt – genießen Sie den Sonnenuntergang! Zum **Chinesischen Turm**, errichtet 1790 als Aussichts- und Musikpagode und 1951 rekonstruiert, strömen Besucher aus aller Herren Länder, der Biergarten mit 7000 Plätzen und Blasmusik vom Turm (Mi. ab 15, Fr. ab 14, Sa./So. ab 13 Uhr) lassen Oktoberfeststimmung aufkommen. Nebenan dreht sich ein prachtvolles altes Karussell, im Advent gibt's einen netten Christkindlmarkt. Das **Rumford-Schlössl** nördlich des Chinesischen Turms, erbaut 1791 als Offizierskasino, nützt ein städtischer »Natur- und Kultur-Treff« für Kinder bis 12 Jahre. Am Parkeingang vom Geschwister-Scholl-Platz her (Veterinärstraße, tgl. 10–22 Uhr) hält das **Milchhäusl**, ein frequentierter Kiosk mit Biergarten, bio-ökologisch produzierte Lebens-Mittel bereit. Am **Kleinhesseloher See** kann man im Biergarten und auf der Terrasse des etwas hochgestochenen Restaurants Seehaus entspannen, auf dem See eine Ruderpartie unternehmen.

... und hier kann man sich verabsentieren

Nordteil

Jenseits des Isarrings – eine vierspurige Schnellstraße, die in den 1960er-Jahren durch das Gelände geschlagen wurde – setzt sich der Englische Garten noch über 3 km fort. Diese sog. Hirschau ist wesentlich weniger frequentiert, hier hat man auch in der »heißesten« Jahreszeit sehr viel Platz und Ruhe; man kann schon auch mal einer Schafherde begegnen. In der Mitte liegt das **Amphitheater**, in dem im Juli mitreißende Theaterkassiker zu erleben sind (▶S. 310). Am Nordrand schließlich ist das Wirtshaus **Aumeister** mit seinem Biergarten »das« Muss-Ziel. Übers **Isarwehr** (Kraftwerk) oder einen Fußgängersteg weiter nördlich kann man die Isar nach Oberföhring überqueren – und weiter an der Isar entlang bis nach Freising radeln (Isar-Radweg Nord, vom Aumeister ca. 25 km, zurück mit der Bahn).

Aumeister: Sondermeierstr. 1, Tel. 089 1 89 31 42-0 | Tgl. 11–23 Uhr | Biergarten tgl. bei gutem Wetter geöffnet

AUF DEM TEEWEG

Gleich hinter dem Haus der Kunst lädt das zauberhaft gelegene Japanische Teehaus ein: Von April bis Oktober kann man hier Mitte des Monats an einer Teezeremonie teilnehmen (Sa., So. 14–17 Uhr stündlich, 8 €). Tel. 089 22 43 19, www.urasenke.de

FLUGHAFEN

Lage: ca. 40 km nordöstlich | **S-Bahn:** S 1/8 Besucherpark | **Besucherpark:** 24 Std. zugänglich (Eintritt frei, Besucherhügel 1 €) **Besucherzentrum:** März – Okt. 9.30 – 18, Nov. – Febr. 9.30 – 17 Uhr | **Besucherterrasse Terminal 2:** tgl. 5 – 15 Uhr | **Flughafen-Tour:** tgl. 14.30 Uhr, 9 € | **A380-Tour:** Sa./So. 13.30 Uhr, 14 €. Beide Touren vom Besucherzentrum, Erwachsene benötigen ein Personaldokument. | **Besucherservice:** Tel. 089 9 75-4 13 33 | **www.munich-airport.de**

Bayerns »Tor zur Welt« zieht Tausende Besucher an, die sich faszinieren lassen der erstaunlichen Technik, von den startenden und landenden Flugzeugen, vom Flair der großen weiten Welt mit Kerosin-Duft und ein wenig Fernweh.

Beeindruckend sind die Dimensionen des Airports: 4 km lang und 60 m breit sind die zwei parallelen Landebahnen, 78 m hoch ragt der Tower auf, über 2 km erstrecken sich die Terminals. Mit 40 Millionen Passagieren jährlich zählt er zu den Top Ten in Europa, in Deutschland ist er nach Frankfurt die Nummer zwei. Der häufig verwendete Namen »Franz Josef Strauß« ist nicht offiziell.

Up, up and away ...

Münchner Wirtschaftsmotor

Wirtschaftliches und Politisches

Mit 30 000 Beschäftigten ist der Flughafen der wichtigste Arbeitgeber an der nördlichen Peripherie Münchens, darüber hinaus zieht er viele Unternehmen an. Was zu Vollbeschäftigung führt, aber auch zu großem Mangel an bezahlbarem Wohnraum. Seit Beginn der 1960er-Jahre plante man einen neuen Airport, denn der zentrumsnahe Flughafen Riem platzte aus allen Nähten. Gegen den Standort im Erdinger Moos gab es erbitterten Widerstand. Erst 1987 konnten die Arbeiten beginnen, fünf Jahre später wurde der Flughafen in Betrieb genommen. Derzeit wird, seit Jahren, um eine dritte Startbahn gestritten, die die Flughafen-GmbH mit über 10000 zusätzlichen Arbeitsplätzen (!) schmackhaft machen will; 2012 stimmten die Münchner Bürger dagegen (die Stadt ist Anteilseigner).

Einige interessante Daten

Imposante Infrastruktur

Das 1081 m lange **Terminal 1** hat 21 Fluggastbrücken, dazu 60 Parkplätze für Flugzeuge im Vorfeld. An das Terminal sind 5 Parkhäuser und 6 Tiefgaragen mit 30 000 Stellplätzen angegliedert. Das 2003 in Betrieb genommene **Terminal 2** mit 24 Fluggastbrücken ist der Deutschen Lufthansa und ihren Partnern vorbehalten. Verbunden werden die Terminals durch das 1999 eröffnete Dienstleistungszentrum **MAC**, das der weltweit tätige Architekt Helmut Jahn als »Stadt im Flughafen« konzipierte (im Untergeschoss liegt die **S-Bahn-Station**). Um den imposanten, von einem Glasdach überwölbten Hof gruppieren sich Läden und Büros; das **Airbräu** bietet ordentliches bayerisches Essen und gutes eigenes Bier für wenig Geld.

Wo man etwas erleben kann

Besucherterrasse und -park

Die Besucherterrasse im Terminal 2 (Ebene 07) bietet einen großartigen Ausblick auf das östliche Vorfeld und die Landebahnen. Außerhalb des eigentlichen Flughafengeländes liegt der Besucherpark (eigene S-Bahn-Haltestelle) mit einem Aussichtshügel; legendäre Verkehrsflugzeuge – eine Ju 52, eine DC-3 und eine Super Constellation – und ein Rettungshubschrauber sind dort »handgreiflich« zu erleben. Multimediaschauen vermitteln ein eingehenderes Bild vom Flughafen. Erleben Sie im komfortablen Bus das Geschehen aus nächster Nähe: in den Terminals und im Tower, auf den Vorfeldern und an den Startbahnen. Besonders attraktiv sind die A380-Touren, daher frühzeitig buchen!

Nürnberger Bratwurst Glöckl am Dom

★★ FRAUENKIRCHE

Lage: Altstadt, Frauenplatz 1 | **Innenstadtplan:** b III | **S-Bahn:** S 1 – 8 Marienplatz | **U-Bahn:** U 3/6 Marienplatz | Tgl. 7.30 – 20.30 Uhr | **Führungen:** Mai – Sept. Di., Do., So. 15 Uhr, 6 €, Treff unter der Orgelempore | **Turm:** zur Zeit geschlossen | **www.muenchner-dom.de**

Seit einem halben Jahrtausend sind die Türme der spätgotischen Frauenkirche »das« Wahrzeichen der bayerischen Metropole schlechthin. Ihre ungewöhnlichen »welschen Hauben« lassen erkennen, dass in München alles etwas gemütlicher zugeht …

Bürgerstolz in Backstein

Der aufstrebenden Herzogsstadt war die alte Frauenkirche aus dem 13. Jh. zu klein geworden. So beauftragte die Bürgerschaft den aus der Nähe von Moosburg bei Freising stammenden **Jörg von Halspach** (auch »Ganghofer« und »Jörg von Polling«) mit einem Neubau. In 20 Jahren (1468–1488) führte er einen dreischiffigen Backsteinbau auf, mit 109 m Länge und 38 m Breite die größte Hallenkirche Süddeutschlands – 20000 Menschen hätten stehend drin Platz. Das zeugt von Selbstbewusstsein, hatte München damals doch nur an die 13000 Einwohner. Gleichzeitig war man bescheiden, statt eines Werksteinbaus in der typischen gotischen Form entschied sich der Magistrat für die heimischen Ziegel (im Umland gab es bis ins 20. Jh. viele Ziegeleien). Es entstand ein zurückhaltender, doch kraftvoller Bau, dem man gar eine »bäuerliche Vornehmheit« attestierte.
Seit der Einrichtung des Erzbistums München-Freising 1817 ist der Dom auch **Kathedrale** und Metropolitankirche der südbayerischen Kirchenprovinzen. Von den Veränderungen im 17. und 19. Jh. ließ der Zweite Weltkrieg nichts übrig; die Rekonstruktion des schwerstens beschädigten Baus zog sich insgesamt bis 1994 hin.
An der Frauenkirche wird **Musik** großgeschrieben, von den vier Orgeln aus der Werkstatt Jann über den Domchor bis zur Capella Cathedralis in der Tradition der Hofkantorei des 16. Jh.s unter Orlando di Lasso. Auf dem Programm stehen feierliche Gottesdienste ebenso wie besondere Konzerte (Termine unter muenchner-dommusik.de und muenchner-dom.de/kalender).

In München das Maß aller Dinge

Das Äußere

Die massigen **Türme** ragen fast 100 m hoch auf: der nördliche Turm 98,57 m, der südliche ist genau 12 cm niedriger. Nicht unbedeutend für den Charakter Münchens ist, dass gemäß einem Bürgerentscheid von 2004 in der Stadt nicht höher gebaut werden darf (nur wenige, davor errichtete Hochhäuser in den Vorstädten sind höher). Klug

Ein gemütlicher Winkel im Schutz der Frauenkirche

eingesetzte Bauzier nimmt den Türmen die Schwere (flache Lisenen an den Ecken); Dachgesimse aus Haustein (mit Maßwerk) trennen die schmaler werdenden Geschosse, die auf der Höhe des Dachfirsts in Oktogone mit Strebepfeilern an den Ecken übergehen. Erst 1525 – nach dem Tod des Baumeisters, aber wohl von ihm geplant – bekamen die Türme ihr ungewöhnlichen **Hauben** (»welsch« meint hier »fremd«). Einige rechnen sie der Renaissance zu, doch hatte Jörg von Halspach durch eine zeitgenössische Schrift Kenntnis vom Felsendom in Jerusalem, den man für den Tempel Salomons hielt und der eine zwiebelartige Kuppel besitzt: eine Anspielung also auf das Himmlische Jerusalem. Auch das **Langhaus** ist über dem Sockel aus Nagelfluh sparsam gegliedert, mit großen Fenstern und flachen Lisenen dazwischen. Die Grabplatten rühren aus der Zeit, als der Dom von einem Friedhof umgeben war. Fünf Portale führen in den Dom, die Türflügel wurden von Ignaz Günther geschnitzt (1771/1772). Am West-/Hauptportal zwei wertvolle Figuren aus der alten Frauenkirche (um 1250), eine Maria mit Kind und Jesus als Schmerzensmann.

FRAUENKIRCHE

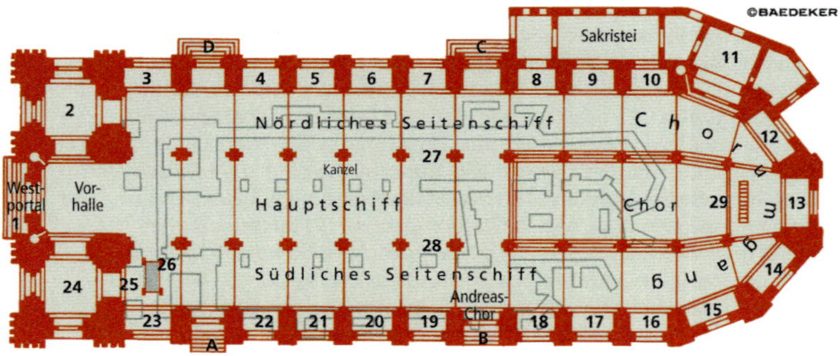

A Arsatiusportal B Brautportal C Bennoportal D Sixtusportal — Grundriss des Vorgängerbaus

1 Turmaufgang
2 Nördliche Turmkapelle (Tulbeckkapelle)
3 Apolloniakapelle
4 Dreikönigskapelle
5 Korbinianskapelle
6 Blasiuskapelle
7 Sieben-Schmerzen-Kapelle
8 Sakristeieingang
9 Katharinenkapelle
10 Kapelle der Hofbruderschaft St. Anna und St. Georg
11 Sakramentskapelle (Ehem. Sakristei)
12 Sebastianskapelle
13 Chorhauptkapelle
14 Kapelle Mariä Opferung (Arsatiuskapelle)
15 Rupertuskapelle (Altöttinger Kapelle)
16 Johann-Nepomuk-Kapelle
17 Bennokapelle
18 Taufkapelle
19 Geburt-Christi-Kapelle
20 St. Georgs- und Margaretenkapelle
21 Mariä-Verkündigungs-Kapelle
22 Bartholomäuskapelle
23 Kongresskapelle (Ecce-Homo-Kapelle)
24 Südliche Turmkapelle (Sendlingerkapelle)
25 Hl. Christophorus
26 Kenotaph für Kaiser Ludwig den Bayern
27 Burchard-Epitaph
28 Ligsalz-Epitaph
29 Zugang zur Krypta

Schlicht und machtvoll zugleich

Das Innere

Beim Eingang am Arsatiusportal – ein stiefmütterlicher Platz am Rande – empfängt das prunkvolle, düstere **Hochgrab für Kaiser Ludwig den Bayern**, geschaffen 1619–1622 von Hans Krumpper (bestattet ist Ludwig in der Krypta). Die großen Statuen stellen Herzog Wilhelm IV. (westlich) und Herzog Albrecht V. dar, die Fahnenträger an den Ecken stammen von einem älteren Grabmal (um 1595). Innen und daher kaum sichtbar die kunsthistorisch bedeutende Deckplatte (um 1480) aus Rotmarmor, die oben den Kaiser zeigt und unten die Aussöhnung zweier Nachfahren, der Herzöge Albrecht und Ernst. Unter der Empore ist im Boden der **Teufelstritt** eingelassen, eine Stelle, die eine Besonderheit offenbart: Von hier aus sind keine Fenster zu sehen außer dem im Chor (von 1622 bis 1860 sah man auch dieses nicht, da es durch den Renaissance-Hochaltar verdeckt war). Darum rankt sich natürlich eine Sage: Der Teufel sollte Jörg beim Bau helfen, dafür sollte er die Seele des ersten Menschen bekommen, der die Kirche betritt. Als die Kirche geweiht wurde, verweigerte der Baumeister jedoch die »Bezahlung«: Der Teufel habe schlecht gearbeitet und die Fenster vergessen. Worauf dieser voller Wut aufgestampft und sich von hinnen gehoben habe. Der Effekt ist in der Tat stark.
Das **Mittelschiff**, von 22 oktogonalen Pfeilern eingefasst und 31 m hoch, wirkt überaus schmal und tief, erstrahlt aber aufgrund der weißen Flächen und der großen Fenster in hellem Licht. Die Einheitlichkeit und mächtig beeindruckende Weite des Raums beruht auch darauf, dass sich die drei fast gleich hohen Schiffe durch die ganze Länge ziehen, der Chor ist nicht abgesetzt.
Das Langhaus und die Seitenkapellen bilden den Hintergrund für schöne **Skulpturen, Gemälde und Fenster** aus dem 14.–17. Jh., fast ausnahmslos nicht am originalen Ort und leider schlecht beleuchtet. In der **Krypta**, zu der Treppen vor der Chorscheitelkapelle führen, sind Mitglieder des Hauses Wittelsbach beigesetzt, darunter Kaiser Ludwig der Bayer und der letzte bayerische König Ludwig III., sowie die Münchner Kardinäle Michael Faulhaber (†1952), Joseph Wendel (†1960) und Julius Döpfner (†1976) .

Das Zentrum des Doms

Hochchor

Der steinerne Schmerzensmann (Auferstandener Christus) am Pfeiler links des Chors stammt aus der Zeit um 1320, die geschnitzte Maria mit Jesuskind gegenüber (um 1520) wird dem Leinberger-Kreis zugerechnet, vor dem Chor hängt ein eindringlicher großer Kruzifixus von J. Henselmann (1954). Das moderne Chorgestühl schmücken innen und außen ausdrucksvolle Apostel- und Propheten-Halbfiguren von Erasmus Grasser (1502). Die Abschlusswand des Chorgestühls zieren vergoldete Reliefs vom früheren Chorgestühl (Szenen aus dem Marienleben, Ignaz Günther 1774). Die Mariensäule trägt eine Immaculata des Rokoko-Künstlers R. A. Boos (1780).

Nördliches Seitenschiff (Nummern ▶Grundriss S. 88)

Nördliche Turmkapelle (2): Marienaltar (1863), Marienrelief mit Stifterbildnis des Bischofs Tulbeck (um 1475).
Apolloniakapelle (3): Altarbild »Hl. Apollonia« (1690).
Dreikönigskapelle (4): Altarbild »Anbetung der Könige« (1629).
Korbinianskapelle (5): Tafeln mit Szenen aus dem Leben des hl. Korbinian und des hl. Benno (1865).
Blasiuskapelle (6): »Ecce Homo«, Johann Rottenhammer zugeschrieben (1599). Eindrucksvoller Marmorepitaph für den Stiftsdekan Balthasar Hundertpfund (1478 – 1502). Gemälde »Kindermord von Bethlehem« von Jacopo Amigoni (1720).
Sieben-Schmerzen-Kapelle (7): Figur der Mater Dolorosa (17./18. Jh.). Gemälde »Christus am Kreuz«, dem Flamen Anthonis van Dyck (1599–1641) zugeschrieben; der Rubens-Schüler war v. a. in Genua und London als Porträtmaler hoch geschätzt.
Bennoportal (C): Über dem Portal Glasmalereien des 15./16. Jh.s.
Eingang zur Sakristei (8): Das riesige Bild »Mariä Himmelfahrt und Krönung« des Münchner Hofmalers Peter Candid (1620), ein Hauptwerk der Gegenreformation, hing einst im Hochaltar. Links ein farbig gefasstes Holzrelief von 1513 (»Marientod«).
Katharinenkapelle (9): J. A. Wolff, »Entrückung der hl. Katharina«, Ende 17. Jh.; Peter Candid: »Verkündigung«, »Gottvater« (1620). Am Pfeiler gegenüber ein Christophorus, um 1525.
Kapelle der Hofbruderschaft St. Anna und St. Georg: (10): »Hl. Anna mit Maria und Jesuskind« von S. Rottaler (um 1520), Hl. Rasso (links) des Meisters von Rabenden, Hl. Georg von Hans Leinberger (1520). Westwand: Hl. Christophorus von Hans Leinberger (um 1525). Glasgemälde »Verkündigung« (um 1500).
Sakramentskapelle (11): Neben dem gotischen Portal prachtvolles Epitaph für den Stiftspropst Ph. Dobereiner († 1576). Daneben eine Uhr, deren Figuren Erasmus Grasser um 1500 angefertigt haben soll. In der Kapelle ein Erlöser aus Stein (um 1450); Fenster »Martyrium der hl. Katharina«, geschaffen um 1500 für die Salvatorkirche.
Sebastianskapelle (12): Altarbilder von Jan Polack und dem Meister von Rabenden, um 1520. Hl. Sebastian von Andreas Faistenberger (1696).
Chorhauptkapelle (13): Links die großartige Schutzmantelmadonna von Jan Polack (um 1510), in der Achse in einem Glasschrein das Marien-Gnadenbild der Münchner Bürger von 1659. Das Fenster (1493) schuf der berühmte Straßburger Meister Peter Hemmel von Andlau; benannt ist es nach dem Stifter, dem Ratsherrn Wilhelm Scharfzandt. An der Rückseite des Chorgestühls hängen Bildtafeln des Memminger Altars von Hans Strigel (um 1500).

Südliches Seitenschiff

Arsatiuskapelle (14): Silberrelief »Hl. Arsatius im Grab« (1496). Darüber die Mitteltafel eines Kreuzaltars (um 1445). Wertvolle Glasgemälde: »Heilsspiegelfenster (um 1480) sowie »Jesus im Tempel«,

»Rotgrüne Passion« und »Heilige Drei Könige«, die vom Vorgängerbau stammen (um 1425).

Rupertuskapelle (15): Altarbild »Der hl. Rupert übergibt der Gottesmutter das Gnadenbild von Altötting« von J. A. Wolff (um 1680).

Johann-Nepomuk-Kapelle (16): Vorstellreliquiar mit Reliquien des hl. Johann Nepomuk (1730). Bildnis des hl. Nepomuk (M. Steidl, 1703). Glasmalerei: Sieben Freuden Mariä (um 1425).

Bennokapelle (17): Benno-Reliquiar von 1601, an der Westwand eine Truhe mit dem Mantel des hl. Benno. Der hl. Benno von Meißen († 1106) wurde 1580, als seine Reliquien nach München kamen, zu einem der Schutzpatrone Münchens und Bayerns bestimmt. Fenster: Szenen aus dem Leben der hl. Agnes und des hl. Sebastian (15. Jh.).

Taufkapelle (18): Barocker Taufstein aus Rotmarmor. Altarbilder »Taufe Jesu«, »14 Nothelfer« von M. Steidl (1703). Spätgotische Bildwerke mit Johannes dem Täufer und Johannes dem Evangelisten.

Christi-Geburt-Kapelle (19): Altarbild »Anbetung der Hirten«, spanisch oder neapolitanisch, in der Manier Caravaggios. Über dem Epitaph für Julius Kardinal Döpfner († 1976) die Enthauptung des Paulus, um 1605.

Margaretenkapelle (20): Altarbild mit hl. Margarete und hl. Georg, um 1630. Totenschilde der Stifterfamilie Ligsalz und ein spätgotischer hl. Nikolaus, Patron der Bäcker. Über dem Sperrgitter prangt ein Adler mit einer Breze – die Münchner Bäckerzunft darf den Reichsadler im Wappen führen, weil in der Schlacht bei Mühldorf 1322 Bäckersknechte den König und späteren Kaiser Ludwig den Bayern verteidigten und ihm wieder aufs Pferd halfen.

Mariä-Verkündigungs-Kapelle (21): Altarbild »Verkündigung« von Joachim von Sandrart (1646). Die modernen Fenster stellen die Genesis dar (1959).

Bartholomäuskapelle (22): Eine schöne Salzburger Pietà (um 1400) mit originaler Bemalung, außerdem Altarbilder »Gottvater« und »Martyrium des hl. Bartholomäus von W. Schöpfer (1627).

Kongresskapelle (23): Fenster (1964) zur Erinnerung an den Eucharistischen Weltkongress, der 1960 in München stattfand. Hier erinnert eine Grabplatte an den großen Barockbaumeister Johann Michael Fischer (†1766), mit dem feinen Lob, dass er nicht nur Gotteshäuser und Klöster, sondern auch die »Gemüther erbauet« habe.

Südliche Turmkapelle (24): Grabmal für Jörg von Halspach, den Erbauer des Doms. Glasmalerei »Leben Jesu« (15. Jh.).

»
Mauern wo geister noch zu wandern wagen ...
heimat deucht uns erst
wo Unsrer Frauen Türme ragen.
«

Stefan George, »München«, 1907

MÜNCHNER DOM

Mit majestätisch aufragenden Türmen und ihren patinagrünen »welschen Hauben« ist der 1494 geweihte Dom – ein mächtiger, ruhiger Backsteinbau – »das« Wahrzeichen Münchens.

1 Prunk-Hochgrab
Das von Hans Krumper im 17. Jh. gestaltete Gedächtnismal für Kaiser Ludwig den Bayern (1283–1347) zieren Bildnisse von Herzog Wilhelm IV. und Herzog Albrecht V. sowie »Genien« mit den kaiserlichen Insignien.

2 Hochchor
Das Chorgestühl schmücken innen und außen Apostel- und Propheten-Figuren von Erasmus Grasser.

3 Scharfzandt-Fenster
Die Glasmalerei im Fenster der Chorscheitelkapelle ist die einzige, die aus der Erbauungszeit erhalten ist.

4 Krypta
Sie beherbergt die ältesten Gräber der Wittelsbacher in München.

5 Sieben-Schmerzen-Kapelle
Die »Mater dolorosa« in dieser Kapelle war ein Teil der barocken Ausstattung (17./18. Jh.).

1
2
3
4
5
©BAEDEKER

FRIEDHÖFE

April–Aug. 8–20, Sept., Okt. bis 19, Nov.–Febr. 8–17, März 8–18 Uhr | Informationen über die Lage bestimmter Gräber findet man auf der Website friedhof.stadt-muenchen.net. | Diverse Veranstalter (▶ S. 344) bieten Friedhofsführungen an, ebenso die Städtischen Friedhöfe selbst (gratis, frühzeitige Anmeldung unter Tel. 089 2 31 99-3 25 nötig).

Im Getriebe und Gedränge der Großstadt sind grüne Oasen mit einer besonderen Atmosphäre zu finden: die Friedhöfe – schattige Spazierwege und romantische Winkel laden zum Abschalten ein. Auf vielen sind bedeutende Persönlichkeiten bestattet, eine »andere«, schöne Art, sich der Geschichte der Stadt zu nähern.

Alter Nördlicher Friedhof

Lage: Maxvorstadt, Arcisstr. 45 | **G 5** | **U-Bahn:** 2/8 Josephsplatz | **Tram:** 27/28 Nordendstraße

Eröffnet 1868, nachdem der Alte Südfriedhof (s. u.) zu klein geworden war. Im Zweiten Weltkrieg verwüstet und aufgegeben, ist er heute eine Zuflucht in den Häuserzeilen. Unter den alten Bäumen lesen Studenten, laufen Jogger, picknicken Familien. Der Friedhof steht unter Landschafts- und Denkmalschutz, alteingesessene Familien pflegen immer noch die Gräber ihrer Vorfahren.

★ Alter Südlicher Friedhof

Lage: Isarvorstadt | **F–G 8–9** | **Eingänge:** Stephansplatz, Thalkirchner Straße, Kapuzinerstraße | **U-Bahn:** 3/6 Goetheplatz | **Bus:** 58 Kapuzinerstraße, 62 Kapuzinerstraße–Stephansplatz

Angelegt 1563 außerhalb der Stadtmauer für arme Leute, im 17. Jh. Pestfriedhof, seit 1944 nicht mehr genützt. Erweiterungen 1821 mit einem Arkadenhalbkreis und bis 1850 durch F. v. Gärtner mit einem quadratischen »Campo Santo«. Auf diesem romantisch zuwuchernden Friedhof ruhen viele Prominente der kgl. bayerischen Residenzstadt, viele Namen sind auch auf Straßenschildern zu sehen.

Joseph von Fraunhofer (1787–1826), Optiker, Alte Arkaden 12
Friedrich von Gärtner (1792–1847), Architekt, Neue Arkaden 175
Leo von Klenze (1784–1864), Architekt, Neue Arkaden 171
Ferdinand von Miller (1813–1887), Erzgießer, Mauer rechts 79
Ludwig von Schwanthaler (1802–1848), Bildhauer, Neue Arkaden 1
Carl Spitzweg (1808–1885), Maler (5-17-10)

Alter Südlicher Friedhof: Man würde sich nicht wundern, wenn man einem Fabelwesen begegnete.

★ Bogenhauser Friedhof

Lage: Bogenhauser Kirchplatz 1 | **J 6** | **Tram:** 16 Bundesfinanzhof | ►Bogenhausen, S. 66

★ Waldfriedhof

Lage: Großhadern | **Südwestlich von B 12** | **Haupteingang:** Fürstenrieder Str. 288 | **U-/S-Bahn:** Harras, dann Bus 52 Waldfriedhof oder Lorettoplatz | **U-Bahn:** Holzapfelkreuth

Nicht nur Münchens größter und Deutschlands zweitgrößter Friedhof (161,3 ha), sondern auch ein besonderer und besonders schöner. Stadtbaurat Hans Grässel (1860–1939), der vier weitere Friedhöfe der Stadt konzipierte, schuf hier ab 1907 einen neuen Typus, der in ganz Europa aufgegriffen wurde, eben den »Waldfriedhof«. Er nützte einen bestehenden Wald, in dem verschieden gestaltete Gräberbezirke locker verteilt sind; die Wege werden teilweise tatsächlich zu Waldpfaden – mit ganz unterschiedlichen, poetischen, ja zauberhaften Winkeln. Im neuen Teil im Westen, in den 1960er-Jahren angelegt, wird das Naturerlebnis noch größer, mit einem See an der Aussegnungshalle und fast unberührten Langgraswiesen, ein Biotop, wie man es selbst auf dem Land selten findet. Wen es im Sommer nach einem Biergarten verlangt, wird im »Waldheim« am Nordwesteck des neuen Teils (Tischlerstraße) und in der »Schwaige« weiter südlich (Forst-Kasten-Allee 114) fündig.

Heidi Brühl (1942–1991), Schlagersängerin, 142e-UW-31
Lena Christ (1881–1920), Schriftstellerin, 44-3-1
Michael Ende (1929–1995), Schriftsteller, 212-W-3
Werner Heisenberg (1901–1976), Physik-Nobelpreisträger 163-W-29
Kurt Huber (1893–1943), Mitglied der »Weißen Rose«, 21-W-22
Franz von Lenbach (1836–1904), Künstler, M-li-81
Leni Riefenstahl (1902–2003), Filmregisseurin, 509-W-4
Franz von Stuck (1863–1928), Maler und Bildhauer, 95-W-16
Frank Wedekind (1864–1918), Dichter, 17-W-88
Fritz Wunderlich (1930–1966), Sänger, 212-W-18

Ostfriedhof

Lage: Giesing, St.-Martin-Str. 1, Nebeneingang Regerstraße | **H–J 10** | **Tram:** 15/25 Ostfriedhof, 17 Ostfriedhof/St.-Martins-Platz

Als ersten seiner Großfriedhöfe legte Hans Grässel den Ostfriedhof 1894–1900 an, im Anschluss an den seit 1817 existierenden Auer Friedhof. Griechisch-römische Formen zeigt die imposante Aussegnungshalle an der St.-Martin-Straße mit Kuppel und weit ausgreifenden Kolonnaden. Das bekannteste unter den großen Familiengräbern liegt gleich hinter der Eingangshalle: das Mausoleum, in dem Rudolph Moshammer (► S. 295) und seine Mama Else bestattet sind; nebenan singt Peter Kreuder noch einmal »Sag beim Abschied leise servus«. Die würdevolle Trauerhalle (Grässel, 1929) beim Krematorium ist März–Okt. bei Führungen zugänglich.

Toni Berger (1921–2005), Schauspieler, 077-02-7
Rex Gildo (L. Hirtreiter, 1936–1999), Schlagersänger, 122-1-21
Friedrich Hollaender (1896–1976), Komponist, 60-1-20
Peter Kreuder (1905–1981), Komponist, 55-19-2
Martha Mödl (1912–2001), Opernsängerin, 040-6-3
Erni Singerl (1921–2005), Schauspielerin, 56-11-3
Barbara Valentin (1940–2002), Schauspielerin, M-li-183
Thomas Wimmer (1887–1964), Oberbürgermeister, 61-1-2

Friedhof am Perlacher Forst

Lage: Stadelheim, Stadelheimer Str. 24 a | **J 12** | **S-Bahn:** 3 Fasangarten | **U-Bahn:** 1 Mangfallplatz | **Tram:** 17 Schwanseestraße

Der 1931 angelegte Friedhof wird vor allem als Ruhestätte von Mitgliedern der »Weißen Rose« besucht, die im Gefängnis Stadelheim nebenan hingerichtet wurden. Unter eisernen Kreuzen und weißen Rosen sind Sophie und Hans Scholl, Christoph Probst (Nr. 73-1-18/19) und Alexander Schmorell (076-1-26) bestattet, Professor Kurt Huber hingegen auf dem Waldfriedhof. Auch einige tausend KZ-Opfer haben hier ihre letzte Ruhe gefunden.

Alter Israelitischer Friedhof

Lage: Sendling, Thalkirchner Straße 240 | **E 11**

Die schönen Grabsteine auf dem alten jüdischen Friedhof zeugen vom Aufstieg der Gemeinde im 19. Jahrhundert. Der 1816 kurz nach der Gründung der Israelitischen Kultusgemeinde eingeweihte Ort des »ewigen Lebens« wurde 1908 geschlossen, als der neue Friedhof an der Garchinger Straße eröffnet wurde (ebenfalls von Grässel angelegt). Zugänglich in seltenen Führungen, Info: Kultusgemeinde Tel. 089 20 24 00-100, Volkshochschule Tel. 089 4 80 06-62 20.

GÄRTNERPLATZ- UND GLOCKENBACHVIERTEL

Lage: Isarvorstadt | **Innenstadtplan:** b–c IV | **U-Bahn:** 1/2/7/8, 3/6 Sendlinger Tor, 1/2/7 Fraunhoferstraße | **Tram:** 16/18 Müllerstraße und Reichenbachplatz, 17 Müllerstraße und Fraunhoferstraße | **Bus:** 52/62 Gärtnerplatz, 132 Fraunhoferstraße

Auch die Isarvorstadt südlich der Altstadt ist für das mediterrane Lebensgefühl zuständig. Schicke Cafés, besondere kleine Läden und viele junge Leute – hier trifft man sich nach Büroschluss, hier feiert man schon mal bis zum frühen Morgen.

Vom ▶ Viktualienmarkt geht man durch lebhafte, schlichte Straßen zum hübschen runden **Gärtnerplatz** – mit gleichnamigem Theater, mit Blumenrondell und Brunnen –, von dem Straßen strahlenförmig ausgehen. Wie zu vermuten, wurde das Karree zwischen der Frauenstraße und der Isar ab 1861 planmäßig angelegt, v. a. mit mehrstöckigen Mietshäusern als Geldanlage. Benannt ist der Platz nach dem Hofarchitekten Friedrich von Gärtner, der wie sein Erzfeind Leo von Klenze in Form einer Büste anwesend ist, voneinander abgewandt ...

Gutbürgerlich bis hip

OBEN: Süßes Nichtstun vor dem Gärtnerplatztheater

LINKS: Fast zu jeder Tages- und Nachtzeit sorgt der Kiosk an der Reichenbachbrücke dafür, dass man nicht verhungert oder gar verdurstet.

Tagsüber sitzt man in einem Café oder, in der warmen Jahreszeit, auf dem Rondell, abends trifft sich dort die Party-People (bis zum Ende der Vorstellungen müssen die Treppen des Theaters frei bleiben). Die Anwohner sind genervt vom Lärm, der oft bis in den frühen Morgen dauert, und von den hinterlassenen Müllbergen. Die Flaschen holen sich Menschen, die das Pfand brauchen können.
Die Kirche des **Herz-Jesu-Klosters** weiter östlich erbaute Alexander von Branca, der auch die Neue Pinakothek (►S. 146) entwarf, bis 1955. In dem nüchternen, schmal-hohen Raum aus Sichtbeton fällt Licht von oben auf den Altar, ein Werk von Fritz Koenig, bekannt geworden als Schöpfer der »Kugelkaryatide N.Y.« am World Trade Center, die den Anschlag 9/11 schwer beschädigt überstand. An der Isar residiert in einem mächtigen Glas-Eloxal-Palazzo (Gerkan, Marg & Partner, 1972) das **Europäische Patentamt**, wesentlich bescheidener gibt sich das Deutsche Patentamt einige Meter weiter nördlich. Jenseits der Isar der Komplex des ► Deutschen Museums.

Bürgerliche Lustbarkeit

★ Gärtnerplatztheater

Münchens zweites großes Musiktheater ist, als einziges Staatstheater in Deutschland, der leichten Muse gewidmet, mit Oper, Operette, Musical und Tanz (►S. 309). Das wirtschaftlich erfolgreiche, begüterte Bürgertum, das sich im Viertel niederließ, wollte auch ein eigenes Theater für die »volkstümlichen Spielgattungen« haben. Zur Finanzierung gründete man eine AG, entworfen und errichtet wurde der spätklassizistische Bau 1864/1865 von F. M. Reiffenstuel, einem Zimmereiunternehmer in der Isarvorstadt. Die Anlage und der prächtige, hufeisenförmige Zuschauerraum des Theaters bleiben jedoch – man war schließlich wer – dem königlichen Nationaltheater nichts schuldig. Ein Erfolg war die Unternehmung allerdings nicht, 1872 rettete König Ludwig II. das Haus aus dem Bankrott. Die Nazis machten es zur »Bayerischen Staatsoperette«; in der ersten Nachkriegsvorstellung 1948 wurde »Eine Nacht in Venedig« gegeben, unter der Regie und Mitwirkung von Gustav Gründgens.

Ausgehen & einkaufen

Glockenbachviertel

Südwestlich jenseits der Fraunhoferstraße schließt das Glockenbachviertel an, das zusammen mit dem Gärtnerplatz als buntes Kneipenquartier bekannt ist; zudem sind eine Reihe hübscher Lädchen zu finden. Einst war es das Wohnzimmer der schwul-lesbischen Community (Freddy Mercury hielt hier in den 1970-er Jahren Hof), inzwischen zielen die Clubs und Kneipen auf das feierwütige Publikum, die sexuelle Orientierung ist Nebensache. Die **Müllerstraße** zwischen Sendlinger Tor und Hans-Sachs-Straße zählt zur »Feierbanane« (►S. 304) mit Remmidemmi bis in den frühen Morgen. Als Sehenswürdigkeit ist mit besonderer Empfehlung der **Alte Südliche Friedhof** (►S. 94) im Westen des Viertels zu nennen. An seinem Rand

BAEDEKER ÜBERRASCHENDES

6X ERSTAUNLICHES

Hätten Sie das gewusst?

1. EIS MAL ANDERS

Weißwurst-, Leberkäs- oder Maultaschen-Eis lassen sich beim **Verrückten Eismacher** mit einem Augustiner-Bier-Eis ergänzen. Aber auch »normale« Sorten wie Chili und Blutorange schmecken super. Amalienstr. 77 & Holzstr. 24, www.dvem.de

2. DRÜCKEBERGER-GASSL

Selbst in der »Hauptstadt der Bewegung« gab es genug Menschen, die den »Deutschen Gruß« vor dem Mahnmal an der **Feldherrnhalle** verweigerten und lieber einen Schlenker machten ... ▶ S. 241

3. OST-WEST-FRIEDENS-KIRCHE

Damals, 1952, hat es die Verwaltung nicht interessiert, wer da am Rand eines Flugfelds eine Kapelle baute. Und so brauchte **Väterchen Timofei** auch keine Genehmigung für seine Eremitenklause. ▶ S. 195

4. MICHAEL-JACKSON-MEMORIAL

Der King of Pop hat natürlich auch in München seine Verehrer. Und weil er immer im **Hotel Bayerischer Hof** residierte, deponieren sie an einer großen Statue davor ihre Kerzen etc.
▶ S. 202

5. ISARWASSER

Klar kann man sich auch in der Isar selbst Erfrischung verschaffen. Doch im **Freibad Maria Einsiedel** haben Sie es leichter: Lassen sie sich im Kanal treiben – oder versuchen Sie gegen den Strom zu schwimmen! ▶ S. 240

6. OBERGRENZE

München will hoch hinaus, nur nicht beim Bauen: Ein Bürgerentscheid 2004 bestimmte, dass **kein neues Gebäude höher werden** darf als die knapp hundert Meter hohen Türme der Frauenkirche.
▶ S. 87

fließt der Westermühlbach, der namengebende Glockenbach ist unter die Erde verbannt. Der **Kiosk an der Reichenbachbrücke** an der Isar – geschlossen nur 5–6 Uhr morgens – hilft bezüglich Proviant für den Isarstrand oder die nächtliche Sause, u. a. mit über 300 Sorten Bier und vielem anderem mehr. Benachbart »der« Blickfang am Fluss, die zweitürmige Kirche **St. Maximilian** (H. v. Schmidt, 1901), die sich stilistisch zwischen Romanik und Jugendstil bewegt.

★ GASTEIG KULTURZENTRUM

Lage: Haidhausen, Rosenheimer Str. 5 | **S-Bahn:** S 1 - 8 Rosenheimer Platz | **Tram:** 15/25 Rosenheimer Platz, 16 Am Gasteig | Tgl. 8 - 23 Uhr | **www.gasteig.de** | **Stadtbibliothek:** Mo.-Fr. 10-19, Sa 11-16 Uhr

Die Ansicht von der Ludwigsbrücke animiert in der Tat nicht zu Begeisterungsausbrüchen. Doch sonst hat Münchens 1985 eröffnetes Kultur-, Bildungs- und Kongresshaus mit seiner unprätentiösen, freundlichen Backsteinarchitektur die geläufige Abwertung als »Klotz am Berg« keineswegs verdient.

Kulturdrehscheibe Münchens

Auch für den München-Gast ist der Gasteig interessant. Hier kann man sich über alle Kulturtermine informieren und Eintrittskarten besorgen, die Musikhochschule veranstaltet fast täglich kostenlose **Mittags-, Ladenschluss- und Studiokonzerte**, die Volkshochschule hat ein großes Programm interessanter Vorträge, Ausstellungen und Stadtführungen, in der Stadtbibliothek liegen die Tageszeitungen aus. Der Name Gasteig kommt von »gacher Steig«, d. h. »steiler Weg«; der einst steile Anstieg nach ▶ Haidhausen war für die Ochsen- und Pferdewagen durchaus beschwerlich. Den Aufgang an der Südseite des Komplexes akzentuieren eine 32 m hohe Edelstahl-Stele von Alf Lechner und eine »Nivea-Dose« (»Gerundetes Blau«) von Rupprecht Geiger. Das Gebäude, über das – siehe oben – Feingeister gern die Nase rümpfen, beherbergt die Münchner Philharmonie, die Hochschule für Musik und Theater, die Volkshochschule und die Zentrale der Stadtbibliothek. Die Institutionen und ihre vielfältigen Veranstaltungen, etwa 1800 im Jahr, ziehen an die 2 Mio. Besucher an; unter ihnen ragen die Konzerte mit internationalen Starmusikern, die Münchner Bücherschau und das Filmfest (▶ S. 328) heraus. Das Foyer im ersten Stock wird auch für Ausstellungen genützt. Für eine kulinarische Pause stehen eine Cafeteria und das Restaurant »Gast«

Andrang beim Filmfest im Gasteig

zur Verfügung, oder man begibt sich in die Kellerstraße hinter dem Gasteig: In Nr. 17 kredenzt die kleine Konditorei Wölfl in ihrem Wohnzimmercafé wunderbaren Kuchen, das Pub »Molly Malone's« (Nr. 21) ist Fluchtpunkt für alle Expats und Anglophilen (▶ S. 324).

»
Burn it!
«
Leonard Bernstein 1985 über die Philharmonie

Musiktempel

Konzertsäle

Der größte Saal ist die ganz mit Holz ausgekleidete **Philharmonie** mit 2387 Plätzen und einer großen Klais-Orgel. Seine Akustik gilt als problematisch – berühmt das Verdikt von Leonard Bernstein –, was aber nur teilweise zutrifft. Der Musikkritiker Joachim Kaiser bevorzugte Block B, Reihe 8, aber auch dort kann es passieren, dass man den Geigensolisten stellenweise kaum hört. Durchaus gut hört man große Orchester- und Chorwerke auch auf den obersten (billigsten) Rängen. Bis 2021 soll im Werksviertel (▶ Haidhausen) ein Konzertsaal mit Weltniveau entstehen; auch soll der ganze Gasteig gründlich überholt werden, nur weiß man noch nicht, wo auf Jahre hinaus die Konzerte stattfinden und die Orchester proben sollen. Kleinere Säle sind der Carl-Orff-Saal (ca. 600 Plätze), der Kleine Konzertsaal (190 Plätze) und die Black Box (225 Plätze).

Gedenken für einen Aufrechten

Am Gasteig

An der Ostseite des Gasteigs überrascht eine große Tröte, der Musikbrunnen. Er steht vor dem Gebäude der GEMA (Gesellschaft für musikalische Aufführungs- und mechanische Vervielfältigungsrechte), und vor diesem erinnert eine Platte im Boden an den berühmt-berüchtigten Bürgerbräukeller, der bis 1979 hier stand. Der Schreiner **Johann Georg Elser** aus dem schwäbischen Hermaringen verübte dort am 8. November 1939, nach monatelanger, mühevoller Vorbereitung ohne jede Unterstützung, sein Attentat auf Adolf Hitler. Seit 1933 hielt Hitler dort immer am 8. November vor Teilnehmern des Putschversuchs von 1923 eine Rede. Als Elsers Bombe explodierte, hatte Hitler aufgrund besonderer Umstände schon geendet und den Saal verlassen. Am 9. April 1945, einen Monat vor Kriegsende, wurde Elser im Konzentrationslager ▶ Dachau umgebracht. Eine Installation an der Türkenschule (in der Türkenstraße, ▶ S. 170) erinnert an seine beispielhafte Tat.

GRÜNWALD

Lage: 12 km südlich, rechts der Isar | **Tram:** 25 Grünwald/Derbolfinger Platz | **www.gemeinde-gruenwald.de**

»Zu Grünwald drunt' im Isartal ... da ham edle Ritter g'haust«, zumindest Karl Valentin zufolge. Heute »hausen« in dem nicht zur Landeshauptstadt gehörenden südlichen Vorort – eine der reichsten Gemeinden Deutschlands – Fußballstars, Schauspieler und andere Menschen mit ausreichend Kleingeld.

Hier ist »man« unter sich

Der hoch über dem bewaldeten Isarufer liegende Ort ist dank seiner Burg und der reizvollen Umgebung ein beliebtes Ausflugsziel. Hier kann man schöne Wanderungen beginnen beziehungsweise bei Radtouren einen Stopp einlegen. Der Anstieg von der Isarbrücke ist nicht lang, aber knackig. An Sehenswertem im engeren Sinn gibt es nur die **Burg** (s. u.). Der alte Ortskern liegt zwischen der Burg und der Kreuzung an der Durchgangsstraße; der gehobene **Alte Wirt** an eben dieser tischt Bayerisches und Internationales aus Bio-Zutaten auf. Musikfreunde sollten einen Blick ins Programm des **August-Everding-Saals** werfen: In dem schönen Saal mit hervorragender Akustik spielen auch internationale Stars der Klassikszene.

Alter Wirt: Wirtschaft 6.30 (Sa./So. 7.30) bis 21.30 Uhr | Restaurant Mo.–Sa. 12–14.15, 18.30–21.30, So. 12–21 Uhr, Tel. 089 64 19 34-0
August-Everding-Saal: Ebertstr. 1, Karten Tel. 089 6 41 04 71

Heimstatt der Grünwalder Ritter

★ Burg Grünwald

Die einen alten Isarübergang bewachende Burg wurde erstmals im 12. Jh. als Besitz der Grafen von Andechs erwähnt. Herzog Ludwig der Strenge erwarb die Veste 1293, im 15. Jh. wurde sie für die Hochzeit Albrechts IV. umgebaut. Drei Jahrhunderte diente sie dann als Jagdschloss, Gefängnis und Pulvermagazin. Heute macht ein Zweigmuseum der ► Archäologischen Staatssammlung München mit der 1000-jährigen Geschichte der Burg und dem Thema »Burgen in Bayern« bekannt. Bei gutem Wetter kann man im idyllischen Hof Kaffee trinken, um den 20. Juli wird das Burgfest gefeiert. Von Burgfried und Torbau bietet sich ein herrlicher Blick nach München, zum Starnberger See und auf die Alpen.

Karsamstag – 1. Nov. Mi. – So. 10 – 17 Uhr | Turm 1 €, Ausstellung 2,50 €

HACKENVIERTEL

Lage: Südwestliche Altstadt | **Innenstadtplan:** a–b III–IV | **S-Bahn:** Karlsplatz, Marienplatz | **U-Bahn:** Karlsplatz, Marienplatz, Sendlinger Tor | **Tram:** Karlsplatz, Sendlinger Tor

Das Viertel zwischen Marienplatz, Stachus und Sendlinger Tor hat viel von seiner alten Gestalt und Kleinteiligkeit behalten. Hier sei, so werben die ansässigen Geschäfte, das »echte München« zu finden – ein Bummel, um das zu prüfen, lohnt sich durchaus.

Altes München abseits der bekannten Pfade

Im ältesten Geschichtsbuch der Stadt wird das Viertel 1369 als »Hacken« erwähnt, ein »Hag« ist ein eingezäuntes Stück Land. Dass hier, zwischen den Achsen Kaufinger-/Neuhauser Straße (► S. 163) und Sendlinger Straße, keine Hinterhof-Atmosphäre aufkommt, dafür sorgen einige noble alte Paläste, in denen traditionsreiche Geschäfte und Restaurants ansässig sind. Hoflieferanten waren das gediegene Weinhaus Neuner (► S. 321) und das Einrichtungshaus Radspieler (► S. 343) im klassizistischen Palais Rechberg an der Hackenstraße; es besitzt den letzten erhaltenen Privatgarten in der Altstadt. Heinrich Heine, der 1827/28 dort wohnte, war öfter Gast in der benachbarten Wirtschaft **Hundskugel**, der ältesten der Stadt – seit 1440 (Ecke Hotterstraße, heute Sitz der von Jürgen Todenhöfer gegründeten »Stiftung Sternenstaub«). Das Restaurant Landersdorfer & Innerhofer (► S. 320) nebenan versorgt in seinem kleinen Ladenbistro mit einem Imbiss (Mo.–Fr. 10–15 Uhr). An der Sendlinger Straße, auf dem früheren Areal des Süddeutschen Verlags (Süddeutsche Zeitung, Abendzeitung), zieht die Ladenpassage **Hofstatt** vor allem junge Käufer an. Der Färbergraben mit seinem Parkhaus, einst ein

Schandfleck in der Altstadt, wird nach und nach neu bebaut und genützt – so hat etwa Elyas M'Barek, bekannt aus »Fack ju Göhte«, hier seine Bar »Paisano« (Haus Nr. 10).

Etwas für Barockfreunde

Damenstiftskirche St. Anna

Diese kleine Kirche (Damenstiftstr. 1; hier wird die Messe übrigens nach dem Tridentinischen Ritus gelesen) entstand 1732–1735 nach Plänen von J. B. Gunezrainer. Der in Rosa, Blau, Weiß und Gold gehaltene Raum entspricht – anders als die gleich alte St.-Anna-Kirche im Lehel – italienischer Tradition und ähnelt stark der Dreifaltigkeitskirche (▶ S. 203). Der Stuck stammt von E. Q. Asam, die Fresken von C. D. Asam. Im Hauptaltar eine »Hl. Anna Selbdritt« nach J. Ruffini, davor ein Abendmahl mit überlebensgroßen Figuren (18. Jh.). Bemerkenswert sind auch die Bilder in den Seitenaltären, »Verherrlichung des hl. Franz von Sales« von B. A. Albrecht (rechts) und »Mariä Heimsuchung« von G. Desmarées (links).
Wenige Schritte südlich auf der anderen Straßenseite die feine Rokoko-Fassade des Palais Lerchenfeld (I. A. Gunezrainer, 1726), in dem die Städtische Friedhofsverwaltung untergebracht ist.

Zum »Absacker« nach dem Arbeitstag: Treff in den Fünf Höfen

Stattlicher Turm

Allerheiligenkirche am Kreuz

Jörg von Halspach erbaute nicht nur die Frauenkirche, sondern auch die einstige Friedhofskirche der Peterspfarrei (um 1480), deren hoher Turm die Kreuzstraße dominiert. Nach Auflassung des Friedhofs 1789 wurde sie säkularisiert, heute werden hier sonntags katholische Messen in verschiedenen Sprachen gefeiert. Bemerkenswertes: das Hochaltar-Gemälde »Maria erscheint Augustinus« von J. Rottenhammer (1614), Rokoko-Tabernakel von J. B. Straub, das Fragment eines gotischen Freskos über dem zugemauerten Ostportal (Christus in der Mandorla), Kruzifix über dem Westportal (Leinberger-Schule, um 1520), Bronze-Epitaph für den Bankier Götz (Auferweckung des Lazarus, von Hans Krumpper 1627).

HAIDHAUSEN

Lage: Rechts der Isar | **S-Bahn:** S 1– 8 Rosenheimer Pl., Ostbahnhof | **U-Bahn:** 4/5 Max-Weber-Pl. | **Tram:** 15/25 Max-Weber-Pl. – Rosenheimer Pl., 16 Max-Weber-Pl. – Gasteig, 19 Max-Weber-Pl.–Ostbahnhof

Hier lebt man gern: ruhige Straßen mit gediegen restaurierten, recht nobel wirkenden Häuserzeilen aus dem 19. Jh., mit kleinen, alteingesessenen Läden, einer ordentlichen Dichte von Kneipen und guten Restaurants, mit einigen interessanten Kulturstätten.

Quartier mit Atmosphäre

Die Vorstadt auf der Anhöhe östlich der Isar, einst ein Arme-Leute-Viertel, wurde nach der Eingemeindung 1854 von Investoren neu bebaut; in der Nachkriegszeit war sie als »Problemviertel« berüchtigt. Heute präsentiert sich Haidhausen als fast geschlossenes, von Mietshäusern der Gründerzeit geprägtes Wohnviertel mit sehr gemischter Einwohnerschaft, trotz der Gentrifizierung. Die Mieten entsprechen der gutbürgerlichen Lebensqualität, dennoch ist man von Chichi und Luxus weit entfernt.

Als München im 17./18. Jh. rasch wuchs, wurden außerhalb der Stadt ein- oder mehrgeschossige **Herbergen** errichtet, meist aus Holz erbaute Häuschen für Handwerker, Tagelöhner und noch Ärmere, die sich nicht in München niederlassen durften. Sie konnten sich Stockwerke oder einzelne Zimmer mieten, was die Architektur dieser Häuser bedingte: mit außenliegenden Treppen und Balustraden, mit mehr Türen als Fenstern. Haidhausen war auch, wie kaum eine andere Vorstadt, die »Kellerstadt« der Brauereien. Im Bereich Rosenheimer Straße/Wiener Straße zählte man um 1800 über 50 **Bierkeller**, u. a. den berühmt-berüchtigten Bürgerbräukeller (▶ S. 272); erhalten ist nur noch der Hofbräukeller (s. u.).

Gute Stube: Wiener Platz, im Hintergrund der »Haidhauser Dom«

Bummel durch Haidhausen

Was gibt es wo?

»Sehenswertes« im engeren Sinn weist das Viertel zwischen der ►Prinzregentenstraße, der Bahntrasse am Ostbahnhof und der Rosenheimer Straße (nach Südwesten schließt die Obere Au an) kaum auf. Markante Wahrzeichen sind der Kulturtempel ►Gasteig nahe der Ludwigsbrücke, weiter nördlich das ►Maximilianeum; die Maximiliansanlagen (►S. 125) sind für schöne Spaziergänge geschaffen. Hinter dem Maximilianeum liegt der **Max-Weber-Platz**, ein U-Bahn/Tram-Knotenpunkt. Wenige Schritte östlich (Einsteinstraße) das Unionsbräu, einer der letzten erhalten gebliebenen Brauereikomplexe Münchens mit schöner Wirtschaft (Mo. geschl.), in den Kellern ist u. a. der berühmte **Jazzclub Unterfahrt** zu Hause (►S. 305). Maibaum, Marktstandln und kleine Herbergen – fein restauriert – machen den **Wiener Platz** zum gemütlichen Zentrum Nord-Haidhausens; passend liegt hier der Hofbräukeller, eine große, gute Wirtschaft mit schönem Biergarten (►S. 114; nicht mit dem Hofbräuhaus verwechseln!). Einen Akzent setzt gegenüber der »Haidhauser Dom« St. Johann Baptist (1879), der Zielpunkt der Maximilianstraße werden sollte. Mit ihren Kneipen hat sich die Wörthstraße weiter östlich zum »zweiten Schwabing« entwickelt. Durch kleine Straßen gelangt man nach Süden zum Rosenheimer Platz; nebenan beginnt mit dem Weißenburger Platz das bis zum Ostbahnhof reichende **Franzosenviertel,** zwischen 1870 und 1900 mit dem Geld des Bankiers K. v. Eichthal und nach Plänen von Stadtbaurat Arnold Zenetti erbaut. Benannt sind die Straßen meist nach Orten von Schlachten im Deutsch-Französischen Krieg 1870/71. Den schönen **Weißenburger Platz** ziert der Brunnen (1853) aus dem 1931 abgebrannten Glaspalast (► S. 130); im Advent gibt's hier einen hübschen Christkindlmarkt. Schlichte Straßen mit Läden für den täglichen Bedarf führen zum Ostbahnhof (der Bahnhof von 1871 wurde im Zweiten Weltrieg zerstört).

Alte Wohnwelten

Herbergen

In der Preysingstraße erinnern zwei unterschiedliche Herbergen an frühere Zeiten. Das **Üblackerhäusl** (Nr. 58), ein eingeschossiger Steinbau, war bis 1974 bewohnt und fungiert als Herbergenmuseum, eingerichtet mit Mobiliar aus dem Münchner Stadtmuseum. Hier finden Ausstellungen zur Geschichte des Viertels statt, interessant sind auch die Führungen, die das Museum veranstaltet. Gegenüber der mehrgeschossige **Kriechbaumhof** aus Holz (Nr. 71), er wurde 1976 demontiert und 1985 hier aufgebaut. Der Deutsche Alpenverein nützt ihn als Jugendtreff. Die kleine »Dorfwirtschaft« **Zum Kloster** (Nr. 72) empfängt mit heimeliger Zu-Hause-Atmosphäre.

Üblackerhäusl: Mi., Do. 17 – 19, Fr., So. 10 – 12 Uhr | **Haidhausen-Führungen:** Tel. 089 4 80 20 61, www.freunde-haidhausens.de

Und wieder mal: Auf zu neuen Ufern

Werksviertel

Im Industrieviertel hinter dem Ostbahnhof, wo einst Pfanni-Knödel, Zündapp-Motorräder und Schmierstoffe hergestellt wurden, entstand ab 1996 eines der größten Veranstaltungszentren Europas: der »Kunstpark Ost«, der 2003 zur »Kultfabrik« mutierte; hinzu kamen die »Optimolwerke« nebenan. Tempi passati: Als »Werksviertel« wird das 40 ha große Areal neu gestaltet, eines der »interessantesten Städtebauprojekte in München«: Büros und Wohnungen, Werkstätten, Restaurants, Bars und ein Hotel mit 80 m hohem Turm entstehen, wobei Altes, soweit sinnvoll, erhalten und neu definiert wird. Und man möchte dort im Jahr 2021 die lang ersehnte neue Philharmonie eröffnen (► Gasteig). Im »Werk 3« – mit Wiese auf dem Dach, die von Schafen gemäht wird – hat sich die Whitebox für Ateliers und Ausstellungen eingerichtet. In 45 m Höhe schwebt die »Medienbrücke« mit der Event-Location »Upside East«; in der Miete für die exklusiven Veranstaltungen ist der grandiose Blick über die Stadt enthalten. Bis das alles fertig ist und sich etabliert hat, gibt's noch viel Chaos und Zwischennutzungen, ein Zustand, wie ihn »junge Kreative« lieben. Der aktuelle Stand ist unter www.werksviertel.de und www.werksviertel-mitte.de zu erfahren.

★★ HAUS DER KUNST

Lage: Lehel, Prinzregentenstr. 1 | **Innenstadtplan:** d I | **Tram 18 und Bus 100:** Nationalmuseum/Haus der Kunst | Tgl. 10–20, Do. bis 22 Uhr | **Eintritt:** 14 € (Tageskarte), am 1. Do. des Monats Eintritt ab 18 Uhr frei | **www.hausderkunst.de**

Gleich nach der Machtübernahme gab Adolf Hitler das »Haus der Deutschen Kunst« am Englischen Garten in Auftrag. Heute ist es – ganz entgegen der ursprünglichen Intention der Nazis – eine renommierte Ausstellungsstätte für internationale zeitgenössische Kunst.

Den Beginn der ▶ Prinzregentenstraße am Südrand des ▶ Englischen Gartens markiert das bombastische, 160 m lange Haus der Kunst mit dorischer Säulenkolonnade. 1933 gab Hitler den NS-Kultbau bei seinem »Leib-Architekten« P. L. Troost in Auftrag (Troost entwarf auch die NS-Bauten am Königsplatz); 1937 wurde er mit der »Großen Deutschen Kunstausstellung« eröffnet, bis 1944 fand hier alljährlich

Kunst ohne Grenzen

Haus der Kunst gut verpackt: bei der Ausstellung »So Sorry« von Ai Weiwei 2009

diese Propagandaschau der Nazi-Kunst statt. Nach dem Krieg nützte ihn die US-Armee als Kasino, später beherbergte er für zwei Jahrzehnte die Staatsgalerie Moderner Kunst – mit Werken, die die Nazis als »entartet« verfemt hatten (heute in der Pinakothek der Moderne). Seit 2003 dient es Ausstellungen ohne geografische, konzeptuelle oder kulturelle Grenzen. Chris Dercon, Direktor bis 2011 (dann ging er an die Tate Gallery in London), machte es zu einer international angesehenen Institution. Die Archivgalerie dokumentiert die Geschichte des Hauses bis heute.

Auch ein Treffpunkt

Aber nicht nur wegen der Kunst kommt man hierher. Legendär sind die Faschingsbälle der 1950er- bis 1970er-Jahre, die dem Haus den Titel »Haus der Brunst« eintrugen. Im Untergeschoss des Westflügels ist das **P1** ansässig, Münchens bekanntester, nicht mehr exklusiver Schicki-Micki-Club. Einen Cappuccino oder Cocktail können Sie im herrlich pompösen, originalen Ambiente der **Goldenen Bar** (► S. 305) oder auf ihrer großen Terrasse zum ► Englischen Park hin genießen. Aus aller Welt kommen Surfer zum **Eisbach** östlich des Hauses: Von der Brücke kann man zuschauen, wie sie auf der stehenden Welle herumturnen. Nur wenige Schritte sind es von hier zum ► Bayerischen Nationalmuseum, der ► Archäologischen Staatssammlung und der ► Sammlung Schack.

Eine nicht ganz ungefährliche Herausforderung: die Eisbachwelle

★ HEILIG-GEIST-KIRCHE

Lage: Altstadt, Tal 77 | **Innenstadtplan:** c III | **S-Bahn:** S 1–8 Marienplatz | **U-Bahn:** U 3/6 Marienplatz | **Bus:** 52, 62, 132 Viktualienmarkt

Beim Alten Rathaus markiert die Heilig-Geist-Kirche den Übergang zum Viktualienmarkt: ein kunsthistorisches Kleinod mit (kunstvoll rekonstruiertem) Rokokoschmuck der Brüder Asam.

Das Spital, das Herzog Ludwig der Kelheimer 1208 gleich außerhalb der Stadtmauer errichten ließ, erhielt bis 1392 eine stattliche gotische Kirche. 1726 – 1730 wurde sie von J. G. Ettenhofer repariert und von den **Brüdern Asam** in herrlichem Rokoko neu gestaltet. Nachdem das Spital 1885 abgebrochen worden war, wurde das Langhaus um 3 Joche verlängert und mit einer sehr gelungenen, repräsentativen Fassade im Stil Viscardis versehen. 1944/45 bis auf die Außenmauern zerstört, dauerte die Wiederherstellung der Kirche bis 1975.

Einst eine Kirche für Arme

Heiliger Geist in allen Variationen

Inneres

Vom Viktualienmarkt aus betritt man die Kirche durch die Maria-Schmerzen-Kapelle, viele Kerzen brennen vor der verehrten Pietà von 1910. In die Wand der Vorhalle ist das Bronze-Grabmal für Herzog Ferdinand von Bayern eingelassen (Hans Krumpper, 1608). Der sehr harmonisch wirkende Innenraum ist leicht als ursprünglich gotische dreischiffige Halle zu erkennen, in der die Flucht der schlanken Säulen auf den Hauptaltar zustrebt. Dieser wurde 1730 von N. Stuber geschaffen, einem Cousin der Asams; das Gemälde von Ulrich Loth (1644) zeigt die Ausgießung des Hl. Geistes auf Maria und die Apostel, die flankierenden Engelsfiguren stammen von J. G. Greiff (1730). Die vier vorderen Deckenfresken im Mittelschiff (von K. Manninger ausgezeichnet rekonstruiert) zeigen den Hl. Geist als Spender der Sieben Gaben, Erzengel und Engel, die Gründung des Hl.-Geist-Spitals und König David. (Im Hauptfresko ist links unten eine Figur der Stadtgeschichte zu sehen, der Brezenreiter. Der Kaufmann Wadler hatte 1318 eine Stiftung für die Armen und Kranken des Hl.-Geist-Spitals ins Leben gerufen, auch sollten einmal im Jahr Brezen unter den Armen verteilt werden. Jedes Jahr ritt der Brezenreiter in der Nacht zum 1. Mai durch die Stadt.) Im linken und rechten Seitenschiff illustrieren Wandbilder von Peter Horemans, dem aus Antwerpen stammenden Hofmaler Herzog Karl Albrechts, ebenfalls die Sieben Gaben des Hl. Geistes (um 1750). Zu beachten sind auch der spätgotische Kruzifixus (um 1510) in der Kriegergedächtniskapelle (rechtes Seitenschiff) und der Marienaltar im linken Seitenschiff mit der kleinen, verehrten »Hammerthaler Madonna« (um 1440) mit einem zauberhaft albernen Jesuskind.

EIN PROSIT DER GEMÜTLICHKEIT!

Was hat den Engel Aloisius veranlasst, seine Pflicht zu vergessen, sodass die bayerische Staatsregierung noch heute vergebens auf göttlichen Ratschlag wartet? Er ist ins Hofbräuhaus gegangen, hat sich eine Maß bestellt, und dann »no ane und no ane ...«

Die Münchner und ihr Bier, das gehört zusammen wie Bayern und die Lederhose, wie Neuschwanstein und der »Kini«. Geht es ums Bier, treibt es sogar die sonst eher braven Münchner auf die Straße – wie 1844, als der Bierpreis um einen halben Kreuzer erhöht werden sollte und die tobende Menge 50 Brauhäuser niedermachte. Oder wie am 12. Mai 1995, als ein großer Demonstrationszug gegen die gerichtlich verfügte abendliche Schließung der Biergärten um 21.30 Uhr protestierte. Ein Anwohner (womöglich ein Preiß) hatte gegen den Lärm geklagt. Von großem Interesse war auch die Frage, ob es rechtens sei, das Bier auf dem Oktoberfest aus Containern und nicht mehr aus Holzfässern (»Hirschen«) auszuschenken. Immer wieder beklagt wird, dass die Oktoberfestwirte aus einem 100-Liter-Fass gut 115 Maß herausbekommen. Der »Verein gegen betrügerisches Einschenken« in München dokumentiert den trotz einschlägiger Gerichtsurteile behördlich geduldeten Betrug – ohne Wirkung.

À propos Maß: Wichtig ist schon die richtige Aussprache dieses Worts. Anders als im Hochdeutschen wird das »a« kurz und offen gesprochen. Die Süddeutsche Zeitung schreibt dementsprechend »die Mass«. Früher trank man aus dem Keferloher aus grauem Steingut – Keferloh ist ein kleiner Weiler östlich von München –, der das Bier schön kühl hält und früher als Waffe bei Wirtshausraufereien beliebt war. Dass er meist durch Glaskrüge ersetzt wurden, ermöglicht die bessere Kontrolle (!) des Ausschanks. Üblich sind auch Halbliter-Krüge aus Ton oder Glas, absolut verpönt ist jedoch das 0,4-l-Glas, die »Preißnmaß«. Wer nur ein kleines Bier haben will, bestellt sich einen »Schnitt« und wartet, bis sich der Schaum gesetzt hat.

Ozapft is!

Biergenuss kennt keine Jahreszeiten. Das erkennt man zum Beispiel daran, dass an sonnigen Wintertagen in dem einen oder anderen Biergarten der Schnee von Tischen und Bänken gewischt wird. Doch gibt es auch bestimmte Daten: Dies sind v. a. der Josefitag (19. März), um den herum der Starkbier-Anstich ansteht; und der Tag im September, an dem der Oberbürgermeister das erste Wiesn-Fass ansticht und verkündet: »Ozapft is! Auf eine friedvolle Wiesn!«

Von Gabriel Sedlmayer zum »Münchner Bier g.g.A.«

Seinen Ruf verdankt das Münchner Bier vor allem Gabriel Sedlmayer, der im 19. Jh. in seiner Spatenbrauerei brautechnologische Pionierarbeit leistete. Er tauschte sich mit Kollegen in ganz Europa aus, betrieb seine Brauerei als erster mit Dampfkraft, tüftelte mit Carl von Linde an der Kühlung des Biers und korrespondierte mit Louis Pasteur über die Gärung. Er stritt vehement für das untergärige, weil besser haltbare Bier und brachte das dunkle, malzige »Münchner« heraus, das neben Pilsner und Wiener weltbekannt wurde. Das »Münchner« wurde schließlich vom herberen Hellen (11–12% Stammwürze, etwa 5% Alkohol) als meistgetrunkenes Bier abgelöst. Das Märzenbier wurde ursprünglich im März für den Herbst eingebraut; in München hat es als Oktoberfest-/Wiesn-Bier seinen festen Platz – Achtung: Es hat ca. 6,5% Alkohol! Selbstverständlich machen die Münchner Brauereien auch Export (Edelstoff, Edelhell, Spezial), Pils und Weißbier (Weizenbier). »Stehvermögen« fordert der Doppelbock, dunkel, malzig und dennoch herb, mit 6,5–7% Alkohol und je nach Brauerei mehr oder weniger sinnvollem Namen, der auf »-ator« endet. Übrigens hat der Verein Münchner Brauereien 1998 die Bezeichnung »Münchner Bier« als geschützte geographische Angabe (g.g.A.) eintragen lassen.

Die Brauereien

Etwa 7 Mio. hl jährlich produzieren die Münchner Brauereien. Zählte man 1790 noch 60 Braustätten (bei 40000 Einwohnern), so gibt es nur noch sechs große, genaugenommen sogar nur vier. Paulaner-Thomasbräu und Hacker-Pschorr gehören der Paulaner Brauerei Gruppe an, einem Joint Venture der Unternehmensgruppe Schörghuber und der Heineken N. V. Löwenbräu, der größte Münchner Brauer, holte Spaten und Franziskaner ins Boot; 2003 wurde das Trio der Gruppe Anheuser-Busch InBev einverleibt, dem größten Braukonzern der Welt, der z. B. auch Beck's herstellt. Eigenständige Brauhäuser sind das Staatliche Hofbräuhaus und das Augustiner, die einzige Brauerei in Privatbesitz. Vielen gilt das Augustiner als das beste Bier in München, jedenfalls muss die Firma keine Werbung machen. Nennenswerte Kleinbrauereien und Vertreter der »Craft-beer«-Bewegung: Airbräu (im Flughafen), Bavariabräu, Crew Ale, Forschungsbrauerei, Giesinger, Richelbräu u. a.

Augustiner Bräu
Münchens ältestes Brauhaus, gegründet 1328.
www.augustinerkeller.de

Hacker-Pschorr Bräu
1972 gebildet aus den Brauereien Hacker (1417) und Pschorr (1422).
www.hacker-pschorr.de

Staatliches Hofbräuhaus
Seit 1589 (►S. 117)

Löwenbräu
Die größte Brauerei in München, gegründet im 14. Jh.
www.loewenbraeu.de

Paulaner Brauerei
1928 gegründet, auf eine Klosterbrauerei zurückgehend.
www.paulaner.de

Spaten-Franziskaner-Bräu
1922 aus dem 1395 gegündeten Spatenbräu und dem Franziskaner-Leistbräu gebildet.
www.franziskaner-weissbier.de

Kleine Paradiese

Nur halb so schön wäre München, gäbe es nicht die Biergärten, diese wunderbaren Orte ruhiger oder auch ziemlich lärmiger Lebensfreude unter riesigen Kastanienbäumen. Wobei »Biergarten« ein jüngerer Begriff ist, früher ging man »auf den Keller«. Das kam so: Einst war das Brauen im Sommer verboten (es bestand die Gefahr, dass das Bier sauer wurde), weshalb die Brauer ihr Bier in Kellern unter schattenspendenden Bäumen lagerten. Dort wurde der Gerstensaft im Sommer gleich ausgeschenkt. Den Wirten war dies eine sehr unliebsame Konkurrenz, sie protestierten beim König. Max I. Joseph gewährte dann 1812 den Brauern salomonisch das Schankrecht, jedoch unter der Auflage, dass sie kein Essen verkaufen durften. Deshalb muss man auch heute in einem »echten« Biergarten, anders als in einem »Wirtsgarten«, nur die Getränke erwerben, und viele Leute bauen sich aus mitgebrachten Sachen eine veritable Tafel auf. Doch gibt es natürlich immer einen Imbissstand, wo man sich einen Wurstsalat, Leberkäs oder Bratwürste, Spare Ribs mit BBQ-Sauce (ja, man geht mit der Zeit), einen Steckerlfisch oder einen Obatzdn holt, dazu eine Breze und einen Radi. Wenn der Biergarten zu einem Gasthaus gehört, gibt es auch einen Bereich mit gedeckten Tischen, an denen man bedient wird.

Hofbräuhaus
Altstadt
Zwar kein »echter« Biergarten (siehe oben), aber ein herrlicher Platz und dazu mitten in der Altstadt gelegen. (►S. 118)

Am Chinesischen Turm
Im Englischen Garten beim malerischen Chinesischen Turm, meist gut besucht. 7000 Plätze. Auch schön: der Biergarten beim Seehaus weiter nördlich am Kleinhesseloher See.
Bus 54/154, Tram 28 Tivolistraße

Augustiner-Keller
Der Publikumsmagnet (oft brechend voll) westlich des Hauptbahnhofs, in der Stadt und doch einer der schönsten Biergärten. 5000 Plätze.
Arnulfstr. 52, U 16/17 Hackerbrücke

Hofbräukeller
Ein beliebter, traditionsreicher Keller, noch am originalen Ort. 2000 Plätze – bei maximal dicht gedrängten Tischen und Bänken. Für Kinder gibt's einen kleinen Spielplatz, für Größere eine Strandbar. (►S. 107)
Haidhausen, Wiener Platz
U 4/5, Tram 16 Max-Weber-Platz

Hirschgarten
Mit 8000 Plätzen der größte Biergarten, mit Rotwild und Karussell bei Familien beliebt. Das Augustiner-Bier kommt aus dem Holzfass – den Maßkrug holt und spült man selbst!
Nymphenburg, Hirschgarten 1
Tram 16/17 Steubenplatz (►S. 117)

Zum Flaucher
Idyllische Oase auf einer Isar-Insel (1200 Plätze), nördlich des Flaucherstegs und der mit (Nackt-)Badern und Grillern belegten Kiesbänke. Nur per Rad oder zu Fuß zu erreichen.
U 3 Thalkirchen (►S. 126)

Löwenbräukeller
Ein echter, riesiger Bierpalast, eröffnet 1883, und seit 1890 auch eine Faschingshochburg. 1000 Menschen ha-

Feierabendstimmung im Englischen Garten: Biergarten am Kleinhesseloher See

ben im Terrassen-Biergarten an der lebhaften Kreuzung Platz. Am westlichen Ende der Brienner Straße.
U 1/7 Stiglmaierplatz

Max-Emanuel-Brauerei
»Nur« 700 Plätze, dafür der einzige echte Biergarten im Viertel Maxvorstadt/Schwabing. (▶ S. 318)
Adalbertstr. 33

Schlösselgarten
Kleiner Platz am zünftigen Wirtshaus in der Schrebergarten-Idylle.
Bogenhausen/Cosimapark, Tram 16 Schlösselgarten

Menterschwaige
Einer der ältesten Biergärten, für Radler und Wanderer »der« Zwischenstopp am Isar-Hochufer zwischen Harlaching und Grünwald.
Harlaching, Menterschwaigstr. 4
Tram 15/25 Menterschwaige

Parkcafé
Ruhiger Ort im Alten Botanischen Garten, nahe dem hektischen Stachus. Beliebt ist auch der Sonntagsbrunch im Parkcafé.
Maxvorstadt, Sophienstr. 7
S-Bahn/U-Bahn/Tram Karlsplatz

Zum Aumeister (▶ S. 83)
Das zünftige (Radel-)Ziel ganz am Nordrand des Englischen Gartens. 3000 Plätze, Spielplatz für Kinder.
Schwabing, Sondermeierstr. 1
U 6 Studentenstadt + 15 Min. zu Fuß

Waldwirtschaft Großhesselohe
Ein auch von Promis und Preißn frequentierter Klassiker, mit dem Rad leicht zu erreichen – immer am Westufer der Isar entlang nach Süden. Von April bis Oktober gibt's Oldtime-Jazz.
Pullach, Georg-Kalb-Str. 3
S 7 Großhesselohe Isartalbahnhof, dann 10 Min. zu Fuß, tgl. ab 10 Uhr

Durst ist schlimmer als Heimweh
HB
Stammtisch
d'Mo'schei'briada

HIRSCHGARTEN

Lage: Nymphenburg, südlich der Arnulfstraße | **S-Bahn:** S 1–8 Hirschgarten | **Bus:** 62 Steubenplatz | **Tram:** 16/17 Steubenplatz

Mächtige, uralte Eichen, Buchen und Kastanien prägen den schönen Park nahe dem Schloss Nymphenburg – mit einem der größten Biergärten in ganz Europa.

Im etwa 40 ha großen Hirschgarten ging früher der Adel jagen. 1780 ließ Kurfürst Karl Theodor auf dem Gelände einen umzäunten »Tiergarten« anlegen, in dem Damhirsche, Steinböcke und anderes Wild äste, auch zum Vergnügen der Ausflügler, die Zutritt hatten. 1791 wurde das »Jägerhaus« erbaut, und der Oberjägermeister erhielt das Schankrecht, was die Beliebtheit des Platzes enorm steigerte. Ende des 19. Jh.s kam ein rummelplatzähnlicher Volksgarten hinzu. Heute wird ein Teil des Hirschgartens vom **Biergarten** genützt (▶ Baedeker Wissen S. 114); wenn's kein Biergartenwetter hat, laden die schönen Stuben des »Königlichen Hirschgartens« ein. Und Mitte Juli zieht hier das 14 Tage dauernde **Magdalenenfest**, ein kleiner Jahrmarkt, Jung und Alt an.

Größter Biergarten Münchens

★★ HOFBRÄUHAUS

Lage: Altstadt, Am Platzl 9 | **Innenstadtplan:** c III | **S-Bahn:** S 1–8 Marienplatz | **U-Bahn:** U 3/6 Marienplatz | **Tram:** 19 Nationaltheater | Tgl. 9–23.30 Uhr | Tel. 089 29 01 36-00 | **www.hofbraeuhaus.de**

Keine Adresse in München ist berühmter als dieser »Tempel bayerischer Gemütlichkeit«. Hier treffen sich ganz normale Menschen – ohne Tracht –, um bei einer Maß die neuesten Nachrichten auszutauschen, nebenan begießen Fußballfans Sieg oder Niederlage ihrer Mannschaft. Und natürlich versuchen »Preißn« aus aller Welt, mit den ungewohnt großen Krügen und dem ungewohnt starken Bier klarzukommen.

Seinen Anfang nahm es 1589, als Herzog Wilhelm V. ein Bräuhaus zur Versorgung von Hof und Gesinde errichten ließ. 1610 erlaubte Maximilian I. auch der Stadtbevölkerung den Genuss des Gerstensafts,

Zu ruhiger Stunde in der »Schwemme« des Hofbräuhauses

»König-liches« Wirtshaus

was das Geschäft lukrativ machte, doch erst 1828, mit einem Dekret König Ludwigs I., entstand eine »richtige« Gastwirtschaft. 1896 wurde die Brauerei in den Vorort Haidhausen verlagert (► S. 117) und das Hofbräuhaus in der Stadt zur Großgaststätte umgebaut, deren Ruf als Ort der Geselligkeit sich weit über die Grenzen der Stadt ausbreitete. Bald konnte man auch in anderen Städten – in Las Vegas seit 2004, seit 2011 in Berlin – das Lied »In München steht ein Hofbräuhaus, oans, zwoa, gsuffa ...« singen.

»
Besonders gerne erinnern wir uns an das Hofbräuhaus, wo das gute Bier alle Klassenunterschiede verwischt.
«

Nadeschda Krupskaja (Ehefrau Lenins), 1901

Himmel auf Erden

Das Hofbräuhaus

In der **Schwemme**, der großen Bierhalle im Erdgeschoss, können bis zu 1300 Gäste zu den Klängen der Kapelle den Maßkrug stemmen – zeitweise wird wegen Überfüllung der Zugang verwehrt. Trotz der chinesischen, italienischen etc. Besucher, die staunend und fotografierend einfallen, ist das Haus keine Touristenfalle und keine Bierdimpfl-Bude; Küche, Atmosphäre und Service stimmen, ebenso die Preise, die Kapellen spielen meist richtige, gute Volksmusik – man kann sich wohlfühlen. Es ist mithin kein Zufall, dass 113 Stammtische hier ihre Heimstatt haben. Die ganz richtigen Stammgäste – es sind 615 – verwahren ihren »Keferloher« (Tonkrug) in den Maßkrugsafes; die Warteliste dafür ist lang. In den schönen **Bräustuben** im ersten Stock speist man gediegener, für Events stehen der Festsaal und der Wappensaal zur Verfügung. Und der Innenhof mit seinem Löwenbrunnen ist in der warmen Jahreszeit einer der **hübschesten Wirtsgärten** der Stadt. Wenn Sie Lust haben, sich in bayerischem Volkstanz zu versuchen: Ab und zu wird ein »Tanzboden« veranstaltet. Dafür müssen Sie keine Tracht anlegen, und wie es geht, zeigt – wie in Oberbayern üblich – der Tanzmeister. Ein Spaß der Extraklasse!

Gute Stube

Das Platzl

Immer sehr lebhaft geht es auf dem »Platzl« zu, dem kleinen, eigentlich intimen Platz, den das Hofbräuhaus prägt. Das Hard Rock Café – im Haus der Platzl-Bühne, auf der Volkssänger wie der Weiß Ferdl und die Bally Prell auftraten – und andere Kneipen im Umkreis sorgen ebenfalls für Auftrieb, in der Orlandostraße nebenan profitieren Souvenirläden und die Fanshops des FC Bayern und des TSV 1860 von den vielen Touristen. Auf der anderen Seite des Platzls wird's feiner, hier regiert der allgegenwärtige TV-Koch Alfons Schuhbeck. Zu seinem Reich gehören das prachtvolle Restaurant im Orlandohaus, die Eisdiele nebenan, der Müsli- und der Gewürzladen ums Eck sowie gegenüber die Münchner-Kindl-Stuben und die edlen Südtiroler Stuben; Büro und Kochschule sind in den teils noch mittelalterlichen Bürgerhäusern an der Westseite des Platzls ansässig, werfen Sie einen Blick in die hübsche Passage. Das Orlandohaus (1899) nimmt, tatsächlich, den Platz des Hauses von Orlando di Lasso ein; der bedeutende Musiker (um 1532 – 1594) leitete ab 1564 die Münchner Hofkapelle. Zur Maximilianstraße hin säumen kleine, feine Läden die Straße (berühmt sind z. B. die Pralinen von »Elly Seidl«).

★ HOFGARTEN

Lage: Nordrand der Altstadt | **Innenstadtplan:** c–d I–II | **U-Bahn:** U 3/6, 4/5 Odeonsplatz | **Bus:** 100 Odeonsplatz

Nach Ideen der italienischen Gartenbaukunst wurde zu Beginn des 17. Jahrhunderts der Hofgarten angelegt, der sich nördlich der ▶ Residenz ausbreitet – vom Frühjahr bis in den warmen Spätherbst ein wunderbarer Platz zum Nichtstun.

Am ▶ Odeonsplatz gewährt ein Tor Zugang zum Hofgarten, der 1613 bis 1617 aus dem alten Burggarten entstand. Die **Arkaden** zwischen der Residenz und dem Bazargebäude sind mit großen Bildern ge-

Oase im Stadtgetriebe – mit Dianatempel und der Theatinerkirche

DAS TANZBEIN SCHWINGEN

Im Dianatempel mit seinen Muschel-Nischen spielt gerne mal ein Musiker, Tanzbegeisterte treffen sich hier an Sommerabenden zu Salsa (Mi.-, So.abend), Tango (Fr.abend) und Swing (So.nachmittag; www.swingandthecity.com). Auch in der Vorhalle der Antikensammlung (▶ S. 135) finden sich fast jeden Abend Tangofreunde ein.

Das Dasein genießen

schmückt (ursprünglich 16), gemalt 1826–1829 von einer Schar junger Akademie-Schüler, die große Momente in der 800-jährigen Geschichte Bayerns unter den Wittelsbachern verherrlichen. Im Nordflügel der Arkaden, der »Churfürstlichen Galerie« (1781), sind das bedeutende Deutsche Theatermuseum (s. u.), der Kunstverein München (▶ S. 335), Antiquitätenläden und Kunstgalerien ansässig, davor treffen sich die **Pétanque-Freunde**. Das Café Tambosi und Schumann's Bar haben Tische draußen stehen, einer der idyllischsten Plätze der Stadt für ein kleines Mahl oder einen Kaffee. Kastanien, Linden und Ahorne spenden Schatten, geometrische Blumenrabatten leuchten im Sommer in allen Farben.

Mittelpunkt des Gartens ist ein hübscher **Renaissance-Tempel** (1616), bekrönt von einer üppigen Bronze-Diana (Hubert Gerhard, 1594), die bald nach ihrer Entstehung umgetauft und von dem oberbayerischen Bildhauer Hans Krumpper mit neuen Attributen versehen wurde: Als »Tellus Bavarica«, Bayerische Lande, präsentiert sie deren Reichtümer: Getreide, Wild, Wasser und Salz.

Bretter, die die Welt bedeuten

★ Deutsches Theatermuseum

Einen großen Kulturschatz verwahrt das Deutsche Theatermuseum, gestiftet von Hofschauspielerin Clara Ziegler (1844–1909) und 1910 eröffnet. Mit einem riesigen Fundus von Theaterbauplänen – darunter der Nachlass des großen Gottfried Semper – und Entwürfen zu Bühnenbildern, Kostümen und Requisiten wird hier die Geschichte des deutschsprachigen Theaters umfassend dokumentiert. Hinzu kommen die größte Theaterfotosammlung der Welt sowie Tausende von Manuskripten, Regiebüchern, Programmheften, Briefen, Kritiken und Tonträgern. Die öffentlich zugängliche Bibliothek umfasst etwa 130000 Bände, vor allem Manuskripte, Partituren, Zeitschriften und Literatur zur Theatergeschichte.

Galeriestr. 4a | Ausstellungen Di. – So. 10 – 16 Uhr | Eintritt 4 €

Hier residiert der bayerische Ministerpräsident

Staatskanzlei

Im Osten wird der Hofgarten durch den 200 m langen Glas-Stahl-Bau der Staatskanzlei (1993) begrenzt, der unter heftigen Konflikten zwischen dem CSU-regierten Land und der SPD-gelenkten Stadt zustande kam. Herzstück des »Bayerischen Kremls«, auch »Palazzo Prozzi« oder nach dem Bauherrn »Straußoleum« genannt, ist der Torso des 1906 eröffneten und 1944 zerstörten Bayerischen Armeemuseums. Am Nordrand des Baus sind Reste von Renaissance-Arkaden aus dem 16./17. Jh. erhalten, die beim Bau der Staatskanzlei abgebrochen werden sollten; nach Protesten wurden sie wenigstens konserviert. Im Rasenparterre vor der Hauptfront des Mittelbaus – der Eingang der Staatskanzlei liegt auf der anderen Seite am Altstadtring – beeindrucken ein Reiterstandbild (1911) des ersten Wittelsbacher Herzogs Otto († 1183) sowie ein Kriegerdenkmal von 1926.

»
Harmlos wandelt hier
dann kehret neu gestärkt
zu jeder Pflicht zurück.
«

Inschrift am »Harmlos«

Prinz-Carl-Palais

Vom Hofgarten geht man nordöstlich zum ▶ Haus der Kunst und zum ▶ Englischen Garten. Man passiert dabei ein Mahnmal für den Widerstand in der NS-Zeit und den berühmten **»Harmlos«**, einen nackten Marmorjüngling (F. J. Schwanthaler, 1803), benannt nach dem Anfang der Inschrift und in alter Zeit Treffpunkt von Liebespaaren. Linker Hand geht es in den romantischen **Finanzgarten**, wegen seiner Denkmäler auch Dichtergarten genannt, ein hügeliges Wäldchen mit verschlungenen Pfaden – ein Refugium mitten in der Stadt, unter dem Reste der Stadtbefestigung liegen. Dann folgt das feine **Prinz-Carl-Palais**, in der der Namensgeber, der Bruder König Lud-

BAEDEKER ÜBERRASCHENDES

6X UNBEZAHLBAR

Erlebnisse, die für kein Geld zu bekommen sind!

1. ZAUBER DER MUSIK

Fetziger Jazz, Schwelgerisches vom Piano, ein aufwühlendes Streichquartett – in kleinen und größeren Konzerten stellen die Studenten der **Musikhochschule** ihr hohes Können unter Beweis. ▶ **S. 309**

2. MORGENSTUND

hat zwar kein Gold im Mund, doch ein Spaziergang an der **Isar** im Sommer bei Sonnenaufgang bereichert ungemein: ein Gebirgsfluss in der noch schlafenden Stadt, darüber liegt der sich rosa färbende Morgendunst ... ▶ **S. 125**

3. GLÜCKSBRINGER

Blankgescheuert sind die Nasen der **Bronzelöwen** an der Residenz – kaum einer, der nicht mit der Hand über eine Schnauze fährt und sich damit Glück für den Tag sichert. Erstmals 1848 geschehen, als ein von Ludwig I. begnadigter Student sich an ihnen festhielt. ▶ **S. 207**

4. OPER FÜR ALLE

Karten für die Opernfestspiele sind schwer zu bekommen. Die schöne Alternative: die **Direktübertragung** auf den Max-Joseph-Platz, draußen, umsonst und mit besonderer Stimmung. ▶ **S. 177**

5. PACK DIE BADEHOSE EIN

Die Waden kühlen kann man in der Isar fast überall, schwimmen am besten bei den Inseln am **Flaucher**, wo das Wasser tiefere Gumpen in den Kies spült. Im Sommer kann das Wasser erfrischende 18 Grad erreichen ... ▶ **S. 126**

6. DAS TANZBEIN SCHWINGEN

Einen hübscheren Tanzboden als den Renaissance-Rundtempel im **Hofgarten** kann man sich kaum denken. Weshalb hier regelmäßig flotte oder einschmeichelnde Rhythmen zu hören sind. ▶ **S. 120**

wigs I., zwischen 1825 und 1875 residierte. Erbaut wurde es um 1805 von Karl von Fischer; v. a. die Fassade, mit Säulenportikus und ionischen Pilastern zwischen den Fenstern, gilt als Muster des Frühklassizismus. Heute ist es offizieller Amtssitz des bayerischen Ministerpräsidenten, der es zur Repräsentation nützt.

★★ ISAR

Verlauf: Grünwald – Unterföhring | **www.isar-map.de**

In alten Zeiten die wirtschaftliche Lebensader der Stadt, hat der Fluss Münchens heute eine andere, aber ebenso wichtige Funktion: als Freizeitpark und Badestrand, geschaffen durch eine aufwendige Renaturierung – der Lieblingsort vieler Münchner.

Alles im/am Fluss

»Isara«, die »Reißende«, nannten die Kelten den Fluss, der im Karwendel in Tirol entspringt und nach 295 km bei Deggendorf in die Donau mündet. Das Münchner Stadtgebiet durchquert er auf einer Länge von 13,7 km von Südwesten nach Nordosten bei einem Gefälle von etwa 40 m. Südlich der Stadt, etwa vom Tierpark flussaufwärts, ist der Fluss tief ins Gelände eingeschnitten (die Großhesseloher Brücke überquert ihn in gut 30 m Höhe). Im Zentrum ist jedoch nur das sogenannte Isarhochufer östlich des Flusses klar sicht- und spürbar; zwischen Grünwald und Bogenhausen führen schöne Wege und Straßen an der Hangkante entlang. Im Westen ist der Geländesprung weit weniger prägnant, am deutlichsten an der Bavaria, wo man über die Theresienwiese und die Stadt schaut.
Das mittelalterliche München hielt respektvoll Abstand von der Isar, denn sie war, wie es 1381 hieß, ein »frei gewaltig wazzer«, das in einem breiten Tal mäanderte und mit den Überschwemmungen immer wieder den Lauf änderte. Und sie war ein unverzichtbarer Transportweg: In Form von Flößen kam aus den Bergen des Oberlands Bau- und Brennholz (für den Dachstuhl der Frauenkirche z. B. brauchte man über 2200 Baumstämme), und auf den Flößen kam allerlei Handelsgut mit, so Tölzer Möbel und viel Tölzer Bier für die durstige Residenzstadt. Dafür wurde, teuer und mühevoll, eine Fahrrinne freigehalten. Um 1780 fuhren im Jahr allein von Tölz etwa 4000 Flöße ab; 1864 landeten in München – der Rekord – 11 145, zwischen Ludwigs- und Maximiliansbrücke lag der größte Floßhafen Europas. Schon in der ersten Hälfte des 19. Jh.s wurde der Fluss gezähmt, begradigt und in Deiche und Betonmauern gefasst, ebenso seine vielen Nebenbäche, die die Stadt durchzogen; sie trieben Mühlen, Sägen, Schmiedehämmer und Kraftwerke an, lieferten Wasser und

Ob mit Freunden oder solo, ein Plätzchen zum Abschalten findet man überall

spülten die Abfälle fort. Mit dem Bau der Eisenbahnen verschwanden die Flöße (bis auf die beliebten Gaudifahrten, ► S. 16/17); im Lauf der Industrialisierung wurden die Stadtbäche überflüssig und in den Untergrund verbannt. Und die Isar sich selbst überlassen.

Natürlich schön

Renaturierung

Ein junger SPD-Stadtrat brachte 1985 den »Isar-Plan« ein, der einen besseren Hochwasserschutz durch Renaturierung erreichen wollte. Von 2000 bis 2011 dauerte es dann und 35 Mio. € kostete es, der Isar zwischen der Großhesseloher Brücke und dem Deutschen Museum eine fast natürliche Erscheinung zu geben. Betonwände, Flusschwellen, Weltkriegsschutt wurden entfernt, Felsblöcke im Flussbett platziert, Auwiesen und neue Seitenarme angelegt. Diese Renaturierung gab der Isar wieder Leben – man sieht auch wieder Forellen etc. – und bereichert die seelische Topographie der Stadt ganz wesentlich und sehr angenehm. Ein Erfolg, den sich Fachleute aus aller Welt ansehen. Ein Wort zur Wasserqualität: In der Regel ist das Wasser sauber, man kann unbesorgt baden, außer nach starken Regenfällen. Allerdings kann man nicht überall alles tun: Wo man baden, grillen und bootfahren darf, sagen die »Isar App« und die Infotafeln am Ufer.

Die »städtische« Isar

Die Ludwigsbrücke steht etwa dort, wo einst Heinrich der Löwe seine Brücke bauen ließ (▶S. 263). Gegenüber dem Kongressbau vor dem ▶Deutschen Museum geht man hinunter zum **Vater-Rhein-Brunnen** (A. v. Hildebrand, 1902) auf der Museumsinsel, 1903 im damals deutschen Straßburg und seit 1932 hier aufgestellt; im Sommer vermittelt der »Kulturstrand« mit Sand, Musik und Cocktails Urlaubsfeeling. Früher hieß die Insel Kohleninsel, da hier das mit den Flößen transportierte Brennmaterial abgeladen wurde. Über das **Isarwehr** Nr. 6, in dem Strom erzeugt wird, zur Praterinsel. Dort können sich Bergfreunde im ▶**Alpinen Museum** des DAV umsehen. Links des Kanals ragt die mächtige neogotische **Lukaskirche** (1897) auf; durch das große Loch in der Ufermauer fließt der Fabrikbach ab, der unter dem Lehel zum ▶ Englischen Garten strömt und dort zum Eisbach wird. Auf der nach dem berühmten Wiener Park benannten **Praterinsel** hatte ab 1870 Anton Riemerschmid seine Likör-Spiritus-Essig-Fabrik, heute nützen sie Ateliers und Events. Auch hier gibt's im Sommer einen Strand mit Bar (»Praterstrand«). Über den eleganten **Kabelsteg** – er trug das Kabel, das den Strom vom Muffatwerk in die Stadt brachte – gelangt man in die idyllischen **Maximiliansanlagen**, unter deren alten Bäumen man gerne relaxt, spazierengeht oder radelt. Angelegt wurden sie 1856–1866 von Hof-

Von der Ludwigsbrücke nach Oberföhring (ca. 5,5 km/ 1.30 Std.)

gärtner Carl von Effner. Denkmäler erinnern an Ludwig II. und andere; die Schotterbänke an und in der Isar sind ideale Plätze, um sein Handtuch auszubreiten. Über der Maximiliansbrücke thront das Maximilianeum (▶ S. 168). Ein »Gartenschlösschen« (C. Hocheder, 1895) birgt das **Maxwerk**, eines der ältesten noch arbeitenden Wasserkraftwerke Bayerns; hier gibt der unterirdisch fließende Auer Mühlbach noch einmal Energie ab, bevor er in die Isar zurückdarf. Dann steigt der Weg an zum Friedensengel (▶ S. 199). Ca. 1 km weiter ist die **St.-Georgs-Kirche** in Bogenhausen einen Besuch wert (▶ S. 66). Von dort bringt die Tram 16 zurück ins Zentrum. – Mit dem Rad kann man an der Isar entlang weiterfahren bis nach Unterföhring (4 km), interessant sind unterwegs das große **Isarwehr** (Verbindung zum ▶ Englischen Garten) und in Oberföhring die Kirche St. Lorenz. In **Oberföhring**, das seit 750 bezeugt ist, lag die Brücke, die Heinrich der Löwe zerstören ließ, um sich den lukrativen Zoll an der Salzstraße zu sichern (▶ S. 263). St. Lorenz geht in romanische Zeiten zurück und besitzt ein weites, prachtvoll barock gestaltetes Inneres (um 1680) mit Rokoko-Ausstattung (Mitte 18. Jh.). Weiter nördlich relaxt man im Biergarten des Gasthauses Sankt-Emmerams-Mühle – beliebt bei einer gehobenen Klientel –, oder man überquert die Isar zum Englischen Garten und dem Aumeister (▶ S. 83).

St.-Emmerams-Mühle: ab 10, So. ab 11 Uhr, Tel. 089 95 39 71

Den Bergen entgegen

Von der Reichenbachbrücke nach Großhesselohe (8 km, 2.30–3 Std.)

Südwestlich des Deutschen Museums beginnen die Überschwemmungsflächen an der Isar, die bis ▶ Grünwald reichen und zu »den« Freizeitarealen der Stadt zählen (übrigens auch im Winter – ein Spaziergang im Schnee, bei Sonne und klirrender Kälte: großartig!).
»Lebensqualität pur« sagen Spaziergänger und Sonnenanbeter, andere sagen anderes: Im Sommer wird ab dem späten Nachmittag auf den Kiesbänken gegrillt, eine riesige Qualmwolke liegt über dem Fluss – schlimm für die Anwohner. Auf den Kiesbänken zwischen dem **Flaucher**, einem kleinen Wald am Westufer mit beliebter Wirtschaft & Biergarten (▶ S. 114), und der Thalkirchner Brücke beim Tierpark nimmt das dann »Ballermann«-Formen an, Tausende hinterlassen Müll und noch Widerwärtigeres, wegen der Glasscherben im Kies sollte man dort nicht barfuß gehen.
Man steigt also bei der **Reichenbachbrücke** zum Fluss hinunter und geht am östlichen Ufer entlang, mit Blick auf das Heizkraftwerk Süd, die Wittelsbacher Brücke und die Braunauer Eisenbahnbrücke unterquerend; bei Letzterer hält ein traditionsreicher Kiosk alles für den kleinen Hunger bereit. Hinter der Brudermühlbrücke folgt am anderen Ufer besagter **Flaucher**, zu dem ein hölzerner Steg hinüberführt. Bei der Thalkirchner Brücke kann man den Tierpark besuchen oder nun am Westufer – evtl. nach einem Stopp beim Kiosk 1917 oder dem putzigen Kiosk von Isolde Mikschy – nach ▶ **Thalkirchen** und

Maria Einsiedel gehen, zum Freibad und zur Zentrallände. Am Südende des Zoos überquert der **Marienklausensteg** die Isar, ein interessanter Platz: Der hier vom Kraftwerkskanal abgehende Auer Mühlbach – ehedem der wichtigste Stadtbach – unterquert den Fluss in einem Düker! Für die Flößer war die Passage bei Großhesselohe gefährlich, und darauf geht auch die skurrile Marienklause am Ostufer zurück, ein hölzernes Kapellchen von 1866 mit Marienfigur und vielen Votivgaben. Den Weg setzt man am Westufer fort, am Werkskanal entlang, auf dem die Flöße vorbeigleiten. Nach der Pause im schön gelegenen **Gasthof Hinterbrühl** – mit zünftigem Biergarten – geht man noch das kurze Stück zur Großhesseloher Brücke, dann rechts steil hinauf zur S-Bahn (Großhesselohe Isartalbahnhof).

Hinterbrühl: tgl. ab 10.30 Uhr, Jan./Febr. Mi.–So., Tel. 089 79 44 94

★ ISARTOR · VALENTIN-KARLSTADT-MUSÄUM

Lage: Altstadt, Tal/Isartorplatz | **Innenstadtplan:** d III |
S-Bahn: S 1 – 8 Isartor | **Tram:** 16/18 Isartor | **Bus:** 132 Isartor |
Valentin-Karlstadt-Musäum: Mo., Di., Do. 11.01 – 17.29, Fr., Sa. 11.01 – 17.59, So. 10.01 – 17.59 Uhr | **Eintritt:** 2,99 € | **Führungen:** an geraden Sa. um 15.01 Uhr, + 5 € | **www.valentin-musaeum.de**

»Mögen hätt ich schon wollen, aber dürfen hab ich mich nicht getraut«, sagte Karl Valentin mal. Machen Sie es anders und besuchen Sie das wohl originellste »Musäum« der Stadt – mit so kuriosen Ausstellungsstücken wie dem raren Tropfen Beamtenschweiß oder dem pelzbesetzten Winterzahnstocher.

Das Isartor am Ende des Tals (▶ Marienplatz) ist das einzige Stadttor, das fast ganz erhalten blieb (1833 und nach dem Zweiten Weltkrieg wurde es restauriert). Es gehörte zum zweiten Befestigungsring, der zwischen 1285 und 1347 unter Herzog Ludwig IV. entstand. Die Turmuhr an der Westseite geht rückwärts, ein sinniger Hinweis auf das Valentin-Karlstadt-Musäum. Die Ostseite bekam 1835 ein monumentales Gemälde (B. Neher), das den legendenhaften Einzug Herzog Ludwigs IV. nach der Ampfinger Schlacht 1322 in München zeigt (sein Sieg über den Habsburger Friedrich den Schönen war ein wichtiger Schritt auf dem Weg zur Kaiserwürde 1328). Im Winter gibt's im Hof Feuerzangenbowle aus einem riesigen Kessel, dazu läuft der gleichnamige Filmklassiker mit Heinz Rühmann. Und wer hier ein

Bastion mit »Curiositäten«

menschliches Rühren verspürt, sei auf das Sportgeschäft Globetrotter jenseits der großen Kreuzung verwiesen: Die Toiletten im Untergeschoss stammen aus der Transsib (für Damen) bzw. aus einem Flugzeug (für Herren).

Dada auf Münchnerisch

★ Valentin-Karlstadt-Musäum

Der Südturm beherbergt ein Museum, das an den »Linksdenker« Karl Valentin (»Falentin« gesprochen, wie »Vogel«, nicht »Wogel«) und seine Partnerin Liesl Karlstadt erinnert (► S. 300): mit Fotos, Dokumenten und einer **Curiositäten-Schau** – z. B. einer geschmolzenen Schneeskulptur, dem »Gefangenen Franzosn« etc. Auch der Nagel ist zu sehen, an den der Großmeister des absurden Humors seinen Schreinerberuf hängte. Im Kino laufen Valentin-Filme in voller Länge. Auch Volkssängerinnen und -sänger von damals, die mit ihren Vorträgen im Bamberger Hof, im Platzl und anderen Lokalitäten erfreuten, lässt das Museum Revue passieren; zu ihnen gehörten etwa Hans Blädel, der Weiß Ferdl und die »Ratschkathl« Ida Schumacher. Ausstellungen wie die zu »50 Jahre Deutsches MAD«, Satirisches & Musikalisches machen das Programm rund. Im dritten Stock lädt das **Turmstüberl** zu Schmalznudeln oder Weißwürschten ein, seine Einrichtung stammt aus einem Szenecafé der Schwabinger Bohème, dem »Café Größenwahn« (Tel. 089 29 37 62).

KARLSPLATZ (STACHUS)

Lage: Westrand der Altstadt | **Innenstadtplan:** a II–III | **S-Bahn:** S 1 – 8 Karlsplatz (Stachus) | **U-Bahn:** U 4/5 Karlsplatz (Stachus) | **Tram:** 16 – 19, 27, 28 Karlsplatz bzw. Karlsplatz Nord

Die bayerische Redensart »Da geht's zu wie am Stachus« verrät es schon: In den 1960er-Jahren galt der Karlsplatz als verkehrsreichster Platz Deutschlands. Heute ist er das Entrée zur »Fußgängerzone«; im Sommer suchen Kinder und müde Touristen Abkühlung in bzw. an den Fontänen des Brunnens, im Winter gibt's eine Schlittschuhbahn und Glühweinbuden.

Verkehrszentrum am Altstadtrand

Der Platz vor dem Karlstor, angelegt nach dem Abbruch der Stadtbefestigung ab 1791, wurde nach dem Kurfürsten Karl Theodor benannt; im Volksmund heißt er jedoch Stachus, weil der Fürst in München nicht so beliebt war. Dieser Name rührt wohl von Eustachius Föderl her, der dazumal eine Wirtschaft betrieb. Der Bau des Altstadtrings und der Fußgängerzone nahm dem Platz seinen Charakter als Drehscheibe zwischen dem Hauptbahnhof und der Innenstadt. Sehr lebendig ist er dennoch, man eilt zur Tram oder zur U- bzw. S-Bahn im mehrstöckigen Untergrund, im Untergeschoss versorgt man sich im Einkaufszentrum mit dem Notwendigen. Seinen besonderen Charakter erhält der Platz durch das Halbrondell aus neobarocken Geschäftshäusern, das den Besucher wie mit offenen Armen empfängt. Der Meister des Historismus Gabriel von Seidl (▶ Bayerisches Nationalmuseum) war um 1900 auch hier am Werk. Die McDonald's-Filiale soll die umsatzstärkste in Deutschland sein. In die Altstadt geht es durch das dreibogige **Karlstor** (Neuhauser Tor), eine Reminiszenz an den zweiten Ring der Stadtbefestigung. Es wurde 1861 erneuert und hat seitdem keinen Mittelturm mehr.

Justitias Schloss

Justizpaläste

Ein monumentaler, hell leuchtender Prachtbau dominiert den Platz im Nordwesten. Der **Alte Justizpalast**, 1887–1897 von Friedrich von Thiersch erstellt, manifestiert – wie auch die Paläste am Lenbachplatz (s. u.) – den Bürgerstolz der Gründerzeit. Eine neuartige Konstruktion aus Eisen und Glas war die 67 m hohe Kuppel über dem grandiosen zentralen Treppenhaus. Westlich schließt das **Neue Justizgebäude** an, ein neogotischer Backsteinbau mit Treppengiebeln und Uhrtürmen – ebenfalls von F. von Thiersch (1908), der den Kontrast bewusst wählte.

Tor zur Altstadt und Treffpunkt fürs Abendvergnügen

Für die kleine Auszeit

Alter Botanischer Garten

Nördlich werden die Justizgebäude vom Alten Botanischen Garten flankiert, einer grünen Oase mit Neptunbrunnen von 1937 (man sieht's) und nettem Biergarten. Letzterer gehört zum Parkcafé, einem beliebten Bistro für Jung(geblieben)e. Vom Lenbachplatz (s. u.) führt ein klassizistisches Portal (1812) in die Anlage. Exotische Bäume erinnern an seine ursprüngliche Funktion als Garten für Wissenschaft und Forschung, den F. L. von Sckell 1804–1814 anlegte. An der Nordseite des Parks stand der aufsehenerregende **Glaspalast** (1854) für Münchens erste Internationale Industrieausstellung, ein Monument der industriellen Bautechnik. Er wurde 1931 durch Feuer zerstört, mit ihm ging eine Ausstellung von bedeutenden Gemälden deutscher Romantiker zugrunde.

Ein Hoch auf das saubere Wasser

Lenbachplatz

Nach Nordosten geht der Karlsplatz nahtlos in den Lenbachplatz und dieser in den Maximiliansplatz über, beide eigentlich nur eine hochfrequentierte mehrspurige Straße (Teil des Altstadtrings) mit einem »Park« in der Mitte. Vor diesem plätschert Wasser in den **Wittelsbacherbrunnen**, wohl der schönste Brunnen in München. Das Werk Adolf von Hildebrands (1895) im Stil des römischen Barocks feierte die Fertigstellung der Rohrleitung, die auf Initiative des Arztes und Chemikers Max von Pettenkofer gebaut worden war und München mit sauberem Wasser aus dem Mangfalltal versorgte. Ein Jüngling auf einem Wasserross und eine Frau auf einem Wasserstier symbolisieren die Kraft und segensreiche Wirkung des feuchten Elements, sobald es der Mensch gebändigt hat.

Finanzielle Potenz, Stein geworden

★ Paläste am Lenbachplatz

Grandiose Gebäude bilden die Nordseite des Platzes. Das **Palais am Lenbachplatz** (Nr. 2), errichtet 1896/98 für die Deutsche Bank, war bis 2007 Bayerische Börse. Die Börse residiert nun am Karolinenplatz, hier trifft sich im Heart, einem der beliebten Clubs der Stadt, die junge Schickeria. Benachbart das **Bernheimer-Haus** (F. von Thiersch/M. Dülfer, 1889), das sich der weltweit renommierte Kunst- und Antiquitätenhändler Lehmann Bernheimer als Wohn- und Geschäftshaus erbauen ließ; der Urenkel musste es veräußern – Käufer war der Bauspekulant Jürgen Schneider, der 1993 spektakulär bankrott ging. Im rückwärtigen Trakt an der Ottostraße betreibt Feinkost Käfer, die lila Illumination lässt es ahnen, die Eventlocation »Palais Lenbach«.

Treff der kunstsinnigen Hautevolee

Künstlerhaus

An der Ostseite des Lenbachplatzes errichtete Gabriel von Seidl für die etablierten Münchner Künstler und ihre großbürgerliche Gefolgschaft ein Veranstaltungshaus mit »barocken« Giebeln, niedrigeren Flügeln und Innenhof (eröffnet 1900). Die aufwendige ursprüngliche

Ausstattung ist nur teilweise erhalten, an ihr war auch Franz von Lenbach beteiligt. Heute bietet das Haus Raum für ein Kulturprogramm mit Theater, Musik, Ausstellungen etc. (www.kuenstlerhaus-muc.de). Zwei gut besuchte Restaurants laden hier ein, The Grill (Mo.–Sa. ab 18 Uhr) und L'Osteria (Mo.–Sa. ab 11, So. ab 12 Uhr).
Hinter dem Künstlerhaus ragt der rückwärtige Trakt des Kaufhauses Oberpollinger auf – dort stand die mächtige **Hauptsynagoge** (1887), die noch vor der Reichspogromnacht im Juni/Juli 1938 auf Anordnung Hitlers abgerissen wurde, »aus verkehrstechnischen Gründen«, wie es in der NS-Zeitung »Der Stürmer« hieß. An der Ecke Herzog-Max-Straße/Maxburgstraße erinnert ein Gedenkstein an sie.

Ikonen der 1950er-Jahre

Maxburg

Weiter nach Norden. Der damals avantgardistische **BMW-Pavillon** (Sep Ruf /Theo Pabst, 1956) dient dem Autobauer als Schau- und Eventraum (tgl. geöffnet). An der Pacellistraße das **Justizgebäude** derselben Architekten (1957) – damals als Affront gegen »unser liebes München« verdammt, heute gilt es als eines der besten Zeugnisse der Nachkriegsarchitektur. Der seltsame Turm davor ist das einzige Relikt der Wilhelminischen Veste, die Herzog Wilhelm V. Ende des 16. Jh.s errichten ließ; im 17. Jh. erhielt sie den Namen Maxburg, als Kurfürst Maximilian Philipp das Ensemble als Residenz nutzte. Das **Café Kreutzkamm** hat hier seine zweite Münchner Filiale (▶ 324).

★★ KÖNIGSPLATZ

Lage: Maxvorstadt | **Innenstadtplan:** a I | **U-Bahn:** U 2/8 Königsplatz | **Tram:** 27/28 Karolinenplatz | **Bus:** 100 Königsplatz

München verdankt sein besonderes Gepräge König Ludwig I.: Er wollte eine in Deutschland einzigartige Stadt gestalten. Mit den Propyläen, der Glyptothek und der Antikensammlung am prachtvoll-kühlen Königsplatz ist ihm das eindrucksvoll gelungen. Heute gewinnt man dem Ganzen eine weniger heroische, freundlichere Seite ab: An der Glyptothek sitzt man in der Sonne, und in der Säulenhalle der Antikensammlung zirkeln abends, konzentriert in sich versunken, die Tangopaare.

Das Isar-Athen

Für Bayerns »griechische Exkursion« und des Herrschers Traum vom Isar-Athen steht der Königsplatz. Der antikenbegeisterte Kronprinz, ab 1825 König Ludwig I., beauftragte Leo von Klenze mit der Konzeption eines repräsentativen Stadteingangs im Westen. Auch Vorstel-

Stolze Inszenierung des königlichen Bayerns, heute nimmt man's eher gemütlich: Antikensammlungen und Propyläen, von der Vorhalle der Glyptothek gesehen

lungen des Architekten Karl von Fischer flossen ein, der als Gegenpol zum »Forum der Wissenschaften« an der ▶Ludwigstraße ein »Forum der Künste« schaffen wollte. Klenze begann 1816 mit dem Bau der Glyptothek, abgeschlossen wurden die Arbeiten erst 1862 mit der Fertigstellung der Propyläen. Das Dritte Reich nützte die Kulisse für Massenaufmärsche, 1933 – 1935 wurde der Platz zur **Akropolis Germaniae** umgestaltet. Ein Belag aus Granitplatten und die Bauten am Ostrand des Platzes, die durch die Entfernung der Bäume an der Arcisstraße einbezogen wurden, gaben dem Königsplatz ein neues Gesicht. Den **Führerbau** an der Arcisstraße, in dem 1938 das Münchner Abkommen unterzeichnet wurde, nützt heute die Hochschule für Musik und Theater, die **Verwaltung der NSDAP** weiter südlich (Katharina-von-Bora-Straße, ▶Baedeker Wissen S. 138) beherbergt u. a. die Staatliche Graphische Sammlung (▶S. 136). Die beiden »Ehrentempel« für die beim Putschversuch 1923 Erschossenen, an der Kreuzung Brienner Straße, wurden 1947 gesprengt, die Sockel sind noch erhalten. An der Brienner Straße, wo das »Braune Haus« stand, hält das **NS-Dokumentationszentrum** die Verbrechen des Nationalsozialismus und die Bedeutung Münchens als »Hauptstadt der Bewegung« in Erinnerung (▶S. 136, 272). Jenseits der Propyläen steht das ▶**Lenbachhaus**, das wie der Königsplatz zum ▶ **Kunstareal München** im weiteren Sinn zählt (Übersichtsplan ▶dort).

»Nur« ein Torbau

★ Propyläen

Im Westen beherrscht den Königsplatz ein Prachttor im dorischen Stil (innen korinthisch), das von Klenze nach dem Vorbild der Propyläen der Athener Akropolis gestaltete (1846–1862). Nach Osten ist es auf den Karolinenplatz mit seinem Obelisken ausgerichtet (▶ Brienner Straße), nach Westen führte die Straße zum Schloss Nymphenburg weiter. Die Giebelplastiken am Mittelbau verherrlichen den Freiheitskampf der Griechen gegen die Türken 1821–1829. Als die Propyläen erbaut wurden, war Otto, ein Sohn des glühenden Philhellenen Ludwig I., griechischer König, und er dankte im selben Jahr ab, in dem der Bau fertiggestellt wurde. Die Friese unter den Turmfenstern schuf L. von Schwanthaler (▶ Theresienwiese).

★★ Glyptothek

Di. – So. 10 – 17, Do. bis 20 Uhr, Führung Do. 18 Uhr | **Eintritt:** mit Antikensammlungen 6 €, So. je 1 € | **Theater im Innenhof:** Karten Tel. 089 3 00 30 13, 0171 3 00 62 59 | **www.antike-am-koenigsplatz.mwn.de, www.theaterspieleglyptothek.de**

Kunst-Tempel

Der Bau

Die Nordseite des Königsplatzes nimmt Münchens ältestes Museum ein, die Glyptothek mit einer der **bedeutendsten Sammlungen antiker Skulpturen in Europa**. Ihr Name ist von griechisch »glyphein« für »meißeln« und »theke« für »Aufbewahrungsort« abgeleitet. Im Auftrag Ludwigs erwarben Agenten 1811–1814 in Ägypten, Griechenland und Italien antike Skulpturen von der Archaik bis zur römischen Kaiserzeit, u. a. die einzigartigen Giebelfiguren des Aphaia-Tempels (um 500 v. Chr.), die 1811 auf der Insel Ägina ausgegraben worden waren. Den klassizistischen Bau errichtete Leo von Klenze 1816–1830; im Giebel über den ionischen Säulen steht die Göttin Athene als Schirmherrin der griechisch-antiken Kunst.

Einzigartige, berühmte Werke der Antike

Ausstellung

Die Kunstwerke – vielfach römische Kopien griechischer Skulpturen – werden chronologisch präsentiert, von der archaischen Zeit über die griechische Klassik und den Hellenismus bis in die römische Kaiserzeit und die Spätantike. Erläuterungen geben Infotafeln an den Wänden und ausliegende Werkbeschreibungen. Saal I: Archaische Jünglinge des 6. Jh.s v. Chr., u. a. der **Kuros von Tenea**, Weihereliefs und ein Hermes-Kopf. Saal II: Der **Barberinische Faun** – der höchst lasziv drapierte, berauscht schlafende Satyr (griechisch, um 220 v. Chr.) – ist nach dem Palazzo Barberini in Rom benannt, wo er früher stand. Das **Haupt der Medusa Rondanini** ist ebenfalls eine antike

Kopie. Saal III: Ein Athene-Kopf, der Kopf eines Jünglings sowie die Diomedes-Statue. Saal IV: Grabrelief der Mnesarete und ein Frauengrabmal in Form eines Salbgefäßes. Saal V: Statue der griechischen Göttin Eirene (Frieden). Saal VI: **Grabreliefs**, u. a. von einem Jüngling als Jäger mit Hund. Die Westgiebelgruppe des **Tempels von Ägina** – dargestellt ist die zweite Belagerung Trojas durch Aias – ist in Saal VII aufgebaut; Saal VIII ist Café. Saal IX enthält die Ostgiebelgruppe des Tempels, die die erste Belagerung Trojas durch Telamon und Herakles darstellt, zudem eine **Sphinx** vom Dach des Tempels von Ägina. Saal X: Ein Demosthenes-Bildnis, ein Aphrodite-Kopf und Alexander-Bildnisse. Saal XI: Büste des römischen Kaisers **Augustus** (reg. 31 v. Chr. – 14 n. Chr.) mit der Bürgerkrone, römische Porträtbüsten, das große Relief »Hochzeit des Poseidon« und ein Bodenmosaik aus einer römischen Villa. Saal XII: Der kolossale **Apollon Barberini** und eine Statue des Kaisers Domitian als Sonnengott. Saal XIII: Der berühmte, köstliche **Knabe mit der Gans** und die Trunkene Alte. Im Hof ein Bronze-Nachguss eines Bildnisses des römischen Kaisers Hadrian, der von 117 bis 138 n. Chr. regierte.

Ein unvergesslicher Sommerabend im Hof der Glyptothek – erleben Sie eine aufwühlende antike Tragödie wie den »Ödipus«.

BAEDEKER MAGISCHE MOMENTE

KLEINE FLUCHT

Ein schöner abgeschiedener Platz ist der Innenhof der Glyptothek mit seinem Café. Im Sommer werden hier unter den Sternen – täglich bei schönem Wetter – nervenzerfetzende griechische Tragödien und neuzeitliche Fassungen antiker Stoffe geboten.
Mitte Juli – Mitte Sept., Beginn 20 Uhr, Einlass ab 19 Uhr, Tel. 089 300 30 13, theaterspieleglyptothek.de

★★ Staatliche Antikensammlungen

Di. – So. 10 – 17, Mi. bis 20 Uhr, Führung Mi. 18 Uhr | **Eintritt:** Mit Glyptothek 6 €, So. 1 € | **www.antike-am-koenigsplatz.mwn.de**

Kleine, großartige Kunstwerke

Der Bau

Der einfachere Tempel an der Südseite des Platzes, erbaut von G. F. Ziebland 1838 – 1848, war als Ausstellungsgebäude für die zeitgenössische Kunst gedacht; im Lauf der Zeit wurde er u. a. von der Kunstakademie, der Münchner Künstlergenossenschaft und der »Secession« genützt. Die Mitte des Giebels über den korinthischen Säulen ziert die Bavaria, die den Aufschwung der bayerischen Kunst symbolisieren soll. Seit 1967 ist hier eine der bedeutendsten Sammlungen **griechischer, etruskischer und römischer Kleinkunst** zu bewundern, von der Kykladenkultur des 3. Jt.s v. Chr. bis zur Spätantike im 5. Jh. nach Christus. König Ludwig I. konnte einige hervorragende Sammlungen erwerben, u. a. aus dem Nachlass von Lucien und Caroline Bonaparte, Geschwistern Napoleons.

Erdgeschoss

Die Sammlung des Hauses wird in den Räumen I und II des Erdgeschosses präsentiert, gemäß dem beschränkten Platz nur teilweise; der größere Rest des Geschosses dient für Wechselausstellungen. Zu sehen sind allerlei Erzeugnisse der Töpferkunst, Vasen, Trinkschalen, Mischkrüge, Amphoren etc.; die handwerkliche und die künstlerische Meisterschaft sind einfach überwältigend. Als Beispiele genannt seien die **Exekias-Schale** (ca. 530 v. Chr.), eines der schönsten antiken Gefäße, und die **Amphore des Andokides-Malers** (um 520 v. Chr.), die den Übergang vom schwarzfigurigen zum rotfigurigen Stil dokumentiert.

Obergeschoss Bronzebeschläge und -kessel, Kleinbronzen, Tongefäße und Skulpturen aus Etrurien und italische Prachtgefäße. Griechische Landschaften von Carl Rottmann (1797 – 1850) zieren die Wände.

Untergeschoss Präsentiert werden hier etruskischer und römischer Goldschmuck und Silberarbeiten, griechische Bronzen und Terrakotten sowie antikes Glas. Die Highlights: die »Schöne« (3. Jh. v. Chr.), die noch ihre ursprünglichen zarten Farben erhalten hat; das **Diadem Loeb** (um 150 v. Chr.), eine der herrlichsten Goldarbeiten aus der Antike; das »Mädchen von Beröa«, ein hellenistisches Bronze-Meisterwerk (um 100 v. Chr.); ein kunstvoll gearbeiteter Diatretglasbecher aus Köln (römisch, um 400 n. Chr.); der goldene Totenkranz aus Armento (4. Jh. v. Chr.) und das Mumienporträt eines Jünglings aus dem römischen Ägypten (um 140 n. Chr.).

★★ Staatliche Graphische Sammlung

Lage: Katharina-von-Bora-Str. 10 | **Studiensaal:** Mo. 14–17, Di.–Do. 10–13, 14–17, Fr. 10–13 Uhr | Tel. 089 28 92 76 16, **www.sgsm.eu**

Kleine Werke großer Künstler

Neben den Kabinetten in Berlin und Dresden gilt die Graphische Sammlung München als bedeutendste Sammlung von Zeichnungen und Druckgraphik in Deutschland. Ihr Bestand mit ca. 400000 Blättern umfasst alle Epochen vom 12. Jh. bis zur Gegenwart. Schwerpunkte sind altdeutsche und niederländische Werke (u. a. Dürer und Rembrandt), italienische Zeichnungen, deutsche Zeichnungen des 19. Jh.s und internationale Graphik der Gegenwart. Leider ist die Unterbringung bescheiden, Raum für Ausstellungen steht der Sammlung in der Pinakothek der Moderne (▶ S. 149) zur Verfügung.

★★ NS-Dokumentationszentrum

Lage: Brienner Straße 34 | Di. – So. 10 – 19 Uhr | **Eintritt:** 5 € | Tel. 089 2 33-6 70 14 | **www.ns-dokumentationszentrum-muenchen.de**

Wider das Vergessen

Genau 70 Jahre nach dem Ende des Zweiten Weltkriegs wurde das NS-Dokumentationzentrum eröffnet – so lange dauerte es, bis München einen Ort schuf, der an den nationalsozialistischen Terror und die Vergangenheit der Stadt als »Hauptstadt der Bewegung« erinnert. Der schildert, wie Adolf Hitler und die Nazi-Ideologie an die

Der Blick geht aus dem NS-Dokumentationszentrum hinaus auf den ehemaligen »Führerbau«, heute Sitz der Musikhochschule.

Macht kamen, wie die staatstragenden Großbürger und Industriellen willig und gewinnträchtig kooperierten, wie sich der »kleine Mann« mit seinen Ängsten und Machtphantasien für den Nationalsozialismus begeisterte, wie schließlich das Dritte Reich einen unfassbar grausamen, umfassenden Vernichtungskrieg gegen »innere« und »äußere Feinde« führte. Erzählt wird aber auch davon, dass viele Menschen zum Widerstand fähig waren und wie man nach 1945 in München mit dieser Vergangenheit umging.

Der **weiße Kubus** der Architekten Georg Scheel Wetzel, erbaut am Platz des »Braunen Hauses«, der Zentrale der NSDAP, markiert den Ort der Täter. Über zwei Geschosse reichende schmale Fenster öffnen den Ausblick nach allen Seiten und holen so die bedeutsame Umgebung in die Schau. Die **Ausstellung** beginnt im 4. Geschoss und leitet den Besucher durch vier Geschosse mit zeitlich aufeinanderfolgenden Themenbereichen, mit dem Grundgedanken »Warum gerade München? Und was geht uns das heute an?« Die Darstellung beschränkt sich bewusst auf schriftliche und fotografische Dokumente, die eingehend erläutert werden; man braucht also »Stehvermögen« (am Wochenende ist besonders viel Andrang). Eine kostenlose **App** des Dokumentationszentrums führt zu 120 Orten in München und Umgebung, die für die NS-Geschichte wichtig sind.

BAEDEKER WISSEN

EIN SCHWERES ERBE

Neben Berlin, Nürnberg, Hamburg und Linz war München in der NS-Zeit eine der fünf »Führerstädte«. Hier war die NSDAP gegründet worden, hier wurde nach dem niedergeschlagenen Putsch von 1923 der Mythos von den »Blutzeugen der Bewegung« gepflegt, hier hatten die zentralen Parteistellen ihren Sitz. Für Hitler war München die »Hauptstadt der Kunst und unserer Bewegung«. Am Ende dieser »Bewegung« war München zu 50 Prozent zerstört.

▶ **Anfang …**
Wahlergebnisse der NSDAP in München

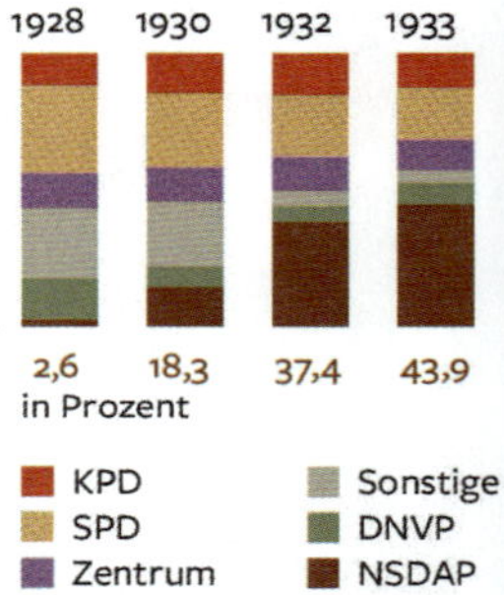

▶ **... und Ende**
Durch die insgesamt 74 alliierten Luftangriffe auf München wurden ca. 81 500 Wohnungen ganz oder teilweise zerstört. Die Altstadt wurde dabei fast komplett vernichtet.

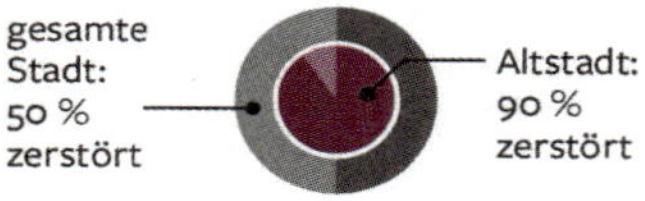

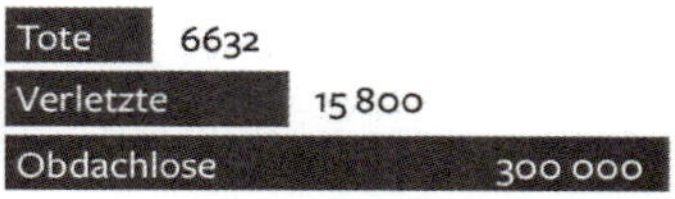

▶ **SCHAUPLÄTZE**

1 **Hofbräuhaus**
Umbenennung der »Deutschen Arbeiter-partei« »Nationalsozialistische Deutsche Arbeiterpartei« im Februar 19200

2 **Feldherrnhalle** Niederschlagung des Hitlerputsches 1923

»Ewige Wache« an der Feldherrnhalle

3 **Ausstellung »Entartete Kunst«**, Galeriestr. 4

4 **»Führerbau«** mit Hitlers Arbeitszimmer; Ort des Münchner Abkommens 1938, Arcisstr. 12 heute Hochschule für Musik)

5 **Königsplatz**
Aufmarschplatz; Ort der Bücherverbrennung von 10. Mai 1933

6 **»Ehrentempel«**
für die Toten des Putsches von 1923

7 **Bürgerbräukeller** (Haidhausen)
Ausgangspunkt des Hitlerputsches; Ort des Attentats von Georg Elser 1939

DIENSTSTELLEN DER NSDAP

8 **Oberstes Parteigericht der NSDAP,** Karolinenplatz 4

9 **Braunes Haus,** Parteizentrale ab 1930; seit 2014 NS-Dokumentationszentrum

10 **Stab des »Führer-Stellvertreters«** (bis 1941), Br Str. (ehem. Päpstl. Nuntiatur)

11 **Verwaltung der NSDAP,** Katharina-v.-Bora-Str. 10

12 **Reichspressestelle der NSDAP,** Karlstr. 18

13 **Reichsführung NS-Dt. Studentenbund,** Karlstr. 16

14 **Reichsjugendführung,** Karlstr. 14

15 **Reichspropagandaabteilung,** Karlstr. 6–8

TERRORZENTRALEN

16 **Reichsführung SS,** Karlstr.10

17 **Oberste SA-Führung,** Barer Str. 7–11

18 **Gestapo-Hauptquartier** (Wittelsbacher Palais), Brienner Str.10

SONSTIGE

19 **Haus der Deutschen Kunst**

20 **Hitlers Privatwohnung,** Prinzregentenplatz 16

21 **Zentralverlag der NSDAP,** Schellingstr.

★★ KUNSTAREAL

Lage: Maxvorstadt | **Tram:** 27/28 Pinakotheken | **U-Bahn:** U 2 Königsplatz, Theresienstraße | **Bus:** 100 Pinakotheken. In der Umgebung der Museen gibt es nur wenige Parkplätze. | **www.kunstareal.de**

Das Kunstzentrum der bayerischen Metropole vereint Museen von Weltrang: Von der 5000 Jahre alten ägyptischen Frauenstatue, über Dürer, Rubens, Monet und Dix bis zum zeitgenössischen Design – so viele große Kunstwerke auf so wenig Raum, das ist einzigartig. Und die Rasenflächen, in denen die Gebäude großzügig verteilt sind, dienen zur willkommenen Pause.

Große Kunst, hochkonzentriert

Schon der ► Königsplatz mit der Glyptothek und der Antikensammlung sowie das ► Lenbachhaus zählen eigentlich zum Kunstareal, das sich nach Nordosten mit weiteren Häusern von Weltrang fortsetzt: mit dem Museum Ägyptischer Kunst, mit Alter und Neuer Pinakothek, der Pinakothek der Moderne und dem Museum Brandhorst. Auch die Kunstszene mit ihren privaten Galerien hat sich von der Maximilian- und Brienner Straße weitgehend in den Bereich des Kunstareals verlagert. Wem der Sinn nach Schönem und Interessantem aus der Natur steht, wird hier mit dem Paläontologischen und dem Geologischen Museum sowie dem »Reich der Kristalle« fündig.

★★ Staatliches Museum Ägyptischer Kunst

Lage: Gabelsbergerstr. 35 | Di. 10–20, Mi.–So. 10–18 Uhr | **Eintritt:** 7 €, So. 1 € | **www.smaek.de**

5000 Jahre Ägypten

An der Gabelsbergerstraße beeindruckt ein riesiger, völlig schmuckloser Gebäuderiegel, der durch seine »Glashaube« und das lebhafte Material der Wände dennoch nicht kalt und brutal wirkt: die 2011 eröffnete **Hochschule für Fernsehen und Film** (Architekt: Peter Böhm). Vor dem rechten Ende ragt eine nackte Wand auf, ein »ägyptisches Tor«: Eine breite Rampe führt hinunter zum Eingang des unterirdischen Museums, das nicht zu den Großen der Branche zählt, dafür zu den besonders qualitätvollen. In nüchternem, doch kongenialem Beton-Ambiente präsentiert es hervorragende Exponate aus 5000 Jahren ägyptischer Geschichte bis in koptische Zeit; die altägyptische Sammlung gilt als eine der bedeutendsten der Welt. Der ungewöhnliche Ort wird auch gerne für ungewöhnliche Events aus Literatur und Musik genützt. Die seltsame gebückte, armlose Figur auf dem Rasen vor dem Gebäude, die Skulptur »Present Continuous« des Niederländers Henk Visch (2011), verursacht Stirnrunzeln – ein roter »Gedankenstrahl« dringt von der Stirn hinunter ins Museum, was die Verbindung von Vergangenheit und forschender Gegenwart versinnbildlichen soll.

Einige große Werke

Die Sammlungen gehen auf Herzog Albrecht V. (16. Jh.) und vor allem auf König Ludwig I. zurück. Plastiken und Kultgegenstände, Papyri und Schmuck aus allen Epochen der ägyptischen Geschichte umfasst die Ausstellung. Eine Frauenstatue aus dem ältesten Bereich des Tempelbezirks von Abydos sowie ein dünnwandiger Kelch aus Grünschiefer sind vorzügliche Arbeiten aus der **Reichseinigungszeit** um 3000 v. Christus. Eine Familiengruppe des Dersenet aus Granit, Scheintüren aus dem Grab des Meni und Szenen einer Schlachtung aus dem Grab des Nianchnesut in Sakkara gehören dem **Alten Reich** an. Aus dem **Mittleren Reich** stammen das Kultbild des Krokodilgotts Sobek aus Bronze und Gold und die Figur eines hohen Beamten, eines der ältesten ägyptischen Werke aus Kupfer. Kunstwerke des **Neuen Reichs** sind ein Löwenkopf aus Kalkstein, der Kopf einer Sphinx Amenophis' II., eine Würfelstatue des Bekenchons, die den Hohepriester des Amun zur Zeit Ramses' II. darstellt, und Waffen aus Sichem. Um 1450 v. Chr. entstand der »Münchner Kelch«, das älteste sicher zu datierende Gefäß aus Glas, das überhaupt existiert. In der **Spätzeit**, zwischen 700 und 300 v. Chr., wurden eine Osiris-Bronzefigur sowie der Goldschatz der Königin Amani-schacheto aus ihrer Pyramide bei Meroe (Sudan) gefertigt. Bemalte Keramik und ein

Die Sargmaske der Königin Sat-djehuti glänzt im Saal »Jenseitsglauben«.

Glasintarsienbild, das einen Jüngling zeigt, sind schöne Beispiele **koptischer Kunst** des 4.–9. Jh.s nach Christus.

★★ Alte Pinakothek

Lage: Barer Str. 27 | Di. 10–20, Mi.–So. 10 –18 Uhr | **Eintritt:** 4 €, So. 1 € | Wegen Sanierung bis 2018 sind Teile der Sammlungen vorübergehend nicht zugänglich. Für die Pinakotheken, das Museum Brandhorst und die Sammlung Schack gibt es eine Kombi-Tageskarte (12 €). | **www.pinakothek.de**

Der König setzt Maßstäbe

Der Bau

Nördlich gegenüber der Filmhochschule steht ihr architektonischer Vorgänger, ein mächtiger, 127 m langer und 37 m breiter Bau im Stil eines venezianischen Renaissance-Palasts, der eine der bedeutendsten Gemäldegalerien der Welt beherbergt. (Auf der langen Bank an der Südseite zur Gabelsbergerstraße sitzt man, mit Ausnahme des Hochsommers, gerne in der Sonne.) Da seine Kunstsammlung zu wenig Platz hatte, beauftragte König Ludwig I. den Hofarchitekten **Leo von Klenze** mit dem Bau der Galerie (1826–1836), damals die größte der Welt; aufgrund ihrer funktionalen Konzeption wurde sie Vorbild für ähnliche Bauten in Brüssel, Rom, St. Petersburg und anderen Metropolen. Nach der teilweisen Zerstörung im Zweiten Weltkrieg wurde sie bis 1957 rekonstruiert, wobei **Hans Döllgast** – der »Architekt des Wiederaufbaus« in München – die Wunden außen und innen bewusst nur mit einfachen Backsteinwänden schloss. Gleichzeitig verlegte er den Eingang von der Schmalseite an der Barer Straße in die Gebäudemitte und baute an der Südseite eine großartige, übers ganze Gebäude gehende **Doppeltreppe** ein. Sie ersetzte den langen Loggiengang im ersten Stock, der dem Bürgertum als Treff zum Flanieren und Repräsentieren gedient hatte. Heute nimmt man im **Café Klenze** in stilvollem Ambiente den Afternoon Tea.

In Jahrhunderten zusammengetragen

Die Sammlungen

Etwa 700 Meisterwerke in 19 Sälen und 47 Kabinetten repräsentieren alle Schulen der europäischen Malerei vom 14. bis Ende des 18. Jh.s. Grundstock waren die Historienbilder zu weltlichen und biblischen Themen, die Herzog Wilhelm IV. um 1530 malen ließ, darunter Altdorfers »Alexanderschlacht«. Die berühmten Gemälde Albrecht Dürers, wie die »Vier Apostel«, erwarb Kurfürst Maximilian I.; über 100 Werke großer Flamen, Holländer und Franzosen brachte Kurfürst Max Emanuel mit, der Anfang des 18. Jh.s in Brüssel im Exil lebte. So verfügt die Alte Pinakothek über eine der größten Rubens-Sammlungen der Welt. In der Säkularisation ab 1803 kam Kunst aus Kirchen und Klöstern hinzu, in den Koalitionskriegen gegen Frankreich zur selben Zeit wurden die wittelsbachischen Sammlungen aus Mannheim, Zweibrücken und Düsseldorf nach München gebracht. König Ludwig I. kaufte intensiv in Italien, dazu erwarb er 1827 die Sammlung Boiserée mit alten deutschen und niederländischen Meistern und 1828 die Sammlung der Fürsten Oettingen-Wallerstein.

Große Werke – nicht versäumen

Altdeutsche Maler des 15./16. Jh.s: Stefan Lochner (Hauptmeister der Kölner Malschule), »Maria auf der Rosenbank« (um 1440); Hans Baldung Grien, »Pfalzgraf Philipp der Kriegerische« (1517). Unter den Historienbildern Herzog Wilhelms IV. ragt die »Alexanderschlacht« von Albrecht Altdorfer (1529) heraus, ein grandioses

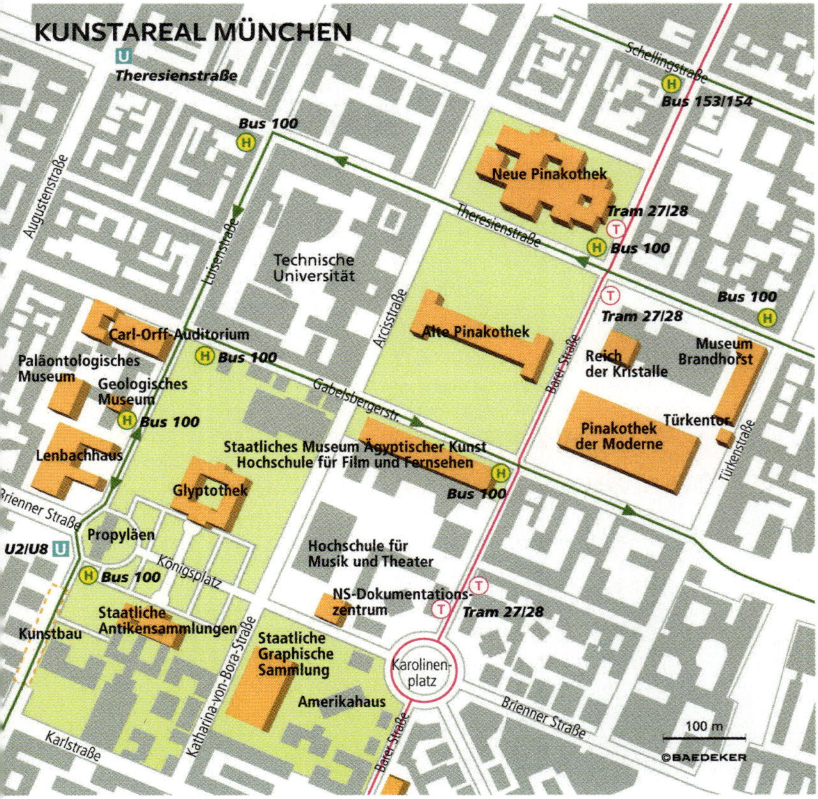

OBEN: »Große« Romantik in der Neuen Pinakothek

LINKS: Die umwerfende »Alexanderschlacht« von Albrecht Altdorfer

»Wimmelbild« mit Tausenden Figuren: der Sieg König Alexanders bei Issos über Persien als Parallele zur zeitgenössischen Abwehr der Osmanen. Matthias Grünewald, »Die Heiligen Erasmus und Mauritius« (um 1520). Albrecht Dürer, »Selbstbildnis im Pelzrock« (1500) und »Vier Apostel« (1526). Michael Pachers Kirchenväter-Altar (um 1480) lässt den Einfluss der italienischen Renaissance erkennen.
Deutsche Maler des 16./17. Jh.s: Adam Elsheimer, »Flucht nach Ägypten« (1609), durch die wunderbare Verbindung von Natur und Poesie ein ganz großes Werk der Landschaftsmalerei.
Altniederländische Maler des 15.–17. Jh.s: Rogier van der Weyden, »Anbetung der Heiligen Drei Könige« (um 1455); Hans Memling, »Sieben Freuden Marias«; Dieric Bouts, Flügelaltar »Perle von Brabant« (um 1465); Lucas van Leyden, »Madonna mit dem Jesuskind, der hl. Magdalena und dem Stifter«; Jan Gossaert, »Danae«. Im 16./17. Jh. traten weltliche Motive in den Vordergrund: Cornelis van Dalem, »Landschaft mit Gehöft«; M. van Reymerswaele, »Steuereinnehmer mit Frau«, Pieter Brueghel d. Ä., »Schlaraffenland« (1566), »Kopf einer alten Bäuerin«; Jan Brueghel d. Ä., »Blumenstrauß«.
Flämische Maler des 17. Jh.s: Adriaen Brouwer, »Das Gehör«; Jakob Jordaens, »Satyr beim Bauern«; Jan Siberecht, »Viehweide mit schlafender Frau«; Anthonis van Dyck, »Ruhe auf der Flucht«. Unter den 46 Werken von **Peter Paul Rubens** das »Selbstporträt mit Isabella Brant in der Geißblattlaube« und der »Raub der Töchter des Leukippos«. **Holländische Maler des 17. Jh.s:** Frans Hals, »Willem van Heythuysen«; Jan van Goyen, »Dorf am Fluss«; Abraham van Bayeren, »Stillleben mit Hummer«; Jacob van Ruisdael, »Waldlandschaft mit aufziehendem Gewitter«. Von **Rembrandt** ein Selbstbildnis und der Passionszyklus für Frederik von Oranien.
Italienische Maler: Giotto, »Letztes Abendmahl« (um 1306); Leonardo da Vinci, »Madonna mit Nelke« (um 1473), eines der wichtigsten Werke der italienischen Renaissance; Raffael, »Heilige Familie aus dem Haus Canigiani« (um 1505), »Madonna aus dem Haus Tempi« (um 1507); Sandro Botticelli, »Beweinung Christi« (nach 1490); Filippo Lippi, »Maria mit dem Kind« (um 1465); Guido Reni, »Himmelfahrt Marias« (1642); G. B. Tiepolo, »Anbetung der Könige« (1753). Von Tizian, dem Meister der venezianischen Hochrenaissance, »Kaiser Karl V. sitzend« (1548) – mit dem berühmten Tizian-Rot, der Kaiser mit ausgeprägtem Habsburger-Kinn – und die »Dornenkrönung« (1570/1571).
Französische Maler des 17./18. Jh.s: Claude Lorrain, »Seehafen bei aufgehender Sonne«, »Verstoßung der Hagar«; Nicolas Poussin, »Ruhendes Mädchen«, »Midas und Bacchus«; François Boucher, »Madame de Pompadour«; J.-B. Chardin, »Rübenputzerin«.
Spanische Maler des 17. Jh.s: El Greco, »Entkleidung Christi«; Diego Velázquez, »Junger spanischer Edelmann«; Bartolomé Estéban Murillo, »Trauben- und Melonenesser«.

★★ Neue Pinakothek

Lage: Barer Str. 29 | **Eingang:** Theresienstraße | Mi. 10 – 20, Do.- Mo. 10 –18 Uhr | **Eintritt:** 7 €, So. 1 € | **www.pinakothek.de**

Der Bau Ein Museum für zeitgenössische Kunst – d. h. »Gemälde aus diesem und künftigen Jahrhunderten« – zu schaffen war eine revolutionäre Idee König Ludwigs I., und so kam München zu einer großartigen Galerie mit bedeutsamen und berühmten Gemälden und Plastiken vom späten 18. Jh. bis zum Anfang des 20. Jh.s, mithin vom Klassizismus bis zum Jugendstil. Ludwig ließ 1846 – 1853 auf eigene Kosten einen »Zwilling« zur Alten Pinakothek erstellen; im Zweiten Weltkrieg z. T. zerstört, wurde er 1975 – 1981 durch einen Neubau ersetzt. Architekt Alexander von Branca, der sonst für klare, eindeutige Formen bekannt war, schuf hier einen recht betulichen, formal unentschiedenen Bau; seine Idee, den »reinen Schematismus der Moderne« mit traditionellen Elementen wie Rundbögen und Dachschrägen zu vermeiden, stieß auf viel Kritik. Lichtführung und Präsentation sind jedoch ausgezeichnet. Im Westtrakt des Komplexes sind die Direktion der Bayerischen Staatsgemäldesammlungen und wissenschaftliche Einrichtungen untergebracht. Im tieferliegenden Teil des Ostflügels kann man im Restaurant Hunsinger mit seiner schönen Terrasse am Wasserbecken relaxen (► S. 320).

Die Sammlung Über 4500 Gemälde und 300 Plastiken umfasst der Bestand, präsentiert wird weniger als ein Zehntel, aber das »hat es in sich«. Den Grundstein legte Ludwig I. 1841 mit dem Kauf der Kollektion seines Architekten Leo von Klenze, 1868 waren schon 400 Kunstwerke zusammengekommen. Wichtige Erweiterungen waren die Schenkung von Konrad Fiedler (1891, Werke von Marees) und die Erwerbungen durch Museumsdirektor Hugo von Tschudi (1909 – 1911), darunter höchst bedeutende Werke französischer Impressionisten – nicht wenige Besucher kommen nur ihretwegen in die Neue Pinakothek.

Internationale Kunst Die Französische Revolution bewirkte eine Hinwendung zum Bürgerlichen, die Darstellung folgte nach wie vor dem klassischen Stil. Richtungweisend wurde das Werk »Anne-Marie-Louise Thélusson, Comtesse de Sorcy« von J. L. David (1790). Wichtige Akzente im 18./19. Jh. setzte die **englische Porträt- und Landschaftsmalerei**, etwa Thomas Gainsborough, »Landschaft mit Hirte und Herde« (1784), und William Turner, »Ostende« (1844).

Deutsche Malerei In der deutschen **Frühromantik** rückt das Naturerlebnis in den Vordergrund (C. D. Friedrich, »Riesengebirgslandschaft mit aufsteigendem Nebel«, um 1820); auch in stimmungsvollen Interieurs äußert sich das romantische Lebensgefühl (G. F. Kersting, »Junge Frau beim Schein einer Lampe nähend«, 1825). Carl Rottmann trat mit Zyklen italienischer und griechischer Landschaften hervor (»Sikyon mit Korinth«, um 1836; »Marathon«, 1848). Ein geschätzter Porträtmaler – von ihm stammt die Schönheitengalerie Ludwigs I. im Schloss Nymphenburg – war Josef Stieler (Bildnis J. W. von Goethe, 1828). Im 19. Jh. hielten sich viele deutsche Künstler in Italien auf. Zum quasireligiösen Kreis der **Nazarener** gehörten u. a. J. Schnorr von Carolsfeld und F. Overbeck (»Italia und Germania«, 1828). Um 1850 betonte das **Biedermeier** das Bürgerlich-Beschauliche, etwa mit M. von Schwind (»Der Besuch«, um 1852) und F. G. Waldmüller (»Die Erwartete«, 1860). **Spätromantik und Realismus** sind durch französische und deutsche Meister vertreten; hochberühmt Carl Spitzwegs Werke wie »Der arme Poet« (1839) und »Der Institutsspaziergang« (um 1860). Für Adolph von Menzel war das Zusammenspiel von Farben und Licht von großer Bedeutung (»Wohnzimmer mit Menzels Schwester«, 1847). In der **Gründerzeit** waren Porträts und Bilder mit historischen Szenen beliebt (C. Th. von Piloty, »Seni vor der Leiche Wallensteins«, 1855; A. Feuerbach, »Abschied der Medea«, 1870), aber auch Szenen aus der ländlichen Welt (W. Leibl, »Bildnis der Frau Gedon«, 1869; F. von Defregger, »Das letzte Aufgebot«, 1872). Eher ein Außenseiter im Kunstbetrieb war Hans von Marées, der u. a. mit den »Hesperiden« (1885–1887) vertreten ist. Andere wandten sich dem Geheimnisvollen, Symbolhaften zu, etwa Arnold Böcklin, »Pan im Schilf« (1858). Für den sozialen Realismus engagierte sich u. a. Max Liebermann (»Frau mit Geißen in den Dünen«, 1890) und Giovanni Seganini (»Das Pflügen«, 1890). Als Porträtmaler reüssierte Lovis Corinth (Bildnis Graf von Keyserling, 1900). Ein neues Lebensgefühl verkörperte um die Jahrhundertwende der **Jugendstil**, vertreten u. a. durch Gustav Klimt, in dessen »Margaret Stonborough-Wittgenstein« (1905) Naturalistisches und geometrisches Ornament verwoben sind.

Französische Malerei

Auch in Frankreich gab es der Spätromantik und dem Realismus verpflichtete Maler, etwa Eugène Delacroix, »Clorinde befreit Olindo und Sophronia« (um 1856), J.-F. Millet, »Bauer beim Pfropfen eines Baums« (1855) und Honoré Daumier, »Das Drama« (um 1860). Die größte Attraktion in der Neuen Pinakothek ist die große Sammlung **französischer Impressionisten**. Einige Höhepunkte: Edouard Manet, »Frühstück im Atelier« (1868); Claude Monet, »Die Seinebrücke von Argenteuil« (1874); Edgar Degas, »Die Büglerin« (um 1869). Bei Paul Cézannes »Bahndurchstich« (1870) ist schon eine Abkehr von der Impression zugunsten der formalen Reduktion festzustellen. Große **Wegbereiter der Moderne** sind Vincent van Gogh (u. a. »Sonnenblumen«, 1888; »Blick auf Arles«, 1889) und Paul Gauguin (»Bretonische Bäuerinnen«, 1886; »Die Geburt«, 1896).

Kühles Haus für die Kunst des 20. Jahrhunderts: Pinakothek der Moderne

Skulpturen Außer Gemälden sind in der Neuen Pinakothek auch Plastiken der genannten Kunstepochen ausgestellt, z. B. Marmorskulpturen der Klassizisten Antonio Canova und Bertel Thorvaldsen sowie Bronzen von Auguste Rodin und Aristide Maillol.

★★ Pinakothek der Moderne

Lage: Barer Str. 40 | Di. – So. 10 – 18, Do. bis 20 Uhr | **Eintritt:** 10 €, So. 1 €, Mi. frei | **www.pinakothek.de, www.architekturmuseum.de**

Architektonische Minimal Art

Im Jahr 2002 wurde das mit 12 000 m² Fläche größte deutsche Museum für moderne Kunst eröffnet, eine nicht gerade einladend wirkende graue Beton-Schuhschachtel (Architekt: Stephan Braunfels). Obwohl außen ästhetisch ärmlich, wird der Bau weithin enthusiastisch gefeiert. Innen erwartet Kühlschrank-Atmosphäre, doch eröffnen sich beeindruckende Durchblicke zwischen den verschachtelten Raumfolgen auf mehreren Ebenen. Das Zentrum des Hauses bildet die 25 m hohe, glasüberkuppelte Rotunde in der Mitte, in der einige Male im Jahr auch ungewöhnliche Konzerte stattfinden (»Nachtmusik der Moderne«, ab 22 Uhr). Das Museum präsentiert **bildende**

und angewandte Kunst des 20./21. Jahrhunderts, und zwar in vier eigenständigen Einrichtungen: Sammlung Moderne Kunst, Staatliche Graphische Sammlung, Architekturmuseum der TU München und Neue Sammlung (The Design Museum). Wechselnde Ausstellungen stellen das künstlerische Schaffen der Gegenwart vor.

Meisterwerke der Klassischen Moderne

★★ Sammlung Moderne Kunst

Hier ist alles vertreten, was in der Malerei und Plastik des 20. Jh.s Rang und Namen hatte. Dazu kommen aus dem reichen Bestand der Staatlichen Gemäldesammlungen Fotografie, Videokunst und andere neuzeitliche künstlerische Formen. Wichtige Richtungen und Namen: Fauves und Expressionisten (Matisse, Heckel, Beckmann, Kirchner), Blauer Reiter (Münter, Marc, Kandinsky), Kubismus und Futurismus (Boccioni, Braque, Chagall, Delaunay, Gris, Léger), Surrealismus (De Chirico, Ernst, Dalí, Magritte), Neue Sachlichkeit (Dix, Grosz, Schad); eine eigene »Liga« ist Pablo Picasso. Die italienische Moderne ist Thema der Schenkung Marino & Marina Marini. **Minimal Art** von Carl Andre und Donald Judd sowie Arbeiten von Andy Warhol stehen für die **nordamerikanische Moderne**. Auch Werke von Beuys, Kiefer, Polke und Gursky sind zu sehen.

Neue Sammlung

Die Neue Sammlung (The Design Museum) präsentiert modernes Design und Highlights des modernen Kunsthandwerks. Die Palette reicht von Jugendstil, Werkbund und Art-déco über das Bauhaus und die 1960er- und 1970er-Jahre bis zur Gegenwart, verkörpert in handwerklichen Einzelstücken und industriellen Serienprodukten. Bizarre Designermöbel stehen hier neben Alltagsgegenständen, Plattenspieler der 1950er-Jahre treffen auf Hightech-Sportgerät des 21. Jh.s.

Übergangslösung

Die **Staatliche Graphische Sammlung** (▶ S. 136) soll ebenfalls einmal in der Pinakothek der Moderne ihre Heimat finden. Bis dahin sind hier wechselnde Ausstellungen aus dem riesigen, fantastischen Bestand zu sehen – ein Muss.

Architekturmuseum

Das Architekturmuseum der TU München präsentiert großartige Architekturzeichnungen, Modelle und Fotografien.

Museum Brandhorst

Lage: Türkenstr. 19 | Di. – So. 10 – 18, Do. bis 20 Uhr | **Eintritt:** 7 €, Sonderausstellungen 10 €, So. 1 € | **www.pinakothek.de**

Twombly-Tempel

Umstrittenes Kunsthaus

Eine Fassade mit 36 000 bunten Keramikstäben machen das Museum Brandhorst an der Türkenstraße zum Hingucker (Architekten: Sauerbruch Hutton, Berlin, 2009). Anette und Udo Brandhorst fanden im Freistaat Bayern einen Partner, der bereit war, für ihre Sammlung ein Museum zu bauen und zu unterhalten, was wegen der fraglichen künstlerischen Relevanz ziemlich heftig kritisiert wurde. Im Zentrum stehen 170 Arbeiten des US-Amerikaners Cy Twombly (1928–2011), im Hauptsaal hängt der 12-teilige »Lepanto«-Zyklus, dessen Bedeutsamkeit sich nicht jedem erschließt. Darüber sind über 700 Werke des 20. Jh.s im Bestand, u. a. von Andy Warhol (über 100 Arbeiten), Sigmar Polke, Georg Baselitz und Gerhard Richter.

Türkentor

Zwischen der Pinakothek der Moderne und dem Museum Brandhorst blieb das Türkentor als einziger Rest der Neuen Infanteriekaserne von 1823 erhalten. Drinnen steht die »Large Red Sphere« von Walter De Maria, eine glattpolierte Granitkugel von 2,6 m Durchmesser und 25 t Gewicht, die mit ihrer konzentrierten, machtvollen Physis in Kontrast zu den rauen Resten des Kasernenbaus steht.

Museen der Bayerischen Staatssammlung für Paläontologie und Geologie

Lage: Geologie: Luisenstr. 37, Paläontologie: Richard-Wagner-Str. 10
Mo.–Do. 8–16, Fr. 8–14 Uhr; 1. So. im Monat 10–16 Uhr, mit Führungen, Vorführungen etc.; Eintritt frei | **www.palmuc.de**

Die Welt, in der wir leben

Geologisches Museum

Die beiden Museen der Staatlichen Naturwissenschaftlichen Sammlungen Bayerns widmen sich der Entwicklung und Vielfalt des Lebens auf der Erde, den Wechselbeziehungen zwischen den Organismen und mit dem System Erde sowie den geologischen Grundlagen. In der Geologie geht es um das Wesen und Werden der Erde, den permanenten Wandel der Erdkruste und die Bodenschätze. Ausführlich werden u. a. der geologische Bau und die Gesteinsbildung der Ostalpen sowie die Entstehung fossiler Brennstoffe (Kohle, Erdöl, Erdgas) dargestellt. Anhand von Gesteinsbrocken lernt man, Strukturen und Formen der gesteinsbildenden Minerale zu erkennen.

Dino & Co

★ Paläontologisches Museum

Nicht nur für Kinder Aufregendes birgt das monumentale Gebäude von der vorletzten Jahrhundertwende: eine Schau versteinerter Lebewesen aus den wichtigen Perioden der Erdgeschichte. Highlights sind der Urvogel *Archaeopteryx bavarica*, der größte und der kleinste Dinosaurier Bayerns, der Schädel eines Dreihorn-Sauriers aus Wyoming (USA) und allen voran – prominent im Lichthof präsentiert – das Skelett eines Riesenelefanten, der vor ca. 10 Mio. Jahren im Raum Mühldorf am Inn lebte.

★ Reich der Kristalle

Lage: Theresienstr. 41 | Di. – So. 13.00 – 17.00 Uhr | Eintritt frei | **www.mineralogische-staatssammlung.de**

Glitzerndes und Glänzendes

Berühmte Schätze aus der Erde

»Hochkarätig« ist die Mineralogische Staatssammlung mit ihren rund 20 000 Exponaten im wahrsten Sinn des Worts: Hier glitzern Diamanten und andere Edelsteine, Gold und andere Metalle. Die Anfänge des Museums gehen ins 18. Jh. zurück, als sich Stein- und Mineralienkabinette großer Beliebtheit erfreuten. Den Grundstock der Kollektion bildete die berühmte Sammlung von Eugène de Beauharnais, Stiefsohn Napoleons und Schwiegersohn des ersten bayerischen Königs Max I. Joseph. Glanzstücke sind der König-Ludwig-Diamant, ein Rubellit-Kristall und v. a. der Takowaja-Smaragd aus der Leuchtenberg-Sammlung, der als schönster russischer Smaragd gilt. Entstehung und Eigenschaften von Mineralien werden erläutert, effektvoll präsentiert werden Mineralien aus bayerischen Lagerstätten, Quarze aus dem Alpenraum sowie gediegenes Gold und Platin aus dem Ural – und Meteoriten aus allen Erdteilen.

LEHEL

Lage: Östlich der Altstadt | **U-Bahn:** U 4/5 Lehel | **Tram:** 18 Isartor bis Nationalmuseum, 19 Maxmonument | **Bus:** 100 Haus der Kunst

Ruhiges Leben in schicker Kulisse: Zwischen der Prinzregentenstraße im Norden und der Ludwigsbrücke im Süden erstreckt sich das Lehel, ein ebenso attraktives wie teures Pflaster mit noblen Immobilien aus Biedermeier, Historismus und Jugendstil.

Feine Vorstadt

Man kann sich kaum vorstellen, dass dieses gediegene, wenn auch wenig aufregende Viertel westlich der Isar einmal eine arme Vorstadt war. Im Lehel – Alteingesessene sagen »Lechl« – wohnten seit den Tagen Kaiser Ludwigs des Bayern Menschen, denen man wegen ihrer Armut die Niederlassung in der Stadt verweigerte. 1724 wurde es dem Burgfrieden einverleibt und damit zur ältesten Münchner Vorstadt. Um die Mitte des 19. Jh.s begann im Zug der großen Stadterweiterung die Umgestaltung, die einfachen »Herbergen« verschwanden. An der Thierschstraße haben bekannte Architekten wie Max Littmann und Emanuel von Seidl gearbeitet, die Liebigstraße und die Reitmorstraße säumen stattliche Palazzi aus Historismus und

Jugendstil (1870–1900, z. B. Reitmorstraße 23, von M. Dülfer). Als klassische »Sehenwürdigkeiten« sind nur der St.-Anna-Platz und seine Kirchen zu nennen.

Kleine Idylle abseits der Altstadt

★ St.-Anna-Platz

Der St.-Anna-Platz über der U-Bahn-Station Lehel bildet mit feinen Bürgerhäusern – in Nr. 2 verbrachte Lion Feuchtwanger seine Kindheit – ein besonders hübsches, denkmalgeschütztes Ensemble. In jüngerer Zeit »entdeckt«, ziehen einige Cafés und Restaurants die kleine Schickeria an, aber Qualität und Preise sind o. k. (ab dem späten Nachmittag sehr frequentiert). Am Donnerstagnachmittag ist's beim Wochenmarkt fast ländlich.

Rheinische Romanik

Pfarrkirche St. Anna

Dominiert wird der Platz von einer mächtigen Basilika, eines der besten Zeugnisse des Historismus in München (Gabriel von Seidl, 1892). Auf der Portalhalle steht die Bronzefigur »Christus als apokalyptischer Reiter« mit Bogen und Ölzweig (Ferdinand von Miller, 1910), eine ikonographisch sehr seltene Darstellung. Das schlichte Innere ist mit Ziboriumsaltar und Radleuchter nach byzantinischer Art gestaltet. Das große Apsisfresko von R. von Seitz (1892) – Gottvater, thronender Christus, hl. Anna (im roten Mantel) und Maria sowie die Apostel – galt den Zeitgenossen als beste Schöpfung der aktuellen Kirchenmalerei. Den schönen doppelschaligen Paradiesbrunnen vor der Kirche hat ebenfalls Gabriel von Seidl entworfen.

Rokoko in schönster Form

★ Klosterkirche St. Anna im Lehel

Gegenüber eine ganz unscheinbare Fassade – sie gehört zur ersten Rokoko-Kirche Altbayerns und einer der schönsten dazu (1944 zerstört, Rekonstruktion bis 1979). Das intime Gotteshaus, eine Schöpfung von **Johann Michael Fischer** (1727–1733), besitzt einen ovalen Hauptraum, an den Vorhalle und Altarraum anschließen; Fischer vereinte damit Längs- und Zentralbau zu einem neuen, eleganten Typus. Wände, Pfeiler und Kapitelle, alles ist gekurvt, was dem Raum eine wunderbare Harmonie und Geschlossenheit gibt. Ausgestaltet wurde er von den **Brüdern Asam** und **J. B. Straub**. Von Straub stammen v. a. Hochaltar mit Tabernakel und Anbetungsengel sowie die Kanzel, von E. Q. Asam die Stuckfiguren; die Altarbilder der vorderen Seitenaltäre (C. D. Asam) sind die einzigen original erhaltenen. Das Hochaltarbild (K. Manninger nach C. D. Asam) zeigt die hl. Anna, die mit ihrer Tochter Maria in der Heiligen Schrift liest, das Deckenfresko die Erhebung der hl. Anna in den Himmel. Haben Sie etwas verloren? Dann sind Sie in der Klosterkirche richtig: Im mittleren Seitenaltar rechts wird eine große Oberarmreliquie des **hl. Antonius von Padua** präsentiert, die Kaiser Ludwig der Bayer 1330 aus Rom mitbrachte. Für Konzerte ist der Raum ein wunderbarer Rahmen.

Magnet zur blauen Stunde: St.-Anna-Platz mit der Pfarrkirche

Das **Kloster** wurde 1725 für Hieronymiten-Mönche errichtet, die die Seelsorge in der Vorstadt versahen. 1827 betraute König Ludwig I. die Franziskaner mit dieser Aufgabe, sie sorgen auch für Obdachlose. Bis 1972 unterhielt der Orden hier eine Hochschule, heute ist das Kloster Sitz der Deutschen Franziskanerprovinz.

★★ LENBACHHAUS

Lage: Maxvorstadt, Luisenstr. 33 | **U-Bahn:** U 2/8 Königsplatz | **Bus:** 100 Königsplatz | Di 10 - 20, Mi. - So. 10 - 18 Uhr, Eintritt 10 € | **Restaurant Ella:** Di.- Sa. 9 - 1, So. 9 - 21 Uhr (Küche bis 17 Uhr, Tel. 089 70 08 81 77 | **www.lenbachhaus.de**

Eine toskanisch anmutende Villa, umgeben von einem hübschen Garten, war die standesgemäße Residenz des »Malerfürsten« Franz von Lenbach, der zu den gefragtesten Porträtisten seiner Zeit gehörte. Seit 1929 beherbergt sie die Städtische Galerie, die besonders für ihre Sammlung des »Blauen Reiters« berühmt ist.

Vor dem Königsplatz – in nächster Nähe zum damaligen Kunstzentrum – ließ sich **Franz von Lenbach** (▶ Interessante Menschen), in

Villa eines Malerfürsten

Zusammenarbeit mit dem vielbeschäftigen Gabriel von Seidl, als Wohnsitz und Atelier eine Villa erbauen (1887–1890). Im Südflügel lagen die Ateliers; die restaurierten Privatgemächer geben einen Eindruck von der Ausstattung, die im Zweiten Weltkrieg großenteils verlorenging. Das charmante Haus mit idyllischem Garten, das den steifen Propyläen leichtes Italien entgegensetzte, wird von dem goldglänzenden modernen Anbau erdrückt, den der britische Stararchitekt Norman Foster entwarf (2013). Der Schriftzug für die Fassade, der eine Antiqua- und eine Groteskschrift kombiniert, stammt von dem gebürtigen Münchner Thomas Demand; das »Wirbelwerk« des Dänen Olafur Eliasson in der Eingangshalle greift die Farbenpalette des Blauen Reiters auf. Ein sehr angenehmer Platz und daher meist voll ist die Terrasse des **Restaurants Ella** – so nannte Kandinsky seine Lebensgefährtin Gabriele Münter – vor den Propyläen.

Heimat des Blauen Reiters

Die Sammlung

Ihre Bekanntheit verdankt die Städtische Galerie, die seit 1924 im Lenbachhaus ansässig ist, seiner einmaligen Sammlung von Werken des Künstlerkreises Blauer Reiter, der etwa von 1910 bis 1914 bestand: Paul Klee, August Macke, Franz Marc, Alexej Jawlensky, Wassily Kandinsky, Gabriele Münter und andere, die mit unterschiedlichen Motiven und Ergebnissen um neue Ausdrucksmöglichkeiten rangen. Unbedingt sehenswert sind auch Werke berühmter **Maler des 19. Jh.s**, die in München tätig waren, etwa Carl Spitzweg, Wilhelm

Von Kandinsky hat das Lenbachhaus über 90 Bilder im Bestand.

Leibl, Franz von Defregger und Lovis Corinth. Mit Kunst nach 1945, darunter Kelly, Beuys, Warhol und Kiefer, setzt die Galerie ihre Sammeltätigkeit fort. Viel Tageslicht und LEDs mit variabler Farbtemperatur setzen die Werke in Szene. Für interessante Wechselausstellungen wird der unterirdische **Kunstbau** in der U-Bahn-Station nebenan genützt (separater Eingang, Eintrittskarten im Kubus).

★★ LUDWIGSTRASSE

U-Bahn: U 3/6 Odeonsplatz – Universität

Junge Frauen und Männer, mit dicken Taschen auf dem Radl eilig unterwegs, griechische Philosophen und Dichter vor der Bibliothek – hier spürt man studentisches Flair, aber auch die Erhabenheit dieser einst »monumentalsten Straße Europas« zwischen Odeonsplatz und Siegestor. Hier manifestiert sich der Traum König Ludwigs I. von der Größe eines neuen München.

Zur Realisierung seiner hochfliegenden Pläne holte Ludwig noch als Kronprinz **Leo von Klenze** nach München. Der Architekt entwarf das Gesamtkonzept des ca. 1 km langen und gut 30 m breiten, baumlosen Boulevards, und er gestaltete ab 1818 den Südteil in Formen des Klassizismus und der italienischen Frührenaissance; für den Nordteil nach romanischer Art und z. T. in Ziegelbauweise zeichnete **Friedrich von Gärtner** verantwortlich, von Klenzes Erzrivale und Nachfolger im Amt des Hofarchitekten. Der Stilwechsel beeinträchtigt den herrschaftlichen Gesamteindruck nicht, man empfindet ihn im Gegenteil als Bereicherung, weil eine klassizistische Monotonie vermieden wurde. Gärtner hielt sich an Klenzes Konzept: lange Gebäudefronten, einheitliche Traufhöhe und schmale Straßeneinmündungen.

»Straße der Wissenschaften«

»

»Ich will aus München eine Stadt machen, die Teutschland so zur Ehre gereichen soll, dass keiner Teutschland kennt, wenn er nicht München gesehen hat.

«

Ludwig I.

Das Wissen der Welt

Vier Größen der griechischen Antike – Thukydides, Homer, Aristoteles und Hippokrates, im Volksmund die »Vier Heiligen Drei Könige« (Kopien; urspr. Ludwig von Schwanthaler) – zieren die Freitreppe

Bayerische Staatsbibliothek

OBEN: Grandiose Palazzi wie die Staatsbibliothek, die Ludwigskirche und eilige Radler prägen das Bild der Ludwigstraße.

LINKS: Das Siegestor, von der Schwabinger Seite gesehen. An der Leopoldstraße sorgen Pappeln für ein anderes Bild ...

vor dem 152 m (!) langen Gebäudekomplex. Friedrich von Gärtner orientierte sich mit dem mächtigen Ziegelbau (1832–1843) an italienischen Palästen der Frührenaissance. Die grandiose Treppenhalle im Vestibül wäre für so manche Stadtbibliothek groß genug. Begründet 1588 von Herzog Albrecht V., führt die Bibliothek heute über 10 Mio. Bände (davon ca. 2 Mio. digitalisiert) und 59 000 Zeitschriften; sie besitzt viele kostbare Handschriften und Inkunabeln. Hervorzuheben sind auch die Sonderbestände wie Nachlässe, Autographen, Exlibris, Porträts, Bilder und Karten, darunter über 800 Atlanten und weit über 200 000 geografische Kartenwerke.
Ludwigstr. 16 | Allgemeiner Lesesaal Mo. - So. 8 - 24 Uhr |
Information: Tel. 089 2 86 38-23 22, www.bsb-muenchen.de

Unterkühlte Romantik

★ St. Ludwig

Einen Akzent in der Front der Ludwigstraße setzt die Universitätskirche St. Ludwig, die als **bedeutendster Sakralbau der deutschen Romantik** gilt. Das hell leuchtende Gotteshaus mit seiner 71 m hohen »italienischen« Doppelturmfassade wurde 1829–1844 nach Plänen von Friedrich von Gärtner erbaut. Die Fassade ist nicht nur auf die Schrägansicht von der Ludwigstraße her angelegt, sie bildet auch den wirkungsvollen Abschluss der von Westen einmündenden Schellingstraße (▶Maxvorstadt). Mit dem kreuzförmigen Grundriss und der Doppelturmfassade nahm von Gärtner die Gestaltung der Theatinerkirche (▶Odeonsplatz) am Südende der Ludwigstraße auf.
In den Nischen über der Vorhalle stehen Christus und die vier Evangelisten, die L. von Schwanthaler 1832–1835 schuf. Im weiten, düster-kühlen Inneren dominiert das Chorfresko von Peter von Cornelius (»Jüngstes Gericht«, 1836–1840), das größte Altarbild der Welt. Von Cornelius, Mitglied der 1809 gegründeten Malergruppe der »Nazarener« und ab 1824 Direktor der Münchner Kunstakademie, stammen auch die Fresken in der Vierung und in den Querarmen.

»Forum der Wissenschaften«

Ludwig-Maximilians-Universität

Der Komplex, den Ludwig I. in den 1830er-Jahren am Nordende der Prachtmeile errichten ließ, sollte einen Gegenpol zum »Forum der Künste« darstellen, dem ▶ Königsplatz. Das Hauptgebäude der Universität, ein großzügiger, symmetrischer Komplex am **Geschwister-Scholl-Platz** (F. v. Gärtner, 1835–1840), wurde zur Heimat der 1472 von Herzog Ludwig dem Reichen in Ingolstadt gegründeten Hochschule, die 1800 von Kurfürst Maximilian IV. Joseph nach Landshut und 1826 von König Ludwig I. nach München verlegt wurde.
Am 18. Februar 1943 ließen die Geschwister Sophie und Hans Scholl (▶ Interessante Menschen) Flugblätter mit dem Titel »Die Weiße Rose« in den Lichthof der Universität flattern. Die beiden wurden denunziert, Tage später vom »Volksgerichtshof« zum Tode verurteilt und wenige Stunden später im Gefängnis Stadelheim auf der Guillo-

tine hingerichtet. In einem Saal am Lichthof erinnert die **DenkStätte Weiße Rose** an den Widerstand gegen den Nationalsozialismus; vor dem Haupteingang der Universität bildet ein Bodendenkmal Flugblätter, Porträtfotos und einen Abschiedsbrief von Willi Graf ab.
Die **Große Aula**, ein Hörsaal mit über 700 Plätzen, wird auch für Konzerte, Lesungen, Bälle etc. genützt. Hier beriet die Landesversammlung 1946 über die neue bayerische Verfassung. Der prächtige Jugendstil-Saal (G. Bestelmeyer, 1911) ersetzte einen viel kleineren Friedrich von Gärtners. Von W. Koeppen, einem Schüler von Franz von Stuck, stammen das großartige Mosaik des Sonnengottes und die Medaillons. Ein Prometheus und ein Herkules aus Granit tragen die Empore. Der unübersehbare Spruch aus den Satiren des Horaz, »Nil sine magno vita labore dedit mortalibus«, legt den Studenten ans Herz: »Nichts gab das Leben den Sterblichen ohne große Mühe.«
DenkStätte: U 3/6 Universität, Mo. - Fr. 10 - 17, Sa. 11.30 -16.30 Uhr, Eintritt frei; www.weisse-rose-stiftung.de

Georgianum **Das zweitälteste katholische Priesterseminar der Welt**
Der schlichtere Komplex gegenüber dem Hauptgebäude der Universität, ebenfalls von F. von Gärtner, beherbergt das Max-Joseph-Stift (Juristisches Seminar, links) und das Georgianum, das 1494 von Herzog Georg dem Reichen gestiftet wurde und mit der Universität von Ingolstadt via Landshut nach München kam. Das Georgianum besitzt eine großartige **Sammlung sakraler Kunst** des 11.–19. Jh.s, darunter Passionstafeln aus dem 15. Jh., Monstranzen, ein Triumphkreuz, Plastiken, liturgisches Gerät und Messgewänder (zugänglich nach Absprache und bei der Langen Nacht der Museen). Gleich südlich des Georgianums liegt das nette Studentencafé CADU (Café an der Uni, tgl. ab 8 bzw. 9 Uhr). Seine Räume waren früher Teestube und Billardzimmer des Ordinariats, in dem einst auch Joseph Ratzinger, später Papst Benedikt XVI., als Student wohnte.
Professor-Huber-Platz 1, Anfrage für einen Besuch der Sammlung Tel. 089 2 86 20-1, www.herzoglichesgeorgianum.de

Siegestor **»Dem Sieg geweiht, im Krieg zerstört, zum Frieden mahnend«**
Das dreibogige, von einer Bavaria mit Löwen-Quadriga bekrönte Monument am Nordende der Ludwigstraße markiert den nördlichen Haupteingang zur bayerischen Hauptstadt. Es wurde bis 1852 von Friedrich von Gärtner nach dem Vorbild des Konstantinsbogens in Rom geschaffen und ehrt die bayerischen Soldaten der Befreiungskriege 1813–1815. Die im Zweiten Weltkrieg zerstörten Teile wurden nicht wieder rekonstruiert; 1958 erhielt das Tor seine Inschrift.

Jenseits des Siegestors setzt sich der Boulevard unter dem Namen **Leopoldstraße** als Hauptverkehrsader und Vergnügungsmeile von ▶ Schwabing zur Münchner Freiheit fort.

Traditionsreiche Kunstschule

Akademie der Bildenden Künste

Wenige Schritte westlich des Siegestors werden Studenten in Malerei, Grafik, Bildhauerei und Kunsterziehung ausgebildet. Der wuchtige Bau im Renaissance-Stil – 230 m lang mit vorspringenden Seitenflügeln – verkörpert so recht die Ambitionen der Gründerzeit. Erbaut wurde er 1874–1885 nach Plänen von G. von Neureuther. Einen starken Kontrast bildet der Erweiterungsbau des Wiener Büros Coop Himmelb(l)au von 2005. Die Akademie veranstaltet Ausstellungen, auch im U-Bahnhof Universität (Tel. 089 38 52-0, www.adbk.de).

★★ MARIENPLATZ

Lage: Mitte der Altstadt | **Innenstadtplan:** c III | **S-Bahn:** S 1 – 8 Marienplatz | **U-Bahn:** U 3/6 Marienplatz | **Bus:** 132 Marienplatz

Hier schlägt das Herz der Stadt: Gäste aus aller Herren Länder warten geduldig auf das Glockenspiel im Rathausturm, Münchner Fußballfans feiern hier ihre Mannschaft, die wieder mal einen Titel gewonnen hat. Wichtige Demonstrationen beginnen oder enden hier mit einer Kundgebung. Nicht zu vergessen der traditionsreiche Christkindlmarkt, jedes Jahr geschmückt mit einer stattlichen Tanne vor dem Rathaus.

Das Herz der Stadt

Das lebhafte Zentrum Münchens ist seit eh und je der Marienplatz. Hier ging die Salzstraße zwischen Reichenhall und Augsburg durch, hier fanden Turniere statt, und bis 1807 diente er als Marktplatz. Alles beherrscht das Neue Rathaus an der Nordseite, rechterhand stehen das gehobene Kaufhaus Beck und das Alte Rathaus, schräg gegenüber der Kaufhof von 1972 (für ihn wurde ein Jugendstil-Kaufhaus abgerissen, das den Zweiten Weltkrieg kaum beschädigt überstanden hatte – eine der schlimmen Bausünden in München). Die Marmorsäule in der Mitte des weiten Platzes wird von einer »Patrona Bavariae« bekrönt (s. u.).

Schutzherrin Bayerns

Mariensäule

Die Mariensäule – sie bildet den Nullpunkt der bayerischen Landesvermessung, auch die Entfernungsangaben an den Autobahnen nach München beziehen sich auf sie – wurde 1638 errichtet, zum Dank, dass die Residenzstädte München und Landshut während der schwedischen Besatzung im Dreißigjährigen Krieg unbeschädigt geblieben waren. Die Rotmarmorsäule trägt eine vergoldete Marienstatue auf der Mondsichel: Diese »Patrona Bavariae« hat der bedeutende Renaissancekünstler Hubert Gerhard vor 1598 für ein nicht realisiertes Grabmal Wilhelms V. gefertigt. Die Engelchen am Sockel, auch sie hervorragende Werke (um 1640 gegossen), kämpfen gegen Pest, Krieg, Hungersnot und Ketzerei.

Das Geheimnis des Münchner Reichtums

Fischbrunnen

Der Brunnen vor dem Neuen Rathaus – als Treff- und »Aussichts«-Punkt immer belagert – wurde 1866 unter Verwendung von Figuren eines Vorgängers aufgestellt. Seit 1426 wäscht am Aschermittwoch die Obrigkeit (Oberbürgermeister etc.) im Fischbrunnen ihre Geldbeutel, damit er nie leer wird. Bis jetzt funktioniert's ganz gut.

★★ Neues Rathaus

Neogotischer Prachtbau

Mitten in München: Flandrische Gotik

Die Stadtverwaltung brauchte im 19. Jh. mehr Platz. Für das neue Rathaus mussten über 20 Häuser weichen, auch das »Landschaftsgebäude«, in dem 1554 –1807 die Landstände tagten. Der Komplex aus Backstein und Muschelkalk-Haustein wurde zwischen 1867 und 1909 nach Plänen von Georg Hauberrisser errichtet. Zunächst (bis 1874) entstand der symmetrische Ostteil, dann die rückwärtigen Trakte und zuletzt der Westteil mit dem 85 m hohen Turm. Auf seiner Spitze wacht das **Münchner Kindl**; die Figuren an der Fassade stellen nicht nur Herzöge, Kurfürsten und Könige dar, sondern auch Münchner Originale. Das berühmte **Glockenspiel** im Turm, das seit 1908 erklingt, zieht Tausende Zuschauer an. Täglich um 11 und 12 Uhr, von März bis Oktober auch 17 Uhr, drehen sich die Figuren in Szenen der Stadtgeschichte zu volkstümlichen Melodien. Oben ist die Hochzeit Herzog Wilhelms V. mit Renata von Lothringen im Jahr 1568 mitsamt Ritterturnier zu sehen, unten der Schäfflertanz (▶ S. 328), der real alle sieben Jahre auf dem Marienplatz aufgeführt wird (wieder 2019). Und um 21 Uhr bringen ein Nachtwächter und der Friedensengel das Münchner Kindl zu Bett.

Über 600 Angestellte arbeiten in den 400 Zimmern des Gebäudes, viele historische Räume sind öffentlich zugänglich. Im Erdgeschoss ist die **Touristen- und Stadtinformation** zu finden, außerdem die Rathausgalerie (▶ S. 336) und die Rathauskantine (▶ S. 321). Im riesigen **Ratskeller** kann man in bayerischer und fränkischer Küche schwelgen (tgl. geöffnet). Vom **Rathausturm** hat man einen herrlichen Blick über die Stadt.

Touristen- und Stadtinformation: Mo.– Fr. 9.30 – 19.30, Sa. 9 –16, So./Feiertag 10 –14 Uhr | **Rathausturm:** Mai – Sept. tgl. 10 – 19, sonst nur Mo. – Fr. 10 – 17 Uhr (Aufzug)

OBEN: Vor dem Neuen Rathaus treffen sich die Stadt und die halbe Welt.

LINKS: Zu den schönsten Christkindlmärkten im Lande gehört der vor dem Neuen Rathaus. Aber auch die in den Stadtteilen, kleine und große, haben ihren besonderen Charme.

Feiner Hinterhof

Marienhof

Am Neuen Rathaus vorbei, feine Läden passierend, geht es zum Marienhof. Unter dem Rasen liegen die Reste der mittelalterlichen Häuser, die 1944 Bomben zum Opfer fielen; seit 2017 ist der Platz Baustelle für die zweite S-Bahn-Stammstrecke. An der Ostseite dominiert der prächtige Bau des Luxus-Lebensmittelhändlers **Dallmayr**; das Angebot des einstigen Hoflieferanten ist exquisit und wird so wunderbar präsentiert, dass man zumindest eine Kleinigkeit erstehen sollte, um das Ambiente zu genießen. Ebenso exquisit ist sein Restaurant (2 Michelin-Sterne), im Café und im Bistro speist man fast preiswert. Im hässlichen Anbau links von Dallmayr gibt der gehobene Konsument auch bei **Manufactum** Geld für Dinge aus, die er zum Leben braucht, dazwischen liegt der Durchgang zum ▶ Alten Hof.

Dallmayr: Mo.–Sa. 9.30–19 Uhr | Restaurant & Café ▶ S. 319

★ Altes Rathaus

Gotischer Prunksaal mit Morisken

Zinnengiebel und spitze Türmchen

An der Ostseite des Marienplatzes leuchtet die Zinnengiebelfront des Alten Rathauses mit ihren spitzen Türmchen, daneben der mit großer Uhr und Gemälde versehene, 55 m hohe alte Rathausturm. Den Vorgängerbau aus dem frühen 14. Jh. ersetzte **Jörg von Halspach**, gleichzeitig mit der Frauenkirche, 1470–1480 durch diesen spätgotischen Bau. Das Innere glänzt mit spätmittelalterlicher Handwerkskunst. Das hölzerne Tonnengewölbe mit Ziergurten, goldenen Sternen und herrlichem Wappenfries von 1478 in Deutschlands »vollkommenstem gotischem Saal« unterstreichen dies ebenso wie die Moriskentänzer (Originale im ▶ Stadtmuseum), die berühmten Figuren, die der aus der Oberpfalz stammende Schnitzer **Erasmus Grasser** im 15. Jh. schuf. Im Ratssaal tagten die Vertreter der Stände, feierten Patrizierfamilien Bälle, wurden hochrangige Besucher empfangen; heute dient er der Stadt München zu ähnlichen offiziellen Zwecken. Im Turm bezaubert das **Spielzeugmuseum** des berühmten Karikaturisten Ivan Steiger, mit alten Eisenbahnen, Blechautos, Plüschtieren und Teddybären, hübsch zurechtgemachten Puppen und liebevoll zusammengestellten Puppenstuben. Und dann sollte man noch der **Julia** an der Südseite des Komplexes einen Besuch abstatten, eine Gabe der Partnerstadt Verona, Symbol der tragisch endenden großen Liebe. Mit einem Griff an ihre blankpolierte rechte Brust beschwören Paare, dass es ihnen besser ergehe, und immer wieder haben welche Grund, sich mit Blumen zu bedanken. Nebenan die ▶ Heilig-Geist-Kirche und der ▶ Viktualienmarkt.

Spielzeugmuseum: tgl. 10 – 17.30 Uhr | Eintritt: 4 €, Kinder 1 € | www.spielzeugmuseum-muenchen.de

Zwischen Karlsplatz und Isartor

Dem Kommerz gewidmet: die »Fußgängerzone«

Kaufingerstraße/ Neuhauser Straße (Innenstadtplan a–b III)

Die Achse Kaufingerstraße/Neuhauser Straße, die vom Marienplatz westlich zum ▶ Karlsplatz führt, gilt als umsatzstärkste Einkaufsstraße Deutschlands mit den höchsten Ladenmieten. In der ca. 900 m langen Fußgängerzone haben die üblichen Kleider-, Schuh-, Parfüm- und Elektronikläden den guten Einzelhandel fast ganz verdrängt; das jüngste Exempel ist der schauerliche SportScheck-Glaskasten gegenüber von ▶ Michaelskirche und Alter Akademie, Letztere soll ebenfalls gewinnbringend genützt werden. Kauflustige und/oder Touristen aus aller Welt – 16 000 pro Stunde wurden schon gezählt, 10 000 sind der Schnitt – drängen sich zwischen Blumentrögen und Straßenmusikern durch die Einkaufsmeile. An Sonn- und Feiertagen, wenn die Läden zu sind, liegt die Straße ziemlich verwaist da.

Einen besonderen Platz für eine Pause findet man im **Luxus-Kaufhaus Oberpollinger**: Das Restaurant im 5. Stock besitzt eine der schönsten Dachterrassen in München (Mo.–Sa. 9–20 Uhr, Zugang über die Parkhausaufzüge in der Herzog-Max-Straße). Einen besonderen Hinweis verdient auch die Brauereigaststätte **Augustiner** (Neuhauser Straße 27; ▶ S. 315), ein selten gewordenes Zeugnis für die Münchner Gaststättenkultur der Prinzregentenzeit. Wie außen signalisiert, liegt links die Bierhalle, rechts das Restaurant. Die gran-

Gemütlich-bayerisch, dennoch mit großstädtischem Flair: der Augustiner

BAEDEKER ÜBERRASCHENDES

6X TYPISCH

Dafür fährt man nach München

1.

GANZ ENTSPANNT

Dass der **Englische Garten** der größte Stadtpark der Welt ist, ist weniger bedeutsam als seine herrliche Szenerie, die unmittelbar auf die Seele wirkt: Hier schaltet man sofort in den Ruhemodus ...

▶ S. 81

2.

KUNST IM ÜBERFLUSS

Seit König Ludwig I. darf München sich als Kunststadt von Weltrang rühmen. Am **Königsplatz** und im **Kunstareal** sind nicht weniger als neun großartige Museen versammelt – ein Dorado für den Kunstfreund.

▶ S. 131, 140, 153

3.

UNTER MÄCHTIGEN KASTANIEN

Eine Halbe Bier (oder doch eine Maß?), eine Kleinigkeit zu essen und die Zeitung, mehr braucht's nicht für das kleine Glück im Alltag: **Biergarten** heißen die magischen Plätze, wo man nur Mensch ist.

▶ S. 114

4.

NOSTALGIE

Schönes von gestern ist »in«, bei der **Auer Dult** hat das aber gar nichts Zeitgeistiges. Mit Haferln und Hosenträgern, altem »Graffl« und neuen Wunderputzmitteln lebt hier die Atmosphäre mittelalterlicher Jahrmärkte. ▶ S. 329

5.

IN MÜNCHEN STEHT EIN ... ?

Klar doch: ein **Hofbräuhaus**. Kein Gasthaus der Welt hat jemals größere Berühmtheit erlangt, und das hat seinen Grund. Übrigens: Im Innenhof finden Sie einen der schönsten Wirtsgärten der Stadt.

▶ S. 117

6.

BAROCKE PRACHT

Gotteshäuser aus Barock und Rokoko gehören zur oberbayerischen Kultur. Besondere Kleinode wären da St. Georg in Bogenhausen, St. Michael in Berg am Laim und St. Anna im Lehel.

▶ S. 66, 221, 152

diose Ausstattung (1897) in heiterem Neobarock mit Stuck und allegorischen Gemälden entwarf Emanuel von Seidl, der Bruder des bekannteren Gabriel von Seidl. Emanuel schuf als Innenarchitekt die typischen Münchner Bierhallen und lieferte mit seinem leistungsfähigen Betrieb gleich die ganze Einrichtung. Ein Juwel ist der glasüberkuppelte Muschelsaal im Restaurant, der Arkaden-Innenhof wird sommers zum lauschigen Wirtsgarten. – An bzw. nahe der Kaufingerstraße-/Neuhauser Straße liegen außerdem die ▶ Frauenkirche, das ▶ Deutsche Jagd- und Fischereimuseum und die ▶ Bürgersaalkirche.

Alte Straße der Herbergen

Tal (Innenstadtplan c–d III)

Vom Alten Rathaus verläuft das »Tal« nach Osten zum ▶ Isartor. Das **Schneider Bräuhaus** vis-à-vis der ▶ Heilig-Geist-Kirche – besser bekannt unter dem alten Namen Weißes Bräuhaus (▶ S. 318) – zählt zu den guten Traditionsgasthäusern Münchens; sonst ist das Tal eine wenig aufregende Einkaufsstraße. Nicht auslassen sollte man aber, in der südlich abgehenden Sterneckerstraße, das älteste Bürgerhaus der Stadt (1327) mit einer beeindruckenden »Himmelsleiter«; hier erzählt das **Bier- und Oktoberfestmuseum** vom Münchner Bier, seiner Herstellung und Geschichte; ein Stockwerk ist dem größten Volksfest der Welt gewidmet. Im Anschluss kann man sich im Museumsstüberl eine Halbe oder zwei genehmigen (separat zugänglich).

Bier- und Oktoberfestmuseum: Di. – Sa. 13 – 18 Uhr | Eintritt 5 € | www.bier-und-oktoberfestmuseum.de | **Bierstüberl:** Mo. 18 – 24, Di. – Sa. 13 – 24 Uhr

★ MAXIMILIANSTRASSE

Verlauf: Vom Max-Joseph-Platz zum Maximilianeum | **Innenstadtplan:** c II – d III | **Tram:** 19 Nationaltheater – Maximilianeum

Beim Bummel über die Maximilianstraße sieht man sie alle: die »Schönen und Reichen« aus dem Nobelhotel Vier Jahreszeiten, Luxusläden von Armani, Bulgari oder Hermès, die potenten Sportwagen und die großen Limousinen. Wer wünschte sich da nicht eine gut gefüllte Brieftasche oder die Platin-Kreditkarte?

»Boulevard Monaco«

»Die« Pracht-Einkaufsmeile Münchens führt vom Max-Joseph-Platz nach Osten zur Isar; ihren krönenden Abschluss bildet jenseits des Flusses das hochgelegene Maximilianeum. Im Gegensatz zur strengen Architektur der ▶ Ludwigstraße seines Vaters suchte König Maximilian II. Joseph »seinen« Boulevard locker zu gestalten, öffentliche

Bauten, Geschäfte, Hotels, Restaurants und Grünanlagen sollten sich abwechseln. Das nicht allgemein geschätzte gestalterische Konzept, später **Maximilianstil** genannt, lieferte 1851 – 1853 Friedrich Bürklein, der sich an Gotik und Renaissance orientierte. Der heute durch den Altstadtring geteilte Boulevard verbindet das Stadtzentrum mit den Vorstädten ► Lehel und ► Haidhausen.

»Alte« Fassade

Maximilianshöfe

Von 1944 bis 2003 gähnte zwischen dem Opernhaus und dem Hotel Vier Jahreszeiten eine Lücke, die mit den Maximilianshöfen geschlossen wurde: Hinter eine rekonstruierte Bürklein-Fassade (Potemkin lässt grüßen) wurde eine imposante verglaste Struktur gestellt, mit Probengebäude und Kartenverkauf des Nationaltheaters, mit Büros und dem Lounge-Restaurant Brenner Grill, einer beliebten Bühne für Selbstdarsteller. Der **Marstall** (L. v. Klenze, 1822) diente als Hofreitschule, heute nützt ihn das Residenztheater als Requisitenlager und Werkstatt sowie als Bühne für avantgardistische Produktionen. Hier befindet man sich an der Rückseite der ► Residenz.

Interessantes zwischen den Luxusläden

★ Kammerspiele

Im Haus Maximilianstr. 14 hatte der unvergessene Rudolph Moshammer, der 2005 ermordet wurde, seinen Herrenmodeladen (jetzt Blancpain). Die Münchner Kammerspiele (Nr. 26) zählen zu den be-

In der Maximilianstraße wäre Bescheidenheit nicht angesagt.

deutendsten Sprechtheatern Deutschlands, entsprechend groß ist die Nachfrage. Ihr Programm reicht von der griechischen Tragödie bis zum aktuellen Experiment, das mit dem Intendanten Matthias Lilienthal (seit 2015) weiter ausgebaut wird. Das **Schauspielhaus** ist selbst ein Erlebnis: das einzige erhaltene Jugendstil-Theater Deutschlands (Max Littmann/Richard Riemerschmid, 1900/1901). Der ovale Zuschauerraum hat nur 757 Plätze und fordert mit exotischen Farben: schräges Lindgrün, dazu Rot und Gold; rekonstruiert wurde der Bühnenvorhang von Riemerschmid. Mit gläserner Spitze, verglaster Terrasse und ebensolchen Übergängen zum Schauspielhaus setzen die neuen Trakte (Gustav Peichl, 2001) hinter der Maximilianstraße einen frischen Akzent: das **Neue Haus** (Falckenbergstr.) und das **Blaue Haus** (Hildegardstr. 1) mit dem Werkraum. Als Logenplatz an der Maximilianstraße hat das kleine Restaurant-Café Kulisse eine treue Klientel aus dem Theater und der Promi-Szene. Ein beliebter, unprätentiöser Treffpunkt mit guter Küche ist das Restaurant Conviva im Blauen Haus, in dem auch behinderte Menschen arbeiten.

Kammerspiele: ▶S. 310 | **Kulisse:** Mo.-Sa. 8.30-1, Sa., So. ab 17 Uhr | **Conviva:** Mo.-Sa. 11-1, So. 17-1 Uhr, Aug.-Anf. Sept. geschl.

Hier schlägt das politische Herz Oberbayerns

Regierung von Oberbayern

Jenseits des Altstadtrings erstreckt sich nördlich der Maximilianstraße das monumentale, über 170 m lange Regierungsgebäude, errichtet 1856–1864 in prächtiger Neorenaissance von Friedrich Bürklein – ein Musterbeispiel für den Maximilianstil. Von der Substanz des im Zweiten Weltkrieg schwer getroffenen Gebäudes blieb nur die schöne Terrakotta-Fassade erhalten. Ein schmaler Durchlass führt ins ▶ Lehel zum St.-Anna-Platz, am unteren Ende ist das **GOP. Varieté-Theater** zu finden, in dem Sie eine atemberaubende Show erleben können (▶ S. 310). Ein würdiges Pendant zum Regierungsgebäude stellt das ▶ Museum Fünf Kontinente gegenüber dar.

Landesvater und Namensgeber der Maximilianstraße

Maxmonument

In der äußeren Maximilianstraße ehrt ein imposantes Bronzemonument **Maximilian II. Joseph**, König von 1848 bis 1864 (gegossen von F. von Miller, errichtet 1875). Die kleinen Figuren am Rotmarmorsockel symbolisieren die Tugenden der Staatskunst; Kinder halten die Wappen der bayerischen Stämme Bayern, Schwaben, Franken und Rheinpfalz (die gehörte damals zum Königreich Bayern).

Letzte Etappe: Über die Isar

Maximiliansbrücke

Mit dem Maximilianeum vor Augen überquert man auf der Maximiliansbrücke die Isar. Sie wurde nach Plänen von Arnold Zenetti bis 1864 erstellt und 1905 von Friedrich von Thiersch erneuert. Recht imposant ist die steinerne Pallas Athene von Franz Drexler (1906), hübsche Jugendstil-Ornamente zieren die Geländer.

»CAFÉ MAXIMILIANEUM«

Sonntags lädt die Landtagsgaststätte ein: zum Brunch bzw. zu Kaffee und Kuchen. Besonders schön sitzt man auf der Terrasse mit ihrem grandiosen Ausblick. Auch an einer kostenlosen Führung durch den imposanten Bau können Sie teilnehmen. Mitte März – Mitte Dezember, Tel. 089 41 26 30 00, www.landtagsgaststaette.de

Von hier aus wird Bayern regiert

★ Maximilianeum

Über der Isar thront mit eindrucksvoller Neorenaissance-Front das Maximilianeum, in dem seit 1949 der **Bayerische Landtag** residiert (Abb. oben). König Maximilian ließ Bürklein ein »Athenäum« errichten (1857–1874), eine Ausbildungsstätte für begabte junge Männer und hohe Staatsbeamte, auch eine Gemäldegalerie sollte eingerichtet werden. (Immer noch erhalten hier Elite-Studenten – seit 1980 auch Studentinnen – Kost und Logis.) Die Schauseite zur Innenstadt ist mit Terrakotta verblendet, den von Arkaden flankierten Mittelbau zieren goldgrundige Mosaiken und ein Engel. Mehrmals jährlich werden hier Ausstellungen zu politischen und kulturellen Themen veranstaltet. – Weiter östlich liegt der Max-Weber-Platz (▶ Haidhausen), einige Schritte nebenan der Wiener Platz mit dem Hofbräukeller plus beliebtem Biergarten.

Landtag: Anmeldung für den Besuch einer Sitzung auf www.bayern.landtag.de | Zutritt nur mit Personalausweis. Die historischen Räume sind am Tag der offenen Tür im November zugänglich.

Maximiliansanlagen

▶ Isar

MAXVORSTADT

Lage: nordwestlich des Zentrums | **U-Bahn:** U 2 Königsplatz, Theresienstraße, Josephsplatz | **Tram:** 27 Königsplatz – Nordendstraße

Die Maxvorstadt, zwischen Stadtzentrum und Schwabing gelegen, hat zwei Gesichter. Klar, es gibt hier auch die Snobs, die im Sportwagen zur Vorlesung düsen. Doch hat sich das Studentenquartier um die beiden großen Universitäten auch etwas Improvisiertes, Unordentliches bewahrt, ein Lebensgefühl, dem man in einem der vielen Cafés und Kneipen nachspüren kann.

Lebhaftes Studentenviertel

Die Maxvorstadt ist eine frühe Erweiterung der Kernstadt, die man schon Ende des 18. Jh.s in Angriff nahm, und benannt nach dem ersten König, Max I. Joseph. Zu ihr gehört das klassizistische München mit der ▶Ludwigstraße, dem ▶Königsplatz und den bedeutenden Museen im ▶Kunstareal. Im Universitätsviertel – das nicht, wie viele meinen, zu Schwabing gehört, die Grenze bildet die Georgenstraße – zwischen Ludwig- und Arcisstraße, Theresien- und Adalbertstraße, bestimmen kleine Läden, Buchhandlungen und Antiquariate, Kneipen und Cafés die Szene. Einige bemerkenswerte Gebäude: Schellingstr. 26 (M. Dülfer, 1897), Türkenstr. 4 (Palais Dürckheim, F. J. Kreuter, 1844), Türkenstraße 30 (F. J. Kreuter, 1845), Richard-Wagner-Straße (v. a. L. Romeis, um 1900). Für das Hauptgebäude der Ludwig-Maximilians-Universität ▶Ludwigstraße.

Stützpunkte der studentischen Bohème

Lokale mit Tradition

Nachdem die großen Highlights unter eigenen Stichwörtern verzeichnet sind, sollen noch einige kleinere im Univiertel erwähnt werden. Im fast gediegenen **Atzinger** (Schellingstr. 9) treffen sich seit Generationen Studenten; hier wurde 1958 die Künstlergruppe SPUR gegründet, auch Joseph Ratzinger, später Papst, war hier Gast. Der **Schellingsalon** (Schellingstr. 54) ist ein kleines Wunder: eine echte Wirtschaft mit guter Hausfrauenküche zu kleinsten Preisen, den größten Teil des Gastraums nehmen, nach Art eines Wiener Cafèrestaurants, Billardtische ein. 1872 gegründet, sah der Salon berühmte Gäste wie Lenin und Hitler, der wegen Zechprellerei Lokalverbot erhielt; der junge F. J. Strauß holte hier Bier für seinen Vater. Ein prächtiges Interieur von 1887 besitzt das **Café Altschwabing** (Schellingstr. 56), Stil und Karte entsprechen dem Üblichen. Als ältestes italienisches Restaurant Münchens gilt die 1890 gegründete **Osteria Italiana** (Schellingstr. 62); weitgehend erhalten ist die schöne Ausstattung mit dunkler Täfelung und Kassettendecke, idyllisch der kleine Hof (die Küche wird dem Ambiente gerecht). Hier traf sich Oskar Maria Graf mit Redakteuren des »Simplicissimus«,

Hitler zur gleichen Zeit mit seinen Spießgesellen. Die bekannteste Künstlerkneipe Münchens war zu Anfang des 20. Jh.s der **Alte Simpl** (Türkenstr. 57). Legendär seine Wirtin Kathi Kobus, die den Leuten vom »Simplicissimus« das Bier brachte; die rote Bulldogge, das Maskottchen der Satirezeitschrift, ist immer noch präsent, auch die Öffnungszeiten sind noch bohèmemäßig (bis 3 Uhr, am Wochenende bis 4 Uhr, warme Küche 1 Std. kürzer). Der **Türkenhof** (Türkenstr. 78) hat als gemütliches Studentenlokal einen guten Ruf. Nebenan die Türkenschule mit einer Lichtskulptur, die an das Attentat Georg Elsers auf Hitler erinnert (► S. 103); sie leuchtet um 21.20 Uhr für eine Minute, zu dem Zeitpunkt, als die Bombe im Bürgerbräukeller hochging. Die 1880 gegründete **Max-Emanuel-Brauerei** (Adalbertstr. 33) hat auch einen echten Biergarten, der einzige im Viertel; im Saal wird getanzt: Salsa, Rock'n'Roll, Standard & Latein etc.

Hier ruht König Ludwig I.

St. Bonifaz

An der Karlstraße am Südrand des Viertels liegt das Benediktinerkloster St. Bonifaz, das im Grund weit über Bayern hinaus bekannt ist – sein zweiter Standort ist nämlich der »Heilige Berg« Andechs mit der berühmten Brauerei. Die **Basilika** ist der kümmerliche Rest der von G. F. Ziebland 1834–1847 in byzantinischem Stil errichteten Kirche. Nach der Zerstörung im Zweiten Weltkrieg wurde der Südteil mit der Säulen-Vorhalle wieder aufgebaut, den Nordteil ersetzte eine moderne Klosteranlage. Im rechten Seitenschiff sind König Ludwig I.

Die Universitäten sorgen in der Maxvorstadt für eine hohe Kneipendichte.

und seine evangelische Ehefrau Therese von Sachsen-Hildburghausen bestattet. Mit den Einnahmen aus den Wirtschaftsbetrieben finanziert das Kloster seine Obdachlosenarbeit; gegenüber ein Symbol für das »andere« München, die ebenso luxuriöse wie tote Siedlung der **Lenbachgärten** (2006–2009), deren Wohnungsbesitzer die meiste Zeit in New York oder sonstwo leben.

★★ MICHAELSKIRCHE

Lage: Altstadt, Neuhauser Str. 56 | **Innenstadtplan:** b III | **S-Bahn:** S 1–8 Karlsplatz, Marienplatz | **U-Bahn:** U 4/5 Karlsplatz, U 3/6 Marienplatz | **Tram:** Karlsplatz (Stachus) | Mo., Fr. 10 – 19, Di. 8 – 20.15, Mi., Do., Sa. 8 – 19, So. 7 – 22.15 Uhr | **www.st-michael-muenchen.de**

In der Mitte des 16. Jahrhunderts ging es München immer weniger katholisch zu. Es gab allerhand Sekten, im Buchhandel waren gar protestantische Bücher zu finden. Herzog Wilhelm V. »der Fromme« sah sich veranlasst, dem etwas entgegenzusetzen: Die Michaelskirche mit ihrem Jesuitenkolleg war eine machtvolle Demonstration der Gegenreformation.

In der »Fußgängerzone« ist diese herrliche Kirche ein Raum des Innehaltens, der Stille, offen für alle. Die ungewöhnliche Fassade in der Neuhauser Straße, eine beeindruckende Bilderwand, lässt nicht unbedingt auf eine Kirche schließen, zumal ein Turm fehlt. In der vergoldeten Nische zwischen den Portalen kämpft der Erzengel Michael gegen das Böse – also die Protestanten –, ein grandioses Werk von Hubert Gerhard (1588); darüber stehen für das katholische Bayern wichtige Herzöge, Könige und Kaiser, ganz oben schließlich Christus als Retter der Welt. Herzog Wilhelm V., ein Vorkämpfer der Gegenreformation, hatte den 1540 gegründeten Jesuitenorden nach München geholt und ließ für ihn Kirche und Kolleg errichten. St. Michael, der erste große Kirchenbau im Süddeutschland der frühen Neuzeit, wurde für viele barocke Sakralbauten zum Vorbild.

Renaissance all'italiana

Größte Renaissance-Kirche nördlich der Alpen

Der Bau

St. Michael entstand in zwei Phasen. Die erste Kirche (1583–1588) bekam das nach der Peterskirche in Rom zweitgrößte Tonnengewölbe überhaupt (20 m weit, 28 m hoch). Man fürchtete, es würde nicht halten, doch statt seiner stürzte 1590 der Turm ein und zerstörte den Chor. Der in Italien ausgebildete Niederländer Friedrich Sustris (um 1540–1599) setzte bis 1597 ein Querhaus – eigentlich nur große Seitenkapellen – und einen längeren neuen Chor an das unbeschädigte

Langhaus. Im Zweiten Weltkrieg wurde die Kirche großenteils zerstört, bis 1983 dauerte die mühevolle Rekonstruktion.

Auch hier: Orientierung an Rom

Das Innere

Das Innere ist ganz Macht und Pracht, den in Weiß gehaltenen klassizistischen Formen der Renaissance gibt das Gold der frühbarocken Ausstattung schöne Akzente. Die Architektur orientiert sich an der Mutterkirche der Jesuiten Il Gesù in Rom, die ab 1568 erbaut und 1584 – ein Jahr nach Baubeginn der Michaelskirche – geweiht wurde; unter Verzicht auf deren Vierungskuppel entstand ein Wandpfeilersaal mit Emporen, ein Typus, der die barocke Sakralarchitektur des 17./18. Jh.s entscheidend prägte. Den durch einen Triumphbogen abgesetzten, erhöhten Chor beherrscht der gewaltige dreistöckige **Hochaltar** des Augsburgers Wendel Dietrich (1589); das Altarbild »Sieg des hl. Michael über Luzifer« malte Christoph Schwarz 1587. Vier Bronzereliefs von Hubert Gerhard (um 1595) – drei am Hochaltar, eines am Volksaltar – waren für das Grabmal bestimmt, das sich Wilhelm V. unter dem Triumphbogen errichten lassen wollte, aber nicht ausgeführt wurde. In den **Seitenkapellen** hervorzuheben: 2. Kapelle rechts: Gemälde des hl. Sebastian (Hans von Aachen, um 1590); 3. Kapelle rechts: Reliquienschrein der hll. Cosmas und Damian (Bremen, um 1400), Gemälde von Antonio Viani; rechtes Querhaus: Bronzekreuz von Giovanni da Bologna mit einer hl. Magdalena von H. Reichle (1595); 3. Kapelle links: Gemälde von Peter Candid (1587) und Altarfiguren von J. B. Straub; linkes Querhaus: Grabdenkmal für Eugène de Beauharnais, den Schwiegersohn König Max I. Joseph (Bertel Thorvaldsen, 1828). In der **Fürstengruft** unter dem Chor sind 41 Wittelsbacher beigesetzt, darunter Herzog Wilhelm V., Kurfürst Maximilian I. (ebenfalls ein glühender Anführer der Rekatholisierung) und der unglückliche König Ludwig II.
Seit über 400 Jahren ist diese grandiose Fürstenkirche auch Stätte prachtvoller **Musik**, Künstler wie Orlando di Lasso und J. G. Rheinberger haben hier gewirkt. Unter st-michael-muenchen.de, »Musik«, sind die Termine und alles zum Musikleben heute zu finden.

Gestern Jesuitenschule, morgen Allerweltsbau

Alte Akademie

An die Michaelskirche schließt die Alte Akademie an, ein Komplex mit vier Höfen, den Friedrich Sustris 1585–1597 als Jesuitenkolleg errichtete. Nach der Aufhebung des Jesuitenordens 1773 brachte man hier die Bibliothek und das Archiv des Hofs unter, außerdem eine Maler- und Bildhauerschule – daher der Name. 1826–1840 war die Alte Akademie Sitz der von Landshut nach München verlegten Universität. Im rückwärtigen Teil residiert heute das Ordinariat der Erzdiözese München-Freising, den vorderen erwarb 2015 der österreichische Investor, dem auch das Kaufhaus Oberpollinger weiter unten am Karlstor gehört; er soll für Läden, Gastronomie, Büros und Woh-

St. Michael, ein machtvoll-ernster Bau – aber achten Sie auf die vielen unterschiedlichen Engelsfiguren aus mehreren Jahrhunderten.

nungen genützt werden. Der 6 m hohe **Brunnen** (H. Wimmer, 1962) vor der Alten Akademie ehrt mit Szenen aus der Oper »Salome« den großen, 1864 in München geborenen Komponisten Richard Strauss.

★ MÜLLER'SCHES VOLKSBAD

Lage: Haidhausen, Rosenheimer Str. 1 | **S-Bahn:** S 1 – 8 Isartor | **Tram:** 16 Deutsches Museum | **Bus:** 132 Ludwigsbrücke | **Schwimmhallen:** tgl. 7.30 – 23 Uhr | **Eintritt:** Normalpreis 4,50 € | **www.swm.de**

Ein Badeerlebnis der besonderen Art: Im einst modernsten Hallenbad Europas – mit prächtiger Jugendstilausstattung, Holzkabinen rund um die beiden Schwimmbecken und mächtigen Tonnengewölben – fühlt man sich in alte Zeiten zurückversetzt.

Der große gelbe Bau an der Ludwigsbrücke mit dem ungewöhnlichen Turm ist »nur« ein Badehaus, aber eines der schönsten. Über die

Stilvoll planschen

hübsche Terrasse des Cafés (► S. 325) betritt man den 1901 eröffneten Komplex, bei dem Architekt Carl Hocheder Formen römischer Thermen und orientalischer Badehäuser mit Barock und Jugendstil vereinte. Seine Entstehung verdankt er dem Ingenieur Karl Müller, der der Stadt fünf Häuser vermachte mit der Auflage, ein Badehaus für das unbemittelte Volk zu errichten. Zur großen Schwimmhalle hatten früher nur Herren Zutritt, zur kleinen nur Damen. Letzteres gilt heute Di. 15–20 Uhr, sonst dürfen dort alle ins 30 °C warme Wasser. Außerdem gibt es ein römisch-irisches Schwitzbad und Wannenbäder aus den Zeiten, da ein eigenes Bad ein seltener Luxus war. Im »Zamperlbad« konnten die Bürger auch ihre Hunde waschen.

Fixpunkt der Musik-, Kunst- und Party-Szene

Muffathalle

Hinter dem Volksbad versteckt sich das **Muffatwerk**, das erste Elektrizitätswerk der Stadt (1894, kombiniertes Wasser- und Dampfkraftwerk mit Schornstein). In den 1990er-Jahren umgebaut, wurde es als Muffathalle zum Szenetreff (► S. 306). In seinem kleinen Biergarten kann man wunderbar abhängen. In der Nähe führt der **Kabelsteg** (1898, ► S. 125) über die Isar zur Praterinsel; sein Name rührt daher, dass der im Muffatwerk erzeugte Strom über ihn per Kabel in die Innenstadt und zur Straßenbahn geleitet wurde.

★ MUSEUM FÜNF KONTINENTE

Lage: Lehel, Maximilianstr. 42 | **Innenstadtplan:** d III | **U-Bahn:** U 4/5 Lehel | **Tram:** 18/19 Maxmonument | Di. – So. 9.30 – 17.30 Uhr | **Eintritt:** 5 € | **www.museum-fuenf-kontinente.de**

Etwas für große und kleine Weltentdecker: Ob Elfenbeinschnitzereien aus Ostafrika, reich ornamentierte Keramik aus der muslimischen Welt, Tieramulette der Inuit oder religiöse Objekte aus der Südsee, die einzigartigen Ausstellungsstücke geben Einblick in fremde Kulturen und erweitern den Horizont.

Exotische Welten

An der ►Maximilianstraße östlich des Altstadtrings erstreckt sich gegenüber der Regierung von Oberbayern ein ebenso großartiger Palazzo im gotischen Perpendicular-Stil. Erbaut 1859–1863 für das Bayerische Nationalmuseum, beherbergt er seit 1926 das Staatliche Museum für Völkerkunde, das seit 2014 Museum Fünf Kontinente heißt. Mit kunsthandwerklichen Exponaten aus aller Welt und etwa

BADEN GEHEN IN MÜNCHEN

Im Sommer ist man für Erfrischung dankbar, und zu allen Jahreszeiten können Sportliche zwischendurch einige erholsame Bahnen absolvieren.

Die Freibäder haben, mit Ausnahme des Dante-Freibads, Mai–Sept. 9–18 Uhr geöffnet, an heißen Tagen bis 20 Uhr. Info unter www.swm.de, Tel. 089 23 61-50 50.

Naturbad Maria Einsiedel
Münchens schönstes Freibad mit kühlem Wasser von der Isar (►S. 240).
Thalkirchen, Zentralländstr. 28

Schyrenbad
Im ältesten Freibad der Stadt – von 1847 – finden unter alten Bäumen bis zu 7500 Menschen gut Platz (na ja). Südlich der Isar und schön gelegen. Ein echter Geheimtipp: Südwestlich schließt sich der Rosengarten der Stadtgärtnerei an.
Untergiesing, Claude-Lorrain-Str. 24

Prinzregentenbad
Klein, familiär und beliebt. Schwimmen ist nicht so wichtig, das 25-m- und das Erlebnisbecken sind rasch voll. Im Sommer gibt's fürs Ferienfeeling einen Sandstrand mit Bar (►S. 200)
Bogenhausen, Prinzregentenstr. 80

Dantebad
Im beheizten 50-m-Außenbecken treffen sich die Eisernen: zu jeder Jahreszeit, bei jedem Wetter! Danach in die Sauna oder ins Dampfbad. Aber auch im Sommer ist die große Anlage sehr attraktiv und beliebt.
Gern, Postillonstr. 17, im Sommer 7–23 Uhr, im Winter ab 7.30 Uhr

Georgenschwaige
Wer keine Bespaßung braucht, sondern einfach Ruhe, ein nettes Gelände mit Bäumen und ein großes Schwimmbecken, ist nördlich des Luitpoldparks (►S. 233) richtig.
Schwabing, Belgradstr. 195

Jugendstil-Pracht im Müller'schen Volksbad

Michaelibad
Die längste Rutsche der Stadt (84 m), 50-m-Becken, 10-m-Sprunganlage, Strömungskanal, FKK-Bereich und Saunalandschaft: Hier gibt es für jeden etwas (►S. 222).
Berg am Laim, H.-Wieland-Str. 24

Cosimabad
Im 33-m-Becken des Hallenbads brechen sich die Wellen: Badespaß wie am Meer. Besonders im Winter schön sind die Heißsprudelbecken innen und außen und die skandinavische Saunalandschaft.
Bogenhausen, Cosimastr. 5

Olympia-Schwimmhalle
Unterm legendären Zeltdach zählt der Sport! Mit 50-m-Becken, 10-m-Sprunganlage, Whirlpool, Sauna etc.
Olympiapark, tgl. 7–23 Uhr

135 000 Bilddokumenten ist es Deutschlands zweitgrößtes Haus seiner Art. Seinen Ursprung hat es in einem Kuriositätenkabinett, das Herzog Albrecht V. im 16. Jh. in der Alten Münze (S. 51) einrichtete; unter König Ludwig II. wurden die außereuropäischen Exponate 1862 in einer ethnographischen Galerie zusammengefasst. Das **Café max2** sorgt gegebenfalls für den Imbiss, draußen unter den Arkaden ist's besonders schön.

Wohlhabende Reiche südlich der Sahara

Afrika

Unter dem Motto »Lebendige Traditionen – kreative Gegenwart« werden die Objekte der Afrika-Sammlung präsentiert. Highlights sind Masken, Skulpturen und Kunstwerke aus Westafrika, Elfenbeinschnitzereien und Bronzearbeiten aus Oberguinea. Auch Werke zeitgenössischer Künstler haben hier ihren Platz gefunden.

Großartige Ornamentkunst

Orient

Hier sind religiöse und profane Objekte aus der muslimischen Welt zwischen Atlas und Indus versammelt: Meisterwerke der Kalligraphie wie reich verzierte Keramik des 12. Jh. aus dem Irak und Iran, ein Gartenpavillon aus weißem Marmor, die Fliesenfassade einer Moschee aus dem 17. Jh. und großartig geschnitzte Hausportale. Alle lassen erkennen, wie sehr man geistige Schönheit, Kunstfertigkeit und meisterhafte Architektur schätzte.

Leben in Prärien und Eiswüsten

Nordamerika

Eindrucksvoll sind Zeugnisse der Nordwestküstenindianer und der Bewohner Alaskas. Neben dem ältesten noch erhaltenen Kajak aus der Arktis kann man geschnitzte Vogelmasken, Tier-Amulette, bemalte Schilde, Kunsthandwerk aus Walross-Elfenbein, reich verzierte Mokassins und vieles mehr bestaunen. Einmalig in Europa ist die Sammlung zeitgenössischer Specksteinskulpturen der Inuit und anderer Eskimo-Gruppen.

Frühe Hochkulturen

Südamerika

Hier geht es vor allem um die Kultur der Inka, des mächtigsten Herrschergeschlechts des Kontinents. Aber auch andere Hochkulturen in Regionen, die heute zu Peru oder Bolivien gehören, werden vorgestellt: mit Götter- und Kriegerfiguren, Masken, Schmuck, Gefäßen, Keramik, Textilien und anderen kunsthandwerklichen Produkten.

Aus dem unendlichen Ozean

Südsee

Einzigartige Objekte illustrieren den Alltag und die religiösen Vorstellungen der Menschen in den grenzenlosen Weiten des Pazifiks. Jahrhundertealte Fischfangmethoden mit Speeren, Reusen, Netzen und hochentwickelten Angelhaken setzten sie ein, um aus dem Meer zu holen, was sie zum Leben brauchten.

★ NATIONALTHEATER

Lage: Altstadt, Max-Joseph-Platz 2 | **Innenstadtplan:** c II | **U-Bahn:** Marienplatz, Odeonsplatz | **S-Bahn:** Marienplatz | **Tram:** 19 Nationaltheater | Tel. 089 21 85-01 | **www.staatsoper.de**

Als Heimat der Bayerischen Staatsoper gehört der prunkvolle »Tempel« am Max-Joseph-Platz zu den bedeutendsten Musikbühnen der Welt. Königliches Ambiente, das renommierte Bayerische Staatsorchester und herausragende Dirigenten wie Zubin Mehta, Kent Nagano oder Kirill Petrenko bescheren musikalische Sternstunden – für Opernfans ein Muss.

Den **Max-Joseph-Platz**, neben dem Königsplatz und dem Odeonsplatz die dritte prächtige »Bühne« der Stadt, gibt es erst seit Anfang des 19. Jh.s. Ab 1284 stand hier ein Franziskanerkloster, das in der

BAEDEKER MAGISCHE MOMENTE

»OPER FÜR ALLE«

Bei den Opernfestspielen (▶ S. 330) wird eine Aufführung auf eine Riesenleinwand auf dem Max-Joseph-Platz vor dem Nationaltheater übertragen: einmalige Atmosphäre! Picknickkorb und eine Sitzunterlage sind die Grundausrüstung. Stühle, Glasflaschen und andere sperrige oder gefährliche Dinge lasse man zu Hause.

In den Arkaden der Residenzpost – Loge vor dem Nationaltheater

Bühne vor den großen Bühnen

Säkularisation 1803 abgerissen wurde; zu dieser Zeit gab es schon Pläne für den Südflügel der Residenz (Königsbau) und ein neues Nationaltheater. Es dauerte dann noch etwas, bis der Königsbau mit seiner mächtigen, den Palazzi Pitti und Rucellai in Florenz nachempfundenen Rustica-Fassade und die Tempelfront des Nationaltheaters fertiggestellt waren. In der Mitte des Platzes sitzt gemütlich grüßend sein Namensgeber: Maximilian I. Joseph, der erste König Bayerns (reg. 1806–1825; Entwurf Leo von Klenze, enthüllt 1835).
Im Winkel zwischen Residenz und Opernhaus liegt der Eingang zum **Residenztheater**, »Resi« genannt (Sprechtheater, seit 2011 unter Martin Kušej; Karten ▶ S. 308, 309). Im Süden flankiert die Loggia der **Residenzpost** den Platz (s. u.). An der Westseite residieren edle Läden; einen Blick sollte man in den **Eilleshof** werfen: Eilles, einst königlicher Hoflieferant, hält feine Kolonialwaren wie Tee und Kaffee feil. Dahinter liegt ein spätgotischer Laubenhof (um 1550), dessen Altanen ursprünglich offen waren. Der Hof ist Teil der Ladenpassage zwischen Residenz-, Perusa- und Theatinerstraße.

Antikisch-feierlicher Musentempel

Bau und Bühne

Das Opernhaus, mit rund 2100 Plätzen das drittgrößte der Welt, entstand 1811–1818 als »Königliches Hof- und Nationaltheater«. Hofarchitekt Karl von Fischer schuf einen großartigen griechischen Tempel. 1823 fiel der Bau einer Brandkatastrophe zum Opfer, doch schon zwei Jahre später war er – durch Leo von Klenze und leicht verändert – wiederhergestellt. Im Zweiten Weltkrieg wurde der Bau fast völlig zerstört; die Rekonstruktion dauerte bis 1963, in alter Pracht erstrahlt er erst seit 1988. Im Giebel über der korinthischen Säulenhalle sind Apollo und die neun Musen dargestellt, das Mosaik im Giebel des Bühnenhauses zeigt Pegasus mit den Horen. Auch das Innere ist klassisch-griechisch gestaltet: dorisch die Eingangshalle, ionisch das Treppenhaus und die Ionischen Säle (in Weiß-Blau), korinthisch das angemessen prachtvolle königliche Foyer (in Purpur und Gold). Der imposante Zuschauerraum mit fünf Rängen und einer Königsloge ist in Rot, Elfenbein, Taubenblau und Gold gehalten. Unter König Ludwig II., der Richard Wagner glühend verehrte, wurden hier »Tristan und Isolde« (1865), »Die Meistersinger« (1868), »Rheingold« (1869) und »Die Walküre« (1870) uraufgeführt. Im Juli kommen Opernfans aus aller Welt zu den **Opernfestspielen**, die 1875 ins Leben gerufen wurden. Einige interessante Daten: Im Jahr zählt die Staatsoper ca. 600 000 Gäste und über 300 Vorstellungen, für die Musik sorgen 140 Orchestermitglieder, 100 Solisten und 100 Chorsänger, die nicht weniger als 10 Premieren pro Jahr auf die Bühne bringen.

Karten ▶S. 308 | Führungen mehrmals wöchentlich 14 Uhr, Eintrittskarten (7 €) im Opernshop Marstallplatz 5

Logenplatz

Residenzpost

Die Südseite des Platzes – hier beginnt die ▶Maximilianstraße – nimmt die Loggia der Residenzpost ein, ein gehobener Platz fürs Frühstück, den Cocktail oder das Diner im Restaurant Kuffler. Am Anfang stand das Palais Törring-Jettenbach (1754), das größte und prächtigste Adelspalais Münchens, das erstklassige Baumeister und Künstler geschaffen hatten; erhalten sind nur einige überlebensgroße Figuren von J. B. Straub (im Bayerischen Nationalmuseum). König Ludwig I. ließ es 1838 von L. von Klenze zum ersten Postamt Bayerns umbauen, Vorbild für die Loggia war das Ospedale degli Innocenti in Florenz (Fresken von J. G. Hiltensperger). Außer den denkmalgeschützten Fassaden – Fassaden sind wichtig in München – ist alles neu: Ab 2009 entstand für ca. 350 Mio. € ein Komplex mit Büros und exorbitant teuren Appartements. Hier hat die Luxusmarke Louis Vuitton ihren Deutschland-Sitz inklusive 1300 m² großem Flagship-Store; das Verkaufsteam parliert in 24 Sprachen. Hinter dem Investor, Lenhart Global Investment, steht der Moskauer Oligarch A. Rotenberg, ein Vertrauter des russischen Präsidenten Putin.

Restaurant Kuffler: tgl. 10–1 Uhr, Tel. 089 242 24 84-0

★★ NYMPHENBURG

Lage: Nymphenburg, ca. 4 km westlich der Stadtzentrums | **Tram:** 17 Nymphenburg, 12, 16, 17 Romanplatz | **Bus:** 51, 151 Nymphenburg | **Schloss:** April – 15. Okt. tgl. 9 – 18, 16. Okt.– März 10 –16 Uhr (Parkburgen im Winter geschl.) | **Park:** Mai – Sept. 6 – 21.30, April, Oktober bis 20, Nov.– März bis 18 Uhr | **Eintritt:** Schloss 6 €, Gesamtkarte 11,50 €, im Winter 8,50 € | **www.schloss-nymphenburg.de**

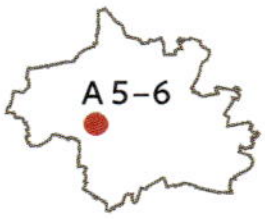

Welche Lust zu leben! Die prächtige barocke Welt des Schlosses Nymphenburg – mit prunkvoll gestalteten Gemächern und Sälen, den Schönheiten-Galerien, den Gondeln auf dem Kanal – bezaubert auch heute. Nicht zufällig zieht sie das ganze Jahr über viele Besucher an, ob die Sonne scheint, ob es regnet oder schneit.

★★ Schloss Nymphenburg

Vom Lusthaus zur Sommerresidenz

Anlage

Die Sommerresidenz der bayerischen Kurfürsten und Könige bildet eine symmetrische Anlage von 685 m Gesamtlänge. Als Geschenk für seine Frau Henriette Adelaide, die einen Thronfolger geboren hatte, ließ Kurfürst Ferdinand Maria 1664–1675 durch Agostino Barelli einen schlichten Pavillon errichten; Sohn Max II. Emanuel fügte 1704 durch Enrico Zuccalli und Antonio Viscardi niedrige Galerien und die Seitenpavillons an. Die heutige Gestalt des Mittelpavillons schuf Hofbaumeister Joseph Effner 1716; ab 1730, unter Kurfürst Karl Albrecht, erstellte er die äußeren Flügel und das Rondell mit den Beamtenhäusern, das das Zentrum einer »Carlstadt« werden sollte. Älter als das Schloss ist der südlichste Seitenbau: Den »Schwaighof« hatte Ferdinand Maria erworben, heute lädt hier die Schlosswirtschaft mit ihrem Wirtsgarten ein (tgl. 11 – 24 Uhr). Im Südosteck des nördlichen Pavillons arbeitet eines der Pumpwerke, das der geniale Maschinenbauer Joseph von Baader für die Wasserspiele konstruierte; seit 1808 lässt es die Fontäne im Rondell aufsteigen.

Im Zentrum der Anlage: der Festsaal

Mittelpavillon

Hier hat man Zugang zum Schloss, im **Museumsladen** sind u. a. schöne Souvenirs nach historischen Vorbildern zu bekommen.
Über drei Geschosse reicht der prachtvolle **Steinerne Saal** (Festsaal), ein Hauptwerk des höfischen Münchner Rokokos, das Johann Baptist Zimmermann, dessen Sohn Franz und François Cuvilliés gestalteten und das seit der Fertigstellung 1758 unverändert blieb. Das Deckenbild und die Wandgemälde verherrlichen die Göttin Flora.

Nordflügel

Rechts des Eingangs betritt man das nach französischem Geschmack gestaltete Nördliche Salettl mit einem großen Bildnis Max Emanuels als erfolgreicher Feldherr (Joseph Vivien, 1711). Das folgende Vorzimmer besitzt eine Kassettendecke (1675) und schönen Régence-Dekor; im Gobelinzimmer hängen Brüsseler Wandteppiche von 1720. Das Schlafzimmer birgt die **Kleine Schönheitengalerie** Max Emanuels mit Porträts französischer Hofdamen; im zierlichen Schreibkabinett zeigt ein Gemälde Kurfürst Max III. Joseph bei der Arbeit an der Drehbank (!). Die **Große Schönheitengalerie** mit Porträts von Damen am Hof des »Sonnenkönigs« Ludwig XIV. schuf der französische Hofmaler Pierre Gobert um 1715. Im Wappenzimmer ein Teppich mit dem Allianzwappen von Kurpfalz und Pfalz-Sulzbach, gewebt 1756 in Mannheim. Im Karl-Theodor-Zimmer stellt ein Bild den Kurfürsten als Georgiritter vor (1781), zwei weitere seine Ehefrauen. In der weiß getäfelten Nördlichen Galerie – einst Zugang zum Prunkappartement Max Emanuels – sind Bauprojekte des Kurfürsten porträtiert; die

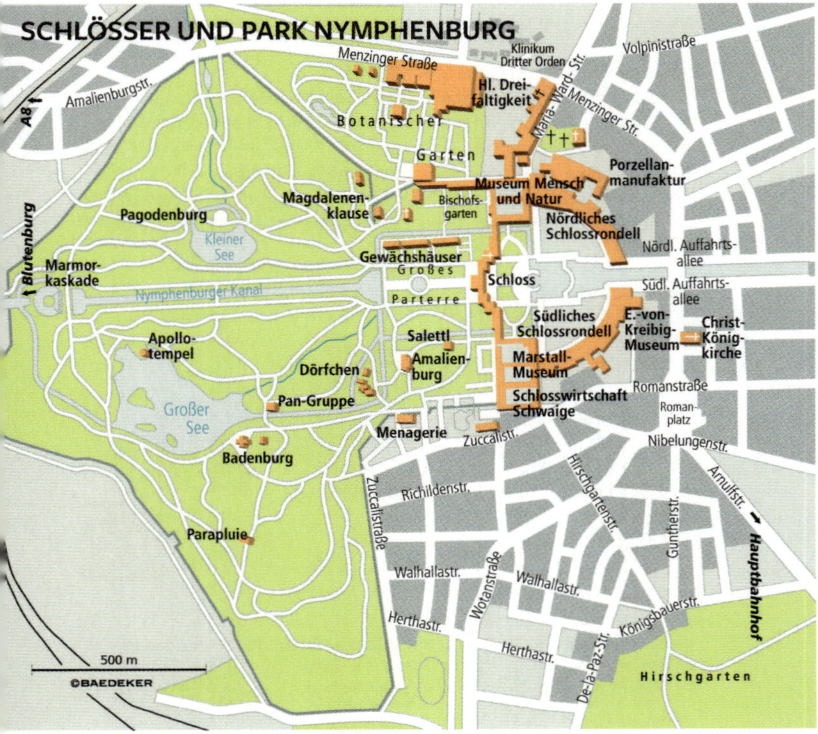

Veduten von F. J. Beich (1722/23) geben interessante Einblicke in die Planung der Bau- und Gartenanlagen.
Im äußeren nördlichen Pavillon liegt die ab 1702 nach Plänen von Zuccalli errichtete **Schlosskapelle**. Im oberen Teil der Westwand sind Kapellen für die höfische Gesellschaft eingebaut; das Deckengemälde hat das Leben der hl. Maria Magdalena zum Thema, das Allianzwappen Bayern–Polen am Altar erinnert an die Heimat der zweiten Gemahlin Max Emanuels, Therese Kunigunde.

Woher kommen wir, wohin gehen wir?

★ Museum Mensch und Natur

Ein Magnet ist dieses Museum im inneren Nordpavillon, das sich der Geschichte der Erde, der Entwicklung des Lebens, der Biologie des Menschen sowie Umweltfragen widmet. Allgemeiner Beliebtheit erfreut sich die Präsentation »Spielerische Naturkunde – nicht nur für Kinder«; erschütternd wirkt der Erdbebensimulator.
Di., Mi., Fr. 9–17, Do. 9–20, Sa., So. 10–18 Uhr, Eintritt 3,50 €, unter 18 Jahren Eintritt frei | Erdbebensimulator: So. 11–17 Uhr, Eintritt 2,50 € | www.mmn-muenchen.de

Privatgemächer als Kunstgalerien

Südflügel

Vom Haupteingang geht man in das Südliche Salettl mit weiß-goldener Täfelung, im folgenden Vorzimmer mit roter Damast-Wandbespannung zeigt ein Gemälde Kurfürst Ferdinand Maria und seine Frau Henriette Adelaide in standesgemäßer Kleidung (S. Bombelli, 1666). Vom Schlafzimmer der Kurfürstin gelangt man in das wunderschöne Lackkabinett mit chinesischen Lackplatten (17. Jh.). Auch in

SCHLOSS NYMPHENBURG

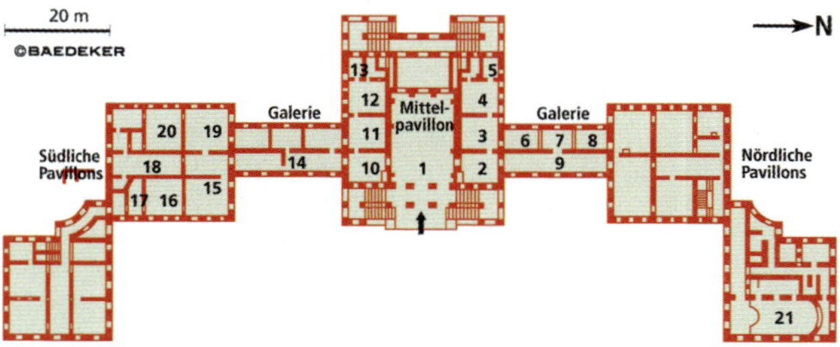

1 Steinerner Saal mit Gartensaal
2–5 Appartement des Kurfürsten
6 Große Schönheitengalerie
7 Wappenzimmer
8 Karl-Theodor-Zimmer
9 Nördliche Galerie
10–13 Appartement der Kurfürstin
14 Südliche Galerie
15–20 Appartement der Königin
15 Schönheitengalerie
21 König Ludwigs I. Schlosskapelle

Äußerlich eher schlicht: Sommerresidenz nach italienischer Art

der Südlichen Galerie hängen Veduten bayerischer Schlösser, gemalt um 1750/1760 von F. J. Beich, N. Stuber und J. Stephan. Die Südlichen Pavillons bergen u. a. den um 1807 klassizistisch ausgestatteten Speisesaal mit der berühmten **Schönheitengalerie Ludwigs I.**; die 36 wunderbaren Bildnisse von Frauen aus allen Schichten der Gesellschaft hat Joseph Stieler zwischen 1827 und 1850 gemalt. Besonders zu beachten: Lola Montez, die Mätresse Ludwigs I., über die der König stolperte, und die »Schöne Münchnerin«, die Schusterstochter Helene Sedlmayer, deren Münchner Tracht Ludwig gekauft hatte. Im Arbeitszimmer der Königin – das Mobiliar von 1810 ist mit Erlenmaser furniert – hängen Porträts von Ludwig I. und seiner Gemahlin. In der Kleinen Galerie ist ein Stillleben von Jan Fyt beachtenswert. Empire-Mobiliar aus Paris ziert den Blauen Salon, das Audienzzimmer Königin Carolines. Erhalten ist auch ihr Schlafzimmer von 1815, in dem Prinzessin Marie am 25. Aug. 1845 Ludwig II. zur Welt brachte.

»
Er liebt die Kunst, und die schönen Frauen
Die läßt er porträtieren;
Er geht in diesem gemalten Serail
Als Kunst-Eunuch spazieren.
«

Heinrich Heine über Ludwig I.

Standesgemäßer Fuhrpark

★ Marstallmuseum

In den kurfürstlichen Stallungen im Südflügel werden Prunkwagen und -schlitten, Pferdegeschirre und Zaumzeug aus der Zeit der Kurfürsten und Könige präsentiert. Schier erschlagen wird man von der Pracht des Prunkwagens König Ludwigs II., ein bedeutender Zeitzeuge ist auch die Karosse des Kurfürsten Karl Albrecht mit seinem Achterzug, ein Meisterwerk der Pariser Wagenbaukunst: Er kam 1742 in Frankfurt am Main bei der Krönung des Kurfürsten zum Kaiser Karl VII. zum Einsatz.

Zauberhafte Porzellankunst

★★ Nymphenburger Porzellan

Über dem Marstallmuseum gibt des Porzellanmuseum Einblick in die hohe Kunst der Nymphenburger Porzellanmanufaktur (s. u.), über 1000 Stücke repräsentieren die große Bandbreite vom Rokoko bis zum Jugendstil. Den Grundstock bildete die Sammlung von Albert Bäuml, der die Manufaktur 1887 pachtete. Ganz wunderbar sind etwa die »Italienischen Komödianten« von Franz Anton Bustelli und die um 1770 von Dominikus Auliczek geschaffenen Figuren.
Seit 1761 produziert am nördlichen Schlossrondell die von Kurfürst Max III. Joseph 1747 gegründete Staatliche Porzellanmanufaktur. Schon ihr erster Modellmeister, der aus dem Tessin stammende Franz Anton Bustelli, hat ihr ab 1754 mit seinen Rokoko-Schöpfungen zu bestem Ruf verholfen. Bis heute werden hier nach alten und modernen Entwürfen kostbare Stücke produziert. Der Laden der Manufaktur liegt am ▶ Odeonsplatz.

Expressiver Illustrator, Satiriker des Simplicissimus

Erwin-von-Kreibig-Museum

Im südlichen Schlossrondell lädt das zu Ehren des Schwabinger Malers und Grafikers Erwin von Kreibig (1904 –1961) eingerichtete Museum zum Besuch. Außer Gemälden werden auch Plakate, Zeichnungen und Karikaturen präsentiert. Ein Geheimtipp – auch das Café!
Di.– Do., Sa., So. 14 – 17 Uhr

★ Schlosspark und Parkbauten

Fürs fürstliche Plaisir angelegt

Park

Der herrliche, ca. 180 ha große Park erstreckt sich vom Schloss etwa 1,5 km nach Westen, in Nord-Süd-Richtung misst er ca. 2,1 km. Seine Achse bildet der **Nymphenburger Kanal**, dessen Wasser im Westen über eine Marmorkaskade in den Park plätschert, in zwei Armen um das Schloss herumgeführt wird, östlich davor das Wasserbecken speist und dann – begleitet von Alleen (▶ S. 187) – schnurgerade weiter nach Osten fließt. Ein 1671 angelegter italienischer Garten wurde ab 1715 zur Barockanlage nach französischer Art umgestaltet, und zwar von Dominique Girard, der von Versailles kam, und dem Hofarchitekten Joseph Effner. Das **Große Parterre** ist mit Göttern und Vasen aus Sterzinger Marmor geschmückt, die vorzügliche Rokoko-Künstler wie R. A. Boos, Ignaz Günther und J. B. Straub entwarfen. Im **Palmenhaus** nördlich des Großen Parterres erwartet Sie ein hübsches Café (März–Okt. 11 – 18, Sa., So. ab 10 Uhr; sonst Mo. geschl.). Der Barockgarten geht nahtlos in den **englischen Landschaftspark** über, ein wunderbares Spazierrevier, angelegt zwischen 1804 und 1823 von F. L. von Sckell, der auch den ▶Englischen Garten gestaltete. Der Nordostteil des Parks ist seit 1914 ▶ Botanischer Garten, mit direktem Zugang vom Schlosspark.

Ein Juwel des höfischen Rokokos

★★ Amalienburg

Malerische Bauten zieren den Park: Amalienburg, Badenburg, Pagodenburg und Magdalenenklause (alle im Winter nicht zugänglich). Fantastisch schön ist das Schlösschen, das Kurfürst Karl Albrecht für seine Gemahlin Maria Amalia von Österreich erbauen ließ (F. Cuvilliés, 1734–1739), die Ausstattung besorgten J. B. Zimmermann und J. J. Dietrich. Den einzigartigen Spiegelsaal mit seinen Silber-Rocaillen auf zartblauem Grund schmücken Sinnbilder der Jagd. Gemälde aus der Werkstatt von Georges Desmarées zeigen das fürstliche Paar

Der ganze Überschwang des Rokokos: Spiegelsaal im Schlösschen Amalienburg

BAEDEKER MAGISCHE MOMENTE

SERENADE AM SEE

Das ganze Jahr über wird im Schloss klassische Musik gespielt, vom Neujahrskonzert bis zum Nymphenburger Sommer (Kammermusik), von festlichen Konzerten bis zur Adventsmusik (www.schloss-nymphenburg.de, www.nymphenburger-sommer.de). Und um den 20. Juli rüstet man sich mit Decke und Picknick, um die wunderbare »britische« Atmosphäre bei der Serenade vor der Badenburg am See zu genießen (18 Uhr, gratis. Info unter www.muenchen.de, »Serenade im Park«).

im Reitkostüm bzw. auf der Jagd. In Silber und Gold präsentiert sich das Jagdzimmer mit Jagd- und Tierbildern. Selbst die Küche (holländische Kacheln) und die Hundekammer sind atemberaubend schön gestaltet. – Am Weg vom Schloss zur Amalienburg steht das **Salettl**, ein 1799 für Kronprinz Ludwig erbauter Pavillon. Das **Dörfchen** südwestlich der Amalienburg stellt eine Häusergruppe dar, wie sie in höfischen Barockgärten beliebt waren. Das Brunnenhaus datiert von 1803; das Pumpwerk, das Joseph von Baader hier installierte, gilt als die älteste ununterbrochen arbeitende Maschine Europas.

Eine extravagante Idee

Badenburg

Kurfürst Max Emanuel ließ sich ein luxuriöses **Badehaus** erstellen (J. Effner, 1718 – 1721) – wohl das erste in Europa, inspiriert von den Bädern, die er auf seinen Feldzügen auf dem Balkan kennengelernt hatte. Das beheizbare Badebecken ist mit holländischen Kacheln ausgekleidet (die alte Heizanlage ist noch erhalten), auf einer Balustrade konnten Gäste dem unerhörten Spektakel zusehen. Den über zwei Geschosse reichenden, heiteren **Festsaal** prägt ein großes Deckengemälde von Jacopo Amigoni (»Apollo im Sonnenwagen«). Das Vorzimmer zieren chinesische Papiertapeten mit Vogel-, Schmetterlings- und Blumenmotiven, die Tapeten im Schlafzimmer zeigen mannshohe Figuren. Nordöstlich des Schlösschens ziert die Gruppe »Pan mit Ziegenbock« (P. Lamine, 1815) die Szenerie. Am gegenüberliegenden Ufer des **Großen Sees** – im Winter, wenn zugefroren, eine schöne, beliebte Schlittschuhbahn – ließ Ludwig I. 1865 nach einer Idee Leo von Klenzes den **Apollotempel** (Monopteros) errichten.

Wasserspiel am Rand

Kaskade

Vielen Spaziergängern dient die Marmorkaskade am Westrand des Parks als Wendepunkt. Die Liegefiguren der Kaskade (Giuseppe Volpini, 1717) symbolisieren Donau und Isar; die übrigen Figuren, geschaffen zwischen 1720 und 1775, stellen Minerva und Herkules, Flora und Äolus, Mars, Neptun und Tethys dar. Man kann von hier zum Schloss ►Blutenburg weitergehen (45–60 Min.), zunächst am Kanal entlang, dann jenseits der S-Bahn auf der Grünachse »Durchblick«, die auch auf F. L. von Sckell zurückgeht.

Fernöstliches

Pagodenburg

Einer Pagode ähnelt das hübsche Lusthaus (J. Effner, 1716–1719) in französischem Barock gar nicht, dafür ist es, gemäß der damaligen »Chinamode«, fantasievoll chinesisch ausgestattet. Das Salettl im Erdgeschoss ist mit holländischen Kacheln in Blau-Weiß gehalten, die winzigen Kabinette im Obergeschoss zieren chinesische Tapeten und schwarz- bzw. rotgrundige Lackmalerei. Demgegenüber präsentiert sich das Ruhezimmer in feinem Régence.

Reizvolle Ruinen

Magdalenenklause

Die nördlich des Großen Parterres abseits gelegene Klause ist ein frühes Beispiel der »Ruinenarchitektur«, die in barocken Parks beliebt wurde. Max Emanuel ließ sich die Einsiedelei 1725–1728 von Effner erstellen. Innen besitzt sie einfache, getäfelte Wohnräume und eine Kapelle, die mit Muscheln, Kieseln und Stuck-Korallen ausgekleidet ist. Die Deckenbilder sind der Büßerin Maria Magdalena gewidmet, Kruzifix und Leuchter aus Walknochen geschnitzt.

Blick aus der Ferne

★ Auffahrtsalleen

Ein Nymphenburg-Besuch wäre unvollständig ohne einen Spaziergang auf einer der Lindenalleen, die den Nymphenburger Kanal vom Schlossrondell aus 1,5 km nach Osten begleiten. Noch besser: Man beginnt damit in entgegengesetzter Richtung, nach ca. 10-minütigem Gang von der U-Bahn-Station Rotkreuzplatz (Nymphenburger Straße, dann Waisenhausstraße): Peu à peu erschließt und steigert sich das Bild der Schlossanlage, deren bescheidene Bauteile recht erratisch zustande kamen, dennoch eine schöne Geschlossenheit und Harmonie ausstrahlen. Im Winter tummeln sich auf dem Kanal Eisstockschützen und Kinder beim Eishockey. Der **Hubertusbrunnen**, der das Ende des Kanals so schön markiert, steht erst seit 1954 hier; nach einem Entwurf von Adolf v. Hildebrand wurde er 1903–1907 vor dem ► Bayerischen Nationalmuseum errichtet. Auf der **Gerner Brücke** davor trifft man sich gern, besonders zur Zeit des Sonnenuntergangs. Ca. 300 m südlich des Hubertusbrunnens ist in der von der Nymphenburger Straße abgehenden Lachnerstraße ein Juwel des modernen Sakralbaus zu finden, die **Herz-Jesu-Kirche** (► S. 268).

★★ ODEONSPLATZ

Lage: Nordrand der Altstadt | **Innenstadtplan:** c I/II | **U-Bahn:** U 3/6, 4/5 Odeonsplatz | **Bus:** 100 Odeonsplatz

Wer vor dem Café Tambosi am Platz zwischen der Residenz, der Theatinerkirche und der Feldherrnhalle bei einem Cappuccino das Leben genießt, weiß, warum München die nördlichste Stadt Italiens genannt wird. Der perfekte Auftakt für einen Stadtrundgang oder einen Aperitivo vor dem Abendessen.

Bella Italia

Das italienische Bild hat einen handgreiflichen Grund: Sowohl die Theatinerkirche wie die Feldherrnhalle sind berühmten italienischen Bauten recht genau nachgebildet, ebenso der monumentale Prospekt der zum Siegestor führenden ▶ Ludwigstraße. Wenn die Sonne im zeitigen Frühjahr die Menschen auf die Caféterrasse lockt, ist die Illusion perfekt. Links hinter dem Siegestor, in der Ferne, erkennt man Zeichen des »neuen« Münchens: die beiden Highlight Towers in der Parkstadt Schwabing (▶ S. 237). Offiziell gehört der Platz zwischen der Theatinerkirche und der Residenz zur ▶ Theatinerstraße bzw. zur Residenzstraße; der eigentliche Odeonsplatz schließt erst nördlich an, wird aber als Beginn der Ludwigstraße empfunden.

★ Feldherrnhalle

Hohe Militärs, trutzige Löwen

Ruhmesstätte der bayerischen »Auferstehung«

König Ludwig I. ließ die Feldherrnhalle 1841–1844 als Blickfang am Südende der ▶ Ludwigstraße errichten. Hofarchitekt Friedrich von Gärtner (▶ Interessante Menschen) konzipierte die 20 m hohe Arkadenhalle nach dem Vorbild der Loggia dei Lanzi in Florenz. Die **Bronzestatuen**, gegossen 1844 nach Entwürfen Ludwig von Schwanthalers, stellen den Feldherrn Tilly (1559 – 1632, links) und Carl Philipp von Wrede (1767 – 1838, rechts) dar. Der König hatte sich eine Ehrenhalle für das bayerische Heer gewünscht, doch wie Lion Feuchtwanger spottete, war »der eine kein Bayer und der andere kein Feldherr«. Das Denkmal für die bayerische Armee in der Mitte goss der königliche Erzgießer Ferdinand von Miller, von dem auch die Bavaria an der Theresienwiese stammt. Die **Löwen** an der Freitreppe (1906) kennzeichnet der Volksmund so: »Der gegen die Residenz murrt, der gegen die Kirche schweigt.« 1933 wurde an der Ostseite des Sockels ein Denkmal enthüllt, das die »Blutzeugen der Bewegung« feierte, die beim Putschversuch Adolf Hitlers am 9. November 1923 (»Marsch zur Feldherrnhalle«) getötet worden waren; 1945 wurde

Münchens »Piazza« mit Feldherrnhalle und der Theatinerkirche

es beseitigt. Eine Platte an der Fassade der Residenz gegenüber erinnert an die beim Putsch getöteten Polizisten. An die Feldherrnhalle schließt das **Preysing-Palais** an (▶Theatinerstraße).

★★ Theatinerkirche St. Kajetan

Barocke Herrscherarchitektur nach römischer Art

Hofkirche gegenüber der Residenz

Ein Prachtstück und ein Wahrzeichen der bayerischen Hauptstadt ist die ocker leuchtende Theatinerkirche St. Kajetan; sehr eindrucksvoll wirkt der zweitürmige Komplex mit der Kuppel vom Hofgarten aus. 1662, nach der Geburt des lange ersehnten Thronfolgers Max Emanuel, stifteten Kurfürst Ferdinand Maria und seine Frau Henriette Adelaide von Savoyen zum Dank die Kirche mit einem Kloster; erbaut wurden sie direkt an der Stadtmauer am Schwabinger Tor. Henriette Adelaide holte italienische Theatinerpatres als Seelsorger an den Hof, seit 1954 wird St. Kajetan von Dominikanern betreut. Im Zweiten Weltkrieg schwer beschädigt, wurde die Kirche bis 1955 wiederhergestellt. Bei der lateinischen Messe am Sonntag 10.30 Uhr singt die Vokalkapelle – Nachfolgerin der Königlichen Hofkapelle – Messen und Motetten von der Renaissance bis ins 19. Jahrhundert.

Nach römischen Vorbildern

Äußeres

Das Konzept als **Kreuzkuppelkirche** geht auf den Baumeister Agostino Barelli aus Bologna zurück, der die erste Bauphase von 1663 bis 1674 leitete. Sein Nachfolger Enrico Zuccalli aus Graubünden vollendete die Kuppel, gestaltete das Innere und fügte die **Türme** an (bis 1696), die von Barelli nicht vorgesehen waren und die turmlose römische Barockkirche um ein »nördliches« Element erweiterten. Die skurrilen Schnecken unter den Turmhelmen sind von S. Maria della Salute in Venedig inspiriert. Der Entwurf Barellis hielt sich eng an die Mutterkirche der Theatiner S. Andrea della Valle in Rom, die ab 1591 entstanden war und ihrerseits die berühmte römische Jesuitenkirche Il Gesù zum Vorbild hatte, die als erste Barockkirche überhaupt gilt. Hundert Jahre später (1765–1768) erstellte F. Cuvilliés die **Fassade**, wobei er die Disposition Barellis harmonisch auf die Türme abstimmte. Die Heiligenfiguren in den Nischen schuf R. A. Boos ab 1767 nach Zeichnungen von Ignaz Günther. Im Giebel prangt das Allianzwappen Bayern–Sachsen: Kurfürst Max III. heiratete hier nämlich 1747 Maria Anna von Sachsen. Die Laterne auf der Kuppel trägt als Wetterfahne einen – Löwen. Im rekonstruierten **Klostertrakt** südlich der Kirche ist u. a. das bayerische Kultusministerium untergebracht, im ruhigen Hof lockt die Terrasse des Cafés Arzmiller (▶ S. 324).

»
Achtet darauf, dass sie die schönste und wertvollste Kirche werde. Auch muss man bedenken, wer sie baut und aus welchem Grund sie beschlossen ist.
«

Kurfürstin Henriette Adelaide

Weißer Stuck und dunkles Holz

Inneres

Das frühbarocke Innere, ganz im Zeichen geistlicher und weltlicher Herrschaft gestaltet, lässt mit seinen klassizistischen Formen die Nähe zur Renaissance erkennen (▶Michaelskirche). Es ist kraftvoll gegliedert, Gurtbögen gliedern das Tonnengewölbe, 71 m hoch ragt die **Kuppel** über die Vierung auf. Der lebhafte weiße Stuck prägte entscheidend den Wessobrunner Stil und damit den süddeutschen Barock. Den **Hochaltar** ziert ein Gemälde des Rubens-Schülers Caspar de Crayer (Maria mit Heiligen, 1646); im linken Querhaus-Altar »St. Kajetan als Helfer der Pestkranken in Neapel« (J. Sandrart, 1671), im rechten eine »Heilige Sippe« von C. Cignani (1676). Im weißen Überschwang sticht die aus dunklem Holz geschnitzte **Kanzel** von Andreas Faistenberger heraus, die – nota bene – nicht zum Volk gewandt ist, sondern zur Fürstenloge. Bemerkenswert auch an der provisorischen Chorschranke die überlebensgroßen Evangelisten aus Lindenholz von Balthasar Ableithner (um 1672), die zu den »kraftvollsten und beseeltesten Schöpfungen der damaligen Bildhauerkunst« (N. Lieb) gehören. Lukas wurde im letzten Krieg halb zerstört, Matthäus ganz; sie wurden restauriert bzw. neu geschaffen.

Bedenke, dass du Staub bist ...

Fürstengruft

In der Gruft unter dem Hochaltar sind außer dem Stifterpaar weitere Mitglieder des Hauses Wittelsbach beigesetzt, darunter Kurfürst Max II. Emanuel, Kaiser Karl VII., Kurfürst Max III. Joseph, Kurfürst Karl Theodor, König Maximilian I. Joseph, König Otto von Griechenland sowie Prinzregent Luitpold und Kronprinz Rupprecht. König Ludwig I. ließ sich in St. Bonifaz (▶ Maxvorstadt) bestatten.

Mai - 1. Nov. Mo.-Sa. 10.30 - 15 Uhr

Palais Moy

Nördlich schließt an St. Kajetan das klassizistische **Palais Moy** an, das Leo von Klenze bis 1819 errichtete. Der Schauraum von Mercedes-Benz leitet angemessen zur ▶ Brienner Straße über, und gegenüber präsentiert die Porzellanmanufaktur Nymphenburg ihre Preziosen (nette Souvenirs lassen sich schon für geringes Geld erstehen).

Hier spielt(e) die Musik

Odeonsplatz im eigentlichen Sinn

Das Odeon – also Konzerthaus –, nach dem der Platz am Beginn der Ludwigstraße benannt ist, hat von Klenze bis 1828 erbaut; 1944 zer-

THEATINERKIRCHE ST. KAJETAN

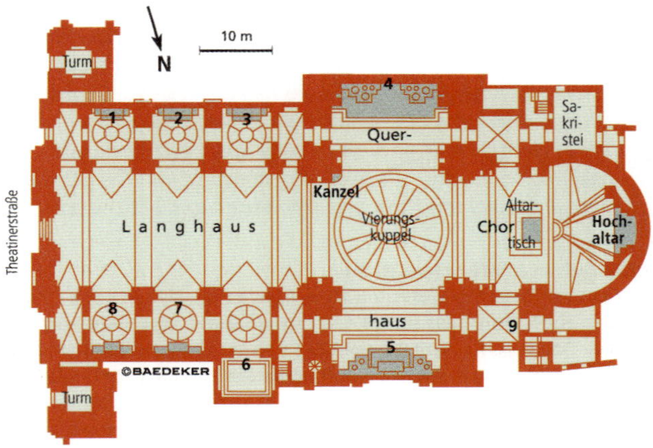

1 Gemälde der sel. Margareta von Savoyen von A. v. Triva (um 1665)
2 Kreuzabnahme, Gemälde eines Tintoretto-Schülers
3 St. Andreas Avellinus von K. Loth (1677)
4 St.-Kajetan-Altar mit Bild von J. v. Sandrart (1667–1671)
5 Marienaltar mit Bild von C. Cignani (1676)
6 Grabkapelle für Max II. Joseph († 1864)
7 Schutzengelbild von A. Zanchi (17. Jh.)
8 Cäcilienaltar mit Bild von P. Liberi und Triva (17. Jh.)
9 Zugang Fürstengruft

stört, sind seine Mauerreste als glasüberdachter Innenhof des **Innenministeriums** erhalten (links hinter dem Reiterdenkmal für König Ludwig I., 1862). Nördlich folgt das **Finanzministerium**, ursprünglich Leuchtenberg-Palais, erstellt 1816–1821 für Eugène de Beauharnais, den Schwiegersohn von König Max I. Joseph. Als Vorbild diente der römische Palazzo Farnese. Im Osten begrenzt das **Bazargebäude** (Leo von Klenze, 1826) den Platz, es bildet zugleich den westlichen Abschluss des ►Hofgartens. Seinen Namen hat es von den Läden, die seit je hier ansässig waren. Eine echte Institution ist das 1775 gegründete Kaffeehaus **Tambosi**, seine Terrasse »die« Tribüne am Platz, auf der man selbst im Winter, in Decken gehüllt, die Sonne genießt. Zur Verfügung stehen im Bazargebäude auch die berühmte Bar »Schumann's« (► S. 305) und das »Filmcasino« mit Bistro & Terrasse und einem flamboyanten Dinner Club.

★★ OLYMPIAPARK

Lage: ca. 5 km nordwestlich des Stadtzentrums | **U-Bahn:** U 3/8 Olympiazentrum | **Besucherservice:** Tel. 089 30 67-24 14, -2415 | **www.olympiapark.de**

»Heitere Spiele« sollten es werden, und folgerichtig entwarfen die Architekten für die XX. Olympischen Sommerspiele 1972 ein unerhörtes gläsernes Zeltdach, dessen Leichtigkeit den Charme des Sportparks prägt und geradezu zur Ikone Münchens wurde. Auf dem Freizeitgelände wird auch noch Sport getrieben, vor allem aber bietet es Platz für große Popkonzerte und Events wie das Sommerfestival mit Rummelplatz, Musik und Feuerwerk.

Höher geht's in München nicht

★ Olympiaturm

Weithin sichtbares Wahrzeichen Münchens ist der 291 m hohe Olympiaturm, nach dem Nürnberger Fernmeldeturm das zweithöchste Bauwerk Bayerns. Er besitzt zwei Körbe, den Postkorb mit Telekom-Anlagen und den Aussichtskorb. In Letzterem kann man im rotierenden **Restaurant 181** bei 360°-Ausblick fein speisen. In 190 m Höhe hat man einen herrlichen Ausblick, bei Föhn rücken die Alpen in greifbare Nähe. Das **Rockmuseum Munich** erinnert an berühmte Stars, die z. T. schon im Olympiapark aufgetreten sind, u. a. mit Gitarren von Frank Zappa, Pink Floyd, ZZ Top und den Rolling Stones.

Olympiaturm: Tgl. 9 – 23.30 Uhr (letzte Auffahrt), Eintritt inkl. Rockmuseum 5,50 € | **Rockmuseum:** www.rockmuseum.de | **Restaurant 181:** Tel. 089 35 09 48-181, www.restaurant181.com

Unter Seifenblasen-Dächern

★ **Olympiastadion und -hallen**

Das Olympiastadion, die Große und die Kleine Olympiahalle und die Olympiaschwimmhalle wurden 1968–1972 nach Plänen der Architektengemeinschaft Behnisch und Partner errichtet. Das spektakuläre, 74 800 m² große **Zeltdach**, das Stadion und Hallen überspannt (► Abb. S. 274), entwickelte der Architekt Frei Otto: ein Stahlnetz, das an zwölf bis zu 81 m hohen Masten hängt und mit Acrylglas gedeckt ist. Entscheidende Impulse erhielten die Konstrukteure aus der Beschäftigung mit der Oberflächenspannung von – Seifenblasen.

Im **Olympiastadion**, das 78 000 Zuschauer fasst, spielten bis zur Fertigstellung der ► Allianz Arena der FC Bayern München und der TSV 1860 München (und die deutsche Fußball-Nationalmannschaft). Heute sorgen Popkonzerte und Trendsport-Events für volles Haus, ebenso in der großen **Olympiahalle** (12 500 Plätze). Die **Olympia-Schwimmhalle** gehört zu den größten ihrer Art in Europa. Außer bei Wettbewerben tummeln sich hier die Normalschwimmer.

Olympia-Schwimmhalle: Mo. 10 - 19, Di.–So. 10-21 Uhr, www.swm.de

Weitere Einrichtungen

Eissportzentrum

Das Eissportstadion (6000 Plätze) wurde schon 1967 als Boxhalle errichtet und als solche ins Olympiagelände übernommen; hier üben Eislaufbegeisterte ihre Pirouetten oder tanzen bei Discomusik. Das

Münchner Skyline im Norden – mit Olympia-Zeltdach, Olympiaturm und dem BMW-Verwaltungsgebäude, dem berühmten »Vierzylinder«

benachbarte Eislaufzelt wurde zur **SoccArena** umfunktioniert. Vom **Info-Pavillon** (Besucherdienst) gehen die Rundfahrten mit dem Parkbähnchen aus. Hier bucht man auch die Stadion-Touren (Zeltdach-Tour, Flying Fox etc. – siehe rechts).

Eissportstadion: Unregelmäßige Zeiten, www.olympiapark.de

Unter Wasser

Sea Life München

Das »Sea Life« vor dem Eissportzentrum wurde in Zusammenarbeit mit Greenpeace gestaltet. In 33 Aquarien und von einem Glastunnel aus sind über 8000 Wassertiere zu bestaunen: furchterregende Haie, schlaue Kraken, putzige Seepferdchen und vieles andere.

Tgl. 10–18/17 Uhr, Eintritt über 14 Jahre 15,95 € (online ab 10,75 €), Expressticket 15,95 € | www.visitsealife.com

Spaß am und auf dem Wasser

Olympiasee

Vor den Sportstätten breitet sich der Olympiasee aus, der vom Nymphenburg-Biedersteiner Kanal gespeist wird. Im **Theatron** am Nordufer wird Musik gemacht, insbesondere beim Pfingstfestival und beim Musiksommer. Auf der Halbinsel am Südufer gibt es einen Bootsverleih, eine Sommerstockbahn und einen Streetballplatz.

Theatron: www.theatron.de

BAEDEKER MAGISCHE MOMENTE

ÜBERS ZELTDACH

Atemberaubend ist **der Gang** über das gläserne Dach, vor allem abends, wenn die Sonne untergeht und in der Ferne die Alpen glühen. Die Tour – nur für Schwindelfreie – dauert 2 Stunden; sportliche Kleidung ist nötig, die Sicherheitsausrüstung wird gestellt. Mit dem Flying Fox oder Abseilen wird's noch aufregender. Anmeldung beim Besucherservice oder unter www.touren-olympiapark.de.

In luftiger Höhe

Olympiaberg

Südlich des Sees ragt der 50 m hohe Olympiaberg auf, der aus Trümmern der im Zweiten Weltkrieg zerstörten Stadt aufgetürmt wurde. Versehen Sie sich an einem lauen Sommerabend mit einem gut sortierten Picknickkorb und genießen Sie oben den Sonnenuntergang. Sie haben für ein Konzert im Olympiastadion keine Karten bekommen? Dann hören Sie es sich von hier aus an – ganz kostenlos. Für eine Einkehr ist die kleine, hemdsärmelige **Olympia-Alm** ideal (tgl. 12–22 Uhr), der höchstgelegene Biergarten Münchens.

Kapelle ohne Baugenehmigung

Ost-West-Friedenskirche

Südwestlich des Olympiabergs versteckt sich in den Schrebergärten eine russisch-orthodoxe Kapelle mit kleinem Museum. Errichtet hat sie ein russischer Eremit, »Väterchen Timofej«, der sich 1952 mit seiner Frau am Oberwiesenfeld niederließ, am Rand des einstigen Flugfelds. Als er 2004 starb – angeblich 110 Jahre alt –, war er längst zu einem Wahrzeichen Münchens geworden.

In der Regel tgl. ca. 11–17 Uhr, im Sommer länger

Olympisches Dorf

Nördlich des Mittleren Rings liegt das Olympische Dorf. Den größeren Teil der Siedlung nahmen die Männerunterkünfte ein, die Flachbauten am Ring beherbergten die Frauen. Alle wurden in Eigentums- bzw. Studentenwohnungen umgewandelt. Was man nicht unbedingt annehmen würde: Man wohnt sehr gern hier, u. a. aufgrund der Trennung von Fußgänger- und Fahrwegen; viele Bewohner gehören noch zur Generation der Erstbezieher. Am 5. September 1972 verübten palästinensische Terroristen im Athletendorf einen Anschlag auf die Mannschaft Israels, bei dem elf Teammitglieder, ein Polizist und fünf Terroristen getötet wurden.

BMW

Wer vom U-Bahnhof Olympiapark zum Olympiagelände geht, passiert die spektakuläre ► BMW Welt.

Die städtebauliche Zukunft Münchens?

Uptown München

Westlich des Olympiaparks, am Mittleren Ring, ragt der nach dem Hauptnutzer Telefónica mit »O_2« gekennzeichnete Wolkenkratzer Uptown München (2004) empor, mit 146 m Höhe das nach dem Olympiaturm höchste Bauwerk Münchens und eines der hässlichsten dazu. Es gab den Anstoß zu dem Bürgerbegehren 2004, das Bauten untersagte, die höher sind als die Türme der Frauenkirche (99 m).

★ PETERSKIRCHE

Lage: Altstadt, Rindermarkt 1 | **Innenstadtplan:** c III | **S-Bahn:** S 1-8 Marienplatz | **U-Bahn:** U 3/6 Marienplatz | **Bus:** 52/62 Marienplatz Süd, 132 Viktualienmarkt | **Turm:** März–Juni, Okt. Mo.–Fr. 9–18.30, Sa., So. 10–18.30, Juli–Sept. bis 19.30 Uhr, sonst bis 17.30 Uhr, Eintritt 3 € | **www.alterpeter.de**

»Solang der Alte Peter am Petersbergl steht« – »die« Stadthymne schlechthin besingt Münchens älteste Pfarrkirche, genauer: ihren Turm, der einen fantastischen Blick über die Stadt gewährt. Das Petersbergl ist eine leichte Anhöhe südlich des Marienplatzes, die lange vor der Gründung der Stadt besiedelt war.

Kirche der Münchner

Über der Metzgerzeile am Westrand des ► Viktualienmarkts ragt die Peterskirche auf (Abb. ► S. 255), die ins 12. Jh. zurückgeht. Im Zweiten Weltkrieg wurde sie weitgehend zerstört, aber schnellstens wieder aufgebaut, was den Münchnern sehr am Herzen lag. Das bekannte Lied »So lang der Alte Peter ...« von C. Lorens war eigentlich auf den Wiener Stefansdom gemünzt. Ab dem 13. Januar 1948 verwendete der Bayerische Rundfunk die ersten Takte als Pausenzeichen, aber ohne den letzte Ton: »So lang der Alte Pe-«. Sofort nach der Einweihung der wiederaufgebauten Kirche 1954 wurde die Zeile vervollständigt. (Radio Bayern 3 verwendet eine Variante als Jingle für seine Verkehrsmeldungen.) An St. Peter wird Kirchenmusik großgeschrieben, Termine findet man unter www.alterpeter.de.
Der Kern des Baus ist, wie innen trotz der barocken Umgestaltung gut erkennbar, eine gotische **Pfeilerbasilika**, die nach dem Stadtbrand des Jahres 1327 errichtet wurde (geweiht 1368). Die markante Chorpartie aus Backstein, eine barocke Drei-Konchen-Anlage nach dem Vorbild des Salzburger Doms, entstand bis 1636. 1753–1756

wurde dann das Langhaus neu gestaltet: Ignaz Günther gliederte die Wände mit römischen Bauelementen, Johann Baptist Zimmermann sorgte für den Stuck und die Fresken (Leben des hl. Petrus).
Ein Prunkstück des katholischen Barocks ist der 20 m hohe **Hochaltar** (1730–1734) von Egid Quirin Asam und Nikolaus Stuber, der sich an Berninis Kathedra Petri im römischen Petersdom orientiert. In der Gloriole ganz oben schwebt die Taube des Hl. Geistes, im Altaraufsatz thront eine Petrus-Figur von Erasmus Grasser (1517), die Tiara erhielt sie erst um 1730. Die Statuen der vier Kirchenväter stammen ebenfalls von E. Q. Asam. Günther schuf die beiden **Seitenaltäre** (links Corpus Christi, rechts Mariahilf, um 1756); feinstes Rokoko zeigt sein Retabel in der nördlichen Turmkapelle.
Von den älteren Werken hervorzuheben sind die Flügelbilder des spätgotischen Hochaltars von Jan Polack (1517) und das Dreikönigs-Triptychon (»Pötschner-Altar«, 1477) im Chor, in der ersten nördlichen Seitenkapelle der »Schrenk-Altar«, ein Steinretabel im Weichen Stil (um 1405, Kreuzigung und Jüngstes Gericht) und die Marmorepitaphe von Erasmus Grasser in der Westwand. Der Taufstein stammt von Hans Krumpper (1620; Deckel um 1750).

St. Peter hat eine treue Gemeinde: Gut besuchte Sonntagsmesse

»Alter Peter«

Turm

Um 1386 wurde der eigenartige, 92 m hohe Turm errichtet, der auf dem Westwerk ruht; er ersetzte die zerstörten Türme, die auf den »Schultern« der Fassade standen. Seine charakteristische **Laternenhaube**, die mit einem Obelisken und einem Papstkreuz bekrönt ist (drei Querbalken), erhielt er 1607. Von der offenen Galerie hat man, nach Bewältigung von 306 Stufen, einen großartigen **Blick über die Stadt** und zu den Alpen – besonders bei Föhn (bei schlechtem Wetter kann der Turm geschlossen bleiben). Nicht weniger als acht **Uhren** verkünden die Zeit, schon 1381 wurde am Mittelteil des Turms die erste Uhr montiert, die an der Laternenhaube kamen ab 1621 hinzu. Das Geläut besteht aus sieben **Glocken**, die älteste ist die »Zwölferin« von 1362, die tiefste die 7 t schwere Jubiläumsglocke von 1958. Im Untergeschoss des Turms hängt hinter einem Gitter das Arme-Sünder-Glöcklein aus dem 14. Jh., das bei Hinrichtungen auf dem Marienplatz läutete. Am Sa. 15 Uhr (Einläuten des Sonntags) und am So. 18 Uhr (Totengedenken) hört man das volle Geläut.

PRINZREGENTEN-STRASSE

Lage: Nordöstlich der Altstadt | **Bus:** 100 Friedensengel/Villa Stuck – Prinzregentenplatz | **U-Bahn:** U 4 Prinzregentenplatz | **Tram:** 18 Nationalmuseum, 16 Friedensengel/Villa Stuck

Die letzte große Magistrale des 19. Jahrhunderts wurde zwischen 1891 und 1912 angelegt und nach dem beliebten Prinzregenten Luitpold benannt, der nach dem Tod Ludwigs II. 1886 die Regierung übernommen hatte. Ein repräsentatives Stück München, das man heute jedoch meist nur vom Auto aus als Abfolge mehr oder weniger großartiger Architekturen wahrnimmt.

Nobler Boulevard

Die Gestaltung verrät einen ganz anderen Geschmack als die ▶ Ludwigstraße, deren schnurgerade Fluchten Ende des 19. Jh.s als langweilig empfunden wurden: Versetzte Häuserfronten, Straßenkrümmungen und sich unvermutet öffnende Plätze sollten Abwechslung ins Bild bringen. Der Westteil links der Isar, am Rand des Englischen Gartens, versammelt einige große Kulturinstitutionen Münchens: das ▶ Haus der Kunst (Nr. 1), die ▶ Archäologische Staatssammlung (in der beim Eisbach abzweigenden Lerchenfeldstraße), das ▶ Bayerische Nationalmuseum (Nr. 3) und die ▶ Sammlung Schack (Nr. 9).

ROMANTIK PUR

Von der Terrasse der Anlage – über dem Springbrunnen und der großen Freitreppe – hat man einen herrlichen Blick auf die Stadt. Ein bevorzugter Platz zur Zeit des Sonnenuntergangs, gegebenenfalls mit Speis & Trank von Feinkost-Käfer in der Prinzregentenstraße.

Repräsentativ, doch wenig wohnlich

Ostteil

Auf der 1900/1901 erbauten Luitpoldbrücke (Prinzregentenbrücke) überquert die Verkehrsachse die Isar; die Figuren hier symbolisieren die Landesteile Bayern, Franken, Schwaben und Pfalz. Ihr optisches Ziel ist der eindrucksvolle **Friedensengel**, der an den Frieden von Versailles 1871 erinnern sollte; 1896, 25 Jahre später, wurde der Grundstein gelegt. Der Unterbau hat die Korenhalle der Athener Akropolis zum Vorbild, der vergoldete, 3,5 m hohe Engel die Nike des Paionios; er wurde 1897 aus Bronze gegossen und thront auf einer 23 m hohen korinthischen Säule. Den Unterbau zieren Jugendstil-Mosaiken und ein Konterfei Ludwigs II., der an diesem fantastischen Ort ein Opernhaus für Richard Wagner bauen wollte. Die Münchner verweigerten ihm allerdings Gefolgschaft und Geld.

Ab hier bildet die Prinzregentenstraße den Südrand von ▶ Bogenhausen. Hinter dem Friedensengel geht links die Maria-Theresia-Straße ab; im **Hildebrand-Haus** dort ist die Monacensia ansässig, das »literarische Gedächtnis Münchens«. Prinzregentenstraße Nr. 60 ist die großartige **Villa Stuck** (s. u.); das Haus Nr. 73 auf der anderen Seite beherbergt den Luxus-Lebensmittelhändler **Käfer**, der Laden ist ebenso edel wie die Käfer-Schänke (►S. 339). Im Sommer trifft man sich im Freibad **»Prinze«** (Prinzregentenbad), im Winter fährt man hier Schlittschuh. Den Endpunkt der Prinzregentenstraße für den Besucher bildet das Prinzregententheater (s. u.). Im 2. Stock des Hauses Prinzregentenplatz 16 – heute eine Polizeiinspektion – hatte Adolf Hitler seine Privatwohnung mit neun Zimmern und fast 400 m²; von 1929 bis zum Ende war er hier gemeldet.

Domizil eines »Malerfürsten«

★ Villa Stuck

Zwischen griechisch-römischer Antike, Orient, Renaissance und Jugendstil bewegt sich die höchst repräsentative Villa mit Atelier und herrlichem Garten, die sich **Franz von Stuck** (1863–1928) zwischen 1897 und 1914 erstellen ließ – 34 Jahre alt, Star der Münchner Secession und jüngster Professor der Akademie. Vor dem dorischen Säulenportal wacht eine Bronze-Amazone, Stucks plastisches Hauptwerk; Reliefs zieren das Obergeschoss und die Eingangshalle, Letztere mit einer Kopie der in der Glyptothek (►Königsplatz) ausgestellten Medusa Rondanini. Im Erdgeschoss liegen die großartigen, exzentrischen Wohnräume. Die bis ins Kleinste vom Künstler gestaltete Dekoration lässt erkennen, dass er von den pompejanischen Malereien sehr beeindruckt gewesen sein muss. Hier hängen auch wichtige Gemälde von ihm, so das seinerzeit skandalöse Werk »Die

Hier ließ und lässt es sich leben– die Gartenseite der Villa Stuck

Sünde« und der über 2 m große »Wächter des Paradieses«. Unter den Bronzefiguren die »Tänzerin«, die Stucks Ehefrau Mary porträtiert, und der »Athlet«, ein Selbstbildnis des Künstlers. Das Programm ergänzen Ausstellungen zu unterschiedlichen Themen. Der Künstlergarten verbindet pompejanische Vorbilder mit Kunst des 19. Jh.s – ein wunderbarer Platz zum Entspannen (Café, Mo. geschl.).
Di. – So. 11 –18 Uhr, 1. Fr. im Monat bis 22 Uhr | Eintritt ganzes Haus 9 €, historische Räume 4 € | www.villastuck.de

Ein demokratisches Theater

★ Prinzregententheater

Ludwig II. wollte für Richard Wagner, den er glühend verehrte und mit Unsummen unterstützte, von Gottfried Semper – dem Architekten der Dresdner Oper – am Isar-Hochufer ein Festspielhaus erstellen lassen; eine Prachtstraße sollte es mit Wagners Residenz in der Brienner Straße verbinden. Doch der war davon nicht begeistert, auch die Regierung und die Münchner Bürger opponierten heftig. Jahre später, 1900/1901, wurde das Theater dann gebaut (Architekt: Max Littmann). Nach aufwendiger Restaurierung, eine Großtat des unvergessenen Intendanten August Everding, wurde das Haus 1996 wieder eröffnet, natürlich mit Wagners »Tristan und Isolde«. Die nicht unbedingt glückliche pompejanische Innengestaltung lehnt sich stark an das Vorbild an, das Bayreuther Festspielhaus. Der steil ansteigende Zuschauerraum des »demokratischen« Theaters bietet auf allen Plätzen ausgezeichnete Sicht und Akustik, aber auch nicht sehr bequeme und zum Knarzen neigende Holzklappsessel. Das Programm umfasst vielerlei, von Lesungen über Konzerte bis zur Oper, da das Haus der Bayerischen Theaterakademie, der Staatsoper und dem Gärtnerplatztheater als Spielstätte dient (► S. 309). Zwei Stunden vor Veranstaltungsbeginn öffnet das Restaurant Prinzipal, das auch für den Imbiss in der Pause sorgt (Tel. 089 41 07 48 26).

PROMENADEPLATZ

Lage: Nordwestliche Altstadt | **Innenstadtplan:** b/c II |
Tram: 19 Theatinerstraße

Im Salzstadel wurde im Mittelalter das »weiße Gold« gelagert, das die Stadt und vor allem deren Patrizier reich machte. Der Reichtum ist geblieben, erkennbar an den exklusiven Läden und am Hotel Bayerischer Hof, in dem sich seit dem 19. Jahrhundert vermögende Gäste die Klinke in die Hand geben; Weltpolitik wird hier bei der alljährlichen Sicherheitskonferenz gemacht.

Im etwas abseits gelegenen Kreuzviertel nördlich der Frauenkirche öffnet sich ein langer, baumbestandener Platz. **Standbilder** erinnern hier an den Kurfürsten Max II. Emanuel, die Komponisten Orlando di Lasso (ab 1563 Leiter der Hofkapelle) und Christoph Willibald Gluck sowie den Geschichtsschreiber Lorenz von Westenrieder; ein seltsames Aluminium-Denkmal ist dem Grafen Montgelas gewidmet. Am Südrand des Platzes (Nr. 15) das mit Régence-Stuck geschmückte Haus, das Hofbaumeister J. B. Gunezrainer 1726 kaufte und umbaute. Am östlichen Ende geht die Kardinal-Faulhaber-Straße nach Norden ab; westlich setzt sich der Platz in der Pacellistraße fort, an der die Dreifaltigkeitskirche einen Blick wert ist (▶ rechts).

Herberge für die große Welt

Bayerischer Hof

Fast die ganze Nordseite des Platzes nimmt das Hotel Bayerischer Hof ein, seit 1841 eine der ersten Adressen der Stadt (▶ S. 347). Einbezogen ist seit 1969 auch das Palais Montgelas (1813) ganz rechts, erbaut für Joseph Graf von Montgelas, der als »Superminister« König Maximilians I. Joseph das moderne Bayern schuf. Im Hotelkomplex ist das Boulevardtheater »Kleine Komödie« ansässig, im **Nightclub** gastieren Größen des Jazz. Feine Läden, etwa für Mode, alte Uhren und Gmunder Papier, residieren ringsum im Erdgeschoss, in Gewölben des 15. Jh.s kredenzt der Palaiskeller Bayerisches (Zugang vom Hotel und von der Kardinal-Faulhaber-Straße). Auch Michael Jackson stieg im Bayerischen Hof ab, weshalb der Orlando di Lasso vor dem Haus zu einem Jackson-Heiligtum mutierte.

Paläste für die Mätressen des Kurfürsten

Kardinal-Faulhaber-Straße

Wenige Schritte vom Eingang zum Palaiskeller ist in den Gehsteig eine Gedenkplatte eingelassen, die einen Körperumriss zeigt. Hier wurde am 21. Febr. 1919 Ministerpräsident **Kurt Eisner** erschossen, der am 8. Nov. 1918 den Freistaat Bayern ausgerufen hatte (nicht den »Volksstaat«, wie auf Betreiben der CSU falsch formuliert). Täter war der rechtsnationale Student Anton Graf von Arco; er »büßte« mit 4 Jahren kommoder Festungshaft in Landsberg, z. T. gleichzeitig mit Adolf Hitler. – Gegenüber das rosa getünchte **Palais Porcia** (Nr. 12, im Besitz der HypoVereinsbank). Enrico Zuccalli erstellte es bis 1694 für die Gräfin Fugger. 1733 schenkte Kurfürst Karl Albrecht das Palais seiner Geliebten, der späteren Fürstin Porcia. 1736 gestaltete François Cuvilliés den Palast rokokomäßig um, Balkongitter und Stuck steuerte J. B. Zimmermann bei. Nebenan ein Durchgang zu den Fünf Höfen (▶Theatinerstraße). In Haus 10, einem neobarocken Bankgebäude von 1896, hat der Hamburger Spitzenkoch Ali Güngörmüş seinen Münchner Ableger »Pageou« (▶ S. 319). Im **Palais Holnstein** (Nr. 7) residiert seit 1821 der Bischof der Erzdiözese München-Freising, erbaut hat es Cuvilliés 1735–1737 für die Gräfin Holnstein, eine weitere Geliebte des Kurfürsten Karl Albrecht.

Hervorragender Barock, ein wenig im Abseits

★ Dreifaltigkeitskirche

Einige Schritte westlich des Promenadeplatzes fällt in der Häuserfront diese Kirche auf, die einzige in München, die im Zweiten Weltkrieg unversehrt blieb. An ihrer Wiege stand ein Gelübde: Als 1704 im Spanischen Erbfolgekrieg die Stadt von Brand und Plünderung bedroht war, gelobten **Adel, Geistlichkeit und Bürgertum** – als weltliche Dreifaltigkeit –, der himmlischen Dreifaltigkeit eine Kirche errichten zu lassen. Hofbaumeister G. A. Viscardi lieferte die Pläne, nach seinem Tod 1713 führten J. G. Ettenhofer und E. Zuccalli den Bau zu Ende. Das Innere der Kreuzkuppelkirche wirkt mit weißer, klassizistisch geprägter Architektur hell und großzügig. Das Gemälde (1717) von J. A. Wolff und J. Degler im Hochaltar zeigt Maria mit einem reuigen Sünder, darüber die Dreifaltigkeit; unten ist die Frauenkirche zu erkennen. Im rechten Seitenaltar bildet der hl. Joseph das Zentrum des Gemäldes (J. Ruffini, 1718), die Figuren von Johannes und Petrus schuf A. Faistenberger. Den linken Seitenaltar zieren ein Bild der hl. Theresia von Avila (J. Degler) und Figuren von B. Ableithner (Johannes vor dem Kreuz, Hl. Elias). Das Kuppelfresko von Cosmas Damian Asam (1715), das mit seinen Armen den Grundriss nachzeichnet und an einigen Stellen – kühn! – den Stuck unterbricht, stellt in bewegten, teils dramatischen Szenen die Kämpfe der irdischen Welt dar, über der sich die Vision des offenen Himmels mit der Dreifaltigkeit öffnet. Rechts neben dem nordöstlichen Fenster hat sich der Künstler verewigt: mit Allongeperücke und einem Apothekengefäß, was auf seinen Namenspatron anspielt, der Arzt war.

RAMERSDORF

Lage: ca. 3 km südöstlich des Zentrums, Aribonenstraße | U-Bahn: U 2 Karl-Preis-Platz | **Bus:** 55/155 vom Ostbahnhof | **Kirche:** vorauss. bis Aug. 2018 wegen Restaurierung geschlossen

Lust auf einen kleinen Ausflug in ein »ländliches« München? Seit dem Mittelalter ist die Kirche Mariä Himmelfahrt im südöstlichen Stadtteil Ramersdorf eines der wichtigsten Wallfahrtsziele in Altbayern. Und wie in dieser Region üblich, findet man bei der Dorfkirche auch ein ordentliches Wirtshaus.

Dörfchen mit Wallfahrtskirche

★ Maria Ramersdorf

Wo die von Salzburg kommende A 8 auf den Mittleren Ring stößt, signalisiert der Turm der barocken Kirche Mariä Himmelfahrt eine kleine Idylle. Mit ummauertem Kirchhof, spätgotischem Mesnerhaus,

Ernster, feierlicher Hochbarock prägt St. Maria in Ramersdorf.

einem kurfürstlichen Jagdhaus und dem Alten Wirt nebenan hat sich noch etwas Dorfatmosphäre erhalten. Das »Ramersdorfer Kircherl«, auch »Maria Ramersdorf« genannt, ist eine der **ältesten und bedeutendsten Wallfahrtsstätten Bayerns**, was v. a. auf den angeblichen Splitter vom Kreuz Christi zurückgeht, den Kaiser Ludwig der Bayer 1377 als Geschenk des Gegenpapstes aus Rom mitbrachte. Am Platz einer älteren Kirche wurde bis 1412 ein neuer Bau im spätgotischen Stil errichtet, 1675 bekam er seine hochbarocke Ausstattung, 1792 der gotische Turm seinen Helm. Herausragend unter der prächtigen, kunsthistorisch bedeutenden Ausstattung sind der Hochaltar mit dem Gnadenbild der thronenden Madonna (Constantin Pader, um 1670), der Kreuzaltar von Erasmus Grasser (1482; Flügel von Jan Polack, 1483) und das Tafelbild einer Schutzmantelmadonna von Polack (um 1503). Weitere spätgotische Bildwerke zeigen die hll. Sylvester und Wolfgang sowie die heiligen Frauen Elisabeth, Barbara, Katharina und Margarethe. (Die letzteren drei werden oft zusammen abgebildet: »Margret mit dem Wurm, Barbara mit dem Turm, Katharina mit dem Radl, das sind die drei heiligen Madl.«) Die Votivtafeln im Chor stammen aus dem 17./18. Jahrhundert.
Im gemütlichen Gasthaus Alter Wirt isst man gut, in seinem kleinen Biergarten trifft sich sommers die Nachbarschaft (Aribonenstr. 6, tgl. 9.30–24 Uhr, Tel. 6 89 18 62, mit Zimmern). Wer es lieber »städtisch-jung« hat, für den ist das Bar-Restaurant Zar gegenüber, auf der »Insel« in der Rosenheimer Straße, richtig (Mo.–Fr. ab 11, Sa./So. ab 10 Uhr, Tel. 089 680 96 036).

★★ RESIDENZ

Lage: Nördliche Altstadt | **Innenstadtplan:** c II | **U-Bahn:** U 3/6, 4/5 Odeonsplatz | **Tram:** 19 Nationaltheater | **Bus:** 100 Odeonsplatz **Residenz mit Schatzkammer:** April–15. Okt. tgl. 9–18, 16. Okt. bis März 10 – 17 Uhr | **Eintritt:** 7 €, mit Schatzkammer 11 € | Wegen der Generalsanierung sind bestimmte Teile auf gewisse Zeit geschlossen. | **Cuvilliéstheater:** April – Juli, 10. Sept. – Mitte Okt. Mo. – Sa. 14 – 18, So. ab 9 Uhr, Aug. – 10. Sept. tgl. 9 – 18, Mitte Okt.– März Mo. – Sa. 14 – 17, So. ab 10 Uhr, Eintritt: 3,50 € | **Gesamtkarte (Museum, Schatzkammer, Theater):** 13 € | **Staatliche Münzsammlung:** Di. – So. 10 – 17 Uhr, Eintritt: 2,50 € | **www.residenz-muenchen.de**

Für ein halbes Jahrtausend war sie die »Herzkammer« des Landes: die Residenz der bayerischen Herzöge, Kurfürsten und Könige. Seit dem 16. Jahrhundert entstand die riesige Schlossanlage, die von den bekanntesten Künstlern und Kunsthandwerkern ihrer Zeit mit wundervollem Mobiliar, kostbaren Tapisserien und prachtvollen Bildern ausgestattet wurde.

Von der Burg zum Schloss der Könige

Noch heute dient das »Antiquarium«, der größte Renaissance-Saal nördlich der Alpen und einer der schönsten dazu, als repräsentativer Rahmen für Staatsempfänge und andere offiziöse Angelegenheiten; Rokoko par excellence erlebt, wer im Cuvilliéstheater einer Mozartoper lauscht. Am Beginn stand die »Neuveste«, die 1385 im Nordostwinkel des Mauergürtels errichtet wurde, nachdem die Alte Veste (► Alter Hof) zu klein und unsicher geworden war. 1470 und 1500 wurde sie zu einer Wasserburg ausgebaut, im 16. Jh. bedeutend erweitert; so ließ Herzog Albrecht V. das Antiquarium errichten und Wilhelm V. den Grottenhoftrakt. 1611 – 1619, unter Kurfürst Maximilian I., entstand die »Alte Residenz«, ein Prachtbau der Spätrenaissance. Die von den Hofbaumeistern Joseph Effner und Enrico Zuccalli geleiteten Umbauten der Barockzeit fielen 1729 einem Brand zum Opfer. Unter den Kurfürsten Karl Albrecht und Max III. Joseph kamen im 18. Jh. die Reichen Zimmer, die Kurfürstenzimmer und das Residenztheater hinzu. König Ludwig I. gab der Residenz den glanzvollen Abschluss mit dem Königsbau, dem klassizistischen Festsaalbau und der Allerheiligen-Hofkirche, alle realisiert von Hofbaumeister Leo von Klenze. Ludwig II. richtete sich im nordwestlichen Pavillon des Gebäudes ein, mit Blick auf Hofgarten und Theatinerkirche; 1869 ließ er auf dem Dach des Festsaalbaus einen Wintergarten anlegen, der unter einer 10 m hohen Glaskuppel eine exotisch-tropische Szenerie schuf (schon 1897 abgebaut). Nach weitgehender Zerstörung im Zweiten Weltkrieg dauerte die Wiederherstellung des Schlosskomplexes bis in die Mitte der 1990er-Jahre.

OBEN: Die schlichte Front an der Residenzstraße prunkt mit prachtvollen Portalen.

LINKS: Der Antiquarium, einer der schönsten und ungewöhnlichsten Renaissance-Säle

Musik in der Residenz

Die prachtvollen Räume sind für Konzerte geradezu prädestiniert. Der einstige Thronsaal König Ludwigs II. ist heute der Herkulessaal (▶ S. 214), einer der »großen« Konzertsäle der Stadt; auch im Cuvilliéstheater, in der Allerheiligen-Hofkirche, in der Hofkapelle, im Max-Joseph-Saal und im Brunnenhof (Open-Airs, von Klassik bis Swing, Jazz und Pop) ist Musik zu erleben. Während der Residenzwoche im Oktober öffnen sich sonst nicht zugängliche Räume, außer Führungen und Vorträgen werden auch Konzerte geboten, etwa im großartigen Antiquarium (www.residenzwoche.de).

Die Residenz von außen

Fassaden und Höfe

Die heutigen Fronten entstanden im Wesentlichen in zwei Phasen. Die gestrenge Spätrenaissance-Westfassade an der **Residenzstraße** datiert von Beginn des 17. Jh.s; architektonische Gliederung und Dekor sind gemalt. Großartigen Schmuck erhält sie durch zwei mit Rotmarmor eingefasste **Portale**; die Sprenggiebel tragen Liegefiguren der Kardinaltugenden (H. Krumpper,. um 1615). Zum Rotmarmor der Portale passt wunderbar die Patina der flankierenden **Bronzelöwen** (H. Gerhard/C. di Palagio, um 1595) mit blankgeriebenen Nasen unter dem Wappenschild – kaum ein Passant versäumt es, sich damit Glück zu sichern. Im nördlichen Portal liegt der Zugang zur **Pfälzer Residenzweinstube** (▶ S. 320), in der man die Spezialitäten des einstigen linksrheinischen Bayerns verkosten kann. Auch die **Patrona Boiariae** zwischen den beiden Portalen (Madonna auf der Mondsichel, mit Krone, Szepter und Jesuskind) schuf H. Krumpper 1616. Der Königsbau am **Max-Joseph-Platz** (19. Jh.) hat den Palazzo Pitti in Florenz zum Vorbild. Die klassizistische Fassade des Festsaalbaus am **Hofgarten** entstand zu Beginn des 19. Jahrhunderts.
Von den sieben **Höfen** sind drei – Kaiserhof, Kapellenhof und Brunnenhof – mit Scheinarchitektur bemalt. Der größte ist der kahle Apothekenhof, der schönste der 1610 angelegte **Brunnenhof** mit dem kunstvollen Wittelsbacher-Brunnen. In der Werkstatt von Hubert Gerhard entstanden im frühen 17. Jh. die Flussgötter Donau, Isar, Lech und Inn, die (stehenden) Gottheiten Ceres, Vulkan, Neptun und Juno sowie die grotesken Fische, Frösche und Ungeheuer.

Rundgang

●●Ahnengalerie, feines Porzellan und andere Schätze

Erdgeschoss

Über das **Vestibül** (1733) gelangt man in die 1726–1730 im ehemaligen Gartensaal eingerichtete **Ahnengalerie**: 121 Bildnisse bayerischer Herrscher und ihrer Verwandten unterstreichen den Machtanspruch der Wittelsbacher. Im **Porzellankabinett** (1730–1733) glänzen Kostbarkeiten aus den Manufakturen von Meißen, Nymphenburg, Frankenthal und Würzburg, aus Wien und Sèvres. Der **Grot-**

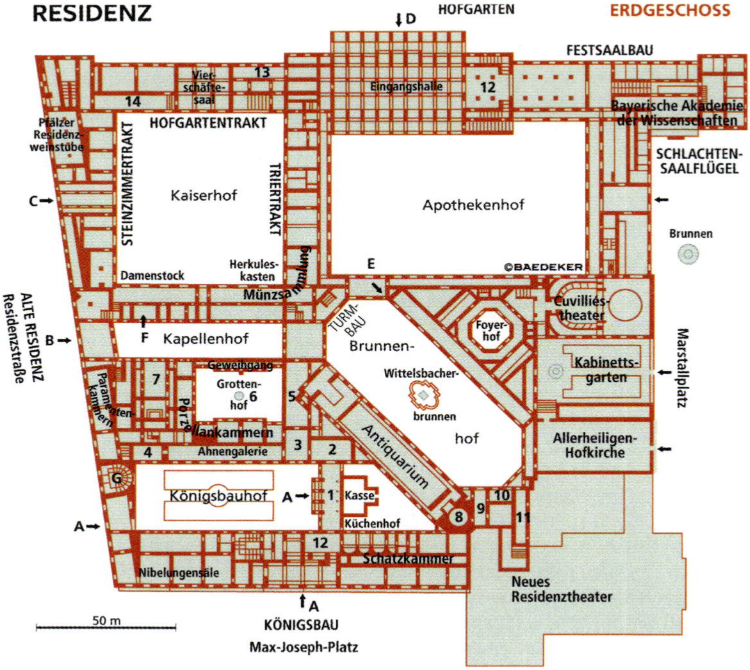

A Eingang Residenzmuseum
B Eingang Kapellenhof
C Eingang Kaiserhof
D Eingang Herkulessaal
E Eingang Cuvilliéstheater
F Eingang Max-Joseph-Saal
G Königin-Mutter-Treppe

1 Vestibül
2 Erster Gartensaal
3 Zweiter Gartensaal
4 Porzellankabinett
5 Grottenhalle
6 Perseusbrunnen
7 Hofkapelle

8 Oktogon
9 Torweg
10 Raum mit Herkulesrelief
11 Gang mit zwei Gemälden
12 Garderobe
13 Östlicher Gang
14 Westlicher Gang

tenhof, 1581–1586 vom Hofkunstintendanten Herzog Wilhelms V. Friedrich Sustris gebaut, ist nach manieristischer Mode mit Tuffstein, Muscheln und Kristallen als »künstliche Natur« gestaltet; die Perseus-Gruppe (1592) schuf Hubert Gerhard. Umwerfend eindrucksvoll ist das **Antiquarium** (▶ Abb. S. 206): Ab 1568 für die Antikensammlung Herzog Albrechts V. erbaut, hat ihn Sustris ab 1588 zum Festsaal umgestaltet. Der 66 m lange Saal besteht fast ganz aus einem Tonnengewölbe. An den Längsseiten stehen antike Büsten und Statuen, die Albrecht V. sammelte; die Allegorien im Gewölbe malte Peter Candid, die Ansichten von 102 bayerischen Städten und Burgen in den Stichkappen schuf Hans Donauer. Die schwülstige Bilderwelt »teutscher« Mythologie ist in den **Nibelungensälen** im Königsbau

OBERGESCHOSS

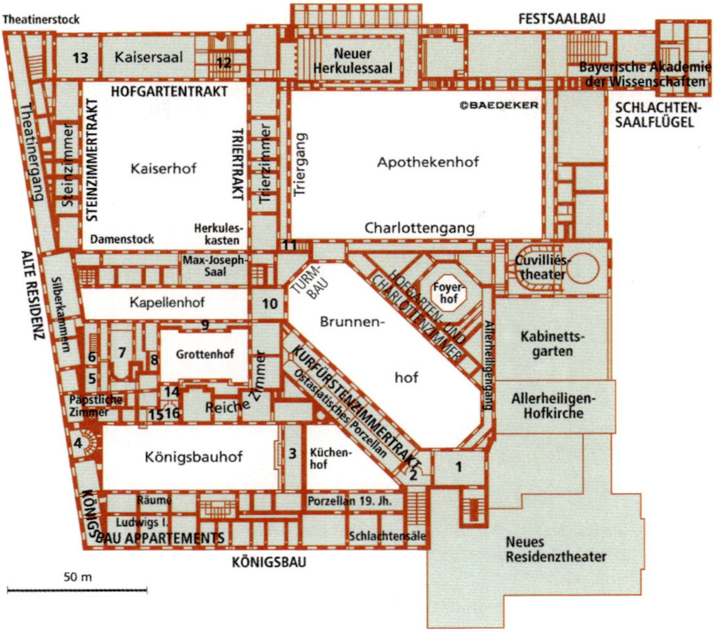

1 Schwarzer Saal
2 Gelbe Treppe
3 Grüne Galerie
4 Königin-Mutter-Treppe
5 Reliquienkammer
6 Kapellentreppe
7 Hofkapelle
8 Reiche Kapelle
9 Geweihgang
10 St.-Georg-Rittersaal
11 Breite Treppe
12 Kaisertreppe
13 Vierschimmelsaal
14 Chinesisches Kabinett
15 Miniaturenkabinett
16 Spiegelkabinett

präsent, mit Szenen aus dem Nibelungenlied, gemalt 1828–1834 und 1843–1867 von Schnorr von Carolsfeld, Olivier und Hauschild.

Obergeschoss

Die **Schlachtensäle** waren einst Vorzimmer zu den Gemächern König Ludwigs I. Benannt sind sie nach den 14 Darstellungen von Schlachten der Napoleonischen Kriege, die früher den Bankettsaal der Offiziere im Festsaalbau schmückten. Die **Porzellankammern** versammeln Stücke aus Nymphenburg und Berlin sowie aus französischen Werkstätten, alle aus dem 19. Jahrhundert; an den Wänden hängen die sog. »Polen-Teppiche«, persische Seidenteppiche aus dem 17. Jh., die als Mitgift an die Pfälzer Wittelsbacher kamen. In den rückwärtigen Kurfürstenzimmern wird ostasiatisches Porzellan aus

Der Kaisersaal, 1611–1618 unter Kurfürst Maximilian I. erstellt, glänzt mit wertvollen Gemälden und Gobelins.

dem 15. bis 18. Jh. präsentiert, darunter grandiose Stücke aus China. Im früheren Zugang zur Hofkirche, dem **Allerheiligengang**, hängen 28 Bilder (eigentlich Fresken) mit italienischen Szenerien von Carl Rottmann (1830–1833), dem bevorzugten Landschaftsmaler Ludwigs I. Beispielhaft für die Wohnkultur zu Beginn des 19. Jahrhunderts sind die **Charlottenzimmer**, benannt nach Charlotte Auguste, der Tochter von Max I. Joseph, die 1814–1816 hier wohnte. Um den Grottenhof gruppieren sich die **Reichen Zimmer**: Kurfürst Karl Albrecht, der Kaiser werden wollte (was ihm 1742 gelang), ließ diese grandioseste Raumflucht der Residenz 1730–1733 von Cuvilliés anlegen und ausstatten, ein einzigartiges Gesamtkunstwerk. In der Grünen Galerie hängen Gemälde aus dem 16.–18. Jh.; die Möbel für das Paradeschlafzimmer, in dem Karl Albrecht nie geschlafen hat, wurden z. T. in Paris gefertigt. Die Schnitzarbeiten führte der Böhme Wenzeslaus Mirowsky aus, den Deckenstuck J. B. Zimmermann. Auch das **Spiegelkabinett** mit herrlichen Stukkaturen und Schnitzereien hat Cuvilliés entworfen. Ein ganz kostbares Kleinod ist das winzige **Miniaturenkabinett** von 1732, in dessen rot lackierte und vergoldete Täfelung 29 Miniaturen niederländischer, französischer und deutscher Meister des 16.–18. Jh.s eingelassen sind. Im April 1944 zerstört, konnte es 2001 wieder geöffnet werden. In der

Reliquienkammer werden die »Heilthümer« Herzog Wilhelms V. und seiner Nachfolger aufbewahrt – Wilhelm hatte die päpstliche Erlaubnis, Reliquien erwerben. Präsentiert werden sie in kostbaren Goldschmiedearbeiten aus dem 16.–18. Jahrhundert. Das Privatoratorium Maximilians I., die **Reiche Kapelle**, wurde von Hans Krumpper in frühem Barock ausgestattet.
In den **Silberkammern** ist großartiges Silbergeschirr ausgestellt, darunter das Tafelservice König Max I. Josephs mit 502 Teilen aus vergoldetem Silber. Die meisten Exponate wurden im 18./19. Jh. in deutschen und französischen Werkstätten gefertigt. Die einstigen Kaiserzimmer heißen auch **Steinzimmer**, nach der wunderschönen Scagliola-Dekoration (Intarsien aus Stuckmarmor), die 1612 bis 1617 entstand und das Weltbild Maximilians I. illustriert.
Im Obergeschoss des Königsbaus liegen die **Wohnräume König Ludwigs I.**; Fußböden und Wand- und Deckendekorationen wurden restauriert, das Mobiliar ist großenteils original erhalten. Die Möbelbezüge, Vorhänge und Baldachine wurden anhand erhalten gebliebener Reste nachempfunden. Die Fresken und Reliefs entwarf Ludwig von Schwanthaler.

Die »hauß clainodes« der Wittelsbacher

★★ Schatzkammer

Begründet wurde die Schatzkammer des Hauses Wittelbach – eine der bedeutendsten Europas – durch Herzog Albrecht V. Großartige Stücke aus dem Mittelalter (Raum I) sind das Gebetbuch Kaiser Karls des Kahlen (um 860), die Krone der Kaiserin Kunigunde, das Kreuzreliquiar Kaiser Heinrichs II. und das Kreuz der Königin Gisela (alle um 1000). Spätgotik und Frührenaissance (Raum II) sind mit dem Arnulf-Ziborium (um 1440) und dem 100 Jahre jüngeren »Rappoltsteiner Pokal« vertreten. In Raum III steht ein besonderer Schatz, die Statuette des hl. Georg, an der mehrere Künstler von 1586 bis 1597 arbeiteten. Zur sakralen Kunst der Renaissance und des Barocks (Raum IV) gehören die Hausaltäre Herzog Albrechts V. (um 1560) und das um 1630 von Georg Petel geschnitzte Kruzifix. Die Insignien Kaiser Karls VII. und der bayerischen Könige werden in Raum V präsentiert. Die **Königskrone**, 1806 in Paris gefertigt, wurde nie getragen (Max I. Joseph wurde ja nicht gekrönt). 1931 wollten die Wittelsbacher den 35,5-karätigen blauen Diamanten der Krone veräußern, was nicht gelang; lange verschollen, wurde er 2008 bei Christie's versteigert und unter Verlust von 4,5 Karat umgeschliffen, der Emir von Katar soll ihn für 80 Mio. € gekauft haben. Dass der Stein nicht als Eigentum des bayerischen Staats galt, verweist auf die Merkwürdigkeiten in der Einrichtung des Wittelsbacher Ausgleichsfonds. – Raum VIII beherbergt Kunstwerke der Hoch- und Spätrenaissance, Barock und Rokoko ist Raum IX gewidmet, in Raum X werden außereuropäische Kostbarkeiten aufbewahrt, darunter Elfenbeinschnitzereien aus Südasien, chinesisches Porzellan und türkische Dolche.

KÖNIGLICHE PRACHT

Als die Alte Veste zu klein geworden war, erstellten die bayerischen Herzöge im Nordosteck der Stadtbefestigung ab 1385 die Neuveste. Im Lauf der Jahrhunderte entwickelte sich dieser politische und kulturelle Mittelpunkt des Landes zu einer riesigen Anlage, mit einer Fläche von ca. 250 × 200 m eine der größten ihrer Art. Nach weitgehender Zerstörung im Zweiten Weltkrieg dauerte der Wiederaufbau bis in die Mitte der 1980er-Jahre.

1 Festsaalbau
Den Hofgarten flankiert der klassizistische Festsaalbau, den Ludwig I. mit dem Königsbau und der Allerheiligen-Hofkirche von Leo von Klenze errichten ließ. Nach 1945 entstand an der Stelle des Thronsaals ein großer Konzertsaal (Neuer Herkulessaal, 1953).

2 Alte Residenz
In der Spätrenaissance (1611–1619) unter Kurfürst Maximilian I. errichtet. In der Front an der Residenzstraße öffnen sich zwei prächtige Portale aus Rotmarmor, flankiert von Bronzelöwen von Hubert Gerhard (um 1595) – ihre Nase reiben bringt Glück! Zwischen den Portalen die »Patrona Boiariae« von Hans Krumpper (1616) über einer Ewig-Licht-Ampel.

3 Königsbau
Klenzes Königsbau, nach dem Vorbild des Palazzo Pitti in Florenz gestaltet, bestimmt die Front der Residenz am Max-Joseph-Platz. Die Innenräume sind von klassizistischer Kühle geprägt.

4 Schatzkammer
Die hier aufbewahrten Kostbarkeiten zählen zu den wertvollsten ihrer Art.

5 Antiquarium
Der größte profane Renaissanceraum nördlich der Alpen und sicher einer der großartigsten.

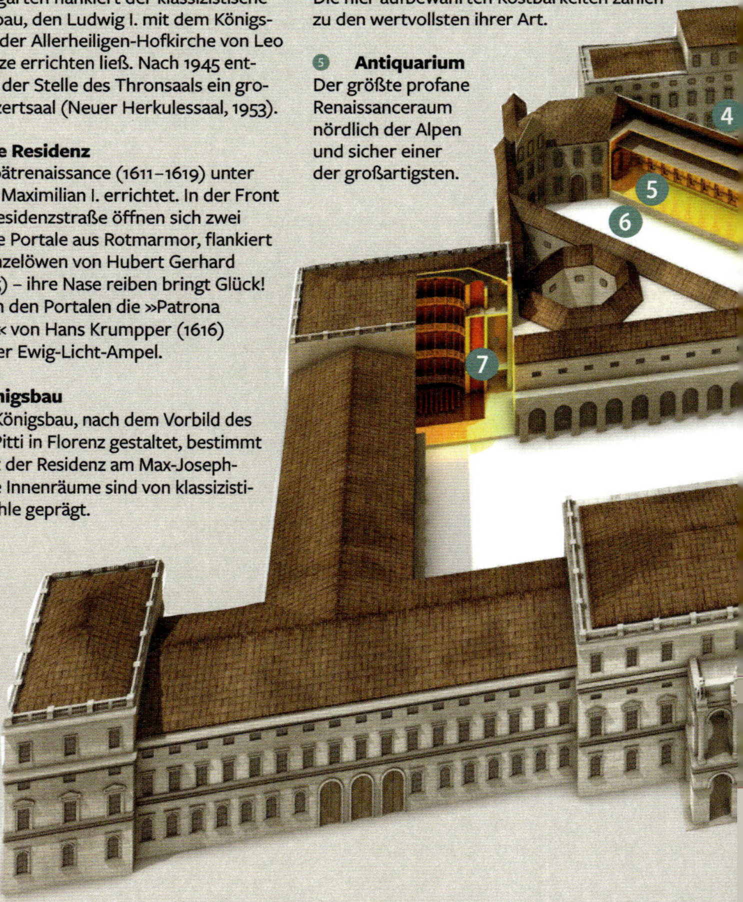

Er dient heute als festliche Kulisse für Staatsempfänge und ähnliches.

6 **Brunnenhof**
Der 1610 angelegte Hof mit dem Wittelsbacher-Brunnen (Hubert Gerhard, um 1600) ist diagonal ausgerichtet, die Fassaden sind mit Scheinarchitektur bemalt. Hier finden an Sommerabenden Konzerte statt.

7 **Cuvilliés-Theater**
Ein Juwel des Rokokos – siehe S. 214

8 **Spiegelkabinett**
Der wunderschöne Stuck von Johann Baptist Zimmermann und die großartigen Schnitzereien von Wenzeslaus Miroffsky wurden aufwendig rekonstruiert.

9 **Miniaturenkabinett**
Hier sind 129 Miniaturgemälde zu bewundern, die kaum größer sind als ein Briefbogen. Deutsche, französische und niederländische Künstler haben sie im 16., 17. und 18. Jh. geschaffen.

10 **Silberkammern**
Wertvolle Silberwaren des 17./18. Jh.s werden im Zimmer des Staatsrats und im Hartschiersaal präsentiert, darunter das etwa 3500 Teile umfassende Tafelsilber des Hauses Wittelsbach.

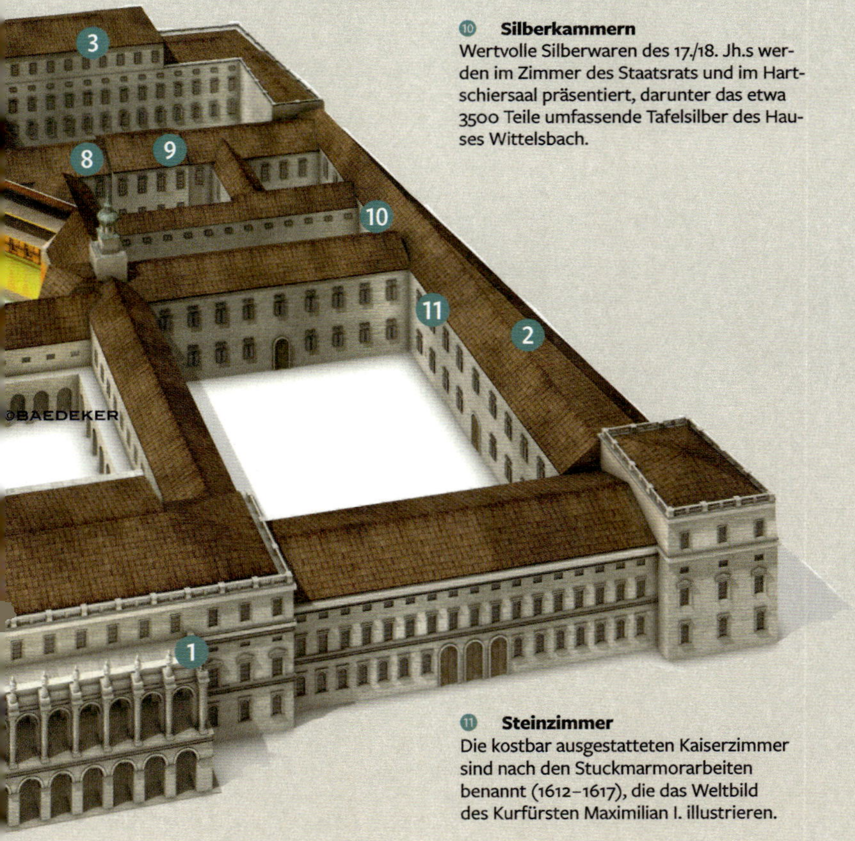

11 **Steinzimmer**
Die kostbar ausgestatteten Kaiserzimmer sind nach den Stuckmarmorarbeiten benannt (1612–1617), die das Weltbild des Kurfürsten Maximilian I. illustrieren.

Weitere Teile der Residenz

★★ Cuvilliés-theater

Rokoko-Juwel
Ein Rausch in Rot und Gold mit vier Logenreihen und Kurfürstenloge – der Rokoko-Zuschauerraum gilt als der schönste seiner Zeit. 1781 wurde hier die Oper »Idomeneo« uraufgeführt, die Mozart für den Münchner Karneval dieses Jahres geschrieben hatte. Das »Cuvilliés« liegt im Osttrakt der Residenz, der Zugang zwischen Brunnenhof und Apothekenhof. Kurfürst Max III. Joseph ließ es 1751–1753 durch François Cuvilliés d. Ä. einbauen, an der Ausstattung waren erstklassige Künstler und Kunsthandwerker wie J. B. Straub und J. B. Zimmermann beteiligt.

Allerheiligen-Hofkirche

Gestern goldglänzend, heute schlichter Backstein
Die Hofkirche – nicht verwechseln mit der Hofkapelle (s. u.) – liegt an der Ostseite der Residenz, am Marstallplatz. Von Klenze erbaute sie 1826–1837 nach dem Wunsch Ludwigs I. in byzantinischem Stil mit goldgrundigen Fresken und farbigem Marmor. Der Zweite Weltkrieg ließ davon nur Reste übrig: Die klaren Formen des **Backstein-Rohbaus** machen sie zu einem schönen Veranstaltungsraum (wegen der trockenen Akustik sind die vorderen Plätze zu empfehlen). Nebenan liegt der **Kabinettsgarten**, ein idyllisches, stilles Plätzchen mit Wasserbecken, ideal für einen kleinen Rückzug zwischendurch.

Hofkapelle

Vom Kapellenhof hat man Zugang zu der kleinen frühbarocken Kirche von Beginn das 17. Jh.s. Den würdig-ernsten Raum nach Art der Michaelskirche dominiert der Hauptaltar, dessen Retabel Maria in der Glorie darstellt (Hans Werl, 1600). Die Rokoko-Seitenaltäre schufen Johann Baptist und Franz Zimmermann (1748).

Festsaalbau

Ein Zentrum des Münchner Musiklebens
Auch der Festsaalbau am ▶ Hofgarten wurde im Zweiten Weltkrieg großenteils zerstört. Der Thronsaal im ersten Stock wurde in den 1950er-Jahren zum Festsaal mit 1270 Plätzen umgebaut. Er heißt **Herkulessaal** nach den Wandteppichen mit Szenen der Herkules-Sage aus einer Antwerpener Manufaktur (um 1565). Im Erdgeschoss sind die Originale der großartigen **Residenz-Bronzen** von Gerhard, Palagio und Krumpper aus der Nähe zu bewundern (wegen des Umbaus wechselnde Zeiten, gegenwärtig bei Führungen Sa./So.).

★ Staatliche Münz-sammlung

Welt des Gelds
Mit ca. 300 000 Münzen, Medaillen und Banknoten ist das zwischen Kaiserhof und Kapellenhof untergebrachte numismatische Museum eines der größten seiner Art. Man sieht hier die schönsten Münzen und Wertzeichen seit der griechischen, keltischen und römischen Antike. Die von Herzog Albrecht V. begründete Sammlung umfasst

alle Bereiche der Numismatik, der Geldgeschichte und der Medaillenkunde. Ausgewählte Stücke demonstrieren die Geschichte des Zahlungswesens in europäischen und außereuropäischen Gebieten. Angeschlossen ist eine Abteilung mit Gemmen und Kameen.

SALVATORPLATZ

Lage: Nördliche Altstadt | **Innenstadtplan:** c II | **U-Bahn:** U 3/6, 4/5 Odeonsplatz | **Tram:** 19 Theatinerstraße

Büchermenschen, die Schriftsteller wie Uwe Timm oder Navid Kermani, Philosophen wie Peter Sloterdijk oder kongeniale Literatur-Vorleser wie Eva Mattes hautnah erleben möchten, sind im Literaturhaus am Salvatorplatz an der richtigen Adresse. Nach der Veranstaltung trifft man die Protagonisten meist noch in der Brasserie im Haus bei einem Glas Wein.

Ruhiges Eck in der Altstadt

Südlich der ▶Brienner Straße findet man den Salvatorplatz mit dem Literaturhaus (siehen unten) und der **Salvatorkirche**. Diese Backsteinkirche entstand 1493/1494 als Kapelle des Friedhofs der Frauenkirche, der um 1485 an die Stadtmauer verlagert worden war. 1828 überließ Ludwig I. die Kirche der griechisch-orthodoxen Gemeinde, wobei sie in staatlichem Besitz blieb. Die Ikonostase schuf Efthymios Dimitriu (1829).

Literaturhaus

Münchens Treffpunkt für Schreibende und Lesende, für Autoren, Verleger und Buchhändler ist das Literaturhaus, das seit 1997 in der Salvatorschule von 1887 residiert. Getragen wird es von der Stiftung Buch-, Medien- und Literaturhaus München. Das ganze Jahr über finden hier interessante Veranstaltungen zu Themen aus der Welt der Bücher und der Literatur statt: Autorenlesungen und Ausstellungen, Vorträge und Buchpräsentationen, Schreibseminare und Diskussionen. Auch Institutionen der Branche sind hier ansässig, die Akademie der Deutschen Medien, das Institut für Urheber- und Medienrecht und der Landesverband Bayern des Börsenvereins des Deutschen Buchhandels. Im 3. Stock überrascht ein ausgestopfter Braunbär – er stand einst im Haus von Thomas Mann in der Poschingerstraße. Mann lebte fast vierzig Jahre mit seiner Familie in München und schrieb hier einige zentrale Werke (»Buddenbrooks«, »Tod in Venedig«, »Der Zauberberg«); der Familie Mann werden regelmäßig Veranstaltungen gewidmet. Nicht nur bücheraffine Menschen treffen sich gern in der Brasserie **OskarMaria** (▶S. 324), benannt nach

dem aus Berg am Starnberger See stammenden Schriftsteller Oskar Maria Graf. Eine Installation der US-Künstlerin Jenny Holzer erinnert an ihn, Zitate aus seinen Werken zieren Geschirr und Bänke.
Salvatorplatz 1, Tel. 089 29 19 34-0, www.literaturhaus-muenchen.de

★ SAMMLUNG SCHACK

Lage: Lehel, Prinzregentenstraße 9 | **Tram:** 18 Nationalmuseum | **Bus:** 100 Reitmorstraße | Mi. – So. 10 – 18, am 1. und 3. Mi. im Monat bis 20 Uhr | **Eintritt:** 4 €, Tageskarte für die Pinakotheken 12 € (► S. 142, 332) | **www.pinakothek.de**

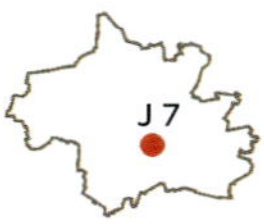

Nymphen und Faune in märchenhaften Landschaften, ein schlummernder Hirtenbub, eine unheimliche Villa am Meer – die Galerie des Grafen Schack ist ein Ort der Mythen, des Fernwehs und der Sehnsucht. Nirgendwo sonst in München lässt sich dem Lebensgefühl des 19. Jahrhunderts so gut nachspüren.

Romantik in Reinform

Gleich östlich des ► Bayerischen Nationalmuseums findet man eine kleine, dennoch eine der schönsten und für München bedeutsamsten Gemäldesammlungen der Stadt. Ansässig ist sie in der einstigen Preußischen Gesandtschaft im Königreich Bayern (Max Littmann, 1907), begründet wurde sie von Graf Adolf Friedrich von Schack (1815–1894), einem weitgereisten mecklenburgischen Adligen und Privatgelehrten, der so manchem Münchner Künstler auf die Sprünge half. Er förderte heute weltberühmte Maler durch Ankauf ihrer Werke bzw. durch Aufträge, so Moritz von Schwind, Carl Spitzweg, Franz von Lenbach (► Interessante Menschen) und Arnold Böcklin. Seine Sammlung mit über 100 Gemälden vermachte Graf Schack dem deutschen Kaiser, der sie aber in München ließ.

Erdgeschoss Zunächst erfährt man etwas über den Urheber der Sammlung, dann sind »Wunschräume und Wunschzeiten« das Thema, d. h. Italien (J. G. von Dillis, Leo von Klenze, J. A. Koch) und Griechenland (Carl Rottmann). Für »Sagen und Märchen« steht Moritz von Schwind (»Rübezahl«, »Im Walde«, »Erlkönig« u. a.), »Epos und Geschichte« werden mit E. von Steinle, E. N. Neureuther und J. von Führich illustriert. Der letzte Raum gehört dem großen Carl Spitzweg (u. a. »Der Abschied«). Der »Starnberger See«, in der Manier der Schule von Barbizon, gilt als ein Hauptwerk von Eduard Schleich (1862).

Obergeschoss Im Treppenhaus begleiten Kopien von Werken Franz von Lenbachs. Die ersten Säle (17, 13, 14) sind Arnold Böcklin gewidmet, einem

»Deutschrömer« wie Marées und Feuerbach; hochberühmt seine Werke »Pan erschreckt einen Hirten« und »Villa am Meer«. Saal 12 präsentiert frühe Werke Franz von Lenbachs, u. a. den herrlichen »Hirtenknaben« und die »Alhambra in Granada«. Prächtige Hauptwerke des venezianischen Cinquecento, von Tizian, Giorgione, Tintoretto etc., hängen in Saal 11 – allerdings in meisterlichen Kopien von Lenbach und anderen. Saal 16 zeigt ebenfalls Kopien, die Hans von Marées in Italien anfertigte. In Saal 15 sind Werke von Anselm Feuerbach zu bewundern, darunter »Bildnis einer Römerin«, »Laura in der Kirche« und »Paolo und Francesca«.

SANKT-JAKOBS-PLATZ

Lage: Südliche Altstadt | **Innenstadtplan:** b IV | **U-Bahn:** U 3/6 Marienplatz | **Tram:** 16, 17, 18, 27, 28 Sendlinger Tor | **Bus:** 52, 62 St.-Jakobs-Platz, 132 Viktualienmarkt

Am einstigen Marktplatz des altstädtischen Angerviertels stehen sich die »Vergangenheit« Münchens und ein eindrucksvolles Zeichen des Neubeginns gegenüber: das Stadtmuseum und das Jüdische Zentrum Jakobsplatz mit der Synagoge Ohel Jakob.

Alt und neu

Vom 14. bis ins 20. Jh. lag hier der Marktplatz mit Zeug- und Feuerwehrhaus; hier fanden die bedeutenden Dulten (Märkte) statt, die Kaufleute von weither beschickten – heute als nostalgisches Relikt in der Au (► S. 329). Benannt ist er nach dem im 13. Jh. gegründeten Kloster St. Jakob am Südrand des Platzes, das im Theresia-Gerhardinger-Gymnasium aufgegangen ist. Nach Südosten – in den typischen Altmünchner Häusern mit Halbgauben (»Ohrwaschln«) sind nette Geschäfte und Lokale ansässig – gelangt man zur Schrannenhalle und zum ► Viktualienmarkt.

★★ Münchner Stadtmuseum

Lage: St.-Jakobs-Platz 1 | **Di.–So. 10 – 18 Uhr** | **Eintritt:** Dauerausstellungen 4 €, ganzes Haus 7 €, Filmmuseum 4 € | Stadtcafé 10 – 24 Uhr, Fr./Sa. bis 1 Uhr | **www.muenchner-stadtmuseum.de**

Das Gedächtnis der Stadt

Die Vergangenheit Münchens lässt das Stadtmuseum lebendig werden, das u. a. das alte Zeughaus – ein markantes Giebelhaus mit Ecktürmchen, gotischer Halle und Gewölben – und den rekonstruierten

Marstall des 15. Jh.s nützt. Eine blaue Leuchtschrift in den Fenstern an der Oberanger-Seite erinnert an das große jüdische Kaufhaus Uhlfelder, das hier stand und in der Pogromnacht 1938 geplündert, verwüstet und in Brand gesteckt wurde. Außer den Dauerexponaten werden immer wieder interessante Sonderausstellungen gezeigt. Ein beliebter Treffpunkt ist das **Stadtcafé** (▶ S. 325), im Sommer bietet der Hof einen schönen schattigen Platz.

Die Ausstellung **»Typisch München«** illustriert die Stadtkultur vom Mittelalter bis heute: die Stadt des Adels und der Bürger, des Biers und der Kunst, aber auch die »Hauptstadt der Bewegung« (▶ Baedeker Wissen S. 138) und die »Hauptstadt des Wirtschaftswunders«. Zu ihren Glanzpunkten gehören die **Moriskentänzer**, die Erasmus Grasser um 1480 für den Tanzsaal des Alten Rathauses (▶ S. 162) schuf. Der Moriskentanz mit seinen elegant-grotesken Verrenkungen kam aus dem maurischen Spanien und wurde durch fahrendes Volk in Europa verbreitet. Auch Wappenscheiben von Grasser, u. a. mit dem Münchner Kindl, sind hier zu sehen.

Mit Objekten zum Thema **»Nationalsozialismus in München«** ergänzt das Stadtmuseum die Ausstellungen im NS-Dokumentationszentrum (▶ S. 136) und im Jüdischen Museum (▶ S. 221). Hier liegt der Fokus auf der Rolle der Stadt München beim Aufstieg des Nationalsozialismus und als Zentrum der NSDAP.

Viele Zuhörer schätzen die Konzerte, die abends und am Sonntagvor-

Wertvolle Zeugnisse der Münchner Geschichte im Stadtmuseum

mittag in der **Sammlung Musik** stattfinden (Karten Tel. 089 233-2 23 70), aber auch sonst sind die 6000 Instrumente aus allen Erdteilen einen näheren Blick wert. In der **Sammlung Puppentheater/Schaustellerei**, eine der bedeutendsten ihrer Art mit Handpuppen, Marionetten, Schattenspielfiguren etc., wird ein Querschnitt durch den großen Bestand des Museums präsentiert: Puppentheater seit dem 19. Jh. sowie Schaustellerei mit den Themen »Populäre Vergnügungen« und »Münchner Oktoberfest«.

Objekte weiterer bedeutender Sammlungen sind in die Dauerausstellung integriert oder werden in Sonderausstellungen präsentiert:

Angewandte Kunst des 15. – 20. Jh.s: Kunstgewerbe und Interieurs aus Biedermeier, Historismus und Jugendstil (u. a. Entwürfe von H. Obrist, B. Paul und R. Riemerschmid).

Stadtkultur/Volkskunde: Zeugnisse der Alltagskultur vom 18. Jh. bis heute, populäre Sakralgegenstände (z. B. Krippen).

Mode/Textilien/Kostüme: Kleider und Schmuck aus dem 18.–20. Jh., Modezeichnungen und -fotos, u. a. aus dem Modellarchiv der 1931 gegründeten Münchner Meisterschule für Mode.

Grafik/Plakat/Gemälde: Bilder zur Stadtgeschichte (u. a. topographische Darstellungen des 19. Jh.s), internationale Plakate aus Politik, Wirtschaft und Kultur seit dem 19. Jh.

Fotografie: Mit einem Bestand von über 850 000 Fotos eine der führenden Sammlungen in Europa.

Große Kinoklassiker

★ Filmmuseum

In der cineastischen Landschaft Münchens spielt das Filmmuseum im Stadtmuseum eine große Rolle. Mit ca. 6000 Klassikern aus der Kinogeschichte – insbesondere Stummfilme der 1920er-Jahre, aber auch Filme von Wim Wenders und Rainer Werner Fassbinder – genießt es internationalen Ruf. Auf dem Programm stehen Retrospektiven, Reihen zu bestimmten Themen sowie Erstaufführungen; Stummfilme werden oft am Klavier begleitet. Ganze 4 € kostet der Eintritt.

Kino: Di., Mi., Fr.–So. 18.30, 21, Do. 19 Uhr, Karten Tel. 089 233-9 64 50

Kitsch as kitsch can

Museumsladen

Ein Stadtmuseum der anderen Art: Wer verrückte bayerische oder münchnerische Souvenirs sucht, von der Schneekugel mit Münchner Kindl über das Filz-Notizbuch bis zur »Der-Butter«-Dose, wird hier fündig. Der »Dultstand« hält nach Art der Auer Dult hochwertige Antiquitäten ebenso feil wie originelle Kleinigkeiten.

Tgl. bzw. Di.–So. 10–18 Uhr, www.servusheimat.com

Heimstatt eines Münchner Künstlers

Ignaz-Günther-Haus

Gegenüber dem Stadtmuseum, im Eck neben dem schönen ORAG-Haus (1896; ORAG: Oberbayerische Rohstoff- und Arbeitsgemeinschaft, heute Bayerische Schneidergenossenschaft), steht das im

Altes und neues München: Stadtmuseum und Synagoge

14./17. Jh. erbaute Haus, das der große Rokoko-Bildhauer Ignaz Günther von 1761 bis zu seinem Tod 1775 bewohnte. Es ist eines der seltenen erhaltenen Doppelanwesen, die von einer Straße zur anderen reichen; man achte auch auf die halben Dachgauben, die »Ohrwaschln«. Im Haus ist die Verwaltung des Stadtmuseums ansässig, Sie können eintreten und sich die typische, über zwei Geschosse führende »Himmelsleiter« ansehen, auch die gotische Stube aus dem 15. Jh. im 1. Stock (wenn zugänglich). Die Madonna an der Oberanger-Seite des Hauses ist die Kopie eines Originals von Günther.

★★ Jüdisches Zentrum

Lage: St.-Jakobs-Platz 16 | **Führungen in der Synagoge:** für Einzelpersonen und kleine Gruppen Terminwahl auf **www.ikg-m.de**, Anmeldung mindestens 10 Tage vorher, Tel. 089 20 24 00-100 | **Museum:** Di. – So. 10 – 18 Uhr, Eintritt 6 €

»Zelt Jakobs«

Synagoge

Gegenüber dem Stadtmuseum beeindruckt die starke Architektur der **Synagoge Ohel Jakob**. Mit ihrem Sockel aus Travertin, der an die Klagemauer in Jerusalem erinnert, und dem von einem Metallschleier verhüllten gläsernen Aufbau vereint sie symbolisch die jüdischen Leitmotive Stabilität und Fragilität, Provisorium und Dauerhaftigkeit. Die Synagoge gehört zum 2006/2007 eröffneten Jüdischen

Zentrum der Israelitischen Kultusgemeinde München und Oberbayern mit Gemeindehaus und Museum (Architekten: Wandel Hoefer Lorch, Saarbrücken). Am 9. Nov. 2003, also genau 65 Jahre nach der infamen Reichspogromnacht, wurde der Grundstein gelegt, am 9. Nov. 2006 wurde die Synagoge eingeweiht. Damit hat jüdisches Leben in München wieder einen festen Platz.
Die nach dem Ende der Naziherrschaft wieder ins Leben gerufene Israelitische Kultusgemeinde zählt heute rund 9000 Mitglieder. Ihr Zentrum war bis 2006 das Haus Reichenbachstr. 27, in dessen Rückgebäude eine Synagoge erhalten blieb; sie wurde 1938 von der SA verwüstet, aber nicht zerstört.
Das **Gemeindehaus** ist mit der Synagoge durch einen unterirdischen Gang verbunden, der dem Gedenken der 4500 von den Nazis ermordeten jüdischen Münchner gewidmet ist – ihre Namen bedecken die Wände des Gangs. Im **Restaurant Einstein** im Gemeindezentrum kann man vorzüglich koscher essen (► S. 321). Mehr über die Geschichte der Münchner Juden, ihre Kunst und Kultur erfährt man im **Jüdischen Museum** in dem freistehenden Kubus links der Synagoge. Wechselausstellungen ergänzen die Schau.

★ SANKT MICHAEL IN BERG AM LAIM

Lage: Berg am Laim, J.-M.-Fischer-Platz | **U-Bahn:** U 2 Josephsburg | **www.st-michael-bal.de**

Für Barock- und Kunstfreunde ein Muss ist der Ausflug in den östlichen Stadtteil Berg am Laim: Seine dem hl. Michael geweihte Kirche gilt als eine der schönsten und interessantesten Schöpfungen des süddeutschen Rokokos.

Anscheinend ganz unmotiviert liegt das großartige Gotteshaus in der Vorstadt. Nun, Berg war damals eine Hofmark im Besitz des Kölner Erzbischofs Joseph Clemens, der ein Bruder des Kurfürsten Max II. Emanuel war. Joseph Clemens ließ hier für sich das Schlösschen Josephsburg erbauen; sein Nachfolger Clemens August, Sohn von Max II. Emanuel, errichtete dann diese Kirche für die 1693 gegründete, große und mächtige St.-Michaels-Bruderschaft. Die eindrucksvolle **Doppelturmfassade** sollte den Abschluss einer Straße von München her bilden, die aber nicht realisiert wurde. Die zu klein geratene Michaelsfigur in der Nische über dem Hauptportal datiert von 1911.

Gotteshaus für die Wittelsbacher-Bischöfe

Konzipiert wurde die Fassade von Stadtbaumeister Ph. J. Köglsperger, die Kirche (1738–1758, Weihe 1751) entwarf **Johann Michael Fischer**, neben St. Anna im Lehel (► S. 152) sein zweites wichtiges Münchner Werk. Er realisierte hier keinen Zentralbau, sondern eine wunderbar komponierte Folge dreier Räume, die in den Verhältnissen des Goldenen Schnitts kleiner werden: runder Gemeinderaum, runder Vorchor für den Fürsten und den Vorstand der Bruderschaft, querelliptischer Altarraum. Das architektonische Bild ist ganz Gewölbe, Kurven, Bögen, Rundungen, die sich je nach Perspektive unterschiedlich durchdringen; die heitere Lebendigkeit wird noch gesteigert durch das Licht aus den großen Fenstern und das Spiel der Schatten. Die weitgehend original erhaltenen Deckenfresken von Johann Baptist Zimmermann (von ihm auch der Stuck) stellen die drei Erscheinungen des hl. Michael dar. Den Hochaltar (Gemälde von J. A. Wolff) und die anderen Altäre im Hauptraum schuf Johann Baptist Straub, der Lehrer Ignaz Günthers; die vergoldeten Figuren beiderseits des Tabernakels könnten von Ignaz Günther stammen.

Köstliches Nass, innen und außen

Was es noch gibt in Berg am Laim

An der Baumkirchner Straße wenige Schritte nördlich lädt das solide Schneider Bräuhaus ein (tgl. geöffnet), in seinem Biergarten trifft sich die Nachbarschaft. Ca. 800 m südlich von St. Michael, jenseits der Heinrich-Wieland-Straße, dehnt sich der Ostpark aus, eine beliebte Freizeitlandschaft, angelegt in den 1970er-Jahren, wo bis dahin Äcker lagen. Außer dem großen Michaelibad (Frei- und Hallenbad) steuert man dort das Gasthaus Michaeligarten bzw. seinen Biergarten (3000 Plätze) am romantischen See an.

Michaeligarten: Mo. – Fr. ab 11, So. ab 10 Uhr, Tel. 089 43 55 24 24

★★ SCHLEISSHEIM

Lage: 12 km nördlich | **S-Bahn:** S 1 Oberschleißheim | Schlossanlage und Flugwerft sind von der S-Bahn zu Fuß ca. 10–15 Min. entfernt, man kann auch mit Bus 292 oder 295 fahren.

Ein Traum von Lust und Macht: Die Schlossanlage und das Kanalsystem, das Schleißheim mit Nymphenburg verband, diente vor allem der Selbstdarstellung des absolutistischen Fürsten. Unbehelligt vom gemeinen Volk schipperten aus Venedig importierte Gondolieri die höfische Gesellschaft von Schloss zu Schloss. Nebenan, auf dem ältesten noch erhaltenen Flugplatz Deutschlands, residiert das Luftfahrtmuseum.

★ Altes Schloss Schleißheim

Keine Lust mehr aufs Regieren ...

Herzog Wilhelm V. »der Fromme« (▶ Michaelskirche), der 1579 die Regierung angetreten hatte, übertrug sie 1597 seinem Sohn Maximilian, um ein kontemplatives Leben zu führen – er hatte allerdings den Staat finanziell ruiniert. Er kaufte einsame »Moosschwaigen« (Bauernhöfe) im Dachauer Moos und ließ nicht weniger als neun Klausen und Kapellen errichten. Ende des 16. Jh.s kam ein Gutshof dazu. Maximilian ersetzte ihn 1617–1623 durch das Alte Schloss, ein schlichtes Renaissance-Herrenhaus mit großen Wirtschaftstrakten (nach dem Zweiten Weltkrieg weitgehend neu aufgebaut). Das ▶ Bayerische Nationalmuseum präsentiert hier unter dem Titel »Das Gottesjahr und seine Feste« etwa 6000 Exponate zur religiösen Alltags- und Festkultur verschiedener Völker, außerdem eine Ausstellung zur histori-

BAEDEKER MAGISCHE MOMENTE

GONDELN IM SCHLOSSPARK

Genießen Sie, wie die Herrschaften dazumal, eine romantisch Fahrt auf dem Schlosskanal – in einer venezianischen Gondel, vielleicht beim Sonnenuntergang, mit Musik oder einem französischen Picknick (Tel. 089 24 29 51 06, www.la-gondola-barocca.de). Auch im Park des Schlosses Nymphenburg versetzt Sie ein Gondoliere in die höfische Welt (Tel. 089 48 12 90, www.gondel-nymphenburg.de).

Das Neue Schloss, ein »bayerisches Versailles«

schen Landeskunde West- und Ostpreußens. – Nebenan liegt die Schlosswirtschaft mit ihrem schönen schattigen Biergarten. Die Wirtschaft wird gegenwärtig restauriert; das Ausweichquartier, die »Schlossalm«, soll »authentisches Alpenflair« vermitteln – wo gibt es hier Alpen? Fake ist in ...

Zugang s. u. Neues Schloss | **Schlossalm:** Di. - So. 11.30 - 23 Uhr, Tel. 089 3 15 15 55 | Biergarten bei schönem Wetter tgl. geöffnet

★ Neues Schloss Schleißheim

Schloss: April - Sept. Di. - So. 9 - 18, sonst Di. - So. 10 - 16 Uhr | **Wasserspiele:** April - Mitte Sept. tgl. 11.30 - 16, Sa./So. 10-18 Uhr | **Eintritt:** Altes Schloss 3 €, Neues Schloss 4,50 €, Schloss Lustheim 3,50 €, alle Schlösser 8 € | **www.schloesser-schleissheim.de**

Kaiserschloss in spe

Der Bau und seine Geschichte

Das Neue Schloss war vierflügelig geplant, blieb aber aufgrund der ungünstigen Zeitläufte unvollendet; dennoch gehört es zu den monumentalsten barocken Schlossanlagen Europas. Bauherr Kurfürst Max II. Emanuel hatte erfolgreich gegen die Türken gefochten und befand sich auf dem Höhepunkt der Macht; er hoffte auf die Kaiserwürde und brauchte etwas entsprechend Repräsentatives. Aus demselben Grund schaltete er sich in den Spanischen Erbfolgekrieg ein, was ihm und dem Land äußerst schlecht bekam. Die erste Bauphase ab 1701 unter Enrico Zuccalli endete 1704, als Max Emanuel nach der Schlacht von Höchstädt ins niederländische Exil flüchtete; ab 1719 wurden die Arbeiten unter Joseph Effner fortgeführt und 1727 eingestellt. An der prunkvollen Ausstattung arbeiteten die besten Künstler der Zeit, vor allem J. B. Zimmermann, C. D. Asam (▶ Interessante Menschen) und Jacopo Amigoni; der besondere Reiz liegt in der Kombination von italienischem Spätbarock mit dem beginnenden französischen Rokoko. Stuck und Ausmalung nehmen zur Ehre des »Türkenbezwingers« vielfach Bezug auf die Türkenkriege. Im prachtvollen Feststaal verzaubern im Sommer **Musik** von Mozart oder Vivaldi, eine Italienische Opernnacht oder Wiener Schrammeln (Info: www.schloesser-schleissheim.de, Karten u. a. bei München Ticket, ▶ S. 308)

Zum Ruhme des Türkenbezwingers

Das Schloss

Der 330 m lange Riegel des Schlosses besteht, nach französischer Art, aus einem 169 m langen dreiteiligen Mittelbau, der durch Arkaden mit Eckpavillons verbunden ist; die mächtigen Kamine haben venezianische Vorbilder. Das hervorragende **Mittelportal** und sein Pendant auf der Parkseite schnitzte Ignaz Günther 1736; in Letzterem brachte er einen kleinen sarkastischen Kommentar zum Zustand Bayerns unter. Die **Eingangshalle** wird von Rotmarmorsäulen getragen, die Flachkuppeln der Decke enthalten illusionistische Malereien. Der Gartensaal ist mit Grisaillemalerei (N. G. Stuber) und Stuck mit Seetieren (G. Volpini) geschmückt. In den anschließenden Flügeln liegen die Appartements des Kurprinzen und der Kurprinzessin, die seit 1978 die **Galerie europäischer Barockmalerei** mit Werken aus den Beständen der Alten Pinakothek in München beherbergen.

SCHLÖSSER UND PARK SCHLEISSHEIM

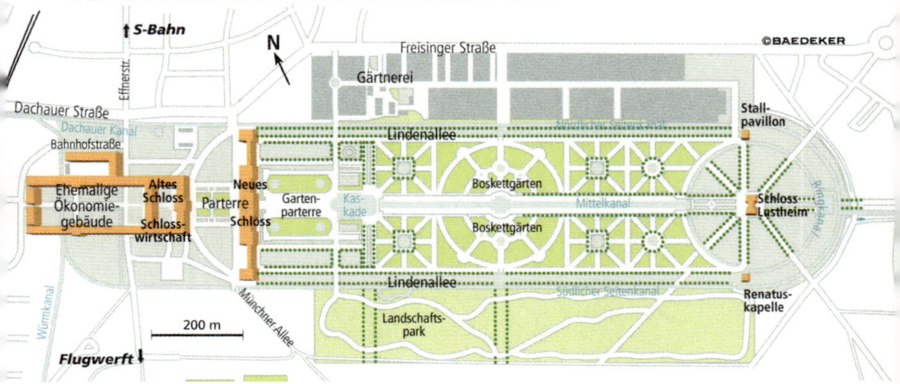

Ins erste Geschoss führt ein eindrucksvolles **Treppenhaus** mit Säulen aus grünem Marmor, es gilt als beste architektonische Leistung Zuccallis. Das Kuppelfresko von C. D. Asam zeigt Venus in der Schmiede des Gottes Vulcanus, den Stuck (Türkentrophäen) schufen J. B. Zimmermann und Charles Dubut.
Auch den zweigeschossigen **Großen Saal** haben Zimmermann und Dubut stuckiert. Das Deckenfresko (J. Amigoni) zeigt den Kampf zwischen Aeneas und König Turnus um die Prinzessin Lavinia. Der **Viktoriensaal**, einst der Speisesaal, gilt mit seinem Régence-Dekor als einer der schönsten Barockräume. Seinen Namen hat er von den detailgenauen Bildern mit Schlachten der Türkenkriege (F. J. Beich).
Die nicht weniger als 61 m lange **Galerie** öffnet sich mit elf Fenstertüren zum Park. Sie war für Gemälde bestimmt, die Max Emanuel in den Niederlanden erworben hatte – u. a. 12 Bilder von Rubens – und heute in der Alten Pinakothek (►Kunstareal) zu bewundern sind. Hier hängen Werke anderer großer Künstler, u. a. von Pieter Brueghel d. Ä., David Teniers, Tintoretto und Paolo Veronese.
Auf der Parkseite beiderseits der Galerie liegen die **Paradezimmer** des Kurfürsten und der Kurfürstin. Hier kann man wundervolle Brüs-

NEUES SCHLOSS SCHLEISSHEIM

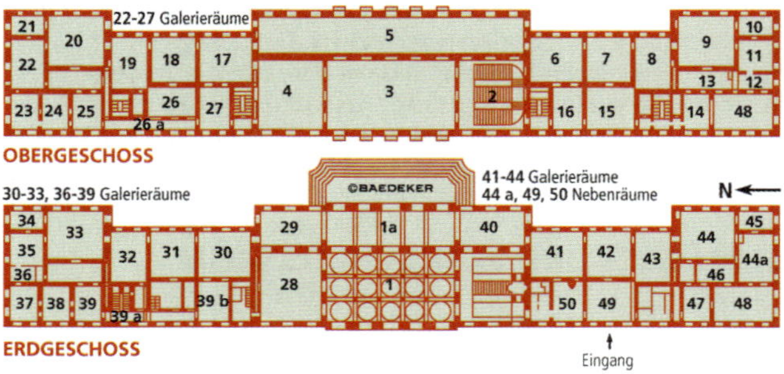

1 Eingangshalle
1a Sala terrena
2 Treppenhaus
3 Großer Saal
4 Viktoriensaal
5 Große Galerie
6–11 Appartement des Kurfürsten
6 Vorzimmer
7 Audienzzimmer
8 Paradeschlafzimmer
9 Wohnzimmer (Großes Kabinett)
10 Rotes Kabinett (Jagdzimmer)
11 Niederländisches Malereikabinett
12 Oratorium mit Blick in die Maximilianskapelle
13 Oratorium mit Altar
14 Empore der Großen Kapelle
16 Dokumentationsraum
17–21 Appartement der Kurfürstin
17 Vorzimmer
18 Audienzzimmer
19 Paradeschlafzimmer
20 Wohnzimmer (Großes Kabinett)
21 Kammerkapelle (Obere Kapelle)
28 Speisesaal
29 Nördlicher Gartensaal (Billard- oder Musiksaal)
30 Raum mit Schlossmodell
34 Stuckaturkabinett
35 Drechselzimmer
40 Südlicher Gartensaal
45 Blaues Kabinett
46 Sakristei
47 Vorraum der Großen Kapelle
48 Große Kapelle (Maximilianskapelle)

seler Gobelins (18. Jh.) bestaunen. Durch alle Geschosse des Schlosses reicht die **Maximilianskapelle** (J. Effner, Ch. Dubut); ihr Deckenfresko schuf C. D. Asam.

★ Schlosspark

Französische Gartenkunst

Ein sehr kleines Versailles

Der Park, eine der wenigen erhaltenen barocken Gartenanlagen in Deutschland, wurde bis 1705 von Zuccalli und ab 1720 von Dominique Girard gestaltet, einem Mitarbeiter von André Le Notre, der als Gartenarchitekt des Sonnenkönigs den Park von Versailles schuf. Die Form des Parks war durch das schon existierende Schloss Lustheim als Point de vue und durch die seitlichen Kanäle festgelegt. Vor dem Neuen Schloss leuchtet ein Blumenparterre mit Springbrunnen und Kaskade, daran schließen sich geometrische Boskette an. Der Park wird von einem Mittelkanal durchflossen – das Wasser dazu kommt von der Isar! –, außen verlaufen schöne Lindenalleen.

★ Schloss Lustheim

Insel der Liebe

Für die Tochter des Kaisers

Dieses »italienische Gartencasino« – der Name war Programm – wurde 1684 – 1688 von Zuccalli erbaut, als Geschenk des Kurfürsten Max Emanuel für seine 16-jährige Braut Maria Antonia, Tochter des österreichischen Kaisers Leopold I. Es steht auf einer runden, von Kanälen umgebenen Insel; Vorbild war Kythera, die vielbesungene, sagenhafte Insel der Liebe und Glückseligkeit. Im Zentrum der zweigeschossige Festsaal, an den die Appartements für Kurfürst und Kurfürstin anschließen. Als erster profaner Freskenzyklus des Barocks in Deutschland gelten die Deckenfresken von Francesco Rosa, G. Trubillio und J. A. Gumpp, die die Jagdgöttin Diana verherrlichen. Die Gemälde im großen Saal zeigen Szenen von höfischen Jagden.

Edelste Scherben

★★ Meißener Porzellan

Seit 1971 beherbergt das Schloss die weltberühmte Sammlung der Stiftung Ernst Schneider mit Meißener Porzellan. Die über 2000 Exponate sind chronologisch und thematisch geordnet, von der Gründung der Manufaktur 1710 bis in die Zeit des Siebenjährigen Kriegs um 1760. Ganz herrliche Stücke sind die Augustus-Rex-Vasen, die Elefantenleuchter von 1735 und die Tierfiguren von J. J. Kändler. Die von J. G. Höroldt (1696–1775) bemalten Service wurden an zahlreiche Fürstenhöfe geliefert; darunter sind Stücke aus dem von Friedrich dem Großen entworfenen »Möllendorf-Service« und aus dem nicht minder berühmten »Schwanenservice« des Grafen Brühl.

Pavillons Das Schlösschen wird vom ganz ausgemalten Pavillon für die Pferde (Norden) und vom Renatuspavillon (Süden) flankiert, den Zuccalli als Renatuskapelle gestaltete, ein Meisterwerk des Hochbarocks.

★ Flugwerft Schleißheim

Tgl. 9–17 Uhr | Eintritt: 6 €, Kombikarte (▶Deutsches Museum) 16 € | Tel. 089 2179-333 | **www.deutsches-museum.de**

Ältester noch existierender Flugplatz Deutschlands

Südlich des Schlosses liegt der Flugplatz, der von 1912 bis 1919 der Königlich-Bayerischen Fliegertruppe als Stützpunkt diente. In den 1920er-Jahren starteten und landeten hier Passagierflugzeuge, hier war die Deutsche Verkehrsfliegerschule ansässig. Im Dritten Reich war Schleißheim einer der wichtigsten Militärflugplätze in Süddeutschland, aus seiner Jagdfliegerschule gingen Piloten wie Adolf Galland und Werner Mölders hervor, ab 1943 wurde von hier aus die radarunterstützte Nachtjagd trainiert. Nach dem Krieg nützte US-Militär den Platz bis 1968. Heute sind hier eine Staffel der Bundespolizei und Luftsportvereine ansässig (www.flugplatz-schleissheim.de). 1992 wurde die Flugwerft als Zweigstelle des Deutschen Museums (▶ S. 77) eröffnet.

Ein Gang durch die Luftfahrtgeschichte

Gebäude und Exponate In der **Werfthalle** von 1918 (Eingangshalle) ist Fluggerät ausgestellt, das in der Geschichte des Platzes eine Rolle spielte, vom Otto-Doppeldecker und dem Jagdflugzeug Fokker D VII über das Schulflugzeug Udet U 12 Flamingo und den Fieseler Storch (1939) bis zum Muskelkraft-Rekordflugzeug Musculair 2 von 1985. Im Durchgang zur Kommandantur ist die frühe Luftfahrt das Thema, mit Ballonen, Instrumenten, einem Nachbau des Segelapparats von Otto Lilienthal und einem Vollmoeller-Motorflugzeug von 1910. In der **Kommandantur**, dem ältesten Bau, wird die Geschichte des Flugplatzes dokumentiert, man wirft einen Blick in die Wetterwarte und die Funkerschule. Vom Turm blickt man über das Gelände mit den Junkers-Werkshallen und dem Tower der US-Einheiten (und das Schloss). Dann passiert man die **Werkstatthalle,** in der marode Maschinen restauriert werden, von einer Galerie hat man Einblick in die Arbeiten. Die **Große Ausstellungshalle** lässt die Luftfahrtgeschichte Revue passieren: mit alten und neuen Hängegleitern; mit Militärmaschinen von der Heinkel HE 111 über die MIG 15 bis zum Eurofighter; mit Senkrechtstartern, die es trotz glänzender Technik nicht zur Serienreife gebracht haben; mit großen und winzigen Hubschraubern und schließlich mit einer Sammlung von Kolbenmotoren und Strahltriebwerken. Die dreistufige Europa-Rakete aus den 1970er-Jahren, das letzte Glanzstück der Ausstellung, ist das einzige komplett erhaltene Exemplar.

Alte Segler und moderne Senkrechtstarter

Dröhnende Motoren

Flugtag

Tausende kommen an einem Wochenende Anfang Juli zum »Fly-in« alter Fluggeräte, bei dem man auch einen Rundflug mit einer Ju 52 (Fa. Dachsel, Tel. 08157 90 02 79, www.ju-52.com) oder dem mächtigen Doppeldecker Antonow AN 2 (www.freunde-der-antonow.de) unternehmen kann. Dachsel bietet von Schleißheim aus auch weitere Rund- und Streckenflüge mit einer JU 52 an.

SCHWABING

Lage: nördlich des Stadtzentrums | **U-Bahn:** U 3/6 Giselastr., Münchner Freiheit, U 2 Hohenzollernplatz, Scheidplatz | **Tram:** 12, 27

»Wahnmoching« taufte die berühmt-berüchtigte Gräfin Franziska zu Reventlow ihr Schwabing – ein Begriff, der das einstige Dorf vor den Toren der Stadt treffend charakterisierte: Ausschweifende Künstlerfeste, revolutionäre Ideen und schockierend anarchische Lebensentwürfe und Künstlerpersönlichkeiten wie Ringelnatz, Wedekind, Mühsam oder Kandinsky prägten die Wende vom 19. zum 20. Jahrhundert.

Künstler und Revolutionäre

Mit moralischer Entrüstung und neidvoller Bewunderung zugleich belegten die Münchner das Künstlervölkchen um die »wilde Gräfin« **Franziska zu Reventlow** mit dem Begriff »Schlawiner« (die 1871 geborene Schriftstellerin gründete Münchens erste Wohngemeinschaft und zog in 17 Jahren 26 Mal um, meist weil sie die Miete nicht bezahlen konnte). Zudem hatte Schwabing, das 1891 nach München eingemeindet worden war, einen Ruf für revolutionäre Umtriebe. Hier brachte beispielsweise **Lenin** unter dem Decknamen Meyer viele seiner folgenreichen Gedanken zu Papier und redigierte die Zeitschrift »Iskra«; hier versteckten sich die Revolutionäre der 1919 blutig niedergeschlagenen Münchner Räterepublik, hier kam es 1962 zu den **Schwabinger Krawallen**, die bald in die Demos und Scharmützel der Außerparlamentarischen Opposition mündeten. Schwabing ist auch die Heimat der **Lach- und Schießgesellschaft**, der legendären Kabaretttruppe mit – in der Urform von 1956 – Dieter Hildebrandt, Ursula Herking, Klaus Havenstein und Hans Jürgen Diedrich.

»

Schwabing war eine Massensiedlung von Sonderlingen ... Ja, München gewöhnte sich an das Ungewöhnliche, lernte Toleranz und gönnte der Seltsamkeit ihr Lebensrecht.

«

Erich Mühsam

Stadtteil im Wandel

Für die neue-Schickeria

Seinen liederlichen bis chaotischen Charakter hat Schwabing längst verloren. Legende sind die Zeiten eines Big Apple und PN Hithouse an der »wilden Meile« Leopoldstraße, der großen Tanzschuppen der 1960er, in denen Eric Burdon oder Jimi Hendrix Tausende anzogen, oder der Schwabinger Krawalle, als ein paar gitarrespielende Leute eine massive Polizeiaktion auslösten. Zwar existieren noch einige Szene-Lokale und -läden, doch wird das Viertel nach Kräften aufpoliert bzw. gentrifiziert, Boutiquen und Cafés bestimmen das Bild. Die Mietpreise steigen ins Astronomische, in den herrlichen großen Wohnungen der gründerzeitlichen Häuser haben sich viele Freiberufler und Geschäftsleute niedergelassen.

Hauptverkehrsader und Flaniermeile

Leopoldstraße

Vom Siegestor führt die Leopoldstraße, als Fortsetzung der Ludwigstraße (► S. 155), zur Münchner Freiheit (und weiter bis zum Frankfurter Ring). Der von Pappeln gesäumte Boulevard mit seinen Bürohäusern, Uni-Instituten, Läden, Cafés und Restaurants besitzt wenig Glamour, auch wenn an Sommerabenden die Plätze vor den Restaurants und Bars rappelvoll sind. Den 17 m hohen weißen »Walking Man« vor dem Gebäude der Münchner Rückversicherung (Munich Re) schuf der Kalifornier Jonathan Borofsky 1995.

OBEN: Die Occamstraße im Herzen Altschwabings, »die« Feiermeile des Viertels

LINKS: Gediegene Bürgerhäuser geben dem westlichen Schwabing – hier in der Franz-Joseph-Straße – sein besonderes Flair.

Drehscheibe Schwabings

Münchner Freiheit

Im Norden weitet sich die Leopoldstraße zu diesem Platz mit einem ziemlich seltsamen Bus-/Trambahnhof und abgesenkter Ladenpassage. Er ist keine Schönheit, dennoch hat er – mit Kaufhaus, Kinos, Cafés, Läden und Freiluft-Schachspiel – viel Publikum. Von hier geht die **Feilitzschstraße** nach Osten ab, die Altschwabing erschließt (s. u.). Früher hieß der Platz Feilitzschplatz, der heutige Namen erinnert an die »Freiheitsaktion Bayern«, die 1945 kurz vor Kriegsende eine vergebliche Revolte gegen die Nazis unternahm. Einen Blick wert ist die evangelische **Erlöserkirche** (Theodor Fischer, 1901) nördlich des Platzes, deren ungewöhnliche, schlichte Gestaltung im Jugendstil sich programmatisch vom historistischen Pomp der Zeit abwandte.

Altschwabing, soweit noch vorhanden

Östlich der Leopoldstraße

Die Feilitzschstraße bringt nach Osten zum ► Englischen Garten. Das Bistro Drugstore (mit der super Kleinkunstbühne Heppel & Ettlich im OG, ► S. 312) am **Wedekindplatz** besteht seit 1967, 2017 wurde es behutsam renoviert. Der Platz, einst Zentrum des Schlawinerviertels, wurde in »Ordnung« gebracht, inkl. der schiefen »Schwabinger Laterne«, die vor dem legendären Lokal Schwabinger Gisela in der Occamstraße stand. Heute setzen dort das Vereinsheim und das Lustspielhaus die Tradition fort (► S. 311, 312), an Sommerabenden geht's in der **Occamstraße** zu wie auf der Wiesn. In der folgenden Ursulastraße – ganz oben, an der Ecke Haimhauser Straße – ist die berühmte Lach- & Schießgesellschaft zu Hause. Weiter östlich erreicht man dann den Kern des alten Dorfs. Die frühesten Teile der Kirche **St. Sylvester** gehen ins 8. Jh. zurück (Turmuntergeschoss um 1200), im 14. sowie im 17./18. Jh. wurde sie vergrößert und verändert, 1926 wurde die parallel angebaute oktogonale Kirche geweiht. Die alte Kirche besitzt Stuck in der Art der Michaelskirche und frühbarocke Altäre (um 1655), die große neue ist ähnlich gestaltet, jedoch in großspurigem Neobarock. Unter der Ausstattung ragen die Verkündigungsgruppe von Ignaz Günther (um 1770, neue Kirche rechts) und die Mondsichelmadonna des wenig bekannten, doch vorzüglichen Baumeisters und Malers Constantin Pader heraus (1646, Zwischentrakt). Die Ecke Feilitzschstraße/Gunezrainerstraße bildet der **Viereckhof**, der älteste Hof Schwabings (Ende 13. Jh., 1787 barock überarbeitet), der zur benachbarten Katholischen Akademie gehört. Der Kiosk gegenüber wartet u. a. mit einer beliebten »Strandbar« auf. In den **Englischen Garten** gelangt man auf der Höhe des Kleinhesseloher Sees.

Im südlichen Altschwabing, am Nikolaiplatz, fungiert die hübsche **Seidlvilla** als kleines, feines Veranstaltungshaus (Konzerte, Ausstellungen, Lesungen etc.; seidlvilla.de); der zauberhafte Garten ist ideal für eine Pause. Erbaut wurde die Villa 1905 von E. v. Seidl für Franziska Lautenbacher, die reiche Witwe eines Spatenbräu-Besitzers.

»Neues Schwabing«

Westlich der Leopoldstraße

Ab Mitte des 19. Jh.s entstand im Zug der Industrialisierung das Schwabing westlich der Leopoldstraße, in der Gründerzeit ließen sich hier auch Gelehrte und Künstler nieder. So glänzt es mit einer Reihe schöner Häuser aus Historismus und Jugendstil (► Baedeker Wissen S. 234). Einige besondere: Münchner Freiheit/Leopoldstr. 77 (M. Dülfer, 1902; davor der Bally-Prell-Brunnen, die tolle Volkssängerin wohnte hier), Ainmillerstr. 22 (H. Helbig/E. Haiger, 1900; Abb. ► S. 235), Römerstr. 11 (Helbig/Haiger 1899), Georgenstr. 8, Pacelli-Palais (J. Hölzle, 1903), Georgenstr. 10, Palais Bissing (E. R. Fiechter, 1903), Schackstr. Nr. 1, 2, 4 (L. Romeis, um 1896), Belgradstr. 22/24 (J. Lang, 1899). Weitere findet man in der Franz-Joseph-Straße, der Kaiserstraße und der Isabellastraße.

Für die Einwohner des neuen Viertels wurde auf dem etwas abseits gelegenen Kaiserplatz die **Kirche St. Ursula** errichtet (A. Thiersch, 1897), ungewöhnlicherweise im Stil oberitalienischer Kreuzkuppelkirchen der Renaissance. An lauen Sommerabenden sitzt man gern auf den Stufen vor der Kirche.

Bedrohte Idylle

Elisabethplatz

Wo die großzügige Franz-Joseph-Straße die Nordendstraße kreuzt, liegt der Elisabethplatz (hier treffen sich also »Sisi« und ihr Franz Joseph) mit dem 1903 begründeten Markt; kleiner als der Viktualienmarkt, besitzt er eine nette, persönliche Atmosphäre – noch, weil er unter Vandalismus leidet, Standlbetreiber aufgeben und die Stadt den ganzen Platz lukrativer umgestalten will. Das Milchhäusl – eingerichtet Ende des 19. Jhs. von einem Abstinenzler-Arzt, der hier Milch verteilen ließ – wurde zum Wirtshaus »Wintergarten« mit Biergarten. Gegenüber dem Markt das hervorragende Jugendtheater Schauburg; von 1967 bis 1972 war das der legendäre Beatschuppen »Blow up«, in dem etwa Jimi Hendrix und Pink Floyd auftraten.

U 2/8 Josephsplatz, Tram 27/28, Markt Mo.–Sa.

Die Bürger dem Prinzregenten

Luitpoldpark

Den Park im Nordwesten Schwabings legten Münchner Bürger 1911 zum 90. Geburtstag des beliebten Prinzregenten Luitpold an, wobei sie 90 Linden pflanzten. Nach dem Zweiten Weltkrieg wurde im Nordteil ein Trümmerberg aufgeschüttet, heute ein baumbestandener Spaziergeh-Hügel mit schöner Aussicht (ein Hotspot an Silvester). Am Westrand des Parks zieht das prächtige **Bamberger Haus** seit 1912 Gäste an. Seinen Namen hat es von Fassadenteilen in fränkischem Barock, die einst das Palais des Bamberger Heeresausstatters Böttinger zierten. Heute kann man hier – unter einer prachtvollen Holzdecke und goldenen Kronleuchtern – österreichisch speisen oder sich im Gewölbekeller eine Pizza schmecken lassen (beide Restaurants Di.–Fr. 17–1, Sa./So. ab 11.30 Uhr; mit Biergarten).

MEHR ALS EIN STIL

An der Wende zum 20. Jh. war München eine »Stadt der Jugend«. Es war die Zeit, als Zeitschriften wie »Jugend«, »Frühling« und »März« erschienen, als die »Kosmiker« von sich reden machten, als Künstler wie Franz von Stuck oder Franz Marc für Aufregung sorgten.

München war zwar nicht Geburts-, wohl aber Taufort des Jugendstils, der künstlerischen Bewegung, die es sich zum Ziel gesetzt hatte, die Welt mit den Waffen des Schönen und nicht mit Politik zu verändern. Das Schönheitspotenzial eines Mediums, sei es das der Sprache, des Bildes oder der Architektur, sollte nach Kräften ausgereizt werden.

Dichtung versus Politik

Schönheit war alles, Politik galt als vulgär. »Nicht zum Guten, nicht zum Bösen wollen wir die Welt erlösen«, heißt es in dem Gedicht »Grundsatz« von Richard Dehmel, und der Wahlmünchner Thomas Mann schreibt 1904: »Aber für politische Freiheit habe ich gar kein Interesse.« Allerdings brachte der Schönheitskult so manchen Intellektuellen in Reibung mit einer bürgerlichen Gesellschaft, die das Materielle höher schätzte als das Schöne. Die antisoziale Pose des Ästheten verband sich daher nicht selten mit einer spöttischen Haltung gegenüber allem, was nur einen Hauch von Konventionen erkennen ließ. Sprachrohr dieser Polemik war das 1896 gegründete Szene-Organ »Simplicissimus«. Seine Mitarbeiter gehörten zur Crème der intellektuellen Prominenz: Arthur Schnitzler, Hermann Hesse, Gustav Meyrink, Frank Wedekind und die Brüder Heinrich und Thomas Mann. Konflikte mit der Zensur blieben nicht aus und gaben wiederum Anlass zu bissigem Spott – »Maulkorb, Maulkorb über alles«, giftet Wedekind in einem seiner für den »Simplicissimus« verfassten Gedichte. Die Obrigkeit reagierte rigoros: Wedekind kam ein halbes Jahr in Festungshaft, der Verleger Albert Langen zahlte 30 000 Mark Strafe.

Schönheit der Form

Der für den Jugendstil charakteristische Anspruch, die Welt ästhetisch zu läutern, bestimmte auch den Umgang mit den visuellen Medien. Wertvolle Studienobjekte sind die Werke der 1899 gegründeten Künstlervereinigung »Die Scholle«. Deren Mitglieder Leo Putz, Ludwig Hohlwein und Thomas Theodor Heine spezialisierten sich früh auf das Plakatdesign und teilten die Vorliebe für eine reine, ornamental befreite Form. Die Schönheit der Linie galt ihnen mehr als die Erfassung des Gegenstands. Ihr »L'art pour l'art« nahm das ästhetische Programm des »Blauen Reiters« vorweg, der – man denke etwa an die »Blauen Pferde« von Franz Marc – die äußerliche Realität des Gegenstands durch die innere Stimmigkeit von Form und Farbe ersetzte.
Dem Œuvre des Malers Franz von Stuck stand die Fachwelt zwiespältig gegenüber. Franz von Stuck war Ästhet par excellence – und ein Selbstdarsteller dazu. Mitbegründer der Münchner Secession und mit 32 Jahren Akademieprofessor, errichtete er sich 1897/1898 an der Prinzregentenstraße eine prunkvolle Villa, deren Monumentalität mit der Wucht

eines klassischen Tempels konkurriert; in seinem Selbstporträt von 1896 stilisierte er sich als »poeta laureatus« in antikem Gewand mit römischem Lorbeerschmuck. Sein Werk ist denn auch weniger dem Jugendstil als dem Symbolismus zuzuordnen.

Die Vereinigten Werkstätten

Das hehre Ziel, die Welt ins Schöne zu wenden, blieb für die Dichter und Maler des Jugendstils ein Wunschtraum. Schon um 1900 war die gesellschaftliche Wirkungsmacht der Kunst bedenklich geschwunden. Umso faszinierender war für viele Künstler der Gedanke, sich auf die Massenproduktion zu verlegen, sie gestalterisch zu prägen. Ende 1897 formierten sich zahlreiche Künstler, wie Richard Riemerschmid, Peter Behrens und Hermann Obrist, zum »Ausschuss für Kunst im Handwerk«, um die »Vereinigten Werkstätten für Kunst und Handwerk« zu gründen. Laut Gründungsmanifest war ihr Ziel, Handwerker und Fabrikanten zu gewinnen, »die nicht nur die technische Fertigkeit in höchstem Maße besitzen, sondern auch Lust hätten, neue Entwürfe auszuführen«. Bei vielen Mitgliedern war dieser Versuch von Erfolg gekrönt: Der schriftbildnerisch tätige Otto Eckmann gelangte zu Ruhm durch seine »Eckmann-Type«, und Peter Behrens wurde 1907 in den künstlerischen Beirat der AEG in Berlin berufen. Riemerschmid etablierte sich als Vordenker modernen Wohnens. An den »Werkstätten« wird deutlich, dass der Jugendstil weit mehr als nur ein Stil war, er war der Aufbruch in die Moderne.

»Das« Jugendstil-Viertel« in München ist Schwabing: Haus Ainmillerstraße 22 aus dem Jahr 1900 (Architekten: H. Helbig und E. Haiger)

BAEDEKER ÜBERRASCHENDES

6X UNTERSCHÄTZT

Genau hinsehen, nicht daran vorbeigehen, einfach probieren

1. VERWILDERT

Mitten in der Isar liegt die **Praterinsel** mit dem Riemerschmid-Areal und dem Alpinen Museum. Besonders schön picknickt man (auf gut gepolsterter Unterlage) an ihrer Nordspitze, der Schwind-Insel. ▶ **S. 125**

2. MÜNCHNER GSCHICHTEN

Ein **Bier- und Oktoberfestmuseum** muss es in München ja geben: Doch die Schau im ältesten Bürgerhaus der Stadt mit römischen Mauern und einer »Himmelsleiter« erzählt in der Tat viel Interessantes über München. ▶ **S. 165**

3. SOZIALE BIOTOPE

Kioske sind ein Phänomen: gern übersehen, dabei unverzichtbar. Über 2000 Artikel und 300 Sorten Bier führt der bekannteste an der **Reichenbachbrücke**. Kioske an der Isar: https://isar-map.de

4. STREET ART

Graffiti, da denkt man zuerst an Berlin, dabei begann es Anfang der 1980er-Jahre in München. Galerien sieht man etwa unter der Donnersberger und der Luitpoldbrücke oder im Schlachthofviertel. Mehr dazu unter www.muca.eu.

5. NOSTALGIE IM KINO

Die neuen Filme (Mainstream-Blockbuster) werden am **Filmtheater am Sendlinger Tor** auf großen handgemalten Plakaten angezeigt, drinnen verbreiten rote Samtportieren Flair. ▶ **S. 307**

6. THEATER UNTER DEN STERNEN

Sind Sie ein Theatermuffel? Dann könnte Sie eine abendliche Aufführung im **Amphitheater** im Englischen Garten »bekehren«: mit einem Picknickkorb versehen – und hautnah am Geschehen! ▶ **S. 83, 310**

Zeitgenössische Glaskunst

Tutsek-Stiftung

Ein zu Unrecht wenig bekanntes Haus: In einer Jugendstilvilla östlich des Luitpoldparks (Karl-Theodor-Str. 27) zeigt die Tutsek-Stiftung seit 2008 zeitgenössische Glaskunst, darunter wunderschöne Objekte der Studioglas-Bewegung. Auch die Ausstellungen mit aktuellen Arbeiten internationaler Künstler sind etwas Besonderes.

Di.–Fr. 14–18 Uhr | Eintritt 3 € | www.atutsek-stiftung.de

Münchens Zukunft?

Parkstadt Schwabing

Auf einer einstigen Industriebrache an der Einmündung der A 9 in den Mittleren Ring ist die Parkstadt Schwabing entstanden. Dominanten bilden das weithin sichtbare »Münchner Tor« im Norden: die 126 bzw. 113 m hohen, abgeschrägten Türme des Chicagoer Stararchitekten Helmut Jahn, die **HighLight Towers** (2004), und der ebenfalls von Jahn entworfene 84 m hohe **Skyline Tower** (2010). Firmen wie Amazon, Microsoft, Osram, Langenscheidt, Fujitsu und Arri sind hier ansässig, IBM entwickelt in den HighLight Towers den Supercomputer Watson, und die CSU hat hier eine neue Parteizentrale bezogen. Die Anwohner, für die das städtebauliche Projekt hauptsächlich gedacht war, leiden unter der mangelhaften Infrastruktur, dem starken Pendlerverkehr und den Parkproblemen.

SENDLINGER STRASSE

Lage: Südwestliche Altstadt | **Innenstadtplan:** a IV – b III | **U-Bahn:** Marienplatz, Sendlinger Tor | **S-Bahn:** S 1–8 Marienplatz | **Tram:** Sendlinger Tor

Eine autofreie Innenstadt, in der man ungestört nach Herzenslust einkaufen kann – mit der Einrichtung der Sendlinger Straße, seit je eine Straße der Händler, als Fußgängerzone kommt München diesem Traum noch ein Stückchen näher.

Nicht sehr breit, dafür mit vielerlei Läden, Restaurants und Imbissen gespickt ist diese frequentierte Einkaufsmeile. Bescheidener als die Achse Kaufinger-/Neuhauser Straße, teilt sie doch deren Schicksal: Traditionsreiche Geschäfte machen zu, meist zugunsten internationaler Marken. Noch unangefochten ist der Juwelier Fridrich mit dem Glockenspiel am Hauseck, dagegen schloss z. B. 2015 »Lewandowski Korsetten (seit 1885)« beim Sendlinger Tor, ein legendäres winziges Fachgeschäft, das auch die aufregende Corsage für Uschi Glas im Film »Zur Sache Schätzchen« lieferte.

Noch was vergessen?

Vom ▶ Marienplatz geht man durch die Rosenstraße und passiert die prächtigen **Ruffini-Häuser** (Gabriel von Seidl, 1905), vom Denkmalschutz gerühmt als »romantisch-heimatliche Stimmungsarchitektur höchsten Niveaus«. Das Spanische Fruchthaus, 1915 von einem Mallorquiner und einer Münchnerin gegründet, residiert hier seit 1947. Am Beginn der Sendlinger Straße zielt die Einkaufspassage **Hofstatt** aufs Portemonnaie v. a. junger Leute; sie entstand auf dem einstigen Areal des Süddeutschen Verlags (Süddeutsche Zeitung, AZ). Der größte Mieter ist Abercrombie & Fitch im ehemaligen Verlagshaus der Süddeutschen Zeitung; 2012 mit riesigem Trara eröffnet, sind seine Tage hier wohl gezählt. (Weiter unten führt rechts die Hackenstraße ins ▶ Hackenviertel.) Im Folgenden fallen rechts prachtvolle Rokoko-Fassaden auf, die zur großartigen ▶ **Asamkirche** (St. Johann Nepomuk) und dem Wohnhaus ihres Erbauers und Besitzers Egid Quirin Asam gehören.

Hier begann die Straße nach Italien

Sendlinger Tor

Wie das Karlstor (▶ Karlsplatz) und das ▶ Isartor gehörte das Sendlinger Tor zur zweiten Stadtbefestigung, die zwischen 1285 und 1337 errichtet und im 19. Jh. abgetragen wurde. Erhalten sind nur die flankierenden sechseckigen Türme. Das **Filmtheater** mit seinen gemalten Werbeplakaten ist einer der alten Kinotempel der Stadt (▶ S. 307). Auf den Platz vor dem Tor münden ein halbes Dutzend Straßen, hier kreuzen sich U-Bahn-, Tram- und Buslinien. Jenseits, vor der Matthäuskirche (s. u.), ein Fontänenbrunnen; dort fährt die nostalgische MünchenTram zur Sightseeing-Rundfahrt ab (▶ S. 345).

»Badwanndl vom liabn Gott«

★ Matthäuskirche

Dem sonst formlosen Platz vor dem Sendlinger Tor gibt die 1953 bis 1955 errichtete evangelische Bischofskirche, ein wegweisendes Beispiel des modernen Sakralbaus, ein Gesicht (Architekt: Gustav Gsaenger). Sie ist die Nachfolgerin der ersten evangelischen Kirche Münchens (erbaut 1833, abgebrochen 1938). Das eigenwillig gewölbte Dach verhalf ihr zu dem genannten Beinamen. Der Charme der 1950er-Jahre prägt den Innenraum mit asymmetrisch geschwungenem Grundriss und schwarzen Säulen; das Mosaik von G. Gsaenger an der Altarwand symbolisiert Leid, Schuld und Tod. Das Gotteshaus ist bekannt für hochkarätige geistliche Musik von der Orgel und vom Münchner Motettenchor.

Für Floriansjünger

Feuerwehrmuseum

In der Hauptfeuerwache wenige Schritte südöstlich des Sendlinger Tors ist Deutschlands größtes Feuerwehrmuseum untergebracht. Gerätschaften wie eine 200 Jahre alte Drehleiter, Oldtimer-Fahrzeuge und ein Luftschutzkeller locken ins Domizil der 1879 ins Leben gerufenen Münchner Berufsfeuerwehr. Und gegenüber an der Blu-

menstraße findet man das **Münchner Marionetten-Theater**, dessen Aufführungen auch Erwachsene bezaubern (► S. 310).
Feuerwehrmuseum: Sa. 9–16 Uhr | Eintritt frei

THALKIRCHEN

Lage: am südlichen Stadtrand | **U-Bahn:** U 3 Thalkirchen

E–F 12

Thalkirchen, im Süden der Stadt gegenüber dem ►Tierpark Hallabrunn an der Isar gelegen, besitzt mit seiner Kirche St. Maria ein barockes Kleinod. Sonst ist der alte Flößer-Vorort mit dem Freibad Maria Einsiedel und der Zentrallände am Fluss eines der großen Freizeitareale bzw. Radel-Etappen der Stadt.

Wallfahrt der Flößer

★ St. Maria Thalkirchen

Mit seiner »Kirche im Thale« ist der Ort seit Jahrhunderten mit den Flößern verbunden, die den Gütertransport auf der Isar besorgten, ein gefährliches Metier, für das sie Schutz von oben erbaten. Ein Kreuzpartikel, den Herzog Albrecht III. vor 1460 stiftete, zog Pilger

Sommerspaß: Im Bad Maria Einsiedel sich im Isar-Kanal treiben lassen ...

an; bald kam die Wallfahrt zur »wunderthätigen Mutter Gottes« hinzu. Auch heute ist die Kirche ein Pilgerziel, mit dem »Frauendreißiger« im Sommer und der Flößerwallfahrt von Wolfratshausen aus (alle 5 Jahre am 1. Sept.–So., wieder 2018).
Schon im 13. Jh. stand hier ein romanisches Kirchlein, von ihm sind das Turmuntergeschoss und die Langhaus-Ostwand erhalten. Im 15. Jh. ging es in einem gotischen Neubau auf, der um 1695 barock umgestaltet wurde. Die sechseckige neobarocke Erweiterung im Westen entwarf Gabriel von Seidl (1908). Innen kontrastiert gotische Architektur mit der Ausstattung aus Barock und Rokoko. Der grandiose Hochaltar erhielt seine Gestalt 1759 vom Münchner Meister Ignaz Günther, aus seiner Werkstatt kamen auch der »Lilien-Engel« und die Büsten des hl. Joachim und der hl. Anna. In der Mitte des Altars das Gnadenbild, eine spätgotische Muttergottes mit Kind (1482), die freundliche Würde ausstrahlt. Zu Ende des 17. Jh.s entstand die Kanzel mit einer schönen Skulptur des Erlösers. Gegenüber ein Wandkreuz mit schmerzensreicher Muttergottes (1744). Das Deckenfresko, J. A. Wolf zugeschrieben, ist dem Patrozinium der Kirche Mariä Himmelfahrt gewidmet. – Gegenüber der Kirche bietet der Alte Wirt Bayerisches und Burger; als Alternative ist das leicht gehobene Mangostin am Eck zu nennen, eines der ältesten Asien-Restaurants Münchens, mit großer Terrasse (beide tgl. geöffnet).

Kleine Vorstadtidylle

Weiteres in Thalkirchen

Der Kirchweg führt von St. Maria südlich zum **Asam-Schlössl**, einem gediegenen Restaurant bayerischen Zuschnitts (► S. 315). Der große Cosmas Damian Asam (► S. 291) erwarb 1724 dieses Haus und baute es zum Wohnatelier aus; die üppige Fassadenmalerei (1981) ist dem Original nachempfunden. Von Asam stammt auch die Bezeichnung des Platzes, »Maria Einsiedel«, denn ab 1724 arbeitete er an der Gestaltung der Klosterkirche in Einsiedeln. Jenseits der Benediktbeurer Straße dehnt sich das beliebte **Freibad Maria Einsiedel** aus: Ein Kanal, der von der Isar abzweigt, durchzieht es auf fast 400 m Länge, das Wasser des Badesees (max. 22 °C) wird biologisch aufbereitet; dazu kommen 50-m-Becken, Kinderplanschbecken, FKK-Bereich etc. (www.swm.de). Weiter südlich liegen der Campingplatz Thalkirchen und die **Floßlände**, früher ein »Hafen« Münchens, heute werden hier die von Wolfratshausen angekommenen Gaudiflöße zerlegt. Kajakvereine trainieren auf den Kanälen, seit 1972 wird eine anfängertaugliche stehende Welle zum **Surfen** genützt (nur zeitweise möglich, Info: igsm.info). Wenig bekannt ist der nette Biergarten am Bootshaus der Naturfreunde an der Zentralländstraße.

Von hier aus können Sie, entlang der Isar und ihren Kanälen, weitergehen oder -radeln: über Hinterbrühl (ein beliebtes Gasthaus mit schönem Wirtsgarten) nach Großhesselohe und Pullach (► Isar).

★ THEATINERSTRASSE

Lage: Nördliche Altstadt | **Innenstadtplan:** c II | **S-Bahn:** S 1 – 8 Marienplatz | **U-Bahn:** U 3/6 Marienplatz, U 3/6, 4/5 Odeonsplatz | **Tram:** 19 Theatinerstraße

Von der Theatinerkirche (▶Odeonsplatz) führt eine Einkaufsstraße nach Süden zum Marienhof hinter dem Neuen Rathaus (▶Marienplatz). Hier reihen sich gute Geschäfte, Passagen und Höfe mit edlen Boutiquen und Cafés.

Flanieren und shoppen

Einer der nettesten Plätze in der Innenstadt ist im Hof der Theatinerkirche zu finden, das **Café Arzmiller** mit seiner Terrasse, auch in der kühlen Jahreszeit an sonnigen Tagen beliebt. Und wenige Schritte südlich des Preysing-Palais (s. u.) liegt in der **Theatinerpassage** eines der schönsten Kinos der Stadt (▶S. 307). Die Passage führt, wie weiter südlich auch die Residenz- und die Perusa-Passage, hinüber zur parallel verlaufenden Residenzstraße, alle mit guten Geschäften.

Die Feldherrnhalle (▶Odeonsplatz) wurde unmittelbar an das **Preysing-Palais** angebaut, Münchens frühestes Rokoko-Palais. Hofbaumeister Joseph Effner errichtete es 1723–1728 für Graf Maximilian von Preysing-Hohenaschau, einen hohen Beamten des Hofs. Von der Passage hat man Zugang zum herrlichen Treppenhaus (Stuck z. T. von J. B. Zimmermann), das ebenso wie der Fassadenschmuck an der Residenzstraße und die Karyatiden nach dem Zweiten Weltkrieg rekonstruiert wurde. In der **Viscardi-Gasse** beim Palais ist eine bronzene »Wegspur« ins Pflaster eingelassen – der Hintergrund? Wer an dem Denkmal für die »Blutzeugen« des Putschversuchs 1923 vorbeikam, das die Ostseite der Feldherrnhalle (▶Odeonsplatz) zierte, musste – ob zu Fuß oder auf dem Rad – die Hand zum »Deutschen Gruß« erheben. Viele nahmen lieber den Weg durch das noch heute so benannte **Drückebergergassl**.

Exklusive Shopping-Mall

Fünf Höfe

Für die Fünf Höfe wurde ein Gebäudekomplex der Hypo-Vereinsbank zwischen Theatinerstraße, Maffeistraße und Kardinal-Faulhaber-Straße (▶S. 202) entkernt und umgebaut (www.fuenfhoefe.de). Im unterkühlten Ambiente der Basler Stararchitekten Herzog & de Meuron (2001) – unter einem Glasdach mit Urwaldranken – kann man in Viscardihof, Salvatorpassage und Maffeihof, in Perusahof und Prannerpassage Edles & Teures erwerben; einen normalen Supermarkt findet man hier auch. »After work« oder zwischendurch trifft man sich in Schumann's Tagesbar an der Maffeistraße (So. geschl.), nebenan das ganz traditionelle Café Kreutzkamm.

Kleiner Abstecher zur Kunst

★ Hypo-Kunsthalle

In die Fünf Höfe integriert ist die 2001 eröffnete Kunsthalle der Hypo-Kulturstiftung. Ihr Konzept ist ebenso attraktiv wie erfolgreich: Auf »handlicher« Fläche werden hervorragende Wechselausstellungen zu bestimmten Künstlern oder -gruppen, bestimmten Epochen oder anderen Themen aus der Kunstgeschichte veranstaltet.

Tgl. 10 – 20 Uhr | Eintritt 12 €, montags außer Feiertag die Hälfte | www.kunsthalle-muc.de

★★ THERESIENWIESE MIT DER BAVARIA

Lage: südwestlich der Altstadt | **S-Bahn:** 1–8 Hackerbrücke | **U-Bahn:** U 4/5 Theresienwiese undSchwanthalerhöhe, U 3/6 Goetheplatz und Poccistraße | **Bus:** 58 Beethovenplatz – Georg-Hirth-Platz

Zu den fotogensten Wahrzeichen Münchens gehört der »Tempelbezirk der Romantik« auf der Theresienhöhe mit der Bavaria und der Ruhmeshalle. Zu ihren Füßen breitet sich die Theresienwiese aus – eher eine Schotter-Asphalt-Fläche als eine Wiese –, auf der das weltberühmte Oktoberfest stattfindet.

Bavaria und Ruhmeshalle

Bayerns Glorie

Auf der Anhöhe am Rand der Theresienwiese hält eine 18,5 m hohe, hehre germanische Frauengestalt einen Eichenlaubkranz hoch. Bekleidet ist die **Bavaria** mit einer Tunika und einem Bärenfell, neben ihr sitzt, trutzig blickend, der bayerische Löwe. Modelliert wurde sie von Ludwig von Schwanthaler, einem Hauptvertreter des Klassizismus; der von Ludwig I. geförderte Bildhauer lehrte ab 1835 an der Münchner Kunstakademie. Ferdinand von Miller, Inspektor der Königlichen Erzgießerei, goss das Bildnis in 8-jähriger Arbeit bis 1850 aus Bronze, es wiegt 1560 bayerische Zentner (gut 87 Tonnen). Über 126 Stufen gelangt man in den Kopf der Statue, wo man einen großartigen Blick über München hat. Eingerahmt wird die Bavaria von der **Ruhmeshalle**, die Hofarchitekt Leo von Klenze bis 1853 errichtete. In der dreiflügeligen Halle mit dorischen Marmorsäulen sind die Büsten von 115 bayerischen Persönlichkeiten zu bewundern (die alten

Zünftiges Konzert unter der stolzen Bavaria

von Schwanthaler), etwa Albrecht Dürer, Ludwig Thoma, Carl Orff oder der Münchner Brauer Joseph Pschorr; unter den wenigen Frauen die Mathematikerin Emmy Noether und die renommierte Forschungsreisende und Ethnologin Therese Prinzessin von Bayern.

Bavaria: April – 15. Okt. tgl. 9 – 18, während des Oktoberfests bis 20 Uhr | Eintritt 3,50 € | Zugang über eine enge Wendeltreppe

Interessantes und Schönes nebenan

Altes Messegelände

Hinter der Ruhmeshalle liegt auf der Theresienhöhe das alte Messegelände mit dem ▶ Verkehrszentrum des Deutschen Museums, dem schönen Bavariapark und einem guten Wirtshaus mit Biergarten.

Blickfang an der Landwehrstraße

St. Paul

Nordöstlich der Theresienwiese ragt die neogotische Sankt-Pauls-Kirche (1892–1906) mit ihrem 97 m hohen Hauptturm auf, neben der Frauenkirche das größte Gotteshaus Münchens und mit ihrer Melange aus französischer und rheinischer Gotik einen Blick wert. Während der Feste auf der Theresienwiese ist der **Turm** zugänglich: Aus etwa 50 m Höhe hat man einen herrlichen Postkartenblick auf die Wiesn mit den Alpen im Hintergrund – die Zugspitze liegt genau hinter dem spitzen Turm von St. Margaret in Sendling.

Das Oktoberfest auf der Theresienwiese

Festzelte: Mo.–Fr. 10 – 23.30, Sa., So. 9 – 23.30 Uhr (letzter Ausschank 22.30 Uhr) | **Mittagswiesn:** Mo. – Fr. 10 – 15 Uhr | **Familientag:** Di. 12 – 18 Uhr | **Landwirtschaftsfest:** Eintritt 13,50 € (2016) | **www.muenchen.de/veranstaltungen/oktoberfest.htm, www.zlf.de**

Eine Hochzeit mit Folgen

Historie

Am 12. Oktober 1810 hielten Kronprinz Ludwig, der spätere König Ludwig I., und Therese von Sachsen-Hildburghausen in München Hochzeit. Die Festlichkeiten dauerten fünf Tage, in der Stadt paradierten Schützen und Musikkapellen, es gab Speis und Trank für jeden. Zum Schluss veranstalteten wohlhabende Bürger vor den Toren der Stadt ein Pferderennen. Zu Ehren der Braut wurde der Festplatz »Theresienwiese« genannt. Im nächsten Jahr wurde das publikumswirksame Pferderennen wiederholt, und man organisierte eine landwirtschaftliche Ausstellung, bei der die schönsten Pferde und Ochsen gekürt wurden. Schaukeln und andere Fahrgeschäfte kamen schon 1818 hinzu, zwei Jahre später zogen Schaubuden, Karussells, Artisten und »anatomische Wunder« Besucher an. Das Oktoberfest, kurz und bündig »Wiesn« genannt, war geboren.

Am 26. September 1980 starben bei einem Bombenanschlag eines Rechtsradikalen zwölf Menschen. Polizei und Staatsanwaltschaft versteiften sich rasch auf einen Einzeltäter; erst 2014, nach jahrzehntelanger hartnäckiger Arbeit des Journalisten Ulrich Chaussy und des Rechtsanwalts Werner Dietrich, wurden die Hinweise auf Mittäter bzw. Unterstützer ernst- und die Ermittlungen neu aufgenommen. Großen Enthusiasmus lassen die Behörden aber auch jetzt nicht erkennen, konkret geschehen ist immer noch nichts. Ein Denkmal am Nordeingang des Geländes erinnert an die wahnsinnige Tat.

Wichtiges und Wissenswertes

Das Fest

Mit 38 ha Fläche und 14 großen Festzelten, die über 100000 Gäste fassen, zieht das Oktoberfest gegenwärtig ca. 6 Mio. Besucher aus aller Herren Länder an: das **größte Volksfest der Welt**. (Dem Fest ist natürlich auch ein Museum gewidmet, ► S. 165). Es beginnt am Samstag nach dem 15. Sept. und dauert bis zum 1. Sonntag im Okt. um 12 Uhr, ggf. länger bis zum Nationalfeiertag am 3. Oktober.

BAEDEKER MAGISCHE MOMENTE

WIESN WIE DAMALS

Wer etwas von der alten Atmosphäre sucht, geht zum Schichtl (»Auf gehts beim Sch.!«), ins Teufelsrad und in die »Oide Wiesn«. Seit 1924 schaukelt man gemütlich in der »Krinoline« im Kreis, zur Blasmusik, die ältere Herren »unplugged« machen. Ihre CD »Biermusik!« (fischrecords) gehört zum Schönsten des Genres.

DAS GRÖSSTE FEST DER WELT

Aus dem Hochzeitsfest für Kronprinz Ludwig und Prinzessin Therese am 12. Oktober 1810 ist das größte Fest der Welt geworden. Alljährlich zieht es Millionen von Menschen auf die Wiesn, die für Millionenumsätze sorgen.

▶ **Etwas mehr Durst?**
2017 stieg der Bierkonsum wieder an.

▶ **Auch verlieren gehört dazu**
Neben 1300 Ausweisen und 600 Geldbörsen fand sich 2017 in der Fundsammelstelle auch Ungewöhnliches, u.a.

1 Gebiss

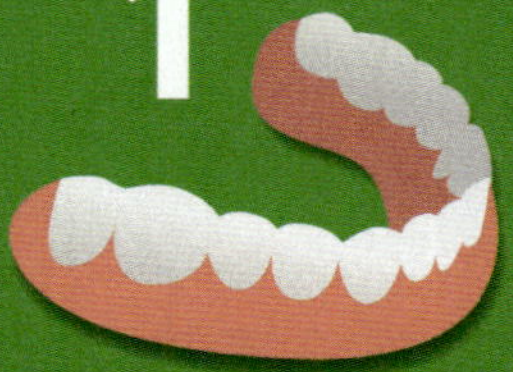

1 Lederhose

217 Kinder in der Kinderfundstelle. 2016 waren es 158.

Aus der Ochsenbraterei
Verzehr 2017

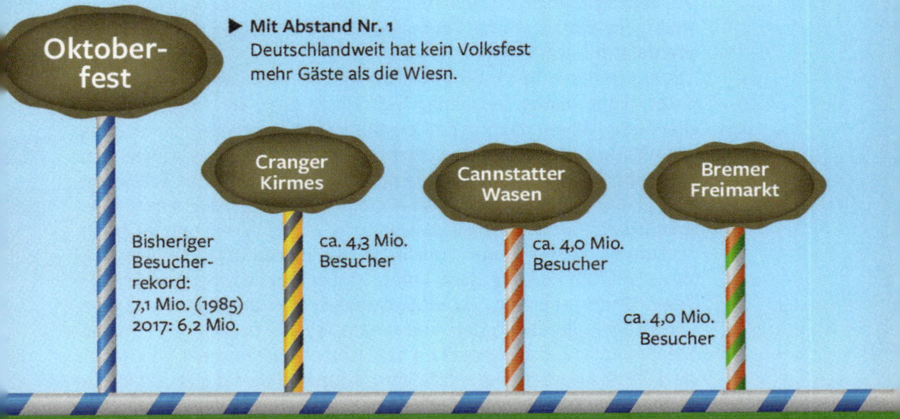

▶ **Mit Abstand Nr. 1**
Deutschlandweit hat kein Volksfest mehr Gäste als die Wiesn.

Bisheriger Besucherrekord:
7,1 Mio. (1985)
2017: 6,2 Mio.

ca. 4,3 Mio. Besucher

ca. 4,0 Mio. Besucher

ca. 4,0 Mio. Besucher

Die Kehrseite der Medaille
Auch für die Polizei ist die Wiesn ein Großevent.

Polizeieinsätze

2016	2017
1806	1896

120 000
Maßkrüge knöpften Ordnungskräfte den Souvernirjägern ab.

Körperverletzungsdelikte

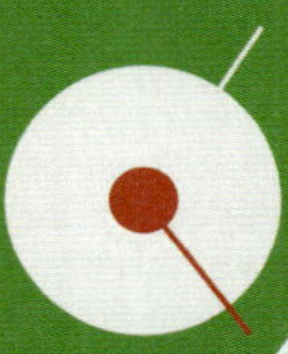

314
Anzeigen insgesamt

49
Maßkrug-Schlägereien

Am ersten Tag, nach dem festlichen Einzug der Wiesnwirte, sticht der Oberbürgermeister im Schottenhamel-Zelt das erste Fass an – die Anzahl der nötigen Schläge mit dem Schlegel wird gespannt registriert – und verkündet aller Welt das berühmte »Ozapft is! Auf eine friedliche Wiesn!«. Am folgenden Sonntag ziehen ab 10 Uhr Trachtenvereine und Kapellen aus Bayern und auch aus dem Ausland durch die Stadt. Am 2. Sonntag spielen die Wiesn-Kapellen um 11 Uhr vor der Bavaria, und am letzten Sonntag um 12 Uhr, ebenfalls vor der Bavaria, beendet ein Böllerschießen das Fest. Mitte Juli beginnt man mit dem Aufbau der Festzelte; das größte, das Hofbräuzelt, bietet ca. 6500 Sitzplätze, 1000 Stehplätze vor dem Podium (die einzigen auf der Wiesn) und 3000 Plätze in den Außenbereichen. Außer Bier-, Wein- und Cafézelten, Souvenir- und Steckerlfischbuden, Magenbrot- und Eisständen ziehen spektakuläre Fahrgeschäfte (»Power Tower« etc.), altertümliche Schiffschaukeln und Kettenkarussells, Geisterbahnen und Schießbuden große und kleine Besucher an. Bei der **Mittagswiesn** bezahlt man bei den teilnehmenden Betrieben niedrigere Eintritts- und Verkaufspreise, dienstags ist **Familientag** ebenfalls mit ermäßigten Preisen.

Das Ansehen der Wiesn ist in München schon seit Jahren ziemlich im Keller, nicht wenige verzichten auf den Besuch, schon gar am Wochenende. Wenn, dann gehen traditionell gesinnte Münchner unter der Woche zum Mittagessen oder nach der Arbeit für eine Maß aufs Fest. Abgesehen von den überzogenen Preisen und der Schwierigkeit, in einem der großen Bierzelte einen Tisch zu reservieren oder abends spontan einen Platz zu ergattern, ist die Wiesn teils zu einem Besäufnis jüngerer Leute – mit den erwartbaren üblen Nebeneffekten – verkommen, zu dem Kampftrinker von Großbritannien bis Down Under anreisen. Zu internationaler Berühmtheit hat es der »Kotzhügel« gebracht, der Wiesenhang vor der Bavaria. An den Wochenenden sind die Zelte schon bald nach 9 Uhr morgens voll. Damit die »Party-Atmosphäre« nicht ganz entgleist, darf die Musik in den Zelten bis 18 Uhr nur ohne Verstärker spielen. Insgesamt verhält man sich in den Festzelten dennoch recht freundlich und relaxed.

Zurück zu den Wurzeln

Oide Wiesn und Landwirtschaftsfest

Aufgrund dieser Entwicklung wurde mit großem Erfolg die **Oide Wiesn** (Alte Wiesn) gegründet: ein abgegrenzter Bezirk (Eintritt) mit entsprechenden Belustigungen und Bierzelten, in denen echte Volksmusik gespielt und ein besonderes Festbier ausgeschenkt wird, das die Münchner Brauereien gemeinsam herstellen. Alle 4 Jahre (wieder 2020) findet statt der Oidn Wiesn das **Bayerische Zentral-Landwirtschaftsfest** statt, eine Schau mit gigantischen Traktoren und rosigen Ferkeln, mit frisch geschlüpften Küken und mächtigen Stieren. Das große, bunte Programm umfasst auch temporeiche Pferdedarbietungen in der Arena.

★ TIERPARK HELLABRUNN

Lage: Harlaching, Tierparkstr. 30 | **U-Bahn:** U 3 Thalkirchen/Tierpark **Bus:** 52 vom Marienplatz; Sa./So./Fei. ExpressBus X98 vom Hauptbahnhof | April – Ende Okt. tgl. 9 – 18, sonst bis 17 Uhr | **Eintritt:** Erwachsene 15 €, Kinder von 4 bis 14 Jahren 6 € | Tel. 089 6 25 08-0 | **www.hellabrunn.de**

Mit fast 20 000 Tieren aus über 750 Arten und seinem 40 ha großen Gelände ist der Tierpark einer der größten Europas. Seine Besonderheit ist die Ordnung der Gehege nach Erdteilen: Man geht von Europa über die Kontinente bis in die Polarregionen.

Tiere aus aller Welt

Entspannt, unterhaltsam und interessant ist ein Spaziergang durch Hellabrunn, dert zu den renommiertesten wissenschaftlich geführten Zoos Europas zählt: eine Reise durch exotische Lebenswelten von den Polarregionen nach Afrika, von Europa nach Asien, Australien und Amerika. Besonders attraktiv sind die vielerlei **Tierschauen** – wie Seelöwen- oder Greifvogeltraining – und Fütterungen, und wenn ein Eisbärenjunges durchs Gehege tapst, wollen es Tausende sehen …

Auch Mähnenrobben haben wohl so ihre Not mit den Kleinen.

Der 1911 gegründete Zoo wurde 1928 zum **ersten Geozoo der Welt** umgestaltet. Viele Tiere leben in Anlagen, die dem natürlichen Habitat nachgebildet sind; oft werden verschiedene Arten eines Biotops in Gesellschaft gehalten, so etwa Giraffen, Erdmännchen und Stachelschweine in der Giraffensavanne. Und die Gehege sind so angelegt, dass man so wenige Gitter wie möglich braucht. Einige Highlights: die 5000 m² große Freiflug-Voliere (konzipiert von Frei Otto, dem Ingenieur des Olympia-Zeltdachs), die Fledermausgrotte, die Pinguinwelt mit 50 m langer Schwimmstrecke, das Polarium, das Urwaldhaus, in dem Schimpansen und Gorillas toben. Streichelzoos und Spielplätze sind natürlich ein kleines Paradies für Kinder. Das Wahrzeichen von Hellabrunn, das **Elefantenhaus** – ein orientalisches Schösschen, erbaut 1914 von Emanuel von Seidl (▶ S. 165, 282) – wurde bis 2016 umfassend saniert und neu gestaltet.

VERKEHRSZENTRUM

Lage: Schwanthalerhöhe | **U-Bahn:** U 4/5 Schwanthalerhöhe | **Bus:** 53 Schwanthalerhöhe, 134 Theresienhöhe | Nächster Parkplatz: Theresienwiese | Tgl. 9 – 17 Uhr | **Eintritt:** 6 €, Familien 12 €, Kombikarte mit Deutschem Museum und Flugwerft Schleißheim 16 €

Mächtige Dampf- und E-Loks, Straßenbahnen, Kutschen, Motorwagen, Elektromobile und nostalgische Autos, alles, was zu den Themen Landverkehr, Mobilität und Technik gehört, ist im Verkehrszentrum des Deutschen Museums zu erleben.

Alte Messe, neu genützt

Auf der Schwanthalerhöhe hinter der Ruhmeshalle (▶Theresienwiese) liegt das ehemalige Messegelände; heute finden die Messen in Riem statt. In den 1908 erbauten, denkmalgeschützten Hallen hat das Verkehrszentrum des Deutschen Museums seine Heimat gefunden, die nach dem Zweiten Weltkrieg erstellten Hallen machten Wohn- und Bürogebäuden Platz. Erhalten blieb jedoch die herrliche **Kongresshalle** von 1953, in der Konzerte und Tagungen stattfinden. In die Fiftys taucht man auch in der **Kongressbar** ein: Weiß gewandete Kellner servieren vorzügliche Cocktails; freitags & samstags gibt's die passende Musik. Für Handfesteres ist das schöne **Wirtshaus am Bavariapark** mit schattigem Biergarten da. Gleich nebenan liegt der unter König Ludwig I. bis 1831 geschaffene »Theresienhain«, heute **Bavariapark**, mit Skulpturen griechischer Sagengestalten. In seinem alten Baumbestand leben viele geschützte Tierarten, die große Wiese ist ideal zu Faulenzen und Ballspielen.

Etwas für Autofreaks: Schnittige Renner im Verkehrszentrum

Kongressbar: Di.–Do. 17–1, Fr., Sa. 17–2 Uhr, kongressbar.de
Wirtshaus am Bavariapark: Mo.–Fr. 11–24, Sa./So. 10–24 Uhr

Alles was fährt

Ausstellung

In **Halle I** wird die technische Entwicklung des Stadtverkehrs von der Zeit der Pferdekutschen bis heute dargestellt: Kutschen, Dampf- und Motorwagen, moderne Personen- und Lastkraftwagen, Taxis, Busse, Straßenbahnen. Viel Raum ist der Verkehrsplanung und der Umweltverträglichkeit der Verkehrsmittel gewidmet.
Lust und Last des Reisens sind die Themen in **Halle II**. Seit je sind Menschen unterwegs, zu Fuß, auf Reittieren, in Kutschen, auf Schiffen, in Zügen oder Flugzeugen. Eindrucksvoll wird die Entwicklung der Verkehrsmittel dargestellt, von der Postkutsche bis zum ICE, darunter eine der schönsten Dampfloks überhaupt, die S 3/6 der Königlich Bayerischen Staatsbahn (Maffei 1912; Vorführung 11.30 und 15.30 Uhr), und ein »Krokodil« Ge 6/6 der Rhätischen Bahn. Mobilität ist das Thema in **Halle III**. Schon früh haben sich die Menschen Hilfen für die Erweiterung ihres Bewegungsradius und den Transport von Lasten angefertigt. So lassen 21 verschiedene Fahrräder – vom Laufrad des frühen 19. Jh.s bis zum High-Tech-Mountainbike – die Entwicklung des Zweirads Revue passieren. Dass Bewegung auch etwas mit Lust zu tun hat, zeigen Steinzeit-Schlittschuhe aus Knochen, alte und moderne Ski, alte und moderne Rennwagen. Viel Raum neh-

men die Grundlagen der modernen Fahrzeugtechnik und die Technologien der Zukunft ein. Nicht verpassen: Um 13.30 Uhr setzen sich die Züge der **Modelleisenbahn** in Bewegung.

★★ VIKTUALIENMARKT

Lage: Südrand der Altstadt | **Innenstadtplan:** c III | **S-Bahn:** S 1–8 Marienplatz | **U-Bahn:** U 3/6 Marienplatz | **Markt:** Mo. – Fr. 7.30 – 18, Sa. bis 13 Uhr | **www.viktualienmarkt-muenchen.de**

Der Bauch der Stadt ist der Markt zwischen der Heilig-Geist-Kirche und der Frauenstraße ganz sicher, vielleicht aber auch das Herz ... weshalb die Unesco ihm den Rang eines »immateriellen Kulturerbes« verliehen hat. Ein Bummel über den Viktualienmarkt gehört zum München-Erlebnis einfach dazu.

Legendären Ruf genießt der Markt (»Viktualie« ist spätlateinisch für »Lebensmittel«) mit seinen **Standln**, die überquellen von heimi-

Gemütliches Dasein am Weiß-Ferdl-Brunnen

Was der Münchner so braucht

schem und exotischem Gemüse, von Obst, Käse und Wein, Gewürzen und sonstigen Delikatessen, ergänzt durch Wild-, Geflügel- und Fischhändler sowie Bäcker und Metzger (beim Pferdemetzger Wörle gibt's auch Weißwürste und Wurst in der Semmel). Ebenso legendär ist der robuste Charme der Marktfrauen, die zum Faschingsauftakt am 11.11. und am Faschingsdienstag flamboyant gewandet tanzen. An der Westseite, überragt von der ▶ Peterskirche, begrenzt die **Metzgerzeile** den Platz; seit 1315 sind hier die Metzger ansässig, damals außerhalb der Stadtmauer am Pfisterbach gelegen, der die Abfälle entsorgte. Kleine Handwerksbetriebe wetteifern in der Qualität und im Umfang ihres Angebots, eine Leberkässemmel oder ähnliches sollte man sich hier mindestens gönnen. Fischfreunde werden auf der anderen Seite des Markts fündig.
Im **Biergarten**, den die Münchner Brauereien reihum ca. 6 Wochen lang beliefern – die Brotzeit dazu kauft man sich irgendwo –, genießen neben den Touristen ganz normale Menschen das Dasein. Die **Brunnen** mit den immer blumengeschmückten Figuren erinnern an Originale wie den Weiß Ferdl (»Ein Wagen von der Linie 8«), den Roider Jackl, Karl Valentin (▶ Interessante Menschen), Liesl Karlstadt und andere. Noch ein Wort zur Historie: Bis 1807 fungierte der Marienplatz, der damals Schrannenplatz hieß, als Marktplatz, dann wurde ein Areal am heutigen Platz hinzugenommen und durch den Abriss des Heilig-Geist-Spitals 1885 wesentlich vergrößert.

»
Bringts uns a Maßerl guates, echtes, gsüffiges, gschmackiges boarisches Bier
«
Roider Jackl, Volkssänger

Noch mehr Italienisches

Schrannenhalle

Südlich schließt an der Blumenstraße die Schrannenhalle an, deren nur innen sichtbare schöne Gusseisenkonstruktion bis 2005 wieder aufgebaut wurde. 1851–1853 war sie – doppelt so lang – für die Getreidehändler errichtet worden, 1914 wurden Teile demontiert, der Rest brannte 1932 bis auf die Freibank ab (heute Wirtshaus »Der Pschorr«, kein Muss). In der ersten Zeit hatte man mit der Nutzung kein Glück, weder als Party-Location, die für viel Ärger sorgte, noch als Erweiterung des Viktualienmarkts. Seit 2015 kann man sich hier bei Eataly – einer italienischen Laden-Restaurant-Kette, die regionale Spezialitäten nach Slow-Food-Art führt – aus einem verführerischen, nicht billigen Sortiment wählen und/oder sich in den Restaurants und Café-Bereichen verköstigen lassen. Und wer ein neues edles Rennrad braucht, sieht sich bei Bianchi nebenan um.

Eataly: Mo.–Sa. 10–20 Uhr | Restaurants & Café: unterschiedliche Zeiten, i. A. tgl. 11.30–22.30, Café 8–20 Uhr | www.eataly.net/de

H

HINTER-
GRUND

Direkt, erstaunlich, fundiert

Unsere Hintergrundinformationen beantworten (fast) alle Ihre Fragen zu München.

Condor
Condor
TAXI
&
Sightseeing
Condor
Dienerstraße

DIE STADT UND IHRE MENSCHEN

Weltstadt mit Herz, nördlichste italienische Stadt, Isar-Athen und Weißwurstmetropole – ohne Zahl sind die Versuche, das Besondere an Deutschlands beliebtester Großstadt zu fassen. Was auf jeden Fall zutrifft: Hier verbinden sich wirtschaftliche Potenz und große Kultur mit gelassener Lebensart.

Das Bild ist umwerfend schön: die Silhouette Münchens bei Sonnenuntergang vor der Kulisse der Alpen mit der Zugspitze – in der Tat gehört die Lage der bayerischen Landeshauptstadt in einer weiten, von der Isar durchflossenen Schotterebene nicht zu den geringsten ihrer Pluspunkte. Zusammen mit dem wunderschönen, abwechslungsreichen Umland – insbesondere dem Fünf-Seen-Land und den Alpen – besitzt München ein ganzes Paket an Vorzügen, die die Isarmetropole zu Deutschlands beliebtestem Wohnort machen.
Schon immer hatte man in München – ab 1255 **Residenz der bayerischen Herzöge, Kurfürsten und Könige** – ein Faible für Kunst und Kultur. Seit dem Mittelalter gab man gerne Geld aus, um sich mit Glanz zu umgeben. In Barock und Rokoko eiferte man italienischen und französischen Vorbildern nach; im 19. Jh. war die griechisch-römische Klassik en vogue. An der Wende vom 19. zum 20. Jh. genoss München, insbesondere mit seiner Schwabinger Bohème, als **Zentrum von Kunst und Literatur** einen großen Ruf. Auch heute hat die kulturelle Landschaft Weltniveau.

»Leben und leben lassen«

München gilt als eines der aktivsten Wirtschaftszentren Europas, hier sind bedeutende Unternehmen zu Hause oder haben ihre europäische bzw. deutsche Niederlassung. Doch nicht nur Wirtschaft und Kunst haben München berühmt gemacht: Es ist vor allem das **weißblaue Lebensgefühl**, die Art, das Leben zu genießen. Sobald wärmende Sonnenstrahlen den Winter mildern, sind die Caféterrassen bevölkert; im Sommer trifft man sich in den Biergärten unter mächtigen Kastanien oder relaxt im Englischen Garten, dem größten Stadtpark der Welt, oder an der Isar. Kaum sonstwo in Deutschland gibt es so viele noble Shopping-Adressen, trifft man, zumindest an bestimmten Plätzen, so viel Schickeria und teure Autos, brezelt man sich so nach Feierabend für die Clubnacht auf. Ein weiterer, wenn auch nicht ungetrübter Superlativ: Mit dem Oktoberfest wird hier das größte und berühmteste Volksfest der Welt gefeiert. Für den »normalen« Bürger wichtig ist allerdings, dass München im großen Ganzen eine eher unaufgeregte, angenehme Stadt ist und kein städtebaulicher Moloch, dass es, obwohl die am dichtesten besiedelte

München, Stadt vor den Bergen – rechts im Hintergrund die Zugspitze

Großstadt Deutschlands, eine »grüne« Stadt ist mit vielen kleinen und großen Parks; in den Außenbezirken findet man Wälder, Wiesen und Äcker. Noch heute spürt man, dass die bayerische Metropole aus über 60 Vororten, Bauerndörfern und selbständigen Städten zusammengewürfelt wurde – ab Anfang des 19. Jh.s, zum größeren Teil aber erst im 20. Jh. –, die immer noch ein beträchtliches Eigenleben führen. München ist also auch ein München ganz unterschiedlicher Viertel und Stadtteile mit ihrer eigenen Atmosphäre.

»
Von München aus sehen Sie die Alpen, oder? Ich erinnere mich kaum, schon mal eine so schöne Verbindung von Bergen, Seen und einer Stadt gesehen zu haben wie in München.
«
Clint Eastwood, 2009

Die Attraktivität Münchens und ihr Preis

Mit 1,55 Mio. Einwohnern ist München die drittgrößte Stadt Deutschlands. Besonders rasch nahm die Bevölkerung nach 1850 zu, als im Zug der Industrialisierung viele Menschen aus der ländlichen Umgebung in die Stadt strömten und andererseits durch Eingemeindung von ca. 60 Orten das »Millionendorf München« entstand. 1957 wurde die Millionengrenze erreicht, 2015 die 1,5-Mio.-Marke. Und bis 2022 können noch über 200000 Einwohner hinzukommen. Dabei ist die Lage auf dem Wohnungmarkt schon lange desolat, kaum sonstwo in Deutschland wohnt man so teuer. Die durchschnittliche Kaltmiete liegt bei 15 €/m². In schicken Vierteln werden 18–25 € verlangt, für Top-Appartements in der Innenstadt bis über 50 €/m². Dem entspricht die angespannte Verkehrssituation: Ca. 0,5 Mio. Menschen sind täglich in der Stadt unterwegs, über 360 000 fahren nach München zur Arbeit, über 170 000 pendeln aus – Staus auf den Stadtautobahnen sind Normalität, in den U- und S-Bahnen quetschen sich die Fahrgäste. Und trotz ungelöster stadtplanerischer Probleme setzen Politik und Wirtschaft stolz auf weiteres Wachstum …

»Buntes« München

Außenstehende reden gern – und gerne schlecht – über »die« Münchner, man glaubt genau zu wissen, was sie charakterisiert. Schwierig wird's bloß, wenn man »echte« Münchner sucht, was auch immer man darunter verstehen mag. Denn nur ein Drittel der Einwohner sind in München geboren. Das war schon um 1880 so; die chauvinistische Gazette »Bayerisches Vaterland« mokierte sich damals darüber, dass man »in den Cafés und feineren Lokalen fast nur Norddeutsch reden hört, was die gebildeten Affen in München fleißig nachmachen«. Nach dem Zweiten Weltkrieg nahm die Stadt Tausende Menschen aus den einstigen deutschen Ostgebieten auf, nach der Wiedervereinigung kamen viele aus den neuen Bundesländern, und die Attraktivität als Wirtschaftsstandort sorgt unverändert für Zuzug, aus Deutschland und dem Ausland: Fast 30 % der Einwohner haben einen ausländischen Pass und 15 % einen »Migrationshintergrund«. Über 180 Nationen sind in München vertreten; die größten Gruppen stellen Türken (ca. 39000) und Kroaten (34000), gefolgt von Italienern und Griechen (je ca. 28000). Als 1956 der erste »Gastarbeiter« aus Italien begrüßt wurde, nahm man damit nur eine alte Tradition auf: So beschäftigten gegen Ende des 19. Jh.s die Ziegeleien im Umland Münchens Tausende Arbeitskräfte aus Oberitalien, auch viele Frauen.

Politik

Zu den Merkwürdigkeiten der bayerischen Landeshauptstadt gehört die politische Situation. Die CSU, die bei Bundes- und Landtagswahlen zuverlässig hohe Ergebnisse einfährt (wenn auch nicht mehr so hohe wie zu Zeiten eines F. J. Strauß), hat bei den Münchner Kommunalwahlen das Nachsehen. Seit Jahrzehnten **stellt die SPD den Oberbürgermeister.** Christian Ude, der 1999–2014 im Rathaus waltete, hinterließ große Fußspuren, nicht zuletzt durch sein kabarettistisches Talent. Gegenwärtig regieren Dieter Reiter (SPD) und Josef Schmidt (CSU) – CSU und SPD bilden im Stadtrat eine große Koalition – die Stadt: Ersterer als Oberbürgermeister, Letzterer als Zweiter Bürgermeister und Referent für Arbeit und Wirtschaft.

Führendes Wirtschaftszentrum

Nach dem Zweiten Weltkrieg hat sich München zu einem der wichtigsten Wirtschaftszentren Europas entwickelt. Hinter Ingolstadt, einer kleineren Stadt mit einem großen Autobauer, verzeichnet man die niedrigste Arbeitslosenquote der deutschen Großstädte (4,6 %). Einige US-Unternehmen wie McDonald's, Apple, Google und Microsoft haben ihre deutsche Zentrale in München; Apple eröffnete am Marienplatz seinen ersten Store in Deutschland, und den ältesten McDonald's in Deutschland findet man, seit 1971, in der Martin-Luther-Straße beim Grünwalder Stadion.

Finanzen

Als Stadt des Gelds genießt München einen großen Ruf. An die 300 in- und ausländische Banken und Versicherungen, wie Unicredit/HypoVereinsbank, Generali und WWK, sind mit ihrem Hauptsitz oder einer Niederlassung in München vertreten. Von Bedeutung sind besonders die Munich Re als einer der großen Rückversicherer der Welt und die Allianz als international tätige Versicherungsgruppe. München ist darüber hinaus wichtiger Standort für Kreditinstitute, Finanzdienstleister und Vermögensverwalter.

Medien

Nach Berlin ist München mit rund 140 Buch- und Zeitungsverlagen die wichtigste deutsche Medienstadt. Aus München kommen etwa der »Focus« und die »Bunte«, die »Süddeutsche Zeitung« ist die auflagenstärkste überregionale Tageszeitung im deutschsprachigen Raum. Neben öffentlich-rechtlichen (Bayerischer Rundfunk, ARD, ZDF) sind in München zahlreiche private Rundfunk- und Fernsehsender ansässig, so die ProSiebenSat1 Media AG, RTL und Sky.

Industrie

Typisch für das verarbeitende Gewerbe ist eine Mischung aus einem breiten Mittelstand und »Global Players«. Großunternehmen von Weltrang, die man mit München verbindet, sind etwa EADS, Linde, MAN und Siemens. Die 1916 gegründeten Bayerischen Motoren-Werke (BMW) gehören zu den führenden Unternehmen der Automobilindustrie, rund 34 000 Mitarbeiter hat der Stammsitz in München. Ein starkes und ziemlich stabiles Wachstum verzeichnen die Elektro-, Elektronik-, Fahrzeug- sowie die Luft- und Raumfahrtindustrie. Doch auch in München gehen immer wieder Arbeitsplätze verloren, denn es wird, wie überall, kräftig rationalisiert, Produktionsstätten werden in sog. Billiglohnländer verlegt.

Lage:
Höchster Punkt: Warnberg (579 m)
Tiefster Punkt: Schwarzhölzl (482 m)

Fläche: **310,7 km²**
davon 138 km² Gebäude- und Freiflächen; 80 km² Erholungsgebiete, Wald und Gewässer

Einwohner: **1 545 100**
ein Neuntel der Bevölkerung des Freistaates Bayern
Im Vergleich:
Berlin: 3,67 Mio.
Hamburg: 1,86 Mio.
London: 8,69 Mio.

▶ Europäische Metropole

Hauptstadt des Freistaats Bayern, des Regierungsbezirks Oberbayern und der Europäischen Metropolregion München
Sitz des Deutschen und des Europäischen **Patentamts**
Sitz des **Bundesfinanzhofs**

▶ Wappen

Die Wappenfigur der bayerischen Metropole, das **Münchner Kindl**, stellt einen Mönch dar. Es erinnert an den Ursprung der Stadt.

▶ Kultur

2	große **Universitäten:** Ludwig-Maximilians-Universität, Technische Universität
60	**Theaterhäuser**, darunter Nationaltheater, Münchner Kammerspiele, Prinzregententheater, Gärtnerplatztheater, Deutsches Theater, Volkstheater
62	**Museen und Sammlungen**, darunter drei Pinakotheken
70	**Kunstgalerien**
3	weltberühmte **Orchester**: Bayerisches Staatsorchester, Symphonieorchester des Bayerischen Rundfunks, Münchner Kammerorchester

Wirtschaft

Bruttoinlandsprodukt:
rd. 105 Mrd. €
= 19% des BIP Bayern

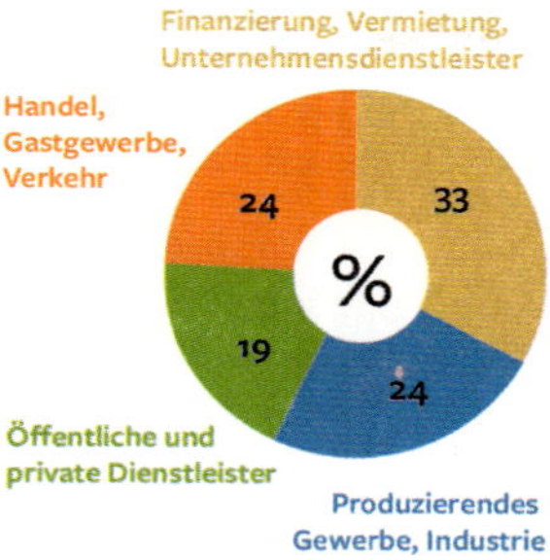

Sozialversichert Beschäftigte:
1.04 Mio.
Arbeitslosenquote:
4,38%

Wichtigster **High-Tech-Standort** Deutschlands

Großstadt mit der größten **Handwerkerdichte**

Das Wetter

Durchschnittstemperaturen

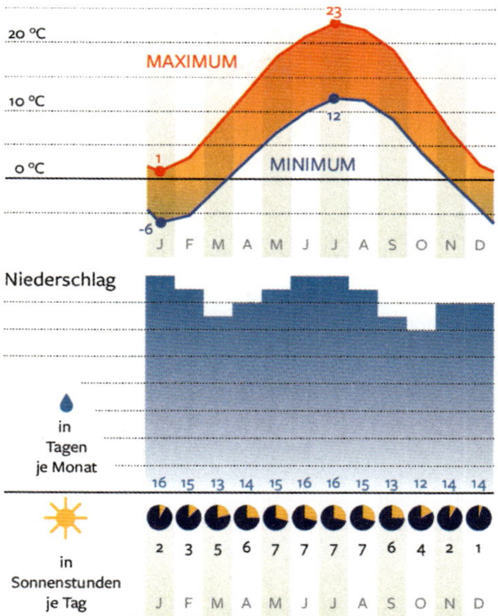

Münchner Bier

Von einst über 100 Brauereien sind nur sechs große geblieben, einige kleine sind neu entstanden. Seit 1998 ist »Münchner Bier« eine »geschützte geografische Angabe«.

Bayerisches Bier
Nahezu jede zweite deutsche Braustätte hat ihren Sitz in Bayern.

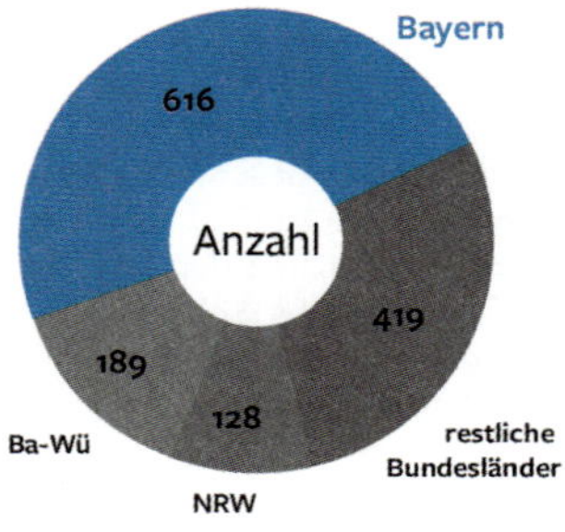

Münchner Brauereien
Augustiner, Forschungsbrauerei, Giesinger, Hacker-Pschorr, Löwenbräu, Paulaner, Spaten, Staatliches Hofbräuhaus

Bierkonsum pro Kopf in ausgewählten Bundesländern

Innovative Branchen Im Hightech-Bereich wird hochwertige Entwicklungsarbeit geleistet, im Großraum München befassen sich über 20000 Firmen mit innovativen Technologien. In der Informations- und Kommunikationstechnik gilt München mit 70000 Arbeitsplätzen als bedeutendster Standort in Europa. Auch in den Life Sciences mit Biotechnologie und -medizin wird kräftig geforscht; im Campus Martinsried südwestlich von München arbeiten in Instituten der LMU und der Max-Planck-Gesellschaft über 1000 Wissenschaftler, darüber hinaus haben sich hier Firmen der Branche angesiedelt.

Bäcker, Metzger, Brauer Eine Reihe von Handwerksbetrieben blicken auf eine lange Tradition zurück. Zum Beispiel die Hofpfisterei, eine Bäckerei, die seit 1331 in München ansässig ist und sich schon 1984 ganz – und erfolgreich – auf ökologische Produkte verlegt hat. Mit über 160 Filialen, knapp 1000 Mitarbeitern und 700 Einzelhandelspartnern ist sie zu einer Institution geworden. Ähnlich präsent im Stadtbild ist die 1902 gegründete Metzgerei Vinzenz Murr, die im süddeutschen Raum über 200 Filialen verfügt. Nicht zu vergessen natürlich die Münchner Brauereien, die auf besondere Weise zum Ruf der Stadt beigetragen haben (▶ Baedeker Wissen S. 112).

Messe München München ist einer der führenden Messeplätze in Deutschland, an dem das ganze Jahr über hochrangige Ausstellungen und Fachmessen (u. a. ISPO, BAUMA, EXPOPHARM, Electronica, Analytica) stattfinden. Seit 1998 ist die Messe auf dem Gelände des früheren Flughafens Riem ansässig (Messestadt), mit rund 200 000 m² Fläche in den Hallen und 400 000 m² Freigelände.

Einkaufsstadt Wo gut verdient wird, wird auch Geld ausgegeben. In der Altstadt reihen sich luxuriöse Läden teurer Marken und Filialen der überall vertretenen Billigketten, in den Vorstädten findet man eher das Besondere und auch weniger Kostspielige. Darüber hinaus gehört die Isarmetropole zu den beliebtesten Einkaufszielen in Europa; man schätzt, dass allein die Hotelleriegäste pro Jahr im Einzelhandel der Innenstadt rund 1 Mrd. € ausgeben. Mehr zum Thema ▶ S. 338.

Erstrangiges Tourismusziel Die vielen hochkarätigen Attraktionen und seine besondere Atmosphäre machen München zu einer weltweit beliebten Destination. Im Jahr zählt man ca. 7 Mio. Hotelleriegäste mit 14 Mio. Übernachtungen, dazu kommen ca. 100 Mio. Tagesausflügler und Geschäftsreisende – durchschnittlich halten sich also immer ca. 300000 Gäste in München auf! Der Auslandsanteil liegt bei gut 40 %, mit den USA als Spitzenreiter deutlich vor Großbritannien, Italien, der Schweiz, Österreich und den Golfstaaten. Der gesamte touristisch bedingte Umsatz erreicht 7–8 Mrd. € Euro im Jahr, jeweils rund 40 % entfallen auf das Beherbergungs-/Gaststättengewerbe und den Einzelhandel.

GESCHICHTE

Vom kleinen Marktort stieg München zur glanzvollen Residenz der Wittelsbacher Herzöge und Könige auf, aus der in Schutt und Asche liegenden »Hauptstadt der Bewegung« entstand eine weltoffene, international angesehene Metropole: Stationen einer wechselvollen Geschichte.

Gründungen der Bajuwaren

Frühzeit

Die ältesten Siedlungsspuren, die im heutigen Stadtgebiet gefunden wurden, reichen in die Jungsteinzeit zurück (um 2000 v. Chr.). Vom 6. Jh. v. Chr. bis in die Zeit um Christi Geburt drangen die **Kelten** zur Isar vor, die von ihnen ihren Namen hat. Weder von ihnen noch von den **Römern**, die ab 15 v. Chr. den Alpenraum eroberten, sind bedeutendere Niederlassungen bekannt; römische Fernstraßen überquerten südlich bei Grünwald (Via Julia) und nördlich bei Oberföhring die Isar. Etwa ab 530 n. Chr. kamen Elb- und Ostgermanen – hauptsächlich aus Böhmen, wovon die spätere Bezeichnung **Bajuwaren** abgeleitet ist – in den Raum München. Sie gründeten an der Isar eine Reihe von Siedlungen, die an der Namensendung »-ing« zu erkennen sind, wie Föhring (750 als erster Ort dokumentarisch bezeugt), Pasing, Giesing, Sendling, Aubing und Schwabing.

Markt und Stadt

»Apud Munichen«

Erstmals erwähnt wird München1158 als »forum apud Munichen«, als »Markt bei den Mönchen«, weshalb das kleine Stadtwappen (►S. 258) einen Mönch mit schwarzer, golden besetzter Kutte und roten Schuhen zeigt (eine Mönchssiedlung ist allerdings nicht dokumentarisch belegt). Das geschah in der Urkunde, mit der Kaiser Friedrich Barbarossa den Streit zwischen **Heinrich dem Löwen** und dem Freisinger Bischof beilegte: Der Welfenherzog, Herrscher in Sachsen und Bayern, ließ 1157 an besagtem Markt eine Brücke über die Isar errichten. Das war ein Angriff auf den Bischof von Freising, dem die Brücke in Oberföhring am Nordrand des heutigen Stadtgebiets gehörte; über sie lief u. a. der lukrative Salzhandel, den Zoll zog nun Heinrich ein. Dem half er noch nach, indem er die Föhringer Brücke abfackeln ließ. Mit der Urkunde vom 14. Juni 1158 bestätigte der Kaiser das Markt- und Münzrecht Münchens, sprach aber dem Bischof ein Drittel der daraus erzielten Einnahmen zu. Dieser Tag wird als **Stadtgeburtstag** gefeiert, was ob der gewalttätigen Umstände etwas pikant ist. 1180 wurde Heinrich der Löwe geächtet, weil er über-

STADTGESCHICHTE

AUFSTIEG ZUR STADT

ab dem 6. Jh.	Bajuwaren gründen Siedlungen an der Isar.
1158	»Gründung« Münchens
Ende 12. Jh.	Bau der ersten Befestigung

DIE WITTELSBACHER-HERZÖGE

1240	München kommt zum Haus Wittelsbach.
1328	München wird Zentrum des Heiligen Römischen Reichs.
1468	Baubeginn der Frauenkirche
ab 1550	Hochburg der Gegenreformation

KURFÜRSTLICHER ABSOLUTISMUS

1623	Herzog Maximilian I. wird Kurfürst der Pfalz..
1657	Eröffnung des ersten Opernhauses am Salvatorplatz
1705–1744	München zeitweise österreichisch besetzt
1711	Einführung der Schulpflicht. Die Stadt hat 30 000 Einwohner.

DAS KÖNIGREICH: VON NAPOLEON BIS 1918

1805	Napoleon in München
1806	München wird Hauptstadt des Königreichs Baiern.
1826	München wird Universitätsstadt.
1876	Einführung der Pferde-Schienenbahn
1889	Erste Straßenbeleuchtung in Schwabing
1900	München hat 500 000 Einwohner.
1907	Frauen dürfen an der Universität studieren.
1916	Erster Weltkrieg: Luftangriff auf München
1918	Novemberrevolution, Ausrufung des Freistaats Bayern

VON WEIMAR ZU HITLER

1923	Hitlerputsch: Marsch zur Feldherrnhalle
1939	Georg Elsers Attentat auf Hitler misslingt.
1943	Mitglieder der »Weißen Rose« werden hingerichtet.
1944	Verheerende Luftangriffe auf die Stadt
30.4.1945	Die Stadt wird von US-Truppen besetzt.

VON 1945 BIS HEUTE

1946	München wird Hauptstadt des Freistaats Bayern.
1957	Die Einwohnerzahl überschreitet die Millionengrenze.
1972	Olympische Sommerspiele
2002	Eröffnung der Pinakothek der Moderne
2004	Ein Bürgerentscheid bestimmt, dass kein Bau höher werden darf als die Türme der Frauenkirche (99 m).
2015	August/Sept. kommen viele tausend Flüchtlinge im Münchner Hauptbahnhof an.

mütig wurde und dem Kaiser die Gefolgschaft verweigerte. An seine Stelle trat Pfalzgraf **Otto von Wittelsbach**. Etwa aus derselben Zeit gibt es Kunde von einer Befestigung. Als »Stadt« wird München dann in einer Urkunde von 1214 bezeichnet.

Residenz der Wittelsbacher

Zentrum von Reich und Herzogtum

München fiel 1240 ganz ans Haus Wittelsbach, das nach der ersten Landesteilung 1255 mit Herzog **Ludwig II.** dem Strengen dort auch Residenz nahm. Nachdem Herzog **Ludwig IV.** 1314 zum König und 1328 zum Kaiser des Heiligen Römischen Reichs erhoben worden war, war München eine Zeitlang Reichshauptstadt. Nach dem Stadtbrand 1327 wurde der Ort erweitert und mit der Zweiten Stadtmauer umgeben (1337 mit der Fertigstellung des Isartors abgeschlossen); 1369 zählte man mehr als 10 000 Einwohner. Den in der Stadt ansässigen Juden begegnete man zunehmend feindselig, 1442 wurden sie vertrieben. Unter **Herzog Albrecht IV.** (1465–1508) erlebte München eine wirtschaftliche und kulturelle Blütezeit. Jörg von Hals-

Mächtige Kirchen überragen eine bescheidene Herzogsburg:
München in der Schedelschen Weltchronik 1493, gesehen von Südosten

pach erbaute ab 1460 das Alte Rathaus und ab 1468 die **Frauenkirche**, hervorragende Künstler wie Erasmus Grasser und Jan Polack wirkten in München. 1487 richtete Albrecht den »Preu Aid« (Brauer-Eid) ein, der als **Münchner Reinheitsgebot** in die Geschichte der Braukunst einging; es war die Vorlage für das Bayerische Reinheitsgebot von 1516, das Herzog Wilhelm IV. für das ganze Land erließ. Nach der Wiedervereinigung der bayerischen Herzogtümer 1504 wurde München zur **Landeshauptstadt** erhoben, jetzt zählte sie 13500 Einwohner. 1517 forderte die Pest viele Menschenleben.

Reformation und Dreißigjähriger Krieg

Gegenreformation

Unter der Herrschaft **Herzog Albrechts V.** (1550–1579) wurde München der wichtigste Stützpunkt der Gegenreformation: 1555 verbot er den Protestantismus im Herzogtum, 1559 rief er die Jesuiten nach München. In dieser Zeit kamen auch bedeutende Renaissance-Künstler in die Stadt; Orlando di Lasso, einer der wichtigsten Komponisten dieser Zeit, wurde Leiter der Hofkapelle.

Hort des Katholizismus

Unter Herzog **Wilhelm V. dem Frommen** (ab 1579) blieb München eines der wichtigsten Zentren des Katholizismus. 1609 wurde die Katholische Liga gegründet; 1619 trat Maximilian I. als Haupt der Liga in den **Dreißigjährigen Krieg** ein. Die bayerische Hauptstadt wurde weiter befestigt, 1632 jedoch Gustav II. Adolf von Schweden kampflos übergeben, der sich seine Milde mit einer riesigen, nur mit Krediten aufzubringenden Summe entgelten ließ. 1648 fand zwischen Allach und Dachau der letzte Waffengang des Kriegs statt.

Kurfürstliche Prachtentfaltung

Absolutismus

Das Kurfürstentum entwickelte sich zum absolutistischen Staat nach französischem Vorbild, der sich mit prachtvollen Schlössern und Kirchen in Szene setzte. Unter Kurfürst **Ferdinand Maria** und seiner Frau Henriette Adelaide, Tochter des Herzogs von Savoyen, kamen Einflüsse aus Italien und Frankreich. 1663 stiftete Adelaide als Dank für die Geburt eines Thronfolgers für den Theatinerorden ein Kloster mit der prunkvollen **Theatinerkirche**, Ferdinand Maria begann mit dem Bau des **Nymphenburger Schlosses**.
Nach seinem Tod 1679 übernahm Kurfürst **Maximilian II. Emanuel** die Regierung. Der junge Herrscher, wegen seines blauen Waffenrocks »Blauer Kurfürst« genannt, focht erfolgreich in den Türkenkriegen; u. a. war er an der Befreiung Wiens 1683 wesentlich beteiligt, 1688 eroberte er Belgrad. Er brachte türkische Gefangene mit, die u. a. beim Bau des Nymphenburger Kanals eingesetzt wurden; an

sie erinnert die Türkenstraße in Schwabing. 1701 trieb Max Emanuel Bayern an der Seite Frankreichs in den **Spanischen Erbfolgekrieg** gegen die Habsburger. Nach der Niederlage bei Höchstädt im Jahr 1704 floh er in die Niederlande, später nach Frankreich, und überließ Bayern den österreichischen Besatzern. Hohe Steuerlasten, Einquartierungen und Zwangsrekrutierungen lösten 1705/1706 einen Bauernaufstand aus. In den Schlachten von Sendling (heute ein Stadtteil Münchens) – als »Mordweihnacht« bekannt – und Aidenbach in Niederbayern wurde er von den Österreichern niedergeschlagen. Erst 1714 kehrte Max Emanuel in sein ausgeblutetes Land zurück.

Maximilian II. Emanuel in einem Gemälde von Joseph Vivien

Barock und Rokoko

In der ersten Hälfte des 18. Jh.s kam München als Stadt des Barock und des Rokoko europäischer Rang zu. Unter den Kurfürsten Max Emanuel und Karl Albrecht leisteten Baumeister und Künstler Außerordentliches; J. M. Fischer und François Cuvilliés, die Brüder Asam, J. B. Straub und Ignaz Günther gehören zu den klangvollsten Namen. Auch die Residenz wurde erweitert und neu gestaltet. 1741 schaltete sich Karl Albrecht, da er wie andere europäische Fürsten Ansprüche auf die habsburgischen Lande erhob, in den **Österreichischen Erbfolgekrieg** ein und ließ sich 1742 von den Gegnern der Habsburger zum Kaiser wählen. Als Antwort ließ Kaiserin Maria Theresia am Tag seiner Krönung (in Frankfurt) München besetzen. 1745 übernahm Kurfürst **Maximilian III. Joseph** die Herrschaft, der nach weiteren Niederlagen mit Maria Theresia Frieden schloss. Unter seiner Ägide wurden 1753 das Residenztheater fertiggestellt und 1759 die Bayerische Akademie der Wissenschaften ins Leben gerufen.

Kartoffelacker und Volksgarten

Mit Maximilian III. starb 1777 die bayerische Linie der Wittelsbacher aus. Die Nachfolge trat **Karl Theodor** aus der Pfälzer Linie an. Der hatte mit Bayern und München nicht viel am Hut, er wollte gar bayerisches Gebiet im Tausch gegen die Niederlande den Habsburgern abtreten. Nicht nur damit machte er sich sehr unbeliebt. Anderer-

Viktualienmarkt mit dem Heilig-Geist-Spital (rechts), überragt vom »Alten Peter«. Gemalt 1824 von dem in München geborenen Domenico Quaglio (1824)

seits ernannte er den US-Amerikaner **Benjamin Thompson** zum Krisenmanager: Um Hunger und soziale Missstände zu beheben, setzte dieser den Kartoffelanbau in Bayern durch und kreierte die »Rumfordsuppe«, die billig herzustellen ist und auch modernen kulinarischen und ernährungsphysiologischen Maßstäben standhält (auf den Speisekarten Münchens sucht man sie jedoch vergeblich). Auf seine Initiative geht auch der ab 1789 angelegte Englische Garten zurück. 1792 wurde der universell einfallsreiche und tatkräftige Mann zum Grafen Rumford erhoben.

Von Napoleon zum Märchenkönig

Die Stadt wächst

Im Jahr 1800 besetzten französische Truppen die Stadt. Ab 1803 wurden in der **Säkularisation** zahlreiche Klöster in Bayern aufgehoben, ihr Besitz vom Staat beschlagnahmt und zu großen Teilen verramscht. Am 24. Okt. 1805 zog Napoleon in München ein. Kurfürst

Maximilian IV. Joseph ließ sich 1806 zum **König Maximilian I. Joseph** ernennen – von Napoleons Gnaden. München wurde Haupt- und Residenzstadt eines erheblich vergrößerten Staats; zu den »altbaierischen« Gebieten Oberbayern, Niederbayern und Oberpfalz kamen Franken und Schwaben hinzu, für kurze Zeit auch Salzburg, Tirol und Vorarlberg. Immer mehr Menschen zogen nach München, das sich der **50 000-Einwohner-Marke** näherte. Die Viertel Maxvorstadt, Ludwigsvorstadt und Isarvorstadt wurden angelegt.

Ludwig I.

Durch den Vertrag von München von 1816 erhielt das bayerische Staatsgebiet seine im Wesentlichen heute noch bestehende Ausdehnung. König **Ludwig I.** (reg. 1825–1848) machte München zu einem Mekka für Architekten, Künstler und Wissenschaftler. München errang sich im 19. Jh. auch als Stadt der Technik einen Namen, wofür Namen wie Joseph von Fraunhofer, Alois Senefelder, J. A. von Maffei und Oskar von Miller stehen Mit klassizistischen Prachtbauten gab Ludwig München sein besonderes Bild. Dabei spielten die Architekten **Leo von Klenze** und **Friedrich von Gärtner** eine herausragende Rolle. 1826 wurde München Universitätsstadt, als der König die Universität von Landshut hierher verlegte. Im März 1848 gab es Unruhen, die in der Erstürmung des Zeughauses gipfelten. Die Revolution, aber auch seine Affäre mit der Tänzerin **Lola Montez** nötigten Ludwig zur Abdankung. Die Tochter eines schottischen Offiziers und einer irischen Adligen hieß eigentlich Elizabeth Gilbert und hatte schon ein höchst abenteuerliches Leben geführt, als sie mit 25 Jahren die Geliebte des 60-jährigen Königs wurde. Noch vor den Märzunruhen wurde sie ausgewiesen, sie lebte dann in England und der Schweiz und starb schließlich in New York.

Maximilian II.

Nachfolger wurde sein Sohn Maximilian II. Joseph, der bis 1864 regierte. Auch er war ein leidenschaftlicher Bauherr; in seiner Zeit entstanden das Maximilianeum, die Maximilianstraße und der Hauptbahnhof. Wissenschaft und Technik boomten, namhafte Persönlichkeiten, u. a. der Chemiker **Justus von Liebig**, forschten und lehrten in München. Der König rief gemeinnützige Einrichtungen ins Leben und trieb die Industrialisierung voran, was den Strom von Zuwanderern anschwellen ließ. 1854 war München eine Großstadt mit mehr als 100 000 Einwohnern. Neue Vorstädte, darunter Haidhausen, wurden aus dem Boden gestampft.

Ludwig II.

Nach dem Tod Maximilians 1864 wurde sein älterer Sohn König. Dessen besonderes Interesse galt der Kunst, vor allem der Musik Richard Wagners, den er lange Zeit finanziell aushielt (▶S. 201). Der kostspieligen Bauleidenschaft des »Märchenkönigs«, der wegen seiner Menschenscheu, seiner Marotten und Verschwendungssucht zu Lebzeiten bei weitem nicht so beliebt war wie heute, sind grandiose

Schlösser im Alpenvorland zu verdanken. In München, das er von Herzen hasste, hielt er sich nur auf, wenn es nötig war; aufs Dach der Residenz ließ er sich für kleine Fluchten ein exotisches Glashaus setzen. Andererseits hatte er großes Interesse an der Technik; seine Schlösser stattete er mit den aktuellen Errungenschaften aus, 1868 gründete er die Polytechnische Schule, die Vorgängerin der TU München, und weitere wissenschaftliche Institute. 1886 wurde Ludwig unter dem Vorwand der Unzurechnungsfähigkeit entmündigt und abgesetzt, wenige Tage später ertrank er unter ungeklärten Umständen mit seinem Arzt Dr. Bernhard von Gudden im Starnberger See.

Ordnung, Licht und Sauberkeit

Weg in die Moderne

Wie Berlin und Hamburg eignete sich auch München innerhalb weniger Jahrzehnte die Insignien einer modernen Stadt an: 1876 verkehrte die erste Trambahn, 1879 wurde die Berufsfeuerwehr ins Leben gerufen. Seit 1883 gibt es – auf Initiative des Mediziners und Chemikers Max von Pettenkofer – in München eine zentrale Wasserversorgung, ihm ist auch der Ausbau der Abwasserentsorgung ab ca. 1860 zu verdanken. 1867 wurde das repräsentative Neue Rathaus am Marienplatz eröffnet, ein Jahr später die Polytechnische Schule (heute TU). Unter **Prinzregent Luitpold** (reg. 1886 – 1912) erlebte München einen gewaltigen wirtschaftlichen und kulturellen Aufschwung. Es entstanden große Kaufhäuser und Geldinstitute, noch mehr Fabriken schossen aus dem Boden. Die Zuwanderung vom Land wuchs und machte den Bau bzw. Neugestaltung weiterer Vorstädte nötig.

Ende des deutschen Kaiserreichs

Fortschrittliche Stadt

Bis zum Ersten Weltkrieg machte München immer wieder mit Unerhörtem von sich reden. Während anderswo die Frauenbewegung noch in den Kinderschuhen steckte, durften sich an der Universität **Studentinnen** immatrikulieren. 1907 wurde München Filmstadt, als **Peter Ostermayr** seine Filmproduktion in Geiselgasteig begann. 1911 erregte die Künstlervereinigung **Blauer Reiter** Aufsehen mit ihrer ersten Ausstellung, die in der Galerie Thannhauser stattfand.

Räterepublik

Das von **Ludwig III.** regierte Königreich Bayern beteiligte sich massiv am **Ersten Weltkrieg**. In München entstanden Waffenfabriken, Motorenwerke und eine Flugzeugwerft. Unzufriedenheit und Not führten im November 1918 zur Revolution. Der König floh, und der Journalist **Kurt Eisner** proklamierte am 8. November in München den **Freistaat Bayern**. Auch der kommunistische Spartakusbund wurde gegründet. 1919 erschoss ein Graf Anton von Arco-Valley Eisner als den ersten demokratisch gewählten Ministerpräsidenten. Daraufhin wurde die erste **Münchner Räterepublik** ausgerufen; nur wenige Tage später schlugen Reichswehrsoldaten und rechtsradikale Freikorps, auch »Weiße Armee« genannt, die Räterepublik blutig nieder.

Von Weimar zu Hitler

Zeit des Elends

Das Ende des Ersten Weltkriegs und die chaotischen Zustände in der Zeit danach brachten in München viele Menschen in Not und Armut; Arbeitslosigkeit grassierte, viele hatten keine Wohnung. Große Teile der Bevölkerung lehnten die neue **Weimarer Verfassung** ab und richteten ihren Zorn gegen die Sozialdemokratie und immer stärker auch gegen die Juden der Stadt.

Aufstieg der NSDAP

Die desolate Lage vieler Bürger ebnete der Nationalsozialistischen Deutschen Arbeiterpartei **NSDAP** den Weg. Bereits 1920 konnte sie in München eine erste Massenveranstaltung durchführen. Am 9. November 1923 unternahm **Adolf Hitler** seinen **Marsch zur Feldherrnhalle**. Dieser Putschversuch wurde von der Polizei gewaltsam beendet. Hitler und seine Kumpane wurden verhaftet und unter Rechtsbruch – für den Hochverrat wäre das Reichsgericht in Leipzig zuständig gewesen – vom Landgericht München I zu 5 Jahren kom-

Stellung eines Freikorps (»Volkswehr«) am 1. Mai 1919 am Stachus

moder Festungshaft verurteilt. Schon nach fünf Monaten kam Hitler frei. **Karl Scharnagl,** 1924 Erster Bürgermeister Münchens, sah sich gezwungen, im Ausland Geld zu leihen, um die Stadt vor dem Ruin zu retten. Von 1924 bis 1929 erlebte München eine kurze Blüte, die von der **Weltwirtschaftskrise** jäh beendet wurde. 1929 stellte Ernst Henne auf der Ingolstädter Landstraße auf einem BMW-Motorrad mit 217 km/h einen Weltrekord auf.

Hitlers Machtergreifung

Nach der Machtergreifung Hitlers 1933 wurden politische Gegner, jüdische Bürger, Zigeuner und Homosexuelle verfolgt. **Heinrich Himmler**, gebürtiger Münchner und Absolvent des angesehenen Wittelsbacher-Gymnasiums, wurde Polizeipräsident, in Dachau wurde das erste **Konzentrationslager** auf deutschem Boden gebaut. 1935 ernannte Hitler München zur **»Hauptstadt der Bewegung«** (▶Baedeker Wissen S. 138). Zwei Jahre später erhielt es einen weiteren »Ehrentitel«: »Stadt der Deutschen Kunst«. Linientreue Kunst wurde im neuen Haus der Kunst ausgestellt, gleichzeitig präsentierte man am Hofgarten **»Entartete Kunst«**; bekannte Vertreter der Klassischen Moderne, wie Dix, Kirchner, Kokoschka, Marc und Nolde, wurden auf übelste Art diffamiert.

Münchner Abkommen

1938 unterzeichneten Hitler, der italienische Diktator Mussolini, der französische Ministerpräsident Daladier und der britische Premierminister Chamberlain im »Führerbau« in der Arcisstraße (heute Musikhochschule) das **Münchner Abkommen**, mit dem das Sudetenland dem Deutschen Reich einverleibt wurde.

Widerstand

Am 8. November 1939 verübte **Georg Elser** im Haidhausener Bürgerbräukeller einen Anschlag auf Hitler, der jedoch misslang. Am 22. Febr. 1943 wurden die **Geschwister Scholl** (▶Interessante Menschen) in München-Stadelheim enthauptet. Wenige Tage vorher hatten sie mit »Die Weiße Rose« signierte Flugblätter in den Lichthof der Universität flattern lassen, die die Verbrechen der Nazis anprangerten und zur Rüstungssabotage aufriefen. Vor dem Eingang der Universität am Geschwister-Scholl-Platz erinnert ein Bodendenkmal an die Geschwister, mit Flugblättern, Fotos und Gerichtsurteilen.

Zweiter Weltkrieg

Schon 1940 griffen die Alliierten München aus der Luft an. Bis 1945 musste München rund 70 Bombardements über sich ergehen lassen. Im Krieg fielen mehr als 22 000 Münchner Wehrmachtsangehörige; man zählte 6632 zivile Opfer und rund 10 000 Vermisste. Am Ende des Zweiten Weltkriegs war die historische Altstadt zu 90 % zerstört, die Gesamtstadt zu rund 50 %. Am 30. April 1945 marschierten US-Soldaten in München ein. **Karl Scharnagl**, Mitglied der neu gegründeten **Christlich-Sozialen Union** (CSU), wurde von der Besatzungsmacht als Oberbürgermeister eingesetzt.

Wirtschaftswunder in München: Neuhauser Straße mit dem Karlstor um 1960 – heute als »Fußgängerzone« ohne Autos nicht weniger frequentiert.

Von 1945 bis zum Jahr 2000

Wiederaufbau und Wirtschaftswunder

1946 erhielt Bayern eine neue Verfassung, München wurde **Hauptstadt des Freistaats Bayern**. 1949 endete die Besatzungszeit. Nach den harten Jahren des Wiederaufbaus brummte München im Wirtschaftswunder der 1950er- und 1960er-Jahre. Aufgrund des anhaltenden Zustroms wurden Satellitenstädte wie Neu-Perlach im Südosten aus dem Boden gestampft. Schon in den 1960er-Jahren begann der Bau des S- und U-Bahn-Netzes.
1972 wurden die **XX. Olympischen Sommerspiele** ausgetragen, die mit ihren architektonisch unerhörten Sportstätten und ihrem Erscheinungsbild »heitere Spiele« werden sollten. Sie wurden jedoch von einem Terroranschlag überschattet: Arabische Terroristen überfielen die israelische Mannschaft im Olympischen Dorf und nahmen Geiseln. Der Befreiungsversuch der Polizei auf dem Militärflugplatz Fürstenfeldbruck scheiterte. 1974 war München ein Schauplatz der **Fußballweltmeisterschaft**. Das Endspiel im Olympiastadion gewann Deutschland gegen die Niederlande mit 2 : 1.

Ab den 1980er-Jahren stieg München zur europäischen Geld- und Hightech-Metropole auf. Nach dem Zerfall des Warschauer Pakts und der deutschen **Wiedervereinigung** 1989 strömten vielen Menschen aus den »neuen Bundesländern« und aus dem osteuropäischen Raum in die Stadt. Das Messegelände auf der Theresienhöhe bekam eine neue Funktion, dafür entstand auf dem 1992 stillgelegten Flughafen in Riem die »Messestadt« (1998 eröffnet). In der Nacht vom 16. zum 17. Mai 1992 wurde der Betrieb zum neuen Flughafen 40 km nordöstlich von München verlagert.

Gegenwart

Wachstum mit Licht- und Schattenseiten

Zu Beginn des 21. Jh.s stellt sich München als »Boomtown« dar, in der wieder eine gründerzeitliche Atmosphäre herrscht; immer mehr Menschen und Firmen aus dem In- und Ausland lassen sich hier nieder. **Große Areale werden um- oder neu gestaltet**, etwa mit dem Arnulfpark zwischen Hauptbahnhof und Nymphenburg, dem Schwabinger Tor an der Leopoldstraße und dem Werksviertel hinter dem Ostbahnhof; dort soll bis 2021 auch eine neue Philharmonie entstehen. Die **Immobilien- und Mietpreise** steigen ungehemmt weiter, alter, billiger Wohnraum wird in teure Domizile umgewandelt. Die weltweite Finanzkrise ab 2007 verursachte auch in München Turbulenzen; für die dreistelligen Milliarden-Verluste der Hypo Real Estate und der Bayerischen Landesbank musste der Steuerzahler geradestehen. Im Aug./Sept. 2015 wuchs der **Flüchtlingsstrom** aus Nordafrika und dem Nahen Osten sprunghaft, bis zu 7000 Menschen pro Tag wurden am Hauptbahnhof von offiziellen und freiwilligen Helfern begrüßt und versorgt. Im Juli 2016 tötete ein 18-Jähriger, der jahrelang wegen seiner Herkunft gemobbt worden war, am Olympia-Einkaufszentrum neun Jugendliche und verletzte vier weitere. Höchst beunruhigend war dabei, dass die vielen Falschmeldungen über die Mobiltelefone Paniken erzeugten, bei denen über 30 Menschen verletzt wurden, und die Stadt über Stunden ins Chaos stürzten. Ende 2016 erreichte die **Einwohnerzahl** 1,5 Mio.; pro Tag kommen in München gegenwärtig ca. 50 Babys zur Welt, auch dies eine Rekordzahl. Der »zweite« Fußballclub Münchens, der TSV 1860, stieg in die Regionalliga ab und spielt wieder im berühmten Stadion an der Grünwalder Straße. Um die angespannte **Verkehrssituation** zu entlasten, wird seit Ende 2017 eine zweite »Stammstrecke« für die S-Bahn gebaut. Bei der **Bundestagswahl 2017** verzeichneten CSU und SPD auch in München große Verluste; der Stimmenanteil der AfD lag mit knapp 8 % deutlich unter dem bundesweiten Wert von 12,6 %.

Wo 1972 die Olympischen Spiele stattfanden, besucht man heute Popkonzerte und andere Mega-Events. Blick vom Olympiaturm auf die geniale Zeltdachkonstruktion

KÖNIGLICHES MÜNCHEN

Die Wittelsbacher – insbesondere die aus diesem Hause stammenden Könige – haben nicht nur das Stadtbild ihrer Metropole München, sondern große Teile Oberbayerns nachhaltig geprägt.

Könige und Regenten von Bayern

Maximilian I. Joseph
1806 – 1825

Ludwig I.
1825 – 1848

Maximilian II. Joseph
1848 – 1864

Ludwig II.
1864 – 1886

Luitpold (Regent für Otto I.)
1886 – 1912

Ludwig III.
1913 – 1918

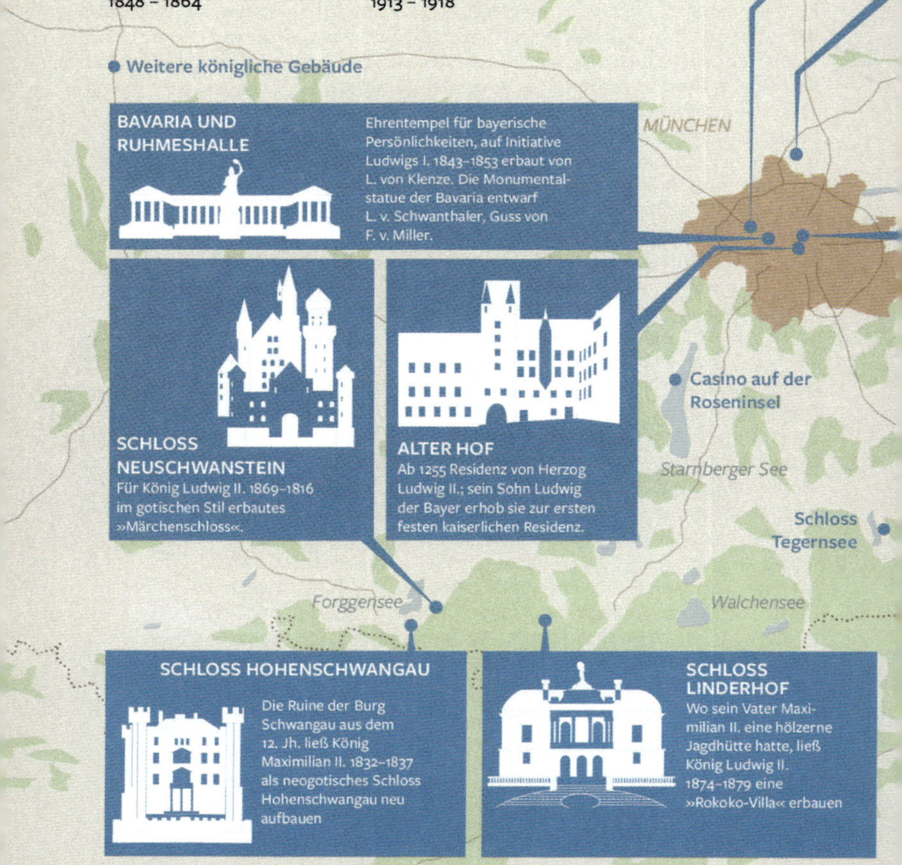

BAVARIA UND RUHMESHALLE

Ehrentempel für bayerische Persönlichkeiten, auf Initiative Ludwigs I. 1843–1853 erbaut von L. von Klenze. Die Monumentalstatue der Bavaria entwarf L. v. Schwanthaler, Guss von F. v. Miller.

SCHLOSS NEUSCHWANSTEIN

Für König Ludwig II. 1869–1816 im gotischen Stil erbautes »Märchenschloss«.

ALTER HOF

Ab 1255 Residenz von Herzog Ludwig II.; sein Sohn Ludwig der Bayer erhob sie zur ersten festen kaiserlichen Residenz.

SCHLOSS HOHENSCHWANGAU

Die Ruine der Burg Schwangau aus dem 12. Jh. ließ König Maximilian II. 1832–1837 als neogotisches Schloss Hohenschwangau neu aufbauen

SCHLOSS LINDERHOF

Wo sein Vater Maximilian II. eine hölzerne Jagdhütte hatte, ließ König Ludwig II. 1874–1879 eine »Rokoko-Villa« erbauen

SCHLOSS NYMPHENBURG

Die Sommerresidenz entstand unter Kurfürst Ferdinand Maria (1664–1665, A. Barelli) und seinem Sohn Maximilian II. Emanuel (1701–1704, E. Zucalli, A. Viscardi).

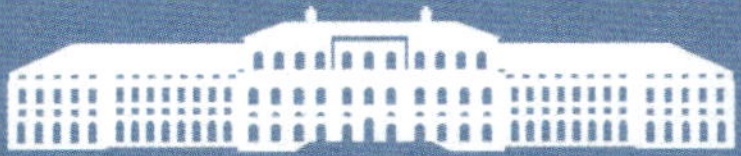

NEUES SCHLOSS SCHLEISSHEIM

Für Kurfürst Max II. Emanuel erbaut von E. Zuccalli 1701–1704 und J. Effner (1719–1727, nicht vollendet).

ALTES SCHLOSS SCHLEISSHEIM

In der Spätrenaissance 1617–1623 für Herzog Maximilian I. erstelltes schlichtes Herrenhaus.

RESIDENZ

Am Stadtschloss der bayerischen Herzöge, Kurfürsten und Könige wurde ab 1385 jahrhundertelang gebaut, vor allem in der Renaissance (16. Jh.), im Barock (17./18. Jh.) und unter König Ludwig I. (19. Jh.).

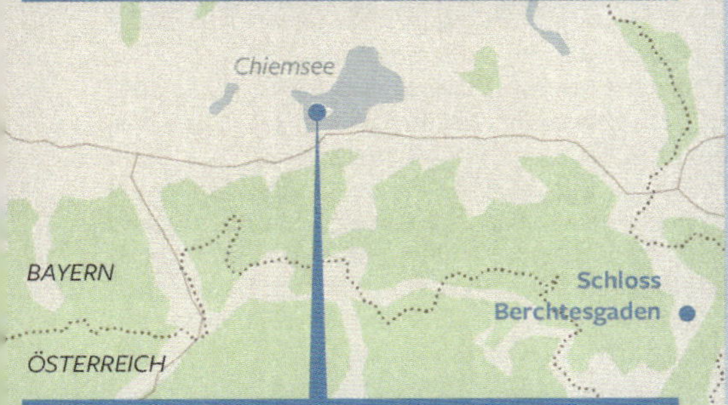

SCHLOSS HERRENCHIEMSEE

Nach dem Vorbild des Schlosses von Versailles ließ König Ludwig II. ab 1878 das Schloss Herrenchiemsee aufführen. 1885 wurden die Arbeiten aus Geldmangel eingestellt

▶ Oberhäupter des Hauses Wittelsbach nach 1918

Ludwig III.
1918–1921

Rupprecht von Bayern
1921–1955

Albrecht von Bayern
1955–1996

Franz von Bayern
seit 1996

▶ Hoflieferanten

Mit Erwerb des Titels »Königlich Bayerischer Hoflieferant« hatten die Firmeninhaber die Ehre, das königliche Wappen zu führen.
Unten die 12 bekanntesten Hoflieferanten:

Ludwig Beck: Posamente, Stoffe etc.

Radspieler: Raumausstattung

Dallmayr: Kaffee und Feinkost

Develey: Senf und Feinkost

Eilles: Tee, Kolonialwaren

Hofpfisterei: Brot, Gebäck

Maendler: Mode

Ed Meier: Schuhmacher

Rottenhöfer: Patisserie

Völkel: Sanitärausstattung

Weinhaus Neuner: Wein

Schachinger: Künstlerbedarf

KUNST- UND ARCHITEKTURGESCHICHTE

Kurfürsten und Malerfürsten, Könige und Kaiser, die mächtige katholische Kirche und reiche Großbürger, sie alle gaben München sein einzigartiges Gesicht oder setzten in der Stadt bis heute prägende Akzente. Großartige Museen beherbergen weltberühmte Exponate aus allen Epochen und Kunststilen.

Vom Mittelalter bis zur Frühen Neuzeit

Mittelalter

Reste aus romanischer Zeit sind in München äußerst rar. Die Keller unter dem Marienhof hinter dem Neuen Rathaus gehen ins 11. Jh. Zeit zurück; Grabungen in der **Peterskirche**, der ältesten Pfarrkirche, stießen auf die Fundamente einer Backsteinbasilika von Ende des 12. Jh.s. Nachdem ein neuer Mauerring den Ort auf das Sechsfache anwachsen ließ, setzte Herzog Ludwig der Strenge um 1250 eine Festung an den nordöstlichen Stadtrand, den **Alten Hof**. Von ihm ist nicht mehr viel übrig: Zwingerstock und Burgstock mit einem gotischen Erkertürmchen. Nach Erb- und Familienkonflikten unter den Wittelsbachern und einer Pestepidemie führten Herzog Sigismund und sein Bruder Albrecht IV. die Stadt zu neuer Blüte. Jörg von Halspach († 1488) errichtete das **Alte Rathaus** (ab 1470) und 1468–1488 die **Frauenkirche**, die zum Wahrzeichen Münchens wurde; sie und nicht die Festung der Wittelsbacher beherrscht in der Schedelschen Weltchronik von 1493 das Stadtbild (►S. 265). Der Schnitzer und Baumeister **Erasmus Grasser** (um 1450–1518) stattete den Tanz- und Sitzungssaal des neuen (Alten) Rathauses aus, seine **Moriskentänzer** gehören zu den wertvollsten Exponaten im Stadtmuseum. **Jan Polack** (ca. 1435–1519), einer der wichtigsten Maler der Spätgotik in Süddeutschland, bemalte die Stadttürme und schuf Tafelbilder und Altäre. Werke von ihm (bzw. von ihm entworfene Werke) finden sich in der Alten Pinakothek und im Bayerischen Nationalmuseum; die Altäre in der unverändert erhalten geblieben Kapelle der **Blutenburg** sind ein wahres Kleinod.

Renaissance

Im 16. Jh. spalteten Martin Luthers Reformideen Kirche und Reich, und die Wittelsbacher machten München zum politischen und künstlerischen Mittelpunkt der Gegenreformation. Als Speerspitze der Gegenreformation holte Albrecht V. den Jesuitenorden nach München. Die 1597 vollendete Kirche **St. Michael** war der erste große Kirchenbau Süddeutschlands nach dem Mittelalter und das Jesuitenkolleg das größte einheitliche Bauwerk, man sprach von einem bayerischen Escorial. Die Kunst- und Bautätigkeit unter Herzog Wilhelm V. wurde von niederländischen, meist in Italien ausgebildeten Künstlern getragen, wie dem Maler **Peter Candid** (1458 bis 1628) und dem Baumeister **Friedrich Sustris** (um 1540 bis 1599). Letzterer verantwortete u. a. den Bau der Michaelskirche, den Grottenhof der Residenz und den Umbau des Antiquariums zum Festsaal. Die Plastik der Zeit prägte der in Florenz ausgebildete **Hubert Gerhard** (1550 s'Hertogenbosch -1620), von dem auch die Madonna auf der Mariensäule des Marienplatzes stammt. Trotz leerer Kassen förderten die Wittelsbacher Wissenschaft und Kunst. So entstanden bedeutende Kunstwerke wie die »Alexanderschlacht« von **Albrecht Altdorfer** (um 1480–1538), die mit anderen Historienbildern die Sammlung der Alten Pinakothek begründete. Albrecht V. holte Künstler wie den Maler **Hans Mielich** (1516–1573) und den Komponisten **Orlando di Lasso** (1532–1594) an den Hof. Ab 1568 entstand die größte Schlossanlage ihrer Zeit, die Münchner **Residenz**. An ihrer westlichen Schauseite prangt ein weiteres großartiges Zeugnis der Marienverehrung, die »Patrona Boiariae« von **Hans Krumpper** aus Weilheim (um 1570–1634), der mit seinem Grabmal für Kaiser Ludwig den Bayern (in der Frauenkirche) die Macht des Hauses Wittelsbach eindrucksvoll in Szene setzte. 1618 begann der große Krieg, an dessen Ende 1648 Europa verwüstet war. Auch für München bedeutete der Dreißigjährige Krieg den Ruin. Immerhin verschonte der Schwedenkönig Gustav II. Adolf die Stadt. Nach dem Abzug der Schweden grassierte die Pest. Es sollte bis ins 19. Jh. dauern, dass München sich wieder erholte.

Unter Kurfürsten und Königen

Barock und Rokoko

Doch gingen die Wittelsbacher aus dieser Katastrophe gestärkt hervor, sie hatten ihr Gebiet vergrößert und die Kurfürstenwürde gewonnen. Kurfürst Ferdinand Maria bemühte sich um den Wiederaufbau des Landes. Durch seine Verbindung mit Henriette Adelaide von Savoyen zog der italienische Barock in München ein, mit **Enrico Zuccalli** (1642–1724) und **Giovanni Antonio Viscardi** (1645–1713) als Hofbaumeister, zunächst Kollegen, später erbitterte Konkurrenten. Zuccalli vollendete die von dem Bolognesen Agostino Barelli (1627–1687) begonnene **Theatinerkirche**, eines der frühesten Barockgebäude nördlich der Alpen. **Schloss Nymphenburg** wurde von Barelli geplant, von Zuccalli fortgeführt, schließlich von dem Dachauer **Joseph Effner** (1687–1745) vollendet. Nach seiner von Zuccalli betriebenen Amtsenthebung war Viscardi als freier Architekt erfolgreich, im Auftrag der Stände Bürger, Adel und Geistlichkeit schuf er die **Dreifaltigkeitskirche**, ein später Höhepunkt seiner Kunst, und die **Bürgersaalkirche**.

Das Zentrum einer glänzenden Hofhaltung: Großer Saal im Schloss Nymphenburg

Kurfürst Maximilian II. Emanuel lernte nach 1704 in seinem niederländischen Exil den französischen Barock lieben. Unter seinem Sohn Karl Albrecht verschmolzen barocke Ideen mit der damaligen Hofkunst zum bayerischen Rokoko. Diese Ära beherrschten in München die Brüderpaare **Johann Baptist und Dominikus Zimmermann** (1680–1758, 1685–1766) sowie **Cosmas Damian und Egid Quirin Asam** (1686–1739, 1692–1750). Mit ihrer Raumgestaltung, ihren Stukkaturen und Fresken haben sie einzigartige Meisterwerke geschaffen. Die Zimmermanns gestalteten u. a. die Peterskirche und das Erzbischöfliche Palais. Die Asamkirche, das Raumwunder in der Sendlinger Straße, ist der vollendete Ausdruck der kongenialen Zusammenarbeit der Asams. Zudem begründete C. D. Asam mit seinem Privathaus in Thalkirchen die Tradition der Münchner Künstlervillen, die in der Prinzregentenzeit ihren Höhepunkt erlebten. Der aus der Oberpfalz stammende Baumeister **Johann Michael Fischer** (1692 bis 1766) schuf im Lehel, in Bogenhausen und in Berg am Laim großartige Gesamtkunstwerke des Rokokos, was auf seiner Grabtafel in der Frauenkirche sehr feinsinnig gewürdigt wird: Er habe nicht nur »32 Gotteshäuser und 23 Clöster«, sondern auch die »Gemüther vieler Menschen erbauet«. **François Cuvilliés** d. Ä. (1695–1768), Schöpfer des Cuvilliéstheaters und der Reichen Zimmer in der Residenz und der Amalienburg in Nymphenburg, stand erst als Hofzwerg in Diensten Max Emanuels; der erkannte seine Fähigkeiten und ließ ihn u. a. an der Pariser Académie Royale d'Architecture ausbilden.

Nach Maximilian III. Joseph übernahm 1777 der Pfälzer Wittelsbacher Karl Theodor das Kurfürstentum, der andere Pläne hatte und sich damit bei den Bayern alle Sympathien verspielte. Dennoch bemühte er sich sehr um die Stadt, u. a. ließ er die Mauern und Gräben rund um die Stadt einebnen. Nach Plänen von **Benjamin Thompson** (Graf Rumford) und **Friedrich Ludwig von Sckell** (1750–1823) wurden für die Bürger der **Englische Garten** angelegt und der Schlosspark Nymphenburg geöffnet, den Sckell ebenfalls in einen englischen Landschaftspark umwandelte – die Münchner sollten sich lieber zerstreuen als auf revolutionäre Gedanken kommen.

19. Jahrhundert

Maximilian IV. Joseph erhielt 1806 die Königskrone, allerdings um den Preis eines Verrats – er verbündete sich mit Napoleon gegen den Kaiser. Gleichzeitig fand eine der wichtigsten politisch-kulturellen Veränderungen in Bayern statt, die **Säkularisation**. Klöster wurden aufgelöst, Kirchenbesitz beschlagnahmt, ihre Schätze – so nicht zerstört – bereicherten Galerien, Sammlungen und Bibliotheken. König Max I. Joseph ließ das **Nationaltheater** errichten und gründete die **Akademie der Bildenden Künste**, die bald zu den führenden in Europa gehörte. Einer ihrer frühen Direktoren war Peter von Cornelius (1783–1867), dessen »Jüngstes Gericht« in der Ludwigskirche zu den größten Fresken der Welt zählt. Besonders die **Historienmaler** Carl Theodor von Piloty (1826–1886) und Wilhelm Diez (1839 bis 1907) prägten Generationen von Schülern aus Europa und Amerika. Die große Entdeckung des 19. Jh.s, die Landschaftsmalerei, wurde allerdings aus dem Lehrplan gestrichen. So schufen die Vertreter der **Münchner Schule**, wie Wilhelm von Kobell (1766–1853) und Johann Georg von Dillis (1759–1841), ihre Landschafts- und Genrebilder außerhalb des Akademiebetriebs. Ebenfalls draußen blieb der Autodidakt Carl Spitzweg (1808–1885), »der« Maler des Biedermeiers mit seinen ironisch gebrochenen Idyllen.

König Ludwig I. verwandelte die Umgebung Münchens in eine Großbaustelle. **Leo von Klenze** (1784–1864) schuf für ihn aus griechischen, römischen, ägyptischen und italienischen Zutaten einen Stil, der die Stadt prägte und ihr die Bezeichnung **Isar-Athen** eintrug. Das zentrale Zeugnis dafür ist der **Königsplatz** mit der Glyptothek als Heim für die antiken Skulpturen, die Ludwig erwerben ließ. Zusammen mit der **Alten Pinakothek** gehörte sie zu den ersten öffentlichen Museen Münchens. Als Planungsstratege organisierte Klenze die Stadterweiterung Ludwigs: Er konzipierte die **Ludwigstraße,** den Prachtboulevard vom heutigen Odeonsplatz in Richtung Schwabing, wobei er sich an italienischen Vorbildern orientierte. Ihre Endpunkte, Feldherrnhalle und Siegestor, sowie die Universitätsgebäude und die Ludwigskirche entwarf jedoch Klenzes Gegenspieler **Friedrich von Gärtner** (1791–1847). Sein an die Romanik angelehnter Rundbogenstil verlieh den Bauwerken einen monumentalen Charakter, wirkte aber nicht so streng wie die klassizistischen Fassaden, zumal Gärtner das Pompöse mit italienischer Leichtigkeit durchbrach.

»
Zwischen Kunst und Bier ist München wie ein Dorf zwischen Hügeln hingelagert.
«
Heinrich Heine (1797 - 1856)

Ludwigs Sohn **Maximilian II.** holte Wissenschaftler und Schriftsteller in die Stadt – die »Nordlichter« – und festigte den Ruf Münchens als Universitätsort. Mit der Unterstützung von Brauchtum und Volkskunst stärkte er gegenüber den deutschen Einigungsbestrebungen das bayerische Nationalgefühl. Eine weitere Prachtstraße entstand, die **Maximilianstraße**; ihr Schöpfer **Friedrich Bürklein** (1813 bis 1872) kombinierte antike und gotische Formen und gilt damit als Vorläufer des Jugendstils. Das Maximilianeum, heute Sitz des Bayerischen Landtags, ist mit der auf Fernwirkung bedachten Schauseite ein Höhepunkt seines Schaffens.
Mit **Ludwig II.** endete der planmäßige Ausbau Münchens. Nach seiner außenpolitischen Entmachtung und der Gründung des neuen deutschen Kaiserreichs 1871 widmete sich der »Märchenkönig« lieber dem Bau seiner Schlösser im Oberland. In der zweiten Hälfte des 19. Jh.s setzte das wohlhabende Bürgertum Akzente in der Kunstförderung. In der Architektur dominierte der Historismus – der Rückgriff auf frühere Stilformen –, wie der Bau des **Neuen Rathauses** und der **Paulskirche** an der Theresienwiese zeigen, beide von Georg Hauberrisser (1841–1922). Von vielen Zeitgenossen als unpraktisch und »unmünchnerisch« abgelehnt, ist das Rathaus mit seinem Glockenspiel heute unangefochten das Zentrum Münchens. Die herausragende Figur des Historismus in München war **Gabriel von Seidl** (1848–1913), der mit dem **Bayerischen Nationalmuseum** einen der bedeutendsten und originellsten Museumsbauten seiner Zeit schuf; als sein sakrales Hauptwerk gilt die Pfarrkirche St. Anna im Lehel. Sein Bruder **Emanuel von Seidl** (1856–1919), Architekt, Innenarchitekt und Ingenieur, schuf mit seinem Großbetrieb für Inneneinrichtung den Typus des für die Münchner Kultur bedeutsamen »Bierpalasts«, wie ihn noch der **Augustiner** in der Neuhauser Straße mit seinem einzigartigen Muschelsaal und der **Löwenbräukeller** am Stiglmayerplatz verkörpern.

Aufbruch in die Moderne

In der zweiten Hälfte des 19. Jh.s regierten in München die »Malerfürsten« **Franz von Lenbach** (1836–1904), **Friedrich August von Kaulbach** (1850–1920) und **Franz von Stuck** (1863–1928). Als gefragte Porträtisten kamen sie zu Reichtum und Ansehen und leisteten sich großartige Villen: das Lenbachhaus, die Kaulbach-Villa (beide

OBEN: Ebenso kühl wie monumental konzipierte Leo von Klenze seine Propyläen am Königsplatz. Links davon die Glyptothek, rechts die heutige Antikensammlung. In der Mitte erkennt man in der Ferne den Obelisken auf dem Karolinenplatz.
LINKS: An Selbstbewusstsein mangelte es dem Münchner »Malerfürsten« Franz von Stuck wahrlich nicht. Er gestaltete sein Domizil als höchst repräsentatives Gesamtkunstwerk zwischen Antike, Jugendstil und Symbolismus.

von Gabriel von Seidl entworfen) und die Villa Stuck nach Plänen von Stuck selbst – ein architektonisches Gesamtkunstwerk. Sie und die **Königlich privilegierte Münchner Künstlergenossenschaft** beherrschten die Szene, ohne ihr Wohlwollen konnten sich junge Künstler nicht etablieren. Daraufhin gründeten Künstler wie Lovis Corinth (1858–1925), Max Liebermann (1847 bis 1935), Ludwig Dill (1848–1940) und Fritz von Uhde (1848–1911) die **Münchner Secession**. Benannt nach der Münchner Wochenzeitschrift für Kunst und Leben »Jugend« entwickelte sich um 1900 der **Jugendstil**, dessen dekorative Kunst alle gestalterischen Bereiche vom Bauwesen bis zum Sofakissen erfasste. Bauten wie das Müller'sche Volksbad von Carl Hocheder (1854–1917) und die bis zur Türklinke durchgestalteten Wohnhäuser eines Martin Dülfer (1859–1942), die Raum- und Möbelkunst von Richard Riemerschmid (1868–1957) und Hermann Obrist (1862–1927) sowie die eindrucksvollen Gebäuden des Allround-Architekten Theodor Fischer (1862–1938) zeigen eine große Vielfalt an Ausprägungen. Fischers künstlerisches Juwel, die **Erlöserkirche** in Schwabing, ist typisch für die Abkehr vom Pomp des zeitgenössischen Historismus. Darüber hinaus trat Fischer als Stadtplaner hervor, der soziale und verkehrstechnische Gesichtspunkte ebenso berücksichtigte wie ästhetische.

Zur Bedeutung Münchens als Kunstzentrum trug auch die 1884 ins Leben gerufene **Damen-Akademie** bei, die Frauen aus ganz Europa anzog, weil ihnen der Zugang zu den offiziellen Kunstakademien verwehrt blieb. Aus ihr gingen Künstlerinnen wie Gabriele Münter (1877 bis 1962), Käthe Kollwitz (1867–1945) und Marianne von Werefkin (1860–1938) hervor. In dem von Hermann Obrist und Wilhelm Debschitz (1871–1948) geschaffenen **Lehr- und Versuchsatelier für angewandte und freie Kunst** entstanden die Grundlagen des modernen Designs. Künstler der Avantgarde, vor allem die Mitglieder der Vereinigung **Blauer Reiter** (1911), konnten sich in München nie richtig durchsetzen. Franz Marc (1880–1916), Gabriele Münter, Paul Klee (1879–1940), August Macke (1887–1914), Alexej von Jawlensky (1864–1941) und Wassily Kandinsky (1866–1944) zogen deshalb aufs Land, um dort ihre künstlerische Programmatik zu entwickeln. Sie wurden zu Protagonisten des Expressionismus, der wichtigsten Erneuerungsbewegung der deutschen Kunst des 20. Jh.s.

Vom Dritten Reich bis heute

»Hauptstadt der Bewegung«

Das zunehmend reaktionäre Klima in München nach dem Ersten Weltkrieg war der Nährboden für die Nationalsozialisten – ihre Partei wurde hier gegründet, hier hatte sie ihren Sitz bis 1945. Im Auftrag Hitlers und unter Federführung des Parteiarchitekten Hermann Giesler wurde München mit den entsprechenden Gebäuden ausgestattet

(▶ Baedeker Wissen S. 138). Geplant war eine **totalitäre Umgestaltung** mit gigantomanischen Bauten entlang einer Ost-West-Achse. Als »Hauptstadt der Deutschen Kunst« wurde München zum Mittelpunkt nationalsozialistischer Kulturpropaganda. 1937 verunglimpfte die Ausstellung **»Entartete Kunst«** in den Hofgartenarkaden Vertreter des Expressionismus und der Moderne, während im **»Haus der Deutschen Kunst«** Werke gezeigt wurden, die im Dienst der Volkserziehung und der NS-Politik standen. Nach dem Krieg in »Haus der Kunst« umbenannt, gehört es zu den eindrücklichsten NS-Bauten, die in München erhalten sind. Heute ist es ein weltweit führendes Zentrum für zeitgenössische Kunst, das zeigt, wie international und vielschichtig Kunst ist.

Nachkriegszeit

Die Architekten des Wiederaufbaus standen vor der Frage, wie sie ihn gestalten sollten: als historisierende Wiederherstellung, als radikale Neugestaltung oder in der Verbindung von Alt und Neu. **Hans Döllgast** (1891–1974) schloss die Wunde, die eine Bombe in die Alte Pinakothek gerissen hatte, mit einer Plombe, die das Ausmaß der Zerstörung sichtbar lässt. Der Architekt und Denkmalpfleger **Erwin Schleich** (1925–1992) hielt sich ans Historische, etwa mit der Rekonstruktion der Fassade und des Treppenhauses des Preysing-Palais an der Feldherrnhalle. **Sep Ruf** (1908–1982) bot das moderne Kontrastprogramm: Damals sehr umstritten, erstellte er mit der Neuen Maxburg, als Ersatz für eine Wittelsbacher-Residenz, bis 1957 eine der besten Bauten der Nachkriegszeit. Auch **Gustav Gsaenger** (1900–1989) setzte mit dem asymmetrisch geschwungenen Raum der Matthäuskirche am Sendlinger Tor Maßstäbe. Eine Vorreiterrolle im Sakralbau nahm die 1960 geweihte Kirche St. Johann von Capistran von Sep Ruf in der Parkstadt Bogenhausen ein, mit geschlossener Architektur und Raumgestaltung, wobei der Altar in der Mitte die Empfehlungen des Zweiten Vatikanischen Konzils vorwegnahm.

Von den Olympischen Spielen zur BMW Welt

Durch die **Olympischen Spiele 1972** erhielt die Stadt einen gigantischen Entwicklungsschub. »Heitere Spiele« sollten der Welt ein anderes Bild von Deutschland zeigen: jung, friedlich und unpathetisch. Das Olympiastadion von **Günter Behnisch** (1922–2010) repräsentiert diesen Gedanken. Das von ihm und seinen Partnern, v. a. **Frei Otto,** geschaffene Zeltdach zählt zu den wichtigsten Zeugnissen der Baukultur im 20. Jahrhundert. Ebenso wegweisend war das von **Otl Aicher** (1922–1991) entwickelte Erscheinungsbild der Spiele, von der Farbwahl über das Logo bis zur Schrift und den Piktogrammen; auch heute strahlt es noch heitere Klarheit und Dynamik aus. Als Maler gestaltete nach dem Krieg **Rupprecht Geiger** (1908–2009) den öffentlichen Raum, ein »Farbbesessener« und Hauptvertreter der abstrakten Malerei in Deutschland: die (einst leuchtende) Skulptur »Gerundetes Blau« am Kulturzentrum Gasteig, Farbkonzepte für

Schulen und U-Bahnhöfe, ein Glasbild an der Münchner TU und das »Große Rot mit Contrapunkt« im Foyer der Hochschule Lothstraße.

Eine ungewöhnliche Idee realisiert die im Jahr 2000 geweihte **Herz-Jesu-Kirche** der Architekten Allmann, Sattler, Wappner im Viertel Neuhausen. Ein blauer Glaskubus hüllt einen kleineren Holzkubus ein, dem verstellbare Lamellen ein mystisches Licht verleihen. Die gläsernen Portalflügel, die die gesamte Südfront einnehmen, können ganz geöffnet werden, als wollten sie die Welt hereinlassen.

Zu Beginn des 21. Jh.s präsentiert sich die Stadt als Kunstmetropole, wenn auch nicht als Hort der Avantgarde wie um 1900. Im weltweit einzigartigen **Kunstareal** sind nicht nur die meisten Museen versammelt, mehr und mehr private Galerien und Kunsthändler lassen sich im Umkreis nieder. Die bestehenden Pinakotheken wurden mit der Pinakothek der Moderne und dem Museum Brandhorst ergänzt. Das Glanzstück in der **Pinakothek der Moderne** (Stephan Braunfels, 2002) ist die glasüberkuppelte Rotunde. Das **Museum Brandhorst** (Sauerbruch Hutton, 2009), gebaut v. a. für Werke von Cy Twombly, besticht vor allem durch sein Äußeres: 36000 bunte Keramikstäbe dienen als Schallschutz und heben das bewusst einfach konzipierte Gebäude vom oft beklagten architektonischen Einheitsbrei ab.

»Machet die Tore weit« – die Herz-Jesu-Kirche in Neuhausen

Nicht nur einen architektonischen Akzent setzt die vom Saarbrückener Architekturbüro Wandel Hoefer Lorch (2007) gestaltete **Synagoge Ohel Jakob**; ihre Lage am Jakobsplatz im Herzen der Stadt hat hohe Symbolkraft. Ein großer Wurf ist auch Wolf D. Prix und dem Architektenbüro Coop Himmelb(l)au mit der **BMW Welt** (2007) gelungen. Die kombinierte Ausstellungs-, Auslieferungs- und Eventstätte ist inzwischen die meistbesuchte Sehenswürdigkeit Bayerns. Dies sind allerdings architektonische Solitäre, die vor allem für das »Image« einer Stadt bedeutend sind, über die Lebensqualität aber nicht viel aussagen. Die Bürokomplexe, Hotels, Einkaufszentren und Wohnviertel, die gegenwärtig überall im Stadtgebiet hochgezogen werden, zeigen einen einförmigen, kühlen Stil, der mehr von Geld zeugt als von Geschmack und Ideenreichtum, schon gar nicht von städteplanerischer Qualität: unwirtliche Ansammlungen abweisender Glas-Beton-Burgen, die man mit Auto oder Tram ansteuert bzw. durchquert, aber nicht »bewohnen« kann. Ein zentrumsnahes Beispiel dafür wäre der Arnulfpark nördlich der Bahnanlagen zwischen der Hackerbrücke und der Donnersberger Brücke – von Letzterer aus bekommt man einen guten Gesamteindruck.

KULTURSTADT MÜNCHEN

München ist eine reiche Stadt, das drückt sich auch in der Zahl und Qualität der kulturellen Einrichtungen aus. Namhafte Häuser, Veranstaltungen und »Events« tragen wesentlich zur Attraktivität der Stadt bei, nicht zuletzt bei der Standortwahl von Firmen und Führungskräften.

Musik

Renommierte **Orchester** sind in München beheimatet: Münchner Philharmoniker, Bayerisches Staatsorchester, die Ensembles des Bayerischen Rundfunks (▶S. 288, 312), Münchner Kammerorchester und Münchner Symphoniker. Zu hören sind sie in der Philharmonie im Kulturzentrum Gasteig, in der Residenz im Herkulessaal und im Cuvilliéstheater, im Prinzregententheater und in der Staatsoper. In der **Hochschule für Musik und Theater,** einer der traditionsreichsten Ausbildungsstätten ihrer Art in Deutschland, kann man gratis oder für wenig Geld wunderbare Musik genießen, wenn Studierende der verschiedenen Fächer – von Klassik über Jazz bis zur Volksmusik – ihr Können demonstrieren. Hochkarätige **Aufführungen unter freiem Himmel** und in herrlicher Kulisse sind am Odeonsplatz, im Brunnenhof der Residenz und auf dem Königsplatz zu

erleben. Auch einige Schlösser bieten den festlichen Rahmen für Konzerte. In München zählt man über 150 **Chöre**, professionelle wie der hochberühmte Chor des Bayerischen Rundfunks oder Vereinigungen ambitionierter Laien, von den Kirchenchören bis zum Barbershop- oder Gospelchor. Fast überflüssig festzustellen, dass auch Freunde des **Jazz** auf ihre Kosten kommen. Spitzenmusiker aus aller Welt treten in der »Unterfahrt«, in den Konzertsälen im Gasteig, im Nachtclub des Hotels Bayerischer Hof und diversen Clubs und Kneipen auf. Große **Rock- und Pop-Events** mit internationalen Superstars finden meist im Olympiastadion und in der Olympiahalle statt, im Circus Krone (legendär etwa die Auftritte der Beatles 1966 oder von Pink Floyd 1970), in der Muffathalle und im Feierwerk.
Die **Volksmusik** nimmt nicht so viel Raum ein, wie man vielleicht erwartet; mit Ausnahme von Events wie dem Oktoberfest oder dem Kocherlball blüht sie eher im Verborgenen. Doch hat sie ihre treue Gemeinde, sie wird an der Musikhochschule unterrichtet, und wer sie kennenlernen will, besuche einen »Hoagartn« (▶muenchen.de, »Volkskultur«). Im Hofbräuhaus spielen sehr gute Ensembles, einmal im Monat wird dort ein offener Musikantentreff veranstaltet und ab und zu ein Tanzboden, zu dem alle eingeladen sind. Für die »neue« Volksmusik, die die unterschiedlichsten Einflüsse aufnimmt, sind die Fraunhofer-Volksmusiktage (Jan./Febr.) das Aushängeschild.

»

Ihre tief reichende künstlerische Natur ist weniger geistig als sinnlich; München ist die Stadt der angewandten und zwar der festlich angewandten Kunst und der typische Münchner Künstler immer ein geborener Festordner und Karnevalist.

«

Thomas Mann

BR Klassik Der Bayerische Rundfunk unterhält hochrangige Klangkörper: Das Symphonieorchester (seit 2003 unter Mariss Jansons) widmet sich hauptsächlich klassischer Musik, das Rundfunkorchester der unterhaltenden Musik; der Chor des BR (seit 2015 unter Howard Arman) gilt als einer der besten der Welt. Alljährlich findet Anfang September im Funkhaus (Arnulfstr. 42, www.br.de) der renommierte **Musikwettbewerb der ARD** statt, der schon vielen Nachwuchsmusikern zu einer Weltkarriere verholfen hat. Ein Leckerbissen sind auch die Kammerkonzerte der Preisträger und die sporadisch stattfindenden **Studio-Konzerte** mit ungewöhnlichen Programmen.

Oper und Theater Für Opern- und Ballettfans ist eine Aufführung der **Bayerischen Staatsoper** im Nationaltheater ein Muss: Hervorragende Intendanten und internationale Pult- und Gesangsstars sorgen für Weltruf.

Einen ihrer Höhepunkte findet das musikalische Sommerprogramm Münchens bei der »Klassik am Odeonsplatz«.

»Leichtere« Opern, Operetten und Musicals bringen das **Staatstheater am Gärtnerplatz** und das **Deutsche Theater**. Im **Prinzregententheater** kann man aus einem vielfältigen Programm wählen, von Lesungen über Konzerte bis zur großen Oper. Ebenso abwechslungsreich ist das Programm der fünf Dutzend großen und kleinen **Sprechtheater**, vom klassischen oder modernen Stück über Boulevardkomödien und Kabarett bis zum Experiment. In erster Linie zu nennen sind das **Residenztheater** (unter Martin Kušej, der 2019 ans Wiener Burgtheater wechseln wird), die **Kammerspiele** (unter Matthias Lilienthal) und das **Münchner Volkstheater**. Vom Namen dieses Hauses – seit 2002 unter Christian Stückl, der auch das Oberammergauer Passionstheater leitet –, sollte man sich nicht täuschen lassen: Es bringt keine drolligen Bauernschwänke, sondern engagiertes, oft heftiges Theater in der Tradition des Volksstücks.

Filmstadt München

Die bayerische Metropole hat sich schon in den 1920er-Jahren zu einem renommierten Zentrum des Films entwickelt, in den 1960er- und 1970er-Jahren machten Rainer Werner Fassbinder, Klaus Lemke und Werner Herzog von sich reden. Ein wichtiger Motor war und ist die **Bavaria Film** in Geiselgasteig. Auch die Studios öffentlich-rechtlicher und privater Rundfunk- und Fernsehgesellschaften und die

Hochschule für Fernsehen und Film sind wichtige Institutionen, die Highlights der Szene das Dokumentarfilmfestival (Mai), das **Filmfest** (Juni), das Internationale Filmfest der Filmhochschule München (November) sowie das Jugendfilmfest (Dezember). Das **Filmmuseum** des Münchner Stadtmuseums zeigt Werkschauen großer Regisseure oder Reihen zu bestimmten Themen. Einige Kinos wie das »Theatiner«, das 100 Jahre alte »Maxim« (jetzt »Neues Maxim«) in der Landshuter Allee oder das »Sendlinger Tor« mit seinem plüschigen Ambiente haben sich einen besonderen Charme erhalten.

Museen – die Highlights

Museen und Galerien mit hochklassigen Wechselausstellungen erfreuen sich regen Zuspruchs. Nordwestlich des Stadtzentrums, in der Maxvorstadt, liegt das **Kunstareal**, das weltberühmte Sammlungen vereint; die Staatliche Sammlung Ägyptischer Kunst hat im Komplex der Hochschule für Fernsehen und Film ein neue Heimat gefunden. Die Kultur und die Geschichte der Region bzw. Münchens setzen das **Bayerische Nationalmuseum** (Prinzregentenstraße) und das Münchner **Stadtmuseum** am St.-Jakobs-Platz in Szene; das **Deutsche Museum** auf der Museumsinsel in der Isar gilt als größtes und bedeutendstes technisch-naturwissenschaftliches Museum der Welt.

Bei den »Langen Nächten« – der Musik, der Literatur, der Museen etc. – ist halb München auf den Beinen. Hier das Südtiroler Trio Ganes in der Philharmonie.

INTERESSANTE MENSCHEN

Kunstsinniger Vorreiter des Katholizismus: Herzog Albrecht V.

1528 – 1579 Herzog von Bayern

Albrecht »der Großmütige« (reg. 1550 – 1579) profilierte sich als Gegner des Protestantismus, der damals in Bayern an Boden gewann; zur Stärkung des Katholizismus holte der Renaissance-Fürst die Jesuiten nach München. Vor allem aber stand Albrecht am Beginn der Kunstmetropole München: Seine Kunstkammer in der Alten Münze, seine Münzsammlung und das Antiquarium in der Residenz – Heimstatt für seine Antikensammlung – waren die ersten Museen im heutigen Deutschland. Auch die Bayerische Staatsbibliothek geht auf ihn zurück, und er verpflichtete Orlando di Lasso, einen der bedeutendsten Musiker der Renaissance, als Leiter der Hofkapelle.

Meister des Rokokos: die Brüder Cosmas Damian und Egid Quirin Asam

1687–1739 / 1692–1768 Baumeister, Maler, Stuckierer

Die Großmeister des bayerischen Rokokos erlernten ihr Handwerk bei ihrem Vater Hans Georg Asam, dem »Hausmaler« des Klosters Benediktbeuern; ab 1712 studierte Cosmas Damian in Rom, wo ihn die Werke Berninis besonders beeindruckten. Die Brüder, die meist gemeinsam arbeiteten – als Maler und Architekt, Egid Quirin auch als Bildhauer und Stuckateur – erbauten bzw. gestalteten viele Kirchen und Klöster im süddeutschen Raum. In München sind v. a. die Heilig-Geist-Kirche, die Damenstiftskirche, die Dreifaltigkeitskirche, St. Anna im Lehel und St. Maria in Thalkirchen zu nennen. Egid Quirin erstellte sich die großartige »Asamkirche« in der Sendlinger Straße, sein Wohnhaus daneben zierte er mit herrlichem Stuck. Cosmas Damian erwarb 1724 in Thalkirchen nahe der Isar ein stattliches Haus, das er prachtvoll bemalte (Restaurant Asam-Schlössl).

Vom Hofzwerg zum Hofarchitekten: François Cuvilliés d. Ä.

1695 – 1768 Baumeister

Aus dem zu Österreich gehörenden französischsprachigen Hennegau (Hainaut) im heutigen Belgien kam der kleinwüchsige Feingeist François Cuvilliés nach München. Er war zunächst tatsächlich Hofzwerg

Der »Stenz« alias Helmut Fischer, offenkundig in seinem Element

des Kurfürsten Max Emanuel in München, berühmt wurde er jedoch als großer Architekt und **Innengestalter des süddeutschen Rokokos**. Nachdem er auf Kosten des Landesherrn in Paris eine Ausbildung erhalten hatte, arbeitete er ab 1725 als Hofbaumeister vor allem in München. Seine Hauptwerke sind das Alte Residenztheater (Cuvilliés-Theater), die Reichen Zimmer in der Residenz und die Amalienburg im Schlosspark Nymphenburg. Die Theatinerkirche versah er mit ihrer Fassade, wobei er den originalen Entwurf von Barelli geschickt auf die beiden Türme von Zuccalli abstimmte.

Hallodri aus der Vorstadt: Helmut Fischer

1926 – 1997
Schauspieler

Böse Zungen behaupteten, er habe sich nur selber spielen müssen, jedenfalls schien dem gebürtigen Münchner die Rolle des »Monaco Franze« in der TV-Serie »Der ewige Stenz« (1981–1983) auf den Leib geschrieben. Und es wurde für den bis dahin nur mäßig erfolgreichen Schauspieler die Rolle seines Lebens. Ein »Stenz« – ein Männertyp, für den vor allem der Stadtteil Au bekannt war –, das ist ein Windhund, ein lässiger Lebenskünstler, der größten Wert auf sein Äußeres legt und dessen Charme – trotz seiner offenkundigen Schwächen – keine Frau widerstehen kann, insbesondere solche höheren Standes. Die wohl berühmtesten Aussprüche des Monaco Franze: »A bisserl was geht immer« (bei Frauen natürlich) und »An rechter Scheißdreck war's« (über eine neue Operninzenierung).

Auch nicht schlecht sein Anmach-Spruch: »Hast du daheim ein Telefon? Des tät ich mir gern mal anschauen.«

Rokoko-Baumeister aus der Oberpfalz: Johann Michael Fischer

1692 – 1766
Baumeister

Die große architektonische Idee, die J. M. Fischer zeitlebens verfolgte, war die Verbindung des althergebrachten Längsbaus mit dem Zentralbau, was die Sakralarchitektur des Spätbarocks entscheidend prägte. Nach Lehrjahren in Böhmen, Mähren und Österreich ließ er sich 1718 in München nieder; sein Grabmal in der Münchner Frauenkirche verkündet, dass er »32 Gottshäuser, 23 Klöster nebst sehr vielen anderen Palästen / Gemüther aber viele hundert (...) erbauete«. Seine wichtigsten Werke in München sind die Klosterkirche St. Anna im Lehel als erstes echtes Rokoko-Gotteshaus in Altbayern, St. Georg in Bogenhausen und St. Michael in Berg am Laim.

Genialer Tüftler: Joseph von Fraunhofer

1787 – 1826
Glastechnologe und Optiker

In München ist die 1949 gegründete »Fraunhofer-Gesellschaft zur Förderung der angewandten Forschung« ansässig, die größte europäische Organisation für Forschungsdienstleistungen. Sie benannte sich nach Joseph von Fraunhofer, weil er in einzigartiger Weise technische Entwicklung mit Grundlagenforschung verband. Nach einer Glasschleiferlehre trat er in das Optische Institut von J. v. Utzschneider in Benediktbeuern ein, wo er Schleifmaschinen und Gläser für optische Geräte entwickelte, die den Fernrohrbau revolutionierten. 1814 gelang ihm seine bedeutendste Entdeckung, die Absorptionslinien im Sonnenspektrum; mit einem Beugungsgitter aus Glas, in das pro Millimeter 300 Linien geritzt waren, konnte er ihre Wellenlängen bestimmen. 1819 wurde Fraunhofer, der keine akademische Ausbildung besaß, zum Professor ernannt. 1824 baute er ein astronomisches Objektiv mit fast 2,5 m Öffnung, im selben Jahr wurde er in den Adelsstand erhoben. 1826 starb er an Tuberkulose, bestattet ist er auf dem Alten Südfriedhof.

Architekt der Ludwigstraße: Friedrich von Gärtner

1792 – 1847
Hofbaumeister

Seine Ausbildung erhielt Friedrich von Gärtner in der bayerischen Landeshauptstadt. Nach Studienreisen durch Italien, die ihn mit der klassischen Baukunst vertraut machten, wurde er erbitterter Konkurrent und schließlich Nachfolger des Hofbaumeisters Leo von

Klenze, er erfreute sich besonderer Förderung durch Ludwig I. Ebenso wie von Klenze, der vor allem für den Königsplatz, die Ruhmeshalle und die Alte Pinakothek steht, hat Gärtner München seinen Stempel aufgedrückt. Seine Hauptwerke, die großen Bauten an der Ludwigstraße – Staatsbibliothek, Ludwigskirche, Universität, Siegestor und Feldherrnhalle – sind eine Synthese aus klassizistischen Gliederungsprinzipien und Formen der Romanik, Gotik und Renaissance.

Vom Postkartenmaler zum Massenmörder: Adolf Hitler

1889 – 1945
Diktator

München war eine der drei wichtigen Städte im Leben Hitlers. In Wien entwickelte er seine antisemitisch-rassistische Haltung, in München nahm er seinen politischen Aufstieg, in Berlin erreichte er den Gipfel der Macht. Im Mai 1913 ging Hitler nach München, um sich dem österreichischen Militärdienst zu entziehen. Im Ersten Weltkriegs diente er freiwillig an der Westfront. Zurück in München wurde er von der Reichswehr zur Beobachtung von Veteranen und Parteien eingesetzt. Unter ihnen war auch die antisemitische Deutsche Arbeiterpartei. Er erkannte diese unscheinbare Gruppe als »sein« Forum und trat ihr im Sept. 1919 bei. Hitler setzte sein rhetorisches und demagogisches Talent für sie ein und wurde ihr wichtigster Redner. Am 24. Febr. 1920 fand im Hofbräuhaus die erste Massenversammlung der Partei statt, auf der das Programm einer **Nationalsozialistischen Deutschen Arbeiterpartei** (NSDAP) vorgestellt wurde. 1923 sah Hitler die Zeit reif für den Sturz der Weimarer Regierung. Die SA umstellte am 8. Nov. 1923 den Bürgerbräukeller, in dem der bayerische Generalstaatskommissar von Kahr sprach. Hitler erklärte die bayerische und die Reichsregierung für abgesetzt; tags darauf marschierte er mit General Ludendorff und ca. 3000 Anhängern durch München, doch an der Feldherrnhalle fand sein Putschversuch unter Polizeikugeln ein blutiges Ende. Ein bayerisches Gericht – ein Rechtsbruch, für Hochverrat war das Reichsgericht in Leipzig zuständig – verurteilte ihn zu fünf Jahren komfortabler Festungshaft in Landsberg, schon nach neun Monaten wurde er entlassen. In dieser Zeit verfasste er den ersten Teil seiner Programmschrift »Mein Kampf«. Zielstrebig arbeitete er am Wiederaufbau der NSDAP und ihrer Ausdehnung über Bayern hinaus, bis Hindenburg ihn in Berlin 1933 zum Reichskanzler ernannte (»Machtergreifung«). Auch weiterhin blieb Hitler München verbunden. In der **»Hauptstadt der Bewegung«** wurden die »Blutzeugen« des 9. Nov. 1923 geehrt, viele NSDAP- und andere Terrororganisationen hatte hier ihren Sitz (▶ Baedeker Wissen S. 138). Noch einmal spielte der Bürgerbräukeller eine Rolle in Hitlers Leben: Am 8. Nov. 1939 entging er dort dem Bombenattentat Georg Elsers (▶ S. 103).

Rudolph Moshammer mit »Daisy« und einer Auswahl seiner Krawatten

Exzentrischer Menschenfreund: Rudolph Moshammer

1940 – 2005
Händler für Herrenmode

Über viele Jahre war »RM« – mit Rolls Royce, seiner Mama Else (mit akkurat ondulierten silberblauen Haaren) und Yorkshire-Terrier Daisy – geradezu ein Markenzeichen Münchens, seine Herrenmode-Boutique in der Maximilianstr. 14 zog echte und weniger bedeutende Prominenz an. Doch der Glitter war nur eine Seite dieses ungewöhnlichen, mit Witz und Selbstironie begabten Menschen: Seine Jugend in schwierigen Verhältnissen hat er nicht vergessen. Er kümmerte sich um Obdachlose, unterstützte die Straßenzeitung BISS (Bürger in sozialen Schwierigkeiten) und gründete die Stiftung »Licht für Obdachlose«; zu Weihnachten lud er sie zu einem großen Essen mit Bescherung ein. Als RZ starb, trauerte die ganze Stadt, über den Verlust und auch die so unwürdige Art seines Todes: Er war in seinem Haus in Geiselgasteig von einem Stricher ermordet worden. Bestattet ist er auf dem Ostfriedhof, neben seiner Mama Else in dem Mausoleum, das er 1993 für sie hatte errichten lassen.

»
Pst, es muss unter uns bleiben: Ich *bin* Ludwig II.
«

Rudolph Moshammer 1994 zu einem Journalisten

Ein Münchner »Malerfürst«: Franz von Lenbach

1836 – 1904
Maler

Lenbach, aus dem oberbayerischen Schrobenhausen gebürtig, erlangte als **Porträtmaler der Gründerzeit** eine beherrschende Stellung in der Münchner Künstlerszene. Er wurde vor allem durch Bildnisse von Kaiser Wilhelm I. und Reichskanzler Otto von Bismarck (etwa 80!) berühmt. Nicht weniger bekannt sind seine oft sehr bunten Landschaftsgemälde. Seine repräsentative Villa, die er sich am Königsplatz erbaute, beherbergt heute die Kunstsammlungen der Stadt München, u. a. hochberühmte Werke des »Blauen Reiters«.

Der Schöpfer Isar-Athens: Ludwig I.

1786 – 1868
König von Bayern

Der Sohn des kulturbeflissenen Königs Maximilian I. Joseph übernahm 1825 die Herrschaft. Ludwig befürwortete die recht liberale Verfassung von 1818. Zielstrebig verfolgte er den **Ausbau der Residenzstadt**, die eine bedeutende Metropole werden sollte, nach griechischen und italienischen Vorbildern – dafür stehen v. a. die nach ihm benannte Ludwigstraße und der Königsplatz. 1826 verlegte er die Landesuniversität von Landshut nach München. Mit großer Anteilnahme verfolgte er den Freiheitskampf der Griechen, später sollte sein Sohn Otto griechischer König werden. Seine Affäre mit der Tänzerin Lola Montez und die Märzrevolution von 1848 zwangen Ludwig zum Rücktritt (► S. 289).

Wegweisender Lokomotivfabrikant: Joseph Anton von Maffei

1790–1870
Industrieller

Der Sohn eines aus Verona stammenden Tabakgroßhändlers war einer der Haupinitiatoren der Eisenbahn in Bayern und schrieb als Lokomotivfabrikant Geschichte. 1838 erwarb Maffei in der Hirschau an der Isar, heute Teil des Englischen Gartens, ein kleines Eisenwerk, und begann – zunächst mit britischem Know-how – Dampfloks zu bauen. Die erste »bayerische« Lok wurde 1841 fertig. Der große Sprung nach vorn kam 1851, als Maffei den Wettbewerb für die Semmering-Lok gewann, 1864 verließ die 500. Lokomotive das Werk. 1907 erreichte die S 2/6 mit Stromlinienverkleidung eine Rekordgeschwindigkeit von 154 km/h, die großartige S 3/6 der Königlich Bayerischen Staatsbahnen von 1912 ist im Verkehrsmuseum auf der Theresienhöhe zu bewundern. Maffei baute auch Schiffe für den Starnberger und den Ammersee, er war Landtagsabgeordneter und Mitbegründer der Bayerischen Hypotheken- und Wechselbank. Das

Ludwig I. machte München zu einer bedeutenden Metropole (J. Stieler, 1826).

Werk in der Hirschau wurde 1938 abgetragen, erhalten sind noch einige Arbeiterhäuser und das Tivoli-Kraftwerk. Bestattet ist Maffei auf dem Alten Südfriedhof, sein Name lebt in der Firma Krauss-Maffei Wegmann, dem Hersteller des Leopard-Panzers, und der Krauss-Maffei Gruppe mit Hauptsitz in München-Allach weiter.

Pionier der Elektrotechnik und Museumsgründer: Oskar von Miller

1855 – 1934
Ingenieur

Als Sohn des Königlichen Erzgießers Ferdinand von Miller – aus dessen Werkstatt stammt die Bavaria auf der Theresienhöhe – war Oskar von Miller daran gewöhnt, die Ärmel aufzukrempeln. Bayerns Entwicklung zum modernen Industriestaat wurde wesentlich durch den Ingenieur geprägt, der früh die Bedeutung der Elektrizität erkannte. Ihm gelang als Erstem die Übertragung von Strom über ca. 60 km von Miesbach nach München, 1884 baute er in München das erste Elektrizitätswerk Deutschlands. Nach seiner Zeit als Direktor der Deutschen Edison Gesellschaft (später AEG) betrieb er ein Ingenieurbüro, das für zwei weitere Großtaten steht: die Übertragung von 20 000-Volt-Drehstrom über 176 km, was den Durchbruch des Hoch-

Hans und Sophie Scholl mit Christoph Probst im Juli 1942 am Münchner Ostbahnhof, vor der Abfahrt Hans Scholls zur Ostfront

spannungsnetzes bedeutete, und den Bau des damals größten Speicherkraftwerks der Welt am Kochelsee. Nach vielen Jahren hartnäckiger PR-Arbeit, bei der er seine Beziehungen zu wichtigen Personen in Wissenschaft, Industrie und Politik nutzte, konnte er 1906 das Deutsche Museum in München eröffnen, heute das größte naturwissenschaftlich-technische Museum der Welt.

Widerstandskämpfer der »Weißen Rose«: Hans und Sophie Scholl

1918 – 1943 / 1921 – 1943 Studenten

Hans, geboren in Ingersheim an der Jagst, und Sophie, geboren in Forchtenberg, wuchsen in Ulm an der Donau auf. Zwar protestantisch erzogen, wurden sie als Schüler Mitglied in der Hitlerjugend. Hans Scholl nahm 1941 sein Medizinstudium in München auf, seine Schwester folgte ihm ein Jahr später als Studentin der Biologie und Philosophie in die bayerische Metropole. An der Universität bekamen sie Kontakt mit oppositionellen Studenten, die ihre wachsenden Zweifel am Nationalsozialismus teilten. Auch Kriegserlebnisse von Hans Scholl trugen dazu bei. Dann produzierten die Geschwister mit »Die Weiße Rose« signierte Flugblätter, in denen sie Verbrechen der Nazis anprangerten und zur Rüstungssabotage aufriefen. Am 18. Febr. 1943 ließen sie Flugschriften in den Lichthof des Hauptgebäudes der Universität flattern, dabei wurden sie beobachtet und dann denunziert. Der Volksgerichtshof in München verurteilte Hans und Sophie Scholl sowie den kurz nach ihnen verhafteten Christoph Probst zum Tod, wenige Stunden später wurden sie im Gefängnis München-Stadelheim hingerichtet. Auch die übrigen Mitglieder der Gruppe, darunter der Philosophieprofessor Kurt Huber – übrigens ein verdienter Sammler und Förderer baierischer Volksmusik –, wurden 1943 von den Nazis ermordet.

Machtmensch: Franz Josef Strauß

CSU-Politiker 1915–1988

Der Sohn eines Metzgers, ansässig in der Schwabinger Schellingstraße 49, wurde zu einer der markantesten Figuren der deutschen Nachkriegsgeschichte. Wie kein anderer bediente er das Klischee des »urbayerischen Kraftmenschen«; unvergessen sind seine verbal wie nonverbal wenig zimperlichen Auftritte im Bundestag, in bayerischen Bierzelten und beim »Politischen Aschermittwoch«. Der studierte Altphilologe, Historiker und Volkswirtschaftler gehörte von 1949 bis 1978 dem Bundestag an. Unter Kanzler Adenauer war er Minister für Sonderaufgaben, dann Minister für Atomfragen und schließlich Verteidigungsminister. Die Spiegel-Affäre und der Nachweis, dass er das Parlament belogen hatte, führten 1962 zu seinem Sturz. Vier Jahre später kehrte er als Finanzminister der Großen Koalition von CDU/CSU und SPD ins Rampenlicht zurück. 1978 zog er sich als bayerischer Ministerpräsident nach München zurück; zwei Jahre später verlor er die Kanzlerwahl gegen Helmut Schmidt. Strauß bewegte sich immer wieder in politisch bzw. juristisch zwielichtigen Bereichen, von der Affäre um den »Witwenmacher« Starfighter über den Bau des Rhein-Main-Donau-Kanals bis zum Besuch beim chilenischen Diktator Pinochet; er besuchte Mao Zedong und verschaffte der DDR einen Milliardenkredit. 2015 kamen Akten ans Licht, die belegen, dass er sich über viele Jahre von großen Firmen schmieren ließ. Nach der deutschen Wiedervereinigung sicherte sich das Bayerische Landesamt für Verfassungsschutz Dossiers der DDR-Stasi und vernichtete sie mit der Begründung, das Andenken des einstigen Landesvaters schützen zu wollen.

Philosoph des Grotesken: Karl Valentin

1882–1948
Kabarettist

»Schwer ist leicht was«, dieser berühmte Satz des in der Vorstadt Au (Zeppelinstraße 41) geborenen Komikers bringt seine Kunst ebenso auf den Punkt wie seine Lebensgeschichte. Valentin Ludwig Fey, wie

Karl Valentin und seine große Stütze Liesl Karlstadt

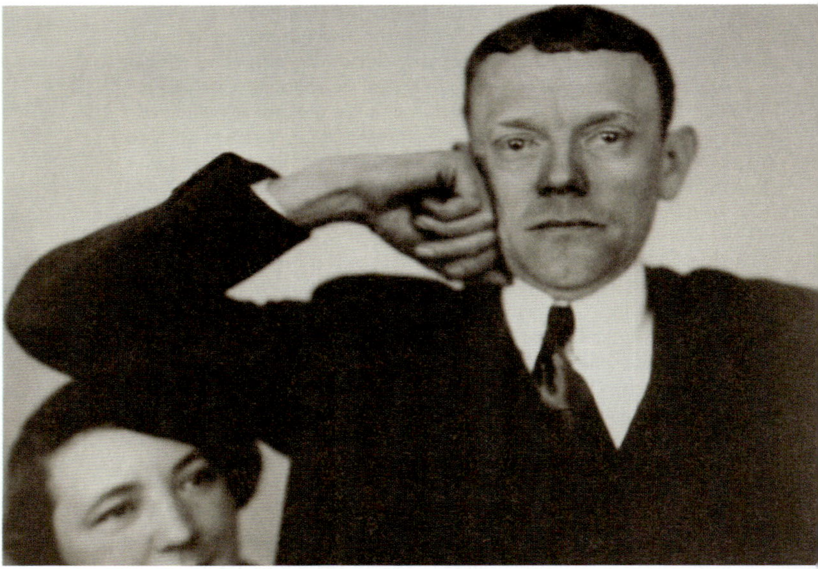

er mit bürgerlichem Namen hieß, brachte in seinen Sketchen, unterstützt durch ein skurriles Äußeres, seine Mitmenschen schier um den Verstand: Mit (scheinbarer) bodenloser Naivität und Begriffsstutzigkeit deckte er eingefahrene Sprech- und Denkgleise auf. Seinen Durchbruch hatte der »Wortzerklauberer« und »Linksdenker« 1911 mit seiner Partnerin Liesl Karlstadt (Elisabeth Wellano); später war er mit Bertolt Brecht befreundet, der ihn schätzte. Über 30 Sketche wurden mit ihm verfilmt. Finanziell blieb er erfolglos; immer wieder wirtschaftlich am Ende, starb er am Rosenmontag des Jahres 1948, durch Unterernährung entkräftet, an einer Erkältung. Noch 1953 wollte die Stadt München seinen Nachlass nicht kaufen (er wird bis heute in der Kölner Theaterwissenschaftlichen Sammlung verwahrt), und erst in den 1960er-Jahren wurde Karl Valentin wiederentdeckt. Im Isartor erinnert das »Valentin-Karlstadt-Musäum« an ihn.

Der Erfinder des Reiseführers: Karl Baedeker

1801–1859
Verleger

Als Buchhändler kam Karl Baedeker viel herum, und überall ärgerte er sich über die »Lohnbedienten«, die die Neuankömmlinge gegen Trinkgeld in den erstbesten Gasthof schleppten. Nur: Wie sollte man sonst wissen, wo man übernachten könnte und was es anzuschauen gäbe? In seiner Buchhandlung hatte er zwar Fahrpläne, Reiseberichte und gelehrte Abhandlungen über Kunstsammlungen. Aber wollte man das mit sich herumschleppen? Wie wäre es denn, wenn man all das zusammenfasste? Gedacht, getan: Sein erstes Reisebuch, die 1832 erschienene »Rheinreise«, hat er nicht selbst geschrieben. Aber er entwickelte es von Auflage zu Auflage weiter. Mit der Einteilung in »Allgemein Wissenswertes«, »Praktisches« und »Beschreibung der Merk-(Sehens-)würdigkeiten« fand er die klassische Gliederung des Reiseführers, die bis heute ihre Gültigkeit hat. Bald waren immer mehr Menschen unterwegs mit seinen »Handbüchlein für Reisende, die sich selbst leicht und schnell zurechtfinden wollen«. Die Reisenden hatten sich befreit, und sie verdanken es bis heute Karl Baedeker. München beschrieb er erstmals 1842 im »Handbuch für Reisende durch Deutschland und den Oesterreichischen Kaiserstaat«:

»

München hat als Stadt eigentlich erst seit Anfang dieses Jahrh. Bedeutung bekommen. Neue Stadttheile und Vorstädte sind entstanden, die Bevölkerung hat sich fast verdoppelt und in keiner andern europäischen Hauptstadt werden in dieser Zeit so viele ausgezeichnete Gebäude aufgeführt.

«

E

ERLEBEN & GENIESSEN

Überraschend, stimulierend, bereichernd

Erleben und genießen Sie München
mit unseren Ideen.

Donisl
FREYWILLE

AUSGEHEN

Theater und Konzerte, Kinos, Jazzclubs und Diskotheken, zünftige Wirtschaften und edle Restaurants, schöne, atmosphärereiche Plätze – in München kann keine Langeweile aufkommen. Die Palette der Möglichkeiten, einen genussreichen Abend zu verbringen, ist bunt und fast unendlich groß.

Kultur aller Art ist in München natürlich ein großes Thema; was es da alles gibt, ist unter »Kulturstadt München« (►S. 287) näher beschrieben. Zu den festen Adressen gesellen sich übers ganze Jahr eine riesige Zahl von Veranstaltungen, von denen die wichtigsten ab S. 328 genannt werden. Die Zeiten. wo um Mitternacht die Gehsteige hochklappt wurden, sind lange vorbei (Sperrzeit ist 5–6 Uhr), sogar vor den Restaurants darf man im Sommer bis 23, 24 Uhr draußen sitzen – München, die Stadt, die nur kurz schäft ...

Infoquellen Was aktuell alles geboten wird, ist verzeichnet in den Tageszeitungen (►S. 361); am Do. enthält die Süddeutsche Zeitung das SZ-Extra mit dem Programm der folgenden Woche), im gelben »Monatsprogramm« und umfassend in der kostenlosen Gazette »In München«, die in Hotels, Gaststätten, Kinos, Bibliotheken etc. ausliegt. Auch mehrere Internetmagazine kann man konsultieren (►S. 358).

Die Szene Früher ging man, um etwas zu erleben, nach Schwabing und zur Leopoldstraße. Letztere ist trotz vieler, im Sommer sehr frequentierter Lokale nicht besonders attraktiv, auch Schwabing muss sich wieder neu definieren: Immerhin halten traditionsreiche Kleinkunstbühnen den Ruf am Leben. Heute verteilen sich die In-Lokale fast über die ganze Stadt, das Angebot ist wesentlich größer, breiter und anspruchsvoller geworden. Hotspot ist die »Feierbanane«, der Ostteil des Altstadtrings zwischen Maximiliansplatz und Sendlinger Tor, mit dem Anhang der Müllerstraße, die schon zum Glockenbachviertel gehört: Hier reihen sich Clubs, Discos und Kneipen. Gut bestückt und beliebt sind auch das Glockenbachviertel, die Maxvorstadt und Au-Haidhausen. Weitere Trends haben sich in den letzten Jahren etabliert: Im Sommer treffen sich junge Menschen draußen, etwa auf dem Gärtnerplatz, an den Ufern der Isar, am Odeonsplatz, auf dem Königsplatz, auf dem Geschwister-Scholl-Platz vor der Uni. Und man bleibt nicht an einem Fleck, man ist – ggf. mit einem »Wegbier« und einer Currywurst/Burger/Döner-Etappe – auf Achse; beim »Bar-Hopping« schaut man schon mal in 6, 8 Etablissements, bevor man nach Mitternacht einen Club ansteuert. Da die Szene riesig ist (über 100 Locations) und sich permanent ändert, schaue man unter www.partymunich.de und www.theclubmap.com, was zur Zeit Sache ist.

Das Tamara Obrovac Quartet im Night Club des Bayerischen Hofs

BAR, CLUB & KINO

❶ etc.: ▶ Stadtplan S. 348/349

BARS & JAZZCLUBS

❽ SCHUMANN'S

Münchens berühmteste Bar – bei Charles Schumann muss man mal gewesen sein, nicht nur wegen der legendären Bratkartoffeln. Mit 9 m langem Tresen im 1. Stock. In den Fünf Höfen ist Schumann's Tagesbar ansässig (Maffeistr. 6, So. geschl.).
Altstadt, Odeonsplatz 6–7
Mo.–Fr. 8–3, Sa.–So. 18–3 Uhr
Tel. 089 22 90 60
www.schumanns.de

❾ PUSSER'S NEW YORK BAR

Seit 1974 existiert die wohl älteste »American Bar« Münchens, eine der besten in Deutschland. Viele Cocktails auf Rum-Basis, gemischtes Publikum. Do.–Sa. ab 21 Uhr gibt es Musik frisch vom Piano.
Altstadt, Falkenturmstr. 9
Mo.–Sa. 18–3, So. 19–3 Uhr, Tel. 089 22 05 00, www.pussersbar.de

❸ GOLDENE BAR

Extravaganter Pomp im Haus der Kunst, im Stil der 1930er-Jahre mit viel Gold. Tagsüber kann man gut essen und trinken, abends genießt man an der »Bar des Jahres 2013« gepflegte Cocktails.
Lehel, Prinzregentenstr. 1
Mo.–Sa. 10–2, So. bis 20 Uhr
Tel. 089 54 80 47 77

❿ JAZZCLUB UNTERFAHRT

Seit vielen Jahren einer der besten Jazzclubs der Republik.
Haidhausen, Einsteinstr. 42
Mo.–So. 19.30–1 Uhr, Konzerte ab 21 Uhr, Tel. 089 4 48 27 94
www.unterfahrt.de

13 JAZZBAR VOGLER
Von Jazz über Latin bis Soul, mit Solo-Gigs oder Bands internationaler Größen, das Ganze in Wohnzimmeratmosphäre. Für manche der beste Jazzclub Münchens
Isarvorstadt, Rumfordstr. 17
Mo.–Sa. 19 – ca. 1 Uhr, Konzerte ab 20.30 Uhr, Tel. 089 29 46 62
www.jazzbar-vogler.com

11 MARIA PASSAGNE
»Bar privée« – Einlass nach Klingeln. 40 Plätze, rotes Licht und eine wilde Deko. Das gemischte Publikum schätzt die gedämpfte Atmosphäre. Vorzüglich sind die Cocktails und die japanische (!) Kost.
Haidhausen, Steinstr. 42
Mo.–Sa. 19 – 1 Uhr
Tel. 089 48 61 67

7 NIGHT CLUB IM BAYERISCHEN HOF
Nicht zu eleganter Nachtclub, in dem Jazzstars wie George Benson, Al Jarreau und Randy Brecker auftreten. Wenn Sie die Location wechseln möchten, gehen Sie ins Falk's im Spiegelsaal von 1839 (bis 2 Uhr).
Altstadt, Promenadeplatz 2
Tgl. 22 – 3 Uhr, Tel. 089 212 09 94
www.bayerischerhof.de

DISKOTHEKEN

2 P 1
Im Haus der Kunst ist Münchens bekannteste Disco ansässig. Im »Oanser« trifft sich die (Möchtegern-) Schickeria, aber auch »Normalos« werden eingelassen, wenn sie beherzigen: »Dress well, be nice!«
Lehel, Prinzregentenstr. 1
Tel. 089 21 11 14-0
www.p1-club.de

6 ROTE SONNE
Cooler Elektro-Club mit Industrie-Keller-Atmosphäre und lässigem Publikum.
Maxvorstadt, Maximiliansplatz 5
Tel. 089 55 26 33 30

SZENE

4 BACKSTAGE
Preiswertes Pop- und Party-Mekka mit drei Areas (jede Menge Live-Acts) und Nachtbiergarten.
Neuhausen, Reitknechtstr. 6
www.backstage.eu

14 FEIERWERK
Vier Locations für Konzerte und Partys, aber nicht nur das: Das große Programm reicht über den Sonntagsbrunch bis zur Club Night.
Untersendling, Hansastr. 39 – 41
www.feierwerk.de

5 FREIHEIZ
Konzerte (u. a. Vokal total), Partys, Ballroom, Kabarett etc.
Neuhausen, Rainer-Werner-Fassbinder-Platz 1, www.freiheiz.com

1 MAX-EMANUEL-BRAUEREI
In die Brauereigaststätte locken außer dem schönen Biergarten die Tanzabende mit Salsa-Disco, Jive und Fifties Record Hop.
Maxvorstadt, Adalbertstr. 33
Tel. 089 2 71 51 58
www.max-emanuel-brauerei.de

12 MUFFATWERK
Klassiker für junge Kultur: Musik, Wort, Tanz & Theater, Partys u. a., Clubnächte wie »Star Melt Club« und »Tour de France«.
Haidhausen, Zellstr. 4 (► S. 174)
www.muffatwerk.de

KINOS

ARRI-KINO
Das Kino des weltbekannten Herstellers von Filmequipment pflegt ein anspruchsvolles Programm.
Maxvorstadt, Türkenstraße 91
Tel. 089 38 89 96 64, arri-kino.de

CINEMA
Beliebter Treffpunkt vieler Kinofans mit Filmen auf Englisch, Familienkino zu günstigen Preisen, Ü50-Filmnachmittagen und Oper/Ballett-Übertragungen aus weltberühmten Häusern.
Nymphenburger Str. 31
Tel. 089 55 52 55
www.cinema-muenchen.de

FILMMUSEUM
► Sankt-Jakobs-Platz, Münchner Stadtmuseum

FILMTHEATER SENDLINGER TOR
Ein herrlicher Kinosaal von 1913 mit Plüsch und Pomp und schönem Café. Die Mainstream-Neuerscheinungen werden draußen wie anno dazumal mit gemalten Plakaten angepriesen.
Altstadt, Sendlinger-Tor-Platz 11
Tel. 089 55 46 36
www.filmtheatersendlingertor.de

MATHÄSER FILMPALAST
Das große Münchner Multiplex-Kino mit 14 Sälen.
Isarvorstadt, Bayerstraße 3–5 (Nähe Stachus), Tel. 089 51 56 51
www.mathaeser.de

NEUES MAXIM
Das drittälteste Kino der Stadt (1916) wurde jüngst restauriert, hat aber sein charmant-altmodisches Ambiente behalten. Man zeigt ambitionierte Filme abseits des Mainstreams.
Neuhausen, Landshuter Allee 33
Tel. 089 16 87 21, neues-maxim.de

MUSEUM-LICHTSPIELE
Kult seit über 30 Jahren: »The Rocky Horror Picture Show« (mit Reiswerfen etc.). Das zweitälteste Kino der Stadt (von 1910) bringt meist Filme in englischer Originalfassung..
Haidhausen, Lilienstr. 2
(nahe dem Gasteig)
Tel. 089 48 24 03
www.museum-lichtspiele.de

THEATINER
Eines der schönsten Kinos Münchens mit seinem Saal von 1957, fein und sehr klein, gegründet von dem berühmten Verleiher Walter Kirchner. Gezeigt werden v. a. französische und italienische Filme im OmU.
Altstadt, Theatinerstr. 32 (in der Passage), Tel. 089 22 31 83
www.theatiner-film.de

»The Rat Pack« im Deutschen Theater

FREILUFTKINO

KINO AM OLYMPIASEE
Populäre cineastische Leckerbissen, zu genießen auf der Picknickdecke oder in Liegestühlen.
Olympiapark, Mai – Sept. tgl.
Einlass und Biergarten ab 19 Uhr
Hauptvorstellung 21.15 Uhr
Tel. 089 55 05 66 66
www.kinoamolympiasee.de

KINO, MOND & STERNE
Tolle Atmosphäre (Picknick mitnehmen), großer Andrang. Gute Melange aus Mainstream und Geheimtipps, aus Filmkunst und Blockbustern.
Seebühne im Westpark
Juni – Anfang Sept. tgl.
Kasse ab 19/19.30, Beginn 21.30 (Juni) bis 20.30 (Sept.) Uhr
www.kino-mond-sterne.de

THEATER, MUSIK & KLEINKUNST

EINTRITTSKARTEN
Karten für Theater, Oper und Konzerte sollte man so früh besorgen wie möglich (Glück kann man immer haben): für die Vorstellungen der Staatstheater und der Kammerspiele spätestens 1–2 Monate vorher, für Events wie die Opernfestspiele, Open-Airs und Mega-Popkonzerte 6 Monate vorher.

MÜNCHEN TICKET
Karten für Veranstaltungen aller Art. Die Website bietet, nach Sparten geordnet, eine Übersicht über die aktuellen Termine. Die wichtigsten Verkaufsstellen: Neues Rathaus (Dienerstr., Mo.–Fr. 10–19, Sa. bis 14 Uhr), Kulturzentrum Gasteig, Tourismusbüro im Hauptbahnhof.
Tel. 089 54 81 81 81
www.muenchenticket.de

ZENTRALER KARTENVERKAUF
U Marienplatz, Untergeschoss
U Karlsplatz, 2. Untergeschoss
Mo.–Sa. 9–20 Uhr, Tel. 089 54 50 60 60, www.zkv-muenchen.de

OPER & BALLETT

STAATSOPER
Die Bayerische Staatsoper im Nationaltheater bringt Opern, Ballett und Orchester auf die Bühne.
Altstadt, Max-Joseph-Platz 2

Applaus für Anne-Sophie Mutter und Maximilian Hornung: Konzert im Herkulessaal mit dem Symphonieorchester des Bayerischen Rundfunks

Kartenbüro: Marstallplatz 5
Mo.–Sa. 10–19 Uhr
Tel. 089 21 85-19 20
Abendkasse 1 Std. vor Beginn
www.staatsoper.de

CUVILLIÉSTHEATER

►S. 214. Aufführungen des Residenztheaters, Kammerkonzerte des Bayerischen Staatsorchesters.
Altstadt, Residenzstraße 1

PRINZREGENTENTHEATER

►S. 201. Spielstätte der Theaterakademie August Everding, der Bayerischen Staatsoper und des Staatstheaters am Gärtnerplatz, dazu Konzerte, Lesungen und mehr.
Bogenhausen, Prinzregentenplatz 12
Karten bei den jeweiligen Veranstaltern, Terminkalender und Links unter www.theaterakademie.de
Abendkasse 1 Std. vor Beginn

PASINGER FABRIK

Breites, interessantes Programm, von mitreißender Kammeroper (»kleinstes Opernhaus Münchens«) bis zu Chanson und Jazz. Vorher oder nachher trifft man sich im Café-Bar-Restaurant des Hauses.
Pasing, August-Exter-Str. 1
S-Bahn Pasing
Karten Tel. 089 82 92 90 79,
Di.–So. 17.30–20.30 Uhr
www.pasinger-fabrik.com

OPERETTE & MUSICAL

STAATSTHEATER AM GÄRTNERPLATZ

►S. 99. Großes, buntes Programm: »leichte« Oper und Operette, Musical, Tanztheater, unterschiedliche Konzerte und anderes mehr.
Isarvorstadt, Gärtnerplatz
Karten Tel. 089 21 85-19 60,
Mo.–Sa. 10–19 Uhr
www.staatstheater-am-gaertnerplatz.de

DEUTSCHES THEATER

»Leichte Muse« in München: Gastspieltheater mit etablierten und kommenden Stars, dazu Kabarett, Jazz, Salonmusik etc. Seit 2013 erstrahlt es in neuem Glanz.
Isarvorstadt, Schwanthaler Str. 11
Karten Tel. 089 55 23 44 44,
Mo.–Sa. 10–19 Uhr
www.deutsches-theater.de

KONZERTHÄUSER

HERKULESSAAL DER RESIDENZ

►S. 214
Altstadt, Eingang im Hofgarten

KULTURZENTRUM GASTEIG

►S. 101. In der Philharmonie, im Carl-Orff-Saal, im Kleinen Konzertsaal und in der Black Box wird das ganze Spektrum der Musik geboten.
Haidhausen, Rosenheimer Str. 5
www.gasteig.de

HOCHSCHULE FÜR MUSIK UND THEATER

Der Nachwuchs der Fachbereiche Klassik, Jazz und Volksmusik konzertiert fast täglich (Sommerpause ca. 20. Juli–Sept.). Im Kleinen und im Großen Konzertsaal präsentieren ab 18 Uhr Studierende ihr großes Können (gratis), im Großen Saal finden Sonderkonzerte statt (geringe Gebühr). Für den Weg fragen Sie an der Pforte oder irgend jemanden.
Maxvorstadt, Arcisstr. 12
Tel. 089 2 89-2 74 12
musikhochschule-muenchen.de

SPRECHTHEATER

RESIDENZTHEATER

►S. 178. Das Staatsschauspiel versorgt mehrere Spielstätten mit einer großen Bandbreite an Stücken.
Altstadt, Max-Joseph-Platz 1
Karten Tel. 089 21 85-19 40,
Mo. - Sa. 10–19 Uhr
www.residenztheater.de

THEATER IM MARSTALL
s. o. Residenztheater
Altstadt, Marstallplatz 4

MÜNCHNER KAMMERSPIELE
►S. 166. Auf dem Spielplan steht das ganze Spektrum der Theaterliteratur bis zum neuesten Experiment.
Altstadt, Maximilianstr. 28
Karten Tel. 089 23 39 66 00,
Mo.-Fr. 10-18, Sa. 10-13 Uhr
muenchner-kammerspiele.de

MÜNCHNER VOLKSTHEATER
►S. 70. Mit schlichtem, dennoch teurem Caférestaurant »Meschugge« .
Maxvorstadt, Brienner Str. 50
Karten Tel. 089 5 23 46 55,
Mo.-Fr. 11-18, Sa. 11-14 Uhr
www.muenchner-volkstheater.de

BLUTENBURG-THEATER
Deutschlands erstes Krimi-Theater wartet mit spannenden Stücken vieler berühmter Autoren auf.
Neuhausen, Blutenburgstr. 35
Tel. 089 1 23 43 00
www.blutenburg-theater.de

GLYPTOTHEK
►S. 133

THEATER AM SOZIALAMT
Eigensinniges und Hintersinniges, Ironisches und Sarkastisches aus Theater und Literatur.
Schwabing, Haimhauser Str. 13a
Tel. 089 34 58 90
www.tamstheater.de

METROPOLTHEATER
Im wunderbaren Kino aus den 1950er-Jahren spielt eines der besten Off-Theater Deutschlands: Mit leichter Hand und sehr reduzierten Mitteln werden die großen Fragen des Lebens verhandelt. Das hübsche Café ist frei zugänglich.
Freimann, Floriansmühlstr. 5
Tel. 089 32 19 55 33
www.metropoltheater.com

AMPHITHEATER
Im Nordteil des Englischen verzaubert das »Münchner Sommertheater« im Juli mit ironisch-heiteren Klassikern des Theaterrepertoires.
www.muenchner-sommertheater.de

BOULEVARD UND VARIETÉ

KOMÖDIE IM BAYERISCHEN HOF
Seit über 50 Jahren genießt man in elegantem Ambiente Boulevardtheater, Musicals und Revuen.
Altstadt, Promenadeplatz 6
Karten Tel. 089 29 28 10, Mo.-Sa. 11-14, 15-19, So. 15-19 Uhr
www.komoedie-muenchen.de

GOP. VARIETÉ-THEATER
Atemberaubende Shows und Artistik, dazu kulinarische Genüsse in stimmungsvollem Ambiente.
Lehel, Maximilianstr. 47, Tel. 089 2 10 28 84 44, www.variete.de

MARIONETTEN

KLEINES SPIEL
Marionettentheater für Erwachsene – künstlerisch-starke Figuren führen anspruchsvolles Theater auf, etwa von Brecht, Shakespeare oder Tankred Dorst, der für das Kleine Spiel mehrere Stücke geschrieben hat.
Maxvorstadt, Neureutherstr. 12 (Eingang Arcisstr.)
Do. 20 Uhr (nicht in den bayerischen Schulferien)
Eintritt: Spende, keine Reservierung, Einlass 19.45 Uhr
www.kleinesspiel.de

MÜNCHNER MARIONETTENTHEATER
Opern wie Mozarts Don Giovanni, andere bekannte Musik wie Orffs Carmina Burana oder Lustiges wie ein Altmünchner Abend: Der Zauber der wunderbaren Puppen wirkt.
Altstadt, Blumenstr. 32
Kasse Tel. 089 26 57 12,

VORSICHT, BISSIG!

Die Kabarettszene ist in München sehr lebendig – es gibt sie noch, die legendären Münchner Musik- und Künstlerbühnen. Auf ihnen haben die Karrieren von Bands wie der »Spider Murphy Gang« oder »Münchner Freiheit« begonnen.

Ihren Höhepunkt erlebte die Szene in den 1960er- und 1970er-Jahren. Viele Kneipen und Bühnen mussten seitdem wegen Streit mit den Nachbarn und/oder saftigen Mieterhöhungen schließen. 2017 hat es die Kultkneipe »Podium« getroffen, auf den Brettern dieser Schwabinger Institution begannen – im Lauf von 44 Jahren – viele berühmte Musiker ihre Karriere. Sie ist in den Nordwesten der Stadt nach Allach umgezogen; in der soliden »Schießstätte« wird es künftig handgemachten Rock & Jazz, Kabarett & Theater geben.

Münchner Urgestein

Ätzend, intelligent und unterhaltsam – die berühmte, 1956 als politisches Kabarett von Dieter Hildebrandt und Sammy Drechsel begründete **Münchner Lach- und Schießgesellschaft**, kurz »Lach & Schieß« genannt , steht auch heute für bissige, politisch oder allgemein menschlich brisante Unterhaltung. Eine eigene Truppe hat die Lach & Schieß seit jüngerer Zeit wieder, sie begeistert mit ihren Sprachspielen und absurdem Witz. Aber auch bekannte Größen aus München und von anderswo, wie Andreas Giebel, Django Asül oder Andreas Reber, geben sich in dem kleinen Kneipentheater die Ehre. Und so werden hier »Politikerlügen brutalstmöglich aufgeklärt«, wie es das Programm verspricht.

Kabarett vom Feinsten

Ein Klassiker unter den alteingesessenen Kleinkunstbühnen ist das **Theater im Fraunhofer**. Bayerische Stars des Kabaretts und der Volksmusik wie Jörg Hube, Sigi Zimmerschied, Fredl Fesl, der Zither-Manä und die »Hausband«, die Fraunhofer Saitenmusik – sie und viele andere Künstler standen und stehen für anspruchsvolles, kritisches Kabarett vom Feinsten und für die zeitgemäße Volksmusik. Letztere hat ihre hohe Zeit im Januar bei den »Fraunhofer Volksmusiktagen«, die als Talentschmiede und Hort der Innovation gelten. Nach der Aufführung im Theater lässt man den Abend im Wirtshaus Fraunhofer bei einem kühlen Bier ausklingen.

Spaßig bis ätzend

Wer etwas leichtere Kabarettkost oder gar Comedy bevorzugt, ist im herrlich altmodischen Schwabinger **Lustspielhaus** und seinem Nachbarn, dem kleinen **Vereinsheim**, bestens aufgehoben. Das Programmpalette ist bunt: mit etablierten Stars wie Bruno Jonas, Günter Grünwald, Alfred Dorfer oder Maxi Schafroth, mit noch wenig bekannten »Senkrechtstartern« wie Hazel Brugger.

Auch der Ausflug in die Südstadt lohnt sich: Dort hat sich das **Wirtshaus im Schlachthof** mit der TV-Serie »Ottis Schlachthof« (mit Ottfried Fischer), seit 2012 als »Schlachthof« (mit Michael Altinger und Christian Springer) als Bühne für Spaßiges und/oder Ätzendes etabliert.

Öffnungszeiten etc. für alle genannten Bühnen ► S. 312.

Di.–So. 10–13 Uhr
www.muema-theater.de

KABARETT & KLEINKUNST

LUSTSPIELHAUS
►Baedeker Wissen S. 311
Schwabing, Occamstr. 8
Karten Tel. 089 34 49 74, Mo.–Sa. 14–18, Di. bis 20 Uhr
www.lustspielhaus.de

VEREINSHEIM
►Baedeker Wissen S. 311
Schwabing, Occamstr. 8
Tel. 089 34 49 74, Mo.–Sa. 14–18, Di. bis 20 Uhr
www.vereinsheim.net

MÜNCHNER LACH- UND SCHIESSGESELLSCHAFT
►Baedeker Wissen S. 311
Schwabing, Ursulastr. 9
Kasse Mo.–Fr. 14–18, Sa./So. 16 bis 18 Uhr, Tel. 089 39 19 97
www.lachundschiess.de

SCHLACHTHOF
Auf der TV-bekannten Bühne präsentieren sich altbewährte und noch wenig bekannte Kabarettisten. Das Wirtshaus ist Mo. & Mi.–Sa. ab 17 Uhr offen, am Dienstag nur, wenn es eine Veranstaltung gibt.
Isarvorstadt, Zenettistr. 9
Karten online und unter Tel. 089 72 01 82 64
www.im-schlachthof.de

THEATER IM FRAUNHOFER
►Baedeker Wissen S. 311
Isarvorstadt, Fraunhoferstr. 9
Karten Tel. 089 26 78 50, Di.–Fr. 16–19, Sa. ab 18 Uhr
www.fraunhofertheater.de

HEPPEL & ETTLICH
Im Drugstore, einer Schwabinger Institution seit 1967, führt eine Wendeltreppe nach oben. Das große Programm im kleinen Saal umfasst Kino, Theater, Kabarett, Lesungen u. a. m.
Schwabing, Feilitzschstr. 12
Tel. 089 38 88 78 20 (AB)
www.heppel-ettlich.de

VOLKSTÜMLICHES

GEORG MAIERS IBERL-BÜHNE
Georg Maier, tief in München verwurzelt, betreibt sein Theater seit 1966, heute im schönen »bayerischen« Saal im Stammhaus des Augustiners (►S. 163).
Altstadt, Herzogspitalstraße 6
Karten Tel. 089 79 42 14, Juni–Sept. Mo.–Fr. 9.30 bis 13.30, sonst bis 15.30 Uhr
www.iberlbuehne.de

KONZERTE DER ENSEMBLES DES BAYERISCHEN RUNDFUNKS
br-ticket.muenchenticket.net
Karten Tel. 0800 59 00 594 (gebührenfrei) und im Foyer des BR-Hochhauses, Arnulfstr. 42

OPEN-AIR-KONZERTE
Klassik am Odeonsplatz
►S. 188, 289
Brunnenhof der Residenz
►S. 207
Olympiapark
► S. 193
Schlosspark Nymphenburg
►S. 168

SCHLOSSKONZERTE
Schloss Blutenburg
►S. 62
Schloss Nymphenburg
►S. 168
Schloss Schleißheim
►S. 225
Schloss Dachau
► S. 74

POP-GROSSKONZERTE
Olympiastadion & -halle
►S. 193
Circus Krone
►S. 72

ESSEN UND TRINKEN

Die Köstlichkeiten der Münchner bzw. oberbayerischen Küche sind zu Recht immer beliebt, auf die Dauer aber etwas eintönig. Doch wie man in einer gutsituierten Großstadt erwarten darf, ist das kulinarische Angebot vielfältig, von der Currywurst bis zur filigranen Haute Cuisine, und wer Abwechslung braucht, kann unter Spezialitäten aus fast aller Herren Länder wählen.

Großer Horizont

In München dominiert unbestritten die bayerische Küche, und sie gehört ja auch zu den Dingen, die der Besucher mit Freude erwartet. Dass sie manchmal mit etwas übertriebenem Lokalstolz gepflegt und neuzeitlich aufgedonnert wird, gehört wohl dazu. (In der Innenstadt drängen sich Lokale mit traditioneller Küche, die »Innenstadtpreise« verlangen – außerhalb des Altstadtrings ist es sofort beträchtlich preisgünstiger.) Auch an München sind die Zeitläufte nicht spurlos vorübergegangen, Küchen aus der ganzen Welt sind zu finden. Seit den Tagen der Gastarbeiter haben sich Einwanderer mit ihren Lieblingsgerichten ein Stück Heimat mitgebracht. Außerdem gibt es in München eine wohlhabende Klientel, die auf neue Trends abfährt und sich teurere Restaurants leisten kann. So geht das Angebot weit über die Wahl zwischen italienisch oder französisch, türkisch oder griechisch, chinesisch oder japanisch hinaus. Auch die Küchen von Afghanistan, Libanon und Iran, Vietnam, Laos, und der Karibik sind vertreten – und, last but not least, von Österreich und der Schweiz.

Traditionelles

Fleisch ist angesagt

Die Münchner Küche entspricht weitestgehend der oberbayerischen, und da spielt Fleisch die große Rolle, in einfachen, herzhaften Zubereitungen. Zum unangefochtenenen Spitzenreiter, dem **Schweinsbraten** (teurer und etwas feiner vom Spanferkel), gehören Knödel und knackiger Krautsalat oder im Winter Sauerkraut. Die **Haxn** vom Schwein oder Kalb wird im Ofen gebraten oder gegrillt. Für das **Tellerfleisch** (am besten Tafelspitz) wird Rindfleisch gesotten und mit geriebenem frischem Kren (Meerrettich) serviert. Das **Böfflamott** – das Bœuf à la mode der napoleonischen Besatzungszeit – ist ein Stück gutes Rindfleisch, das mit Wein und Wurzelwerk in Rotwein butterweich geschmort wird. Die **Fleischpflanzl** (Frikadellen, Buletten) schmecken bestens mit Kartoffelsalat. Immer mehr Anhänger findet die alte **Münchner Kronfleischküche**, die »unedle« Teile verwendet: Kronfleisch (► S. 317) und Innereien von der Lunge bis zum, tatsächlich, Stierhoden. Kenner schätzen das Saure Lüngerl und das in Geschmack und Konsistenz ähnliche Beuschel (»Voressen«), das

Lunge, Kutteln, Herz und/oder Milz enthält. **Geflügel und Wild**, ob als Hirschgulasch, Rehragout oder als »Ganserl« zur Kirchweih und am Martinstag, haben ihre treuen Freunde. Für **Vegetarier** werden in bayerischen Wirtschaften allenfalls Rahmschwammerln (Pilze in Sahne) mit Semmelknödel sowie Allgäuer Kässpatzen geboten, darüber hinaus Verlegenheitslösungen wie Spaghetti mit Tomatensauce, Kartoffel-Gemüse-Pfanne oder gegrillter Ziegenkäse auf Salat.

Süßes

Die **Dessertkarte** ist kurz, dafür gehaltvoll: Kaiserschmarrn oder Reiberdatschi (Kartoffelpuffer) mit Apfelmus, mit Äpfeln oder Topfen (Quark) gefüllter Strudel, Apfelkücherl (in Eierteig ausgebackene Apfelscheiben) und Dampfnudeln (in Milch gedämpfte Hefeteigkugeln), meist mit Vanillesauce serviert. An **Backwerk** wären zu nennen: Für den Prinzregenten Luitpold kreierte ein Hofkonditor die Prinzregententorte: Acht Biskuitschichten – eine für jeden der damaligen Regierungsbezirke – werden mit Schokoladenbuttercreme gefüllt und mit Schokolade überzogen. »Auszogne« sind nichts Unzüchtiges, sondern in Schmalz ausgebackene runde Küchlein aus Hefeteig. Als herbstlicher Genuss ist der Zwetschgendatschi zu empfehlen, ein saftig-säuerlicher Zwetschgenkuchen aus dünnem Hefeteig; am besten schmeckt dazu kühle, leicht gesüßte Schlagsahne.

Die Brotzeit

Zur **Original Münchner Weißwurst** gehören Brezen und süßer Senf, und man bestellt bzw. kauft sie stückweise (»Zwei/drei ... Weißwürscht bitte«). Nach einer Verordnung der Stadt München von 1972 besteht sie zu mindestens 51 % aus Kalbfleisch, dazu kommen gekochtes Kalbskopffleisch, Schweinefleisch und -speck sowie vielerlei Gewürze, v. a. Zitrone und Petersilie. Manche Metzger, wie Wallner von der Gaststätte Großmarkthalle (► S. 318), nehmen nur Kalbfleisch. Dass die Weißwurst das Mittagsläuten nicht erleben darf, ist eine Mär von gestern, auch wenn einige Wirtschaften – wohl weil's der Tourist so erwartet – sie nur bis Mittag anbieten. Man »zuzelt« sie auch nicht aus wie früher, als sie aus schlachtwarmem Fleisch gemacht wurde und es beim Reinstechen spritzte (man könnte den Naturdarm auch essen, macht aber niemand). Sehr einfach ist dieses Verfahren: Die Wurst quer halbieren, eine Hälfte mit der Gabel fixieren, der Länge nach von oben bis zur unten liegenden Haut durchschneiden und die freie Hälfte des Bräts mit dem Messer von der Haut streifen. Was gibt's noch? Etwa warmer **Leberkäs** – aus Rinder- und Schweinefleisch, Speck und Zwiebeln –, am besten frisch aus dem Ofen. Der **Wurstsalat** mit Zwiebel und Essiggurken wird meist aus Regensburgern gemacht; mit Emmentaler heißt er Schweizer Wurstsalat. Der **Obatzte** (»zu Matsch Angerührte«, entsteht aus Camembert und Butter, dazu kommen Zwiebeln, Paprika und Kümmel. Als würzige Beigabe zu all dem dient der **Radi**, der große weiße Rettich, dünn aufgeschnitten und gut gesalzen, damit er »weint«.

Cafés

Der Kaffee fand nach den Türkenkriegen im 17. Jh. in München rasch seine Liebhaber. Der Feinkosthändler Dallmayr, einst bayerischer Hoflieferant, ist bis heute für seine Kaffeerösterei bekannt. Traditionelle Cafés, in denen überwiegend ältere Herrschaften Kaffee und Kuchen genießen, sind fast ausgestorben (ein schönes Exemplar war/ist das Café Jasmin, ▶S. 324). Sonst sind die Münchner Cafés eine Art Bistro mit sehr gemischtem Publikum, in dem man oft bis spätnachmittags frühstücken kann, sich zu einem Glas Wein, einem Sprizz oder Cocktail trifft und meist auch richtig essen kann.

Das Bier und die Biergärten

»Das« Getränk in München ist, wie hinlänglich bekannt, das Bier, und die bevorzugten Plätze seines Genusses (neben dem Oktoberfest) die Gastwirtschaft und der Biergarten. Schon 1328 brauten Mönche in München Bier, und 1487 erließ Herzog Albrecht IV. die Münchner Bierordnung. Nach diesem ältesten Lebensmittelgesetz der Welt, Vorläufer des bayerischen Reinheitsgebots von 1516, darf Bier nur aus Gerste, Hopfen und Wasser gebraut werden (die Hefe kam erst später dazu, vor der Erfindung der Hefezucht hat man die Arbeit den natürlichen Hefen überlassen). Am Brauertag, in geraden Jahren gegen Ende Juni, leisten die Brauer auf dem Marienplatz feierlich ihren Eid auf das Reinheitsgebot. Näheres ▶Baedeker Wissen S. 112.

GASTWIRTSCHAFTEN & RESTAURANTS

PREISKATEGORIEN

Preis für ein Hauptgericht

€€€€	über 35 €
€€€	bis 35 €
€€	bis 25 €
€	bis 15 €

❶ etc.: ▶Stadtplan S. 322/323

BAYERISCH

⓭ ASAM-SCHLÖSSL €€
Im historischen Kleinod (▶S. 240) und im schattigen Garten steht Bayerisches auf der Karte. Leicht gehoben-rustikales Ambiente.
Thalkirchen, Maria-Einsiedel-Str. 45
tgl. 11–24 Uhr, Tel. 089 723 63 73
www.asamschloessl.de

㉔ ANDECHSER AM DOM €€
In der Gastwirtschaft bei der Frauenkirche lassen sich gern auch Promis sehen. Sehr beliebt sind die Plätze in der offenen Arkade. Gute Küche, Bier aus dem Kloster Andechs.
Altstadt, Weinstr. 7 a, Tel. 089 24 29 29 20, tgl. 10 – 1 Uhr
www.andechser-am-dom.de

⓯ AUGUSTINER €–€€
▶S. 163
Altstadt, Neuhauser Str. 27
Mo.–So. 9–24, So. ab 10 Uhr
Tel. 089 23 18 32 57
www.augustiner-restaurant.com

㉓ DONISL €€
Die legendäre, 1715 gegründete Gaststätte neben dem Rathaus war für kleinste Preise berühmt. Hinter der Fassade ist seit 2015 alles neu, durchaus gelungen und gediegen, aber nun dem Touristen gewidmet – die Preise sind deutlich überzogen (»Innenstadtpreise«).

MÜNCHNER SCHMANKERLN

Schweinsbraten mit Knödel
Das Rezept ist einfach, erfordert aber etwas Gespür und Erfahrung. Das Fleisch – von der Schulter oder vom Hals, behutsam mit Wurzelwerk und Bier im Ofen gebraten – soll butterweich sein und die Schwartenkruste knusprig, aber nicht hart. Dazu gibt's nach Gusto einen Semmel- oder Kartoffelknödel oder beides und einen knackig-frischen Krautsalat.

Auszogne
Nicht ausgezogen wird hier jemand, sondern der Hefeteig auseinandergezogen, bis er in der Mitte hauchdünn ist. Er wird in heißem Schmalz oder Butterschmalz gebacken und dann sofort, mit Puderzucker bestäubt, genossen. Auch unter dem Namen »Schmalznudel« buchstäblich heiß geliebt. Das entsprechend benannte Café bei der Schrannenhalle ist dafür berühmt.

Obatzder
Sehr reifer Camembert – ohne Hautgout – wird mit einem guten Quantum Butter und etwas Bier verrührt und mit Zwiebelwürfelchen, scharfem und/oder süßem Paprika sowie Kümmel gewürzt. Auch Frischkäse wird heute oft verwendet, aber das ist eher eine preußische bzw. Billig- bzw. Schlankvariante.

Tellerfleisch
Gutes Rindfleisch wird mit Wurzelwerk in Brühe weich geköchelt, in Scheiben geschnitten und mit Salzkartoffeln und frischem Meerettich (Kren) serviert. Als »feinstes« Stück dafür gilt der Tafelspitz, Kenner schwören aber auch auf weniger edle, dafür besonders aromatische Teile wie Brustkern oder Kronfleisch. Letzteres ist das Zwerchfell – das klingt verdächtig, ist jedoch leicht durchwachsenes Muskelfleisch und somit ganz unproblematisch.

Münchner Weißwurst
Die »Königin im Wurstrevier« und »schön gekurvte Tellerzier« – wie der Münchner Poet Herbert Schneider reimte – erblickte, der Legende zufolge, 1857 in München das Licht der Welt, aber es gibt Hinweise auf eine sehr viel längere Historie. Auch wenn die Weißwurst, dank moderner Kühl- und Verpackungstechnik, zu allen Tageszeiten genossen werden kann: Am besten schmeckt sie frisch aus dem Wurstkessel zum zweiten Frühstück.

Apfelstrudel
Nicht nur in der Donaumonarchie wird diese »Mehlspeis« aus hauchdünn ausgezogenem Strudelteig geschätzt, die ihren Ursprung auf dem Balkan hat. Den Strudel gibt's auch mit Topfen (Quark) gefüllt oder, noch sättigender, als »Millirahmstrudel« mit Milch, Sahne, Eiern, Semmelwürfeln und Rosinen.

Altstadt, Weinstr. 1
tgl. 10–24 Uhr, donisl.com/de

⓮ FRAUNHOFER €

»Rokoko«-Täfelung und -Stuck von 1896, knarzendes Parkett, einfache Stühle und Tische: eines der schönsten Münchner Wirtshäuser. Bayerisch-schwäbische Kost. Eine Institution ist auch das Theater (▶ S. 312).
Isarvorstadt, Fraunhoferstr. 9
tgl. ab 16.30 Uhr, Tel. 089 26 64 60, www.fraunhoferwirtshaus.de

⓫ GROSSMARKTHALLE €

In den einfachen, aber schönen Gasträumen schwelgt man – ab 7 Uhr morgens – in Würsten (die Weißwürste von Metzger Wallner zählen zu den besten in der Stadt) und anderen herzhaften Sachen.
Sendling, Kochelseestraße 13
Mo.–Fr. 7–17, Sa. bis 13 Uhr
Tel. 089 76 45 31

㉙ HOFBRÄUHAUS €

▶ S. 112

㉜ ISARTHOR €

Ein echtes, schlichtes Wirtshaus ohne jeden Firlefanz, klein, gemütlich und preiswert, gute Küche. Bis 12 Uhr gibt es das Weißwurstfrühstück zum Sonderpreis.
Lehel, Kanalstr. 2, tgl. 10–23 Uhr
Tel. 089 22 77 53

❾ LINDWURMSTÜBERL €

Gemütliche Gaststätte nahe der Wiesn (Alternative!) mit gutbürgerlicher Küche, insbesondere Hendl und Schweinshaxen. Bei schönem Wetter ist die Dachterrasse offen.
Ludwigsvorstadt, Lindwurmstr. 32
Tgl. 10–24 Uhr (während der Wiesn Do.–Sa. bis 3 Uhr)
Tel. 089 53 88 65 31

❻ MAX-EMANUEL-BRAUEREI €

Die alte, jung gestaltete Brauereigaststätte besitzt einen schönen »echten« Biergarten. Und die Preise sind sensationell.
Maxvorstadt, Adalbertstr. 33
tgl. 11–24, Nov.–März ab 17 Uhr
Tel. 089 271 51 58
www.max-emanuel-brauerei.de

⑳ BEIM SEDLMAYR €–€€

Freundliches Wirtshaus wenige Meter vom Viktualienmarkt. Die vielen Stammgäste schätzen die gute Küche. Faire Preise.
Altstadt, Westenrieder Str. 14
Mo.–Sa. 9–23 Uhr
Tel. 089 22 62 19

㉑ SCHNEIDER BRÄUHAUS €–€€

Traditionsreiches Gasthaus (früher »Weißes Bräuhaus«) der Kelheimer Weißbierbrauerei Schneider, bekannt für seine Kronfleischküche (Kalbskron, Lüngerl etc.). Schönes Ambiente und immer sehr gut besucht.
Altstadt, Tal 7, tgl. 8 - 1 Uhr
Tel. 089 29 01 38-0

SPITZENKLASSE

❼ TANTRIS €€€€

Seit Jahrzehnten – seit 1991 unter Hans Haas – eines der besten Restaurants Deutschlands. Kostspielig, aber in jeder Hinsicht ein großes Vergnügen. Ein Markenzeichen ist heute das Interieur der 1970er-Jahre.
Schwabing, Johann-Fichte-Str. 7
Di.–Sa. 12–15, 18.30–1 Uhr
Tel. 089 36 19 59-0
www.tantris.de

ATELIER €€€€

Jan Hartwig hat sich 2 Michelinsterne verdient: kreative Küche auf regionaler und mediterraner Basis. Die Terrasse ist eine feine Alternative zum Biergarten.
Im Bayerischen Hof (▶ S. 202)
Altstadt, Promenadeplatz 2
Di.–Sa. 19–24 Uhr, Tel. 089 21 20-743, www.bayerischerhof.de

Das Tantris, Flaggschiff der Münchner Spitzengastronomie mit exotischem Flair

28 DALLMAYR €€€€
Die einfallsreiche Küche im Restaurant des Feinkosthauses ist dem Michelin zwei Sterne wert. Im Café-Bistro speist man fein in weniger förmlichem Ambiente.
Altstadt, Dienerstr. 14, Di.–Fr. ab 19 Uhr, Sa. ab 12 und ab 19 Uhr, Tel. 089 21-35-100. Café: Mo.–Sa. (außer Feiertag) 9.30–19 Uhr
www.dallmayr.de

25 PAGEOU €€€€
Der Hamburger Koch Ali Güngörmüş kombiniert elegante französische Küche aufregend mit Anregungen aus dem Nahen bis Fernen Osten.
Altstadt, Kardinal-Faulhaber-Str. 10/1. OG, Tel. 089 24 23 13 10
Di.–Sa. ab 12 und 18.30 Uhr,
www.pageou.de

38 ACQUARELLO €€€€
Seit vielen Jahren ein Klassiker in München, 2015 ausgezeichnet als »Bester Italiener der Welt außerhalb Italiens«, wobei Mario Gamba ein Faible für neue bis verrückte Dinge hat. Recht plüschiges Ambiente.
Bogenhausen, Mühlbaurstr. 36
Mo.–Fr. ab 12 und 18.30, Sa./So. ab 18.30 Uhr), Tel. 089 4 70 48 48
www.acquarello.de

FEIN & EDEL

BLAUER BOCK €€–€€€
Kleines, edles Restaurant beim gleichnamigen Hotel (►S. 351).

2 BROEDING €€–€€€
Das feine, kleine Lokal hat nur ein 5-/6-Gänge-Menü auf der Karte (täglich neu, vegetarisch möglich). Große Auswahl erstklassiger Weine aus Österreich, die Sie auch kaufen können.
Neuhausen, Schulstr. 9, Mo.–Sa. ab 18 Uhr, Tel. 089 16 42 38
www.broeding.de

39 HIPPOCAMPUS €€€
Eleganter Italiener mit prominenten Stammgästen. Schöne, abends mit Fackeln illuminierte Terrasse.
Bogenhausen, Mühlbaurstr. 5
Tgl. ab 12 (außer Sa.) und 18.30 Uhr, Tel. 089 47 58 55

37 KÄFER-SCHÄNKE €€€
Gemütlicher Treff in ländlich- oder bürgerlich-edlen Stuben mit ebensolcher Küche. Besonderes Augenmerk legt man hier auf Kaviar.
Bogenhausen, Prinzregentenstr. 73
Mo.–Sa. 11.30–23 Uhr
Tel. 089 41 68-247
www.feinkost-kaefer.de

17 LANDERSDORFER & INNERHOFER €€€
Stilvolles kleines Restaurant mit ideenreicher Küche. Mittags kleine Karte, abends 4-Gänge-Menü.
Altstadt, Hackenstr. 6–8
Mo.–Fr. ab 11.30 und 18 Uhr
Tel. 089 26 01 86 37

VEGETARISCH

8 MAX PETT €–€€
Wer auf vegan setzt, ist hier richtig: Der Chef spielt virtuos mit Aromen und Gewürzen, gut sind auch die »Fleischgerichte«. Kleine Karte und große Portionen, schön entspannte Atmosphäre.
Isarvorstadt, Pettenkoferstr. 8
11.30–23 Uhr, Sa./So. ab 10 Uhr
Tel. 089 55 86 91 19

19 TIAN €€
Schick designtes, »junges« Lokal am Viktualienmarkt, dessen reiches Angebot in wunderbare Geschmackserlebnisse überführt wird. Auch auf herrliche Desserts dürfen Sie sich freuen.
Altstadt, Frauenstr. 4
Di.–Sa. 12–14, Mo.–Sa. 18–21.30 Uhr, Tel. 089 8 85 65 67 12

FISCH & MEERESFRÜCHTE

12 ATLANTIK-FISCH €€
Unprätentiöses, gediegenes Lokal im Schlachthofviertel, Frische und Qualität garantiert der eigene Großhandel. Und es gibt herrliche Desserts.
Isarvorstadt, Zenettistr. 12
Di.–Fr. ab 12 und 19 Uhr,
Sa. ab 19 Uhr
Tel. 089 74 79 06 10

30 AUSTERNKELLER €€€
Vorzügliche Adresse für Liebhaber von Fisch und Meeresfrüchten, besonders Austern (Fischfeinde finden aber auch etwas). Charmant ist das antiquierte Ambiente mit viel Deko.
Altstadt, Stollbergstr. 11
Do.–Di. ab 17 Uhr, Tel. 089 29 87

5 HUNSINGER €€
Das schlicht-geschmackvolle Restaurant in der Neuen Pinakothek – mit schöner Terrasse pflegt eine italienisch bzw. asiatisch angehauchte Fischküche. Vegetarier und Fleischfans müssen aber nicht darben.
Maxvorstadt, Barer Str. 29
Mi.–Mo. 11–24, So. bis 18 Uhr
Tel. 089 24 29 02 04

WEINRESTAURANTS

27 ALTER HOF €–€€
Modernes Lokal in alten Gewölben, zum spritzigen Frankenwein gibt's eine gute Auswahl unkomplizierter leichter bis handfester Gerichte.
Altstadt, Alter Hof 3
Mo.–Sa. 11–23 Uhr, Weinbar Di.–Sa. ab 17.00 Uhr
Tel. 089 24 24 37 33

26 PFÄLZER WEINSTUBE €
In den Gewölben der Residenz können Sie zu kleinen pfälzisch-elsässischen Gerichten die Weine des einstigen linksrheinischen Bayerns verkosten. Wegen Bauarbeiten bis Ende 2018 eingeschränkte Kapazität.

Altstadt, Residenzstr. 1
tgl. 10.30 – 0.30 Uhr
Tel. 089 22 56 28

⓰ WEINHAUS NEUNER €€

Das Restaurant des einstigen Hoflieferanten ist schon wegen des prachtvollen neogotischen Interieurs von 1898 einen Besuch wert. Das neue Team (seit 2016) glänzt mit moderner gutbürgerlicher Küche, der eigene Weingroßhandel sorgt für eine große, gute Auswahl.
Altstadt, Herzogspitalstraße 8
Tgl. 12–24, warme Küche
12 – 14.30, 18–21.30 Uhr
Tel. 089 2 60 39 54

PREISWERT & GUT

㉒ KANTINE IM RATHAUS €

Für wenig Geld, in schönem Rahmen und mit viel Bio isst man im Rathaus (u. a. Salat-/Antipasti-Buffet).
Altstadt, Marienplatz 8
Mo.–Fr. 11–18.30 (Jan.–März bis 17), Sa. 12–16 Uhr

❹ STEINHEIL 16 €

Freunde riesiger Schnitzel kommen hier voll auf ihre Kosten, Pasta und Salate gibt's auch. Natürlich bei Studenten beliebt.
Maxvorstadt, Steinheilstr. 16
Tel. 089 89 52 74 88, tgl. 10 – 1 Uhr

INTERNATIONALE KÜCHE

❶ TRATTORIA BELLINI €€

Unprätentiöses, dennoch gediegenes Restaurant mit ausgezeichneter, abwechslungsreicher Küche zu fairen Preisen. Mit Plätzen draußen.
Neuhausen, Nymphenburger Str. 120
Tgl. 11.30 –23.30 Uhr
Tel. 089 12 73 90 37

❸ PORTO CERVO €–€€

Malloreddus mit Salsiccia, Sebadas col miele – echte sardische Küche (und Pizza) kredenzt dieses schöne schlichte Restaurant.
Maxvorstadt, Schellingstr. 122
Mo.–Fr. ab 11.30 und 17.30, Sa. ab 17.30 Uhr, Tel. 089 54 74 06 77

❿ LA FRIULANA €–€€

Herzlich-familiär betreut Alida ihre Gäste im Schlachthofviertel. Ehrliches Essen ohne Schnickschnack, gute Weinkarte und feine Preise.
Isarvorstadt, Zenettistr. 43
Mo.–Fr. ab 11 und ab 18, Sa. ab 18 Uhr, Tel. 089 76 67 09

㉞ RUE DES HALLES €€

Kleiner Franzose in schlichtem Bistro-Stil, faire Preise. Zu empfehlen ist auch das vergleichbare »Le Faubourg« in der Nähe (Kirchenstraße 5, Tel. 47 55 33, Mo.–Sa. 18–1 Uhr).
Haidhausen, Steinstr. 18, tgl. 18–1 Uhr, Tel. 089 48 56 75

㉝ LE BARESTOVINO €€–€€€

Geradlinig-feine französische Küche in einer »Bar & Restaurant & Vinothek«, mit einem gemütlichen Lyoner »Bouchon« im ersten Stock und einem lauschigen Hof.
Lehel, Thierschstr. 35, Tel. 089 23 70 83 55, Di.–Sa. 18–23 Uhr

⓲ EINSTEIN €€–€€€

Das glatt koschere Restaurant im Jüdischen Zentrum verwöhnt mit feinen jüdisch-israelischen und orientalischen Spezialitäten. Sicherheitsschleuse am Eingang.
Altstadt, St.-Jakobs-Platz 18
Mo.–Do., So. 12 – 15, 18 – 22, Fr. 11.30 – 15 Uhr. Reservierung mind. 2 Tage im Voraus und nur über restaurant@ikg-m.de oder www.einstein-restaurant.de.

㉛ TOSHI €€–€€€

Japaner fühlen sich hier zu Hause: Sushi, Tempura oder Teppan-yaki (auch mit Wagyu-Rind) vom Feinsten. Puristische Einrichtung.

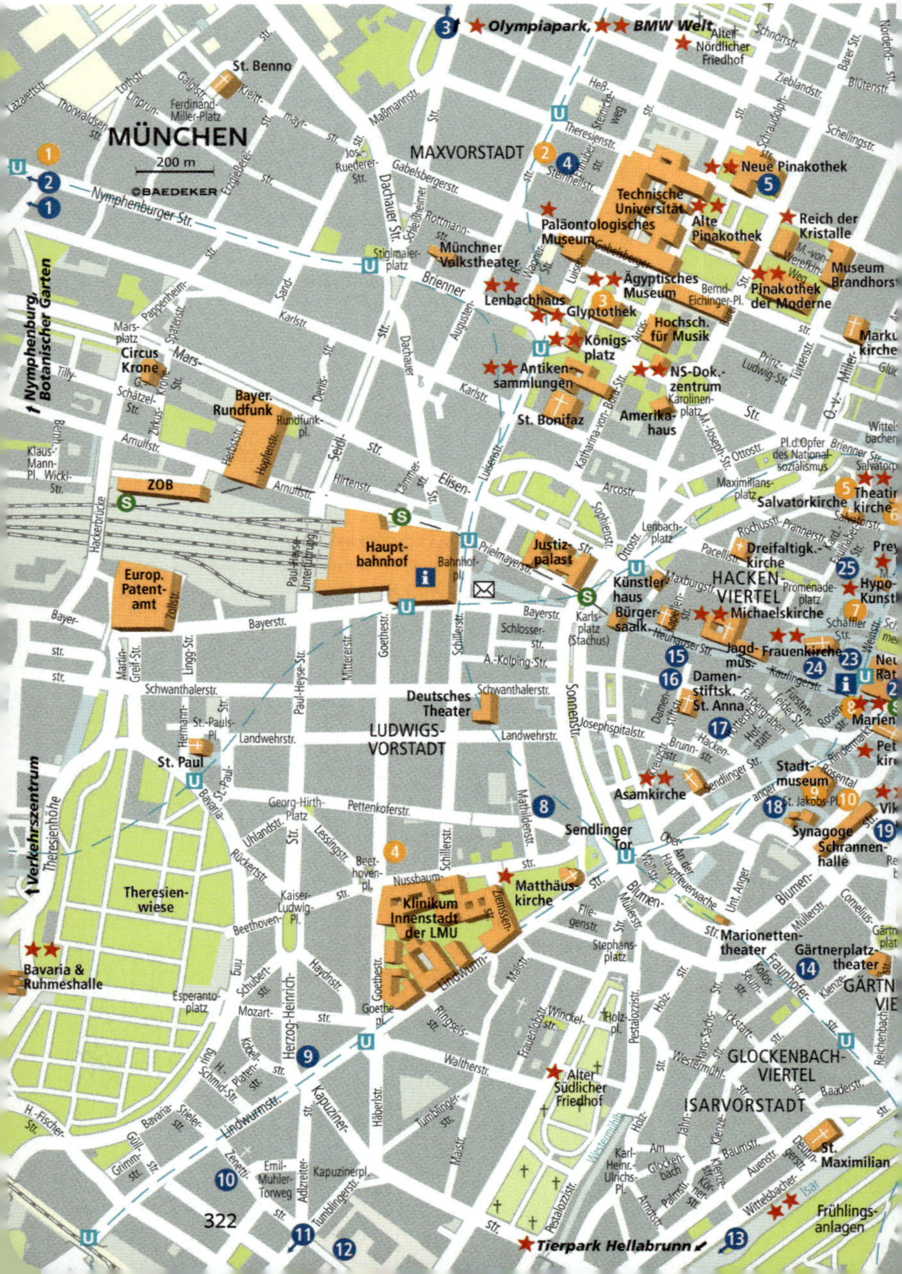
MÜNCHEN
200 m
©BAEDEKER
Olympiapark, BMW Welt
Alter Nördlicher Friedhof
St. Benno
Ferdinand-Miller-Platz
MAXVORSTADT
Neue Pinakothek
Technische Universität
Alte Pinakothek
Reich der Kristalle
Paläontologisches Museum
Münchner Volkstheater
Museum Brandhorst
Ägyptisches Museum
Pinakothek der Moderne
Lenbachhaus
Glyptothek
Königsplatz
Hochsch. für Musik
Antikensammlungen
NS-Dok.-zentrum
St. Bonifaz
Amerika-haus
Circus Krone
Bayer. Rundfunk
Nymphenburg, Botanischer Garten
ZOB
Hauptbahnhof
Justizpalast
Europ. Patentamt
Künstlerhaus
Bürgersaal
Karlsplatz (Stachus)
HACKEN-VIERTEL
Michaelskirche
Dreifaltigk.-kirche
Salvatorkirche
Frauenkirche
Jagd-mus.
Damenstiftsk. St. Anna
Deutsches Theater
LUDWIGS-VORSTADT
St. Paul
Asamkirche
Stadtmuseum
Synagoge
Schrannenhalle
Sendlinger Tor
Matthäuskirche
Klinikum Innenstadt der LMU
Theresienwiese
Bavaria & Ruhmeshalle
Verkehrszentrum
Marionettentheater
Gärtnerplatztheater
GLOCKENBACH-VIERTEL
ISARVORSTADT
Alter Südlicher Friedhof
St. Maximilian
Frühlingsanlagen
Tierpark Hellabrunn
Nymphenburger Str.
Dachauer Str.
Brienner Str.
Bayerstr.
Schwanthalerstr.
Landwehrstr.
Pettenkoferstr.
Lindwurmstr.
Sonnenstr.

Schwabing
Rumford-schlössl
Chinesischer Turm
Orangerie
Monopteros
Milchhäusl
Englischer Garten
Siegestor
Universität (LMU)
Geschwister-Scholl-Platz
St. Ludwig
Bayerische Staatsbibliothek
Ludwigstraße
Japanisches Teehaus
Archäolog. Staatssamml.
Haus d. Kunst
Prinz-Carl-Palais
Theatermuseum
Hofgarten
Staatskanzlei
Residenz
Marstall
Nationaltheater
Bayerisches Nationalmuseum
Sammlung Schack
Luitpoldbrücke
Friedensengel
Europaplatz
Monacensia
BOGENHAUSEN
St. Georg
Villa Stuck
Prinzregententheater
Prinzregentenstr.
LEHEL
Klosterkirche
St. Anna
Regierung von Oberbayern
Kammerspiele
Maximilianstr.
Hofbräuhaus
Museum Fünf Kontinente
Maximiliansbrücke
Maximilianeum
Maximiliansanlagen
Klinikum rechts d. Isar
Einsteinstr.
Alter Haidhauser Friedhof
Bier- u. Oktoberfestmuseum
Isartor
(Valentin Karlstadt Musäum)
St. Lukas
Praterinsel
Alpines Museum
Hofbräukeller
Nikolaikirche
Muffathalle
Johanneskirche
St. Johann Baptist
Innere Wiener Str.
Müller'sches Volksbad
Kulturzentrum Gasteig
Ludwigsbrücke
Europ. Patentamt
Deutsches Museum
Museumsinsel
AU
HAIDHAUSEN
Rosenheimer Platz
Ostbahnhof
Goethe-Inst.
Mariahilfkirche
Postwiese
WERKSVIERTEL
Berg am Laim
Grünwald, Bavaria Filmstadt
Ramersdorf
Isar

Altstadt, Wurzerstr. 18
Mo.-Fr. 12-14, 18-22, Sa. 18-22 Uhr, Tel. 089 25 54 69 42

35 MOLLY MALONE'S €

Beste Fish & Chips (Letztere handgeschnitzt) und Shepherd's Pie, riesige Whisk(e)y-Karte und echte Pub-Atmosphäre mit langem Tresen – to feel at home.
Haidhausen, Kellerstraße 21
Mo.-Fr. 17-1, Sa./So. 13-1 Uhr
Tel. 089 688 75 10

36 TEATRO TAPAS €-€€

Wohl die stilechteste Tapas-Bar in München, nicht zufällig meist sehr voll und sehr laut.
Haidhausen, Balanstraße 23
tgl. ab 17 Uhr, Tel. 089 48 00 42 84

CAFÉS

1 usw.: ▶ Stadtplan S. 322/323

1 RUFFINI

Das 1978 gegründete, genossenschaftlich arbeitende Bistro – ein Zentrum im Viertel – ist berühmt für den hauseigenen Kuchen. Schöne Terrasse, abends gibt es ab und zu Kultur.
Neuhausen, Orffstr. 22-24
Di.-So. 10-24 Uhr
Tel. 089 16 11 60

2 CAFÉ JASMIN

Ein echtes, edel-plüschiges Café der 1950er-Jahre. Mit den neuen Besitzern kamen auch junges, »hippes« Publikum ins Lokal und zeitgemäße Dinge auf die Karte.
Maxvorstadt, Steinheilstr. 20
Tgl. 10-1 Uhr

3 CAFÉ GLYPTOTHEK

Ein Fluchtpunkt im malerischen Hof der Glyptothek. Geboten wird eine kleine Palette Imbisse und Kuchen.
Maxvorstadt, Königsplatz 3
Öffnungszeiten wie Glyptothek

4 CAFÉ AM BEETHOVENPLATZ

Ein atmosphärereicher, gemütlicher Treffpunkt nach Wiener Art. Abends und sonntagvormittags gibt's leichte Musik frisch vom Piano oder einem kleinen Ensemble.
Im Hotel Mariandl (▶S. 352)
Ludwigsvorstadt, Goethestr. 51
Tgl. 9-1 Uhr, Tel. 089 53 41 08

5 BRASSERIE OSKARMARIA

Großes und großzügiges, stilvolles Caférestaurant im Literaturhaus. Typische Brasserie-Karte mit einigen ungewöhnlichen Gerichten.
Altstadt, Salvatorplatz 1
Mo.-Sa. 10-24, So. bis 19 Uhr
Tel. 089 29 19 60 29

6 ARZMILLER

Klassisches, gediegenes Kaffeehaus, beliebt auch wegen seiner Terrasse im sonnig-geschützten Hof an der Theatinerkirche.
Altstadt, Theatinerstr. 22
Mo.-Sa. 8.30-18.30, So. 10.30 bis 18 Uhr, Tel. 089 29 42 73

7 CAFÉ KREUTZKAMM

Das etwas betuliche Café ist eine Filiale der berühmten Dresdner Konditorei und daher für Baumkuchen, Stollen und Eierschecke bekannt. Von Mitte Mai bis Sept. So. geschlossen!
Altstadt, Maffeistr. 4, Mo.-Fr. 8-19, Sa. 9-19, So. 12-18 Uhr

8 CAFÉ GLOCKENSPIEL

Zu Recht frequentierter Platz hoch über dem Marienplatz mit Blick auf das Neue Rathaus bzw. sonnige Terrasse zum Hinterhof. Nette Bar. Üppige Frühstückskarte, es gibt kleine Ge-

richte und feinen Kuchen. Abends ist fürs Dinner gedeckt.
Altstadt, Marienplatz 28 (Zugang in der Passage an der Rosenstraße), Mo.–Do. 9–24, Fr./Sa. bis 1, So. 10–19 Uhr, Tel. 089 26 42 56

9 STADTCAFÉ
Die Atmosphäre eines etwas improvisierten Studentencafés und über 20 internationale Zeitungen erklären seine Beliebtheit. Im hinteren Teil ist's gemütlicher. Ein wunderbarer Platz im Sommer ist der schattige Hof des Stadtmuseums.
Altstadt, St.-Jakobs-Platz 1
10–24 Uhr, Fr./Sa. bis 1 Uhr
Tel. 089 26 69 49

10 CAFÉ FRISCHHUT
Auch als »Schmalznudel« berühmt, da in der offenen Küche am Eingang fettige Köstlichkeiten ausgebacken werden (auch zum Mitnehmen). Vis-à-vis der Schrannenhalle gelegen.
Altstadt, Prälat-Zistl-Str. 8
Mo.–Sa. 8–18 Uhr

11 CAFÉ IM MÜLLER'SCHEN VOLKSBAD
Schöne Jugendstilgewölbe, informell-gemütliche Atmosphäre. Sehr nett sitzt man, trotz des vorbeiflutenden Verkehrs, draußen unter den Bäumen.
Haidhausen, Rosenheimer Str. 1
Tgl. 10–24 Uhr
Tel. 089 44 43 92 50

12 JOHANNISCAFÉ
Berg & Wald-Fototapete, Rehgeweihe, karierte Stofftischdecken – hier steht die Zeit still. Seit 25 Jahren serviert Wirt Olaf Schmidt seinen bunt zusammengewürfelten Gästen Toast Hawaii, Schinkennudeln und ähnliche bewährte Delikatessen.
Haidhausen, Johannisplatz 15
Mi.–Mo. 11–3 Uhr oder länger
Tel. 089 4 80 12 40

Gemütliches Wohnzimmercafé: Hoover & Floyd im Glockenbachviertel

FEIERN

Die Münchner, das darf man ohne weiteres so sagen, nehmen jede Gelegenheit wahr, um Feste zu feiern und Events zu frönen. Und dementsprechend ist der Veranstaltungskalender rund ums Jahr gespickt voll. Damit in der großen Zahl der täglichen Ereignisse die besonderen Termine nicht untergehen, hier einige Hinweise.

Über die Wiesn, das weltberühmte **Oktoberfest**, muss nichts weiter gesagt werden. Große Aufmerksamkeit genießt in der Mitte der Fastenzeit der **Starkbieranstich** im Paulanerkeller, wenn bayerischen und bundesdeutschen Politikern die Leviten gelesen werden. Faschingsbälle, wie die Bälle im Deutschen Haus und der Ball der Damischen Ritter im Löwenbräukeller, sind Fixpunkte bei den »tollen Tage«; der Schwabinger Künstlerfasching lebt in den Weißen Festen der Max-Emanuel-Brauerei weiter. Das bunte **Tollwood-Festival** im Sommer und im Winter, mit Konzerten, Theater und Kabarett, zieht viel Publikum an. Auch das **Filmfest** im Gasteig und in den Kinos, die berühmten **Opernfestspiele**, die zahlreichen größeren und kleineren **Christkindlmärkte** können nicht über Besuchermangel klagen. Und wer Altmünchner Atmosphäre genießen will, sollte über die **Auer Dulten** bummeln. Infoquellen für aktuelle Veranstaltungen sind auf S. 304 und 358 verzeichnet, Kartenbüros auf S. 308.

»
Alle Münchner sind lustig. Die Stadt ist wie gemacht für Feste; feiert sie, zeigt sie ihr wahres Gesicht.
«

Erika Mann, 1929

Sport zum Zuschauen

Fußball Die Nr. 1 bei den Soortveranstaltungen ist natürlich der Fußball. Über den 1. FC Bayern München – in den Medien gern als »Rekordmeister« tituliert – muss man nichts weiter erzählen, seine Spiel- und Kultstätte ist die Allianz Arena (► S. 46, Baedeker Wissen S. 48). Die »Löwen« des TSV 1860 München, vor Zeiten einmal deutscher Meister, durchleiden seit Jahren eine beispiellose Passion; seit 2017 spielen sie in der Regionalliga. Sie haben wieder das Grünwalder Stadion in Obergiesing bezogen – für viele treue Fans das Glück im Unglück. Bei Welt- und Europameisterschaften kommen viele Tausend zum Public Viewing ins Olympiastadion (und in die Biergärten).

fcbayern.com/de, www.tsv1860.de

Tennis

Seit 1892 ist München eine Tennis-Hochburg. Seit Boris Becker und Steffi Graf sich aus dem Tenniszirkus verabschiedet haben, ist es um diesen Sport auch in München ruhig geworden. Als Highlight sind noch die BMW Open (Internationale Bayerische Tennismeisterschaften, Ende April/Anf. Mai) zu nennen, ausgetragen in der Anlage des MTTC Iphitos am Rand des Englischen Gartens (bmwopen.de).

Reiten

Hochkarätiger Pferdesport findet in der Olympia-Reitanlage in München-Riem (Springen, Dressur) und auf der 1903 eröffneten Trabrennbahn in Daglfing statt – ein Treff der Schickeria und aller, die beim Wetten ein wenig Nervenkitzel spüren wollen.
www.olympiareitanlage.de, www.daglfing.de

Olympiapark

Das Olympiastadion und die Olympiahalle in der großartigen Anlage (►S. 193) dienen nicht nur als Bühne für Mega-Popkonzerte, man treibt hier auch noch manchmal Sport – ebenfalls im Großformat: vom Boulder-Weltcup über Motocross (»Night of the Jumps«) bis zum Volkssportevent, z. B. dem »B2Run« Mitte Juli. In der Eissporthalle trägt der EHC Red Bull München seine Matches aus.
www.olympiapark.de

Beim Sommerfestival im Olympiapark: Konzert im Theatron

MÜNCHNER FILMFEST

Ende Juni, Anfang Juli spielt München Cannes bzw. Berlin. Die Filmszene trifft sich bei Partys und Events, etwa 40 Uraufführungen und viele deutsche Erstaufführungen sorgen für Zulauf. 10 Kinos mit 22 Sälen – darunter das Filmmuseum und die Filmhochschule – zeigen ein riesiges internationales Programm in Kategorien wie CineMasters, Hommage, International Independents und Neues Deutsches Kino. Das Festivalzentrum residiert im Gasteig, wo allabendlich ein Kino-Open-Air steigt. Info & Karten Tel. 089 480 98 97-300, www.filmfest-muenchen.de

VERANSTALTUNGSKALENDER

FEBRUAR/MÄRZ

FASCHING

Am Sonntag vor der Faschingswoche ziehen die »Damischen Ritter« durch die Innenstadt. Von Faschingssonntag bis -dienstag »München narrisch«, eine Partyzone vom Stachus bis zum Viktualienmarkt. Am Dienstag tanzen auf dem Viktualienmarkt um 11 Uhr die prächtig gewandeten Marktweiber (www.tanz-der-marktfrauen.de).

ASCHERMITTWOCH

Am Vormittag waschen Obrigkeit (Oberbürgermeister etc.) und Bürger im Fischbrunnen am Rathaus den Geldbeutel, damit das Geld nie ausgehe. Im 15. Jh. appellierte das Dienstpersonal damit an ihre Herrschaft, ihre Börse nach dem Fasching wieder aufzufüllen.

SCHÄFFLERTANZ

Alle 7 Jahre (wieder 2019) zeigen die

Mitglieder der Schäffler- (das heißt Böttcher-) Innung an verschiedenen Orten und Terminen ihre Tänze. Dass sie nach der Pest 1517 die Einwohner aufheitern sollten, ist eine Legende – die erste Kunde datiert von 1702.

MÄRZ

STARKBIERZEIT
Fastenzeit ist Starkbierzeit, das kräftige Gebräu sollte das Hungern erleichtern. Der Starkbieranstich auf dem Nockherberg ist ein politisch-gesellschaftliches Ereignis ersten Ranges. Wer es geschafft hat, eingeladen zu werden, darf sich zu den »Großkopfeten« zählen. Die werden von der Bühne herab mehr oder weniger ätzend durch den Kakao gezogen, wobei es egal ist, ob man den Regierungsparteien angehört oder der Opposition.

SAINT PATRICK'S DAY
An einem Wochenende um den 17. März wird München zur südlichsten Stadt Irlands: mit einer Messe in der Michaelskirche am Sa. und dem Festzug am So. von der Feldherrnhalle aus. www.stpatricksday.de

APRIL

BALLETTFESTWOCHE
Altbekannte und aktuelle Produktionen des hervorragenden Bayerischen Staatsballetts.

MAIBOCK-ANSTICH
Mit dem Anstich im Hofbräuhaus (auch der mit kabarettistischer Politikerschelte) in der letzten April-Woche beginnt der Maibock-Ausschank der Münchner Brauereien.

APRIL/MAI

FRÜHLINGSFEST
Mit der »kleinen Schwester« des Oktoberfests wird auf der Theresienwiese die Volksfestsaison eröffnet: Rummelplatz, bayerische Schmankerl und Flohmarkt ziehen viele Besucher an.

AUER DULT
Dreimal im Jahr ist auf dem Mariahilf-Platz im Stadtteil Au für neun Tage Markt: Maidult (ab Samstag vor dem 1. Mai), Jakobidult (▶ Juli) und Kirchweihdult (▶ Oktober).
Rund 300 Stände halten praktische Dinge feil, von Geschirr und Haushaltsutensilien aller Art über Hosenträger und die neuesten Wunder-Putzpasten bis zu Trödel und hübschen Antiquitäten. Dazu gibt's natürlich Schießbuden, Autoscooter, Schiffsschaukel, Karussells und ein Bierzelt. Für die Anfahrt unbedingt die Tram 17 nehmen!

MAI

LANGE MUSIKNACHT
An einem Wochenende um den 10. Mai (Sa. 20 – So. 3 Uhr) sind über 400 Konzerte – von Klassik und Jazz bis Klezmer und Hip-Hop – zu erleben. Das Ticket (15 €) für den Besuch gilt auch für die Benützung der Busse zwischen den Spielorten. www.muenchner.de/musiknacht

MAI/JUNI

FRONLEICHNAM
Am 2. Do. nach Pfingsten wird – bei gutem Wetter – um 9 Uhr auf dem Marienplatz ein Pontifikalamt gehalten, dann zieht eine feierliche Prozession zur Ludwigskirche und zurück.

JUNI

STADTGRÜNDUNGSFEST
Mit Fanfaren und Böllern feiert München um den 14. Juni seinen »Geburtstag«. Zwischen Marienplatz, Odeonsplatz und Gärtnerplatz gibt es Spiel und Spaß für Jung und Alt, auch für Kulinarisches ist gesorgt.

STADTLAUF
Um die 20 000 sportliche Menschen, Jung und Alt, laufen die 5 bis 21 km langen Strecken vom Marienplatz in den Englischen Garten und zurück.

CORSO LEOPOLD/STREETLIFE
Mitte Juni, ▶September

COMICFESTIVAL
Zeichner und Zeichnungen, Filme und Performances – man trifft sich an verschiedenen Orten zum Austausch, zu Zeichenkursen, Signierstunden und Ausstellungen.
www.comicfestival-muenchen.de

JUNI–SEPTEMBER

KINO, MOND & STERNE
▶S. 307

JUNI/JULI

TOLLWOOD-SOMMERFESTIVAL
Im Südwestteil des Olympiaparks. Eines der größten Zeltfestivals in Deutschland. Gegründet als alternatives Event, ist es heute eher ein großer Markt mit viel seltsamem Tinnef. Echte Highlights enthält jedoch das Veranstaltungsprogramm mit internationalen Popstars, Kabarett und Comedy, Theater und Zirkus.
Anfahrt mit U 2/U 3 Scheidplatz, von dort Shuttle-Bus.
Tel. *0700 38 38 50 24
www.tollwood.de

KLASSIK OPEN AIR
Hervorragende Orchester und Starsänger musizieren vor großer Kulisse am Odeonsplatz.
www.klassik-am-odeonsplatz.de

OPERNFESTSPIELE
Von Mitte Juni bis Ende Juli jeden Tag hochkarätiges Musiktheater und mehr, v. a. im ▶Nationaltheater und im Prinzregententheater. »Oper für alle« ▶S. 177.

JULI

KOCHERLBALL
An einem Sonntag um den 20. Juli tanzt man am Chinesischen Turm ab 6 Uhr morgens die alten bayerischen Tänze. Viele kommen vor 5 Uhr; Essen darf man mitbringen. Was früher fürs Hauspersonal (ein »Kocherl« ist eine Köchin) da war, das um 8 Uhr wieder zum Dienst zurück sein musste, ist heute für ca. 10 000 Besucher ein weiteres »Event«, mit vielen Pseudo-Bayern und Alkoholaffinen.

CHRISTOPHER STREET DAY
Anfang/Mitte Juli. Als Höhepunkt der CSD Pride Week zieht eine große, schrill-bunte Parade der Schwulen und Lesben durch die Innenstadt. Dazu Feste auf dem Marienplatz, im Rathaus und vielen Clubs.
www.csd-munich.de

JAZZ-SOMMER
Das einzige internationale Münchner Jazzfestival, mit großem Rahmenprogramm. Eine Woche um den 20. Juli, im Festsaal und im Night Club des Hotels Bayerischer Hof (▶S. 306).

MAGDALENENFEST
Eine kleine Dult im schönen Hirschgarten, um den 20. Juli.
▶S. 117

JULI /AUGUST

JAKOBIDULT
Ab Samstag nach Jakobi (25. Juli)
▶S. 329

JULI–SEPTEMBER

THEATERSPIELE GLYPTOTHEK
▶S. 133

AUGUST

SOMMERFESTIVAL IM OLYMPIAPARK
»Ferien für Daheimgebliebene«:

Stöbern macht Spaß: Allerlei Hübsches und Skurriles findet man auf der Auer Dult.

mit Marktständen und Rummelplatz, Imbissbuden und Beachbar, Wave- und Wakeboarding. An zwei Donnerstagen (Termine auf der Website) versammeln sich Tausende zum Picknicken und zum grandiosen Feuerwerk um 22 Uhr. Die Veranstaltungen sind gratis, ebenso die Konzerte des Theatron-Musiksommers im Amphitheater am See: Tgl. ab 19 Uhr spielen ganz unterschiedliche Bands.
www.impark.de, www.theatron.de

SEPTEMBER

CORSO LEOPOLD/STREETLIFE

Am einem Wochenende Mitte des Monats werden Ludwigstraße und Leopoldstraße zur »Festmeile«.
Es gibt Musikbühnen, Umwelt- und Sportshows. Auf der Fahrradschau kann man sich die neuesten Entwicklungen ansehen. Sonst ist das Ganze ziemlich langweilig.
www.streetlife-festival.de

SEPTEMBER/OKTOBER

OKTOBERFEST

► S. 26, 244

OKTOBER

LANGE NACHT DER MUSEEN

Meist am 3. Okt.-Wochenende (Sa. 19 – So. 2 Uhr) stromern Kultur- und Eventbegeisterte durch die Museen, Sammlungen und Galerien; sehen kann man allerdings v. a. Menschen. Über 90 Institutionen werden durch 5 Buslinien erschlossen. Das Ticket (15 €) gilt für alles, auch für das MVV-Gesamtnetz.
www.muenchner.de/museumsnacht
Tel 089 30 61 00 41

RESIDENZWOCHE

Eine einzigartige Gelegenheit: In dieser Woche werden sonst nicht zugängliche Prachträume der Residenz wie das Antquarium zum Konzertsaal. www.residenzwoche.de

KIRCHWEIHDULT
Ab Samstag vor Kirchweih (3. Sonntag im Oktober)
► S. 329

NOVEMBER/DEZEMBER

LITERATURFEST
Vereint drei literarische Ereignisse: die Münchner Bücherschau im Kulturzentrum Gasteig, das forum:autoren und das Programm des Literaturhauses mit Lesungen, Buchpräsentationen und Gesprächen.
www.literaturfest-muenchen.de

DEZEMBER

TOLLWOOD-WINTERFESTIVAL
Das winterlich-weihnachtlich ausgerichtete Gegenstück zum Sommerfestival (► S. 330) findet auf der Theresienwiese statt. In der Silvesternacht gibt's, wie zu erwarten, ein großes Remmidemmi, das Feuerwerk schaut man an der Bavaria an.

CHRISTKINDLMÄRKTE
So gut wie jeder Stadtteil veranstaltet im Advent seinen Christkindlmarkt. Der auf dem Marienplatz gilt als einer der schönsten in Deutschland und ist entsprechend frequentiert. Nette Alternativen sind die kleinen, v. a. am Chinesischen Turm im Englischen Garten und auf dem Weißenburger Platz in Haidhausen; beliebt ist auch der auf der Münchner Freiheit. Eine besondere Atmosphäre erlebt man beim schwulen Pink Christmas auf dem Stephansplatz im Glockenbachviertel.

MUSEEN

Ein Kunstareal mit drei Pinakotheken und weiteren Kulturtempeln, wunderbare antike Skulpturen in der Glyptothek, die überwältigende Technikschau im Deutschen Museum oder das skurrile Valentin-Karlstadt-Musäum: An weltberühmten und/oder unterhaltsamen Museen ist in München kein Mangel.

Tipps zum Museumsbesuch

Das **Münchner Museumsportal** (www.museen-in-muenchen.de) nennt alle Häuser mit den technischen Angaben und die laufenden Ausstellungen, die handliche gedruckte Ausgabe (mit Plan) ist in den Tourismusbüros, beim Infopoint Museen & Schlösser (►S. 51) und in den Museen zu bekommen. Sie enthält auch hilfreiche Listen: montags bzw. abends geöffnete Häuser, Sonderöffnungszeiten etc. Einen umfassenden **Museumspass** gibt es nicht, nur eine Reihe von Kombikarten. Die Eintrittskarte für eines der **städtischen Museen** – Stadtmuseum, Jüdisches Museum, NS-Dokumentationszentrum, Villa Stuck, Lenbachhaus – berechtigt innerhalb von drei aufeinanderfolgenden Tagen zu 50 % Ermäßigung bei den anderen. Die Häuser des **Kunstareals** sind sonntags für jeweils 1 € zugänglich, die Pinakothek der Moderne außerdem am Mittwoch gratis. Kunstfreaks können sich überlegen, ob die Tageskarte für die Pinakotheken, das Museum Brandhorst und die Sammlung Schack (12 €) sinnvoll ist;

das 5er-Ticket (29 €) rechnet sich, wenn man nur werktags auf Tour gehen will. **1-€-Sonntage** gibt es auch hier: Antikensammlungen, Glyptothek, Archäologische Staatssammlung, Nationalmuseum, Museum Fünf Kontinente, Museum Mensch und Natur. Die Hypo-Kunsthalle verlangt am »Blauen Montag« den halben Preis. Die **CityTourCard** (► S. 362) umfasst die Benützung des MVV und Rabatt in über 30 Attraktionen. Viele Museen liefern via App, QR-Code oder Mediaguide Informationen aufs Smartphone. Praktisch für habituelle Museumsgänger (aber nicht nur die) ist die **Museenlinie** der MVG (Bus 100), die über 20 Einrichtungen verbindet (► S. 365).

Eintritt frei

Umsonst kann man insbesondere das Geologische Museum und das Paläontologische Museum, das Kartoffelmuseum und das Museum für Abgüsse Klassischer Bildwerke ansehen, am Mittwoch auch die Pinakothek der Moderne. Für Jugendliche bis 18 Jahre sind die meisten wichtigen Häuser gratis.

Abends ins Museum

Eine Reihe von Museen schließt an einem Tag in der Woche erst um 20 oder 21 Uhr. Im Oktober, meist am dritten Samstag von 19 Uhr bis Sonntag 2 Uhr, zieht die **Lange Nacht der Museen** viele Kultur- bzw. Event-Fans in über 90 Institutionen (► S. 331). Etwas Besonderes sind die **Konzerte** in der Rotunde der Pinakothek der Moderne, im Stadtmuseum, im Theatermuseum und in anderen Häusern.

Tausende farbige Keramikstäbe machen das Museum Brandhorst zum Hingucker.

SCHLÖSSER, MUSEEN, GALERIEN

SCHLÖSSER UND BURGEN

AMALIENBURG
▶ Nymphenburg

BADENBURG
▶ Nymphenburg

BLUTENBURG
▶ Blutenburg

BURG GRÜNWALD
▶ Grünwald

KAISERBURG
▶ Alter Hof

LUSTHEIM
▶ Schleißheim

SCHLOSS NYMPHENBURG
▶ Nymphenburg

PAGODENBURG
▶ Nymphenburg

RESIDENZ
▶ Residenz

SCHLOSS SCHLEISSHEIM
▶ Schleißheim

FÜRSTENGRABLEGEN
▶ Frauenkirche
▶ Michaelskirche
▶ Odeonsplatz, Theatinerkirche
▶ Maxvorstadt, St. Bonifaz

ARCHÄOLOGIE UND ANTIKE

ANTIKENSAMMLUNGEN
▶ Königsplatz

ARCHÄOLOGISCHE STAATSSAMMLUNG
▶ Archäologische Staatssammlung

BAYERISCHES NATIONALMUSEUM
▶ Bayerisches Nationalmuseum

GLYPTOTHEK
▶ Königsplatz

MUSEUM FÜR VOR- UND FRÜHGESCHICHTE
▶ Archäologische Staatssammlung

STAATLICHES MUSEUM FÜR ÄGYPTISCHE KUNST
▶ Kunstareal

KUNST UND KULTUR

AKADEMIE DER BILDENDEN KÜNSTE
▶ Ludwigstraße

ALTE PINAKOTHEK
▶ Kunstareal

ARCHITEKTURMUSEUM DER TU
▶ Kunstareal,
Pinakothek der Moderne

BIER- UND OKTOBERFEST-MUSEUM
▶ S. 165

DEUTSCHES THEATERMUSEUM
▶ Hofgarten

ERWIN-VON-KREIBIG-MUSEUM
▶ Nymphenburg

FILMMUSEUM
▶ Sankt-Jakobs-Platz, Stadtmuseum

HAUS DER KUNST
▶ Haus der Kunst

INITIATIVE MÜNCHNER GALERIEN ZEITGENÖSSISCHER KUNST

Über 80 Münchner Galerien und andere Kunstinstitutionen sind in der Initiative vertreten. Info über aktuelle Ausstellungen, Künstler und Mitgliedsgalerien findet man auf der Website.
Maxvorstadt, Schellingstr. 48
Tel. 089 29 20 15
www.muenchner-galerien.de

JÜDISCHES MUSEUM
▶ Sankt-Jakobs-Platz

KUNSTFOYER DER VERSICHERUNGS-KAMMER BAYERN
Ausstellungen zu unterschiedlichen Themen, v. a. aus Grafik, Zeichnung, Film und Fotografie.
Lehel, Maximilianstr. 53
tgl. 9 – 19 Uhr, Eintritt frei

KUNSTHALLE DER HYPO-KULTURSTIFTUNG
▶ Theatinerstraße

KUNSTVEREIN MÜNCHEN
Ein geschichtsträchtiger Ort der Münchner Kunstlandschaft, eine »streitbare Plattform für zeitgenössische Kunst« mit großem Veranstaltungsprogramm.
Galeriestr. 4, Di. – So. 10 – 18 Uhr
Tel. 089 22 11 52
www.kunstverein-muenchen.de

LENBACHHAUS (MIT KUNSTBAU)
▶ Lenbachhaus

LOTHRINGER13
Unkonventionelle Werkstatt junger Künstler mit spannenden Ausstellungen. Der »Rroom« im Vorderhaus ist eine Drehscheibe des Münchner Kulturlebens
Haidhausen, Lothringer Str. 13
Di.– So. 11 – 20 Uhr, Eintritt frei
www.lothringer13.de

MARSTALLMUSEUM
▶ Nymphenburg

MAXIMILIANSFORUM
Städtischer Ort für angewandte Kunst (Design, Mode, Architektur etc.) und Performances.
Fußgängerunterführung Altstadtring/Maximilianstraße
Do.– Sa. 16 – 19 Uhr
Eintritt meistens frei
www.maximiliansforum.de

MEISSENER PORZELLANSAMMLUNG
▶ Oberschleißheim, Lustheim

MÜNCHNER STADTMUSEUM
▶ Sankt-Jakobs-Platz, Münchner Stadtmuseum

MUSEUM BRANDHORST
▶ Kunstareal

MUSEUM FÜR ABGÜSSE KLASSISCHER BILDWERKE
Ein Monument der Antikenbegeisterung im 19. Jh.: Knapp 1800 Kopien berühmter und weniger bekannter antiker Skulpturen sind hier ausgestellt.
Katharina-von-Bora-Str. 10
Mo. – Fr. 10 – 20 Uhr, Eintritt frei
www.abgussmuseum.de

MUSEUM DER BÜRGERSAALKIRCHE
▶ Bürgersaalkirche

MUSEUM FÜNF KONTINENTE
▶ Museum Fünf Kontinente

MUSIKINSTRUMENTE
▶ Bayerisches Nationalmuseum
▶ Deutsches Museum
▶ Sankt-Jakobs-Platz, Münchner Stadtmuseum

NATIONALMUSEUM
▶ Bayerisches Nationalmuseum

NEUE PINAKOTHEK
▶ Kunstareal

Schicke Karossen im futuristischen Ambiente der BMW Welt

NEUE SAMMLUNG – THE DESIGN MUSEUM

▶ Kunstareal, Pinakothek der Moderne

PINAKOTHEK DER MODERNE

▶ Kunstareal

PORZELLANSAMMLUNGEN

▶ Nymphenburg, Marstallmuseum
▶ Residenz
▶ Oberschleißheim, Lustheim

RATHAUSGALERIE

Die ehemalige Kassenhalle des Rathauses bietet Raum für die Präsentation aktueller Münchner Kunst und für ihre Vermittlung.

Neues Rathaus, Marienplatz 8
März – Nov. Di.–So. 11–19 Uhr
Eintritt frei
Tel. 089 2 33-2 84 08
www.muenchen.de/rathausgalerie

RESIDENZMUSEUM

▶ Residenz

ROCKMUSEUM

▶ Olympiapark, Olympiaturm

SAMMLUNG SCHACK

▶ Sammlung Schack

SCHATZKAMMER

▶ Residenz

STAATLICHE GRAPHISCHE SAMMLUNG

▶ Königsplatz
▶ Kunstareal, Pinakothek der Moderne

STAATLICHE MÜNZSAMMLUNG

▶ Residenz

SAMMLUNG MODERNE KUNST

▶ Kunstareal, Pinakothek der Moderne

STÄDTISCHE GALERIE IM LENBACHHAUS
▶ Lenbachhaus

STADTMUSEUM
▶ Sankt-Jakobs-Platz, Münchner Stadtmuseum

TUTSEK-STIFTUNG
Ein kleines, feines Haus mit einer ebensolchen Thematik – Glaskunst.
▶ Schwabing

ÜBLACKERHÄUSL
▶ Haidhausen

VALENTIN-KARLSTADT-MUSÄUM
▶ Isartor

VILLA STUCK
▶ Villa Stuck

GESCHICHTE

DENKSTÄTTE WEISSE ROSE
▶ Ludwigstraße, Universität

JÜDISCHES MUSEUM
▶ Sankt-Jakobs-Platz, Jüdisches Zentrum

KZ-GEDENKSTÄTTE DACHAU
▶ Dachau

NS-DOKUMENTATIONS-ZENTRUM
▶ Königsplatz

STADTMUSEUM
▶ Sankt-Jakobs-Platz, Münchner Stadtmuseum

LITERATUR UND THEATER

INTERNATIONALE JUGEND-BIBLIOTHEK & MICHAEL-ENDE-MUSEUM
▶ Blutenburg

DEUTSCHES THEATERMUSEUM
▶ Hofgarten

LITERATURHAUS
▶ Salvatorplatz

LYRIK-KABINETT
Eine Oase für Freunde der Lyrik, die Bibliothek umfasst gegenwärtig ca. 50 000 Bände. Man veranstaltet Autoren- und andere Lesungen.
Maxvorstadt, Amalienstraße 83 a
Mo., Mi. 10–13, Di., Do. 15–21, Sa. 12–18 Uhr, Tel. 089 34 62 99

MONACENSIA
▶ Bogenhausen

STADTMUSEUM
▶ Sankt-Jakobs-Platz, Münchner Stadtmuseum

NATURKUNDE

GEOLOGISCHES MUSEUM
▶ Kunstareal

JAGD- UND FISCHEREIMUSEUM
▶ Deutsches Jagd- und Fischereimuseum

MUSEUM MENSCH UND NATUR
▶ Nymphenburg

PALÄONTOLOGISCHES MUSEUM
▶ Kunstareal

REICH DER KRISTALLE
▶ Kunstareal

TECHNIK & VERKEHR

BMW-MUSEUM
▶ BMW

DEUTSCHES MUSEUM
▶ Deutsches Museum
▶ Verkehrszentrum

FEUERWEHRMUSEUM
▶ Sendlinger Straße

FLUGWERFT SCHLEISSHEIM
▶ Schleißheim

MVG-MUSEUM
In der einstigen Tram-Hauptwerkstätte sind Straßenbahnen und Busse aller Epochen zu bewundern.
Ramersdorf, Ständlerstraße 20
alle 14 Tage So. 11 – 17 Uhr
Eintritt 2,50 €
Tram 17 Schwanseestraße
Bus 139, 145 Ständlerstraße
www.mvg-mobil.de/museum

VERKEHRSZENTRUM DES DEUTSCHEN MUSEUMS
▶ Verkehrszentrum

SPIELZEUG

PUPPENTHEATERMUSEUM
▶ Sankt-Jakobs-Platz, Münchner Stadtmuseum

SPIELZEUGMUSEUM
▶ Altes Rathaus
▶ Sankt-Jakobs-Platz, Münchner Stadtmuseum

SONSTIGE MUSEEN

ALPINES MUSEUM
▶ Alpines Museum

FC BAYERN ERLEBNISWELT
▶ Allianz Arena

SHOPPEN

München gilt nicht zufällig als eine der besten Einkauflocations in Deutschland. Alle großen Marken und berühmte Luxuslabels sind vertreten. Traditionsreiche Kaufhäuser, moderne Einkaufspassagen und viele kleine, indivduelle Läden stellen auch ausgefallene Bedürfnisse und Geschmäcker zufrieden.

»Die« Einkaufsstraßen im Zentrum sind die Neuhauser-/Kaufingerstraße, die feine Theatinerstraße und die noch noblere Maximilianstraße. Während Erstere den Bedarf normaler Menschen bedient, muss man in Letzterer schon ein ordentliches Bankkonto besitzen; da wie dort prägen weltweit bekannte Marken das Bild. Individueller geht es in der Theatinerstraße zu, ebenso um den Promenadeplatz mit seinen edlen kleinen Läden. Auch an der Sendlinger Straße reihen sich die Geschäfte. Unter den Kaufhäusern ist besonders Ludwig Beck (»am Rathauseck«) zu nennen, dessen gehobene Shops sich auf mehrere Häuser an der Dienerstraße verteilen; einen guten Ruf genießt die Musikabteilung. Am unteren Ende der Neuhauser Straße versammelt das Kaufhaus Oberpollinger mit seinem coolen »Luxusboulevard« viele gute bzw. teure Labels unter einem Dach. Ganz oben auf dem München-Programm steht natürlich der Viktualienmarkt mit seinem besonderen Flair zwischen bäuerlich-bodenständig und weltläufig- schnieke. Die Vorstädte, wie das Glockenbach- und das Gärtnerplatzviertel, Schwabing, die Maxvorstadt und Haidhausen, lohnen einen Streifzug auf jeden Fall; hier findet man viele interessante, charmante kleine Läden und Werkstätten mit ebensolchen Besitzern.

Märkte

Im Zentrum und in Schwabing kann man auf dem **Viktualienmarkt** respektive dem **Elisabethmarkt** von Mo. bis Sa. einkaufen, in den äußeren Stadtvierteln finden Märkte an bestimmen Wochentagen statt. **Trödel- und Flohmärkte** werden an vielen Plätzen im ganzen Stadtgebiet abgehalten, meist am Wochenende. Die altehrwürdige **Auer Dult** zieht dreimal im Jahr viele Besucher an (▶S. 329). Info über alle findet man unter www.muenchen.de.

Kunst und Antiquitäten

Antiquitätengeschäfte konzentrieren sich im Bereich Maxvorstadt/ Schwabing (Amalien-, Türken-, Barer Straße, Kurfürsten-, Hohenzollernstraße) sowie im Stadtzentrum, dort v. a. in der Theatiner- und der Residenzstraße sowie rund um den Promenadeplatz. Traditionell waren die großen Kunstgalerien in der Maximilianstraße und der Brienner Straße ansässig, inzwischen zieht es sie zunehmend ins Kunstareal und seine Umgebung.

AUSGEWÄHLTE ADRESSEN

BÜCHER

LENTNER
Gediegene Buchhandlung vom alten Schlag, mit würdevollem Ambiente, großem Sortiment und kompetenter Beratung. Im Neuen Rathaus.
Altstadt, Weinstraße

SHAKESPEARE & CO.
Buchhandlung & Antiquariat v. a. zum Thema Bayern und München. Eine Institution in der Innenstadt.
Altstadt, Rindermarkt 10

COMIC COMPANY
Comics und gezeichnete Literatur, großes Sortiment aus aller Welt.
Isarvorstadt, Fraunhofer Str. 21

DELIKATESSEN

ALOIS DALLMAYR
▶S. 162. Das traditionsreiche Feinkosthaus mit Bar, Bistro und Restaurant (▶S. 319) steht für Genuss in höchster Qualität. Neben dem berühmten Kaffee gibt es hier Köstlichkeiten aus aller Herren Länder – ein lukullisches und optisches Highlight.
Altstadt, Dienerstr. 14

KÄFER
Münchens bekannter Delikatessenhändler, Edel-Caterer und Wiesn-Wirt hat seine Schwerpunkte bei Fisch und Meeresfrüchten sowie Wein und Käse aus Italien und Frankreich. Vorzüglich speist man in der schicken »Schänke« und im Bistro (▶S. 199 f.)
Bogenhausen, Prinzregentenstr. 73

HERRMANNSDORFER WERKSTÄTTEN
Öko-Lebensmittel aus den berühmten Landwerkstätten in Glonn südöstlich von München. Für den feinen Imbiss sorgt das »Bistro ÖQ«.
Altstadt, Frauenstr. 6
(beim Viktualienmarkt)

GÖTTERSPEISE
Ein Ausflug ins Glockenbachviertel lohnt sich auch für »Süße« – Schokoladen, Pralinen, Macarons und andere Leckereien, sinnlich präsentiert. Man trifft sich auch z. B. bei einem Chai oder heißer Schokolade mit Chili.
Isarvorstadt, Jahnstr. 30

KAUFHÄUSER

LUDWIG BECK
Das traditionsreiche »Kaufhaus der Sinne« hat die anspruchsvollen Käufer im Blick: Mode, Beauty und Lifestyle für Damen und Herren, verteilt auf mehrere Häuser. Im obersten Stock liegt das Mekka für Musikfreunde: CDs und Platten (mit kompetenter Beratung) und Konzertkarten, dazu Autogrammstunden und kleine Konzerte großer Künstler.
Altstadt, Marienplatz 11
und Dienerstraße

OBERPOLLINGER
Das 1905 eröffnete Luxusmarken-Kaufhaus zieht die wohlhabende internationale Kundschaft an. Ganz oben das Restaurant mit einer der schönsten Dachterrassen Münchens.
Altstadt, Neuhauser Str. 18

EINKAUFSPASSAGEN

FÜNF HÖFE
►S. 241. Über 50 gehobene Läden für internationale Mode und Lifestyle-Accessoires, ergänzt durch Cafés, Bars und Delikatessenläden (und einen normalen Supermarkt).
Altstadt, Theatinerstr. 15

HOFSTATT
Wo einst die Süddeutsche Zeitung gemacht wurde, geht's heute um das junge bis sportliche Outfit. Cafés und einen Biomarkt findet man hier auch.
Altstadt, zwischen Färbergraben, Sendlinger Straße und Hackenstr.

MODE

BUBE & DAME
Trendige Mode von Bio- und Fairtrade-Labels für junge Leute, zu relativ günstigen Preisen.
Neuhausen, Wilderich-Lang-Str. 6

MAX DIETL
Weit über die Grenzen Münchens hinaus bekannter Maßschneider für Damen und Herren. Man führt auch internationale Luxusmarken wie Zilli und Brioni.
Altstadt, Residenzstr. 16

EISENBLÄTTER & TRISKA
Elegante oder flamboyante Kopfbedeckungen von Sonnenhut und Schiebermütze bis zum zum Fascinator – aus dem Regal oder nach Maß.
Isarvorstadt, Hans-Sachs-Str. 13

THE SECOND GERDISMANN
Secondhand-Mode für Männer, und das von renommierten Labels, wo gibt's die schon? Hier!
Maxvorstadt, Barer Str. 74

HOSENTRÄGERNÄHEREI
Hosenträger sind cool, ob elegant, rustikal oder ein wenig schräg – hier werden sie individuell und in großer Auswahl angefertigt.
Au, Oefelestr. 3

JEANS KALTENBACH
Hosen in allen Formen, Stilen und Qualitäten führt Münchens größter Jeansladen, dazu Gürtel, Stiefel, Jacken und Hemden.
Altstadt, Herzogspitalstr. 4
und Sendlinger Str. 45

LODEN-FREY
Seit 1842 für hochwertige, schöne Loden- und Trachtenmode berühmt, heute führt man im Stammhaus an der Maffeistraße auch »normale« internationale Designermode und Accessoires.
Altstadt, Maffeistr. 7 – 9

OBEN: Exquisit Einkaufen in den »Fünf Höfen« an der Theatinerstraße

UNTEN: Optisch und kulinarisch ein Gedicht: Feinkost bei Dallmayr

ED MEIER
Beim königlichen Hoflieferanten lässt man sich erlesene Outdoor-Kleidung, auch im alpenländischen Stil, anpassen und Schuhe anfertigen. Die Qualität hat natürlich ihren Preis. In der Gamsbar kann man sich rekreieren.
Maxvorstadt, Briennerstr. 10
www.edmeier.de

NOH NEE
Dirndl auf afrikanisch? Das funktioniert! Klassischer Schnitt und die bunten Stoffe Westafrikas vereinen sich zu einem ebenso fröhlichen wie stilvollen Crossover.
Isarvorstadt, Hans-Sachs-Str. 2
Haidhausen, Steinstr. 28

PLUS ULTRA
Individueller als in dieser winzigen Schneiderinnenwerkstatt geht's nicht: Minimalistisch-stilvolle Damenmode nach Maß & zu fairem Preis.
Isarvorstadt, Fraunhoferstr. 23

TALBOT RUNHOF
In der Klenzestraße begann im Jahr 1992 der Aufstieg zum weltbekannten Damenmode-Label: ein wenig extravagant, ein wenig erotisch, aber immer elegant.
Altstadt, Theatinerstr. 27
Isarvorstadt, Klenzestr. 41

TRACHT UND HEIMAT
Wunderschöne, edle Tracht (keine Landhaus- oder Wiesn-Klamotten) für Damen und Herren, fertig oder nach Maß. Im schönen ORAG-Haus beim Stadtmuseum.
Altstadt, Oberanger 9
www.trachtundheimat.de

KARL WAGNER
Oberbayerische Tracht und Souvenirs, eine gute Adresse auch für Lederhosen, ob echte Hirschlederne aus Bayern oder preisgünstige Produkte aus Pakistan.
Altstadt, Tal 2

TRIUMPH OUTLET
Bade-, Unter- und Nachtwäsche des bekannten Herstellers, wechselndes Angebot reduzierter Ware und Aktuelles zum Normalpreis.
Maxvorstadt, Marsstr. 46

VINYL & CD

SCHALLPLATTENZENTRALE
Secondhand-Tonträger aus allen Genres in riesiger Auswahl.
Isarvorstadt, Fraunhoferstr. 26

LUDWIG BECK
Siehe oben »Kaufhäuser«

SOUVENIRS

OBACHT
Natürlich darf, ja muss man gerade in München das Mitbringsel-(Un) Wesen übertreiben. In dem modernen »Laden für Heimatgefühl« findet man allerlei schräge Dinge für sich und die Lieben zu Hause.
Altstadt, Ledererstr.17
www.obacht-web.de

SERVUS HEIMAT
Auch hier gibt es schöne München-Oberbayern-Devotionalien.
Altstadt, Tal 20, und im Stadtmuseum (▶ St.-Jakobs-Platz).

SEBASTIAN WESELY
Mitbringsel der traditionellen, aufwendigen Art: Holzschnitzereien (z. B. die Münchner Moriskentänzer), Wachs, Zinn, Trachtenschmuck etc.
Altstadt, Rindermarkt 1

WOHNEN & LIFESTYLE

GMUNDER PAPIER
Handgeschriebenes hat Stil, und das edle Papier dazu – in allen Varianten – bekommen Sie an der Rückseite des Hotels Bayerischer Hof.
Altstadt, Prannerstraße 5

MANUFACTUM
Der bekannte Vertreiber teurer & edler Gebrauchsgegenstände hat am Marienhof seine Münchner Filiale. Begehrt ist auch das »Brot&Butter«-Sortiment, die kleine Bistro-Ecke ist immer gut besucht.
Altstadt, Dienerstraße 12

NYMPHENBURGER PORZELLAN
Bei der Theatinerkirche hat die berühmte Nymphenburger Manufaktur ihren Laden. All die feinen Produkte für die Tafel, Accessoires etc. werden von Hand hergestellt.
Maxvorstadt, Odeonsplatz 1
www.nymphenburg.com

RADSPIELER
Von feiner Tischwäsche über Quäker-Möbel bis zur Landhaus-Keramik – eine traditionsreiche, hochangesehene Adresse.
Altstadt, Hackenstr. 4
www.radspieler.com

MÄRKTE

VIKTUALIENMARKT
►S. 252

ELISABETHMARKT
►S. 233

FLOHMÄRKTE

HOFFLOHMÄRKTE
Sehr persönlich lernt man München bei diesen Nachbarschaftsfesten Mitte Mai–Sept. kennen. Ganze Straßenzüge und Häuserblöcke machen mit.
Info unter www.hofflohmaerkte.de (der größte Veranstalter) und bei www.muenchen.de.

OLYMPIAPARK
Das Mekka der Trödelstöberer, auf der 3,5 ha großen Parkharfe am Olympiastadion (Sapporobogen).
Ganzjährig Fr., Sa. 7–16 Uhr

Highlife in der Neuhauser Straße, der Münchner »Fußgängerzone«

NACHTKONSUM
In der Tonhalle am Ostbahnhof: Shopping für zu später Stunde Ausgeschlafene mit Musik für die Partystimmung. Für »Mädels« gibt's einen Ableger im Feierwerk.
Grafinger Str. 6, 1 × im Monat
Sa. 17–24 Uhr, Eintritt 3 €
www.nachtkonsum.com

THERESIENWIESE
Bayerns größter Flohmarkt mit über 2000 Anbietern.
Ca. 15.–20. April, am 1. Sa. des Frühlingsfestes, 7–16 Uhr

MÜNCHEN-RIEM
Auch dieser Flohmarkt ist einer der ganz großen, ein Teil der Einnahmen geht an soziale Projekte.
Riem, Messegelände (U-Bahn 2)
Ganzjährig Sa. 6–16 Uhr
www.flohmarkt-riem.com

STADTBESICHTIGUNG

München macht es seinen Besuchern leicht, es näher kennenzulernen. Eine Reihe von Veranstaltern offerieren ein beeindruckendes Programm, von klassischen Sightseeing-Touren wie der Rundfahrt im offenen Doppeldeckerbus über Expeditionen mit dem Rad bis zu Führungen mit besonderen Themen.

Wie wäre es mit einer Tour durch das alte Schwabing der Künstler oder die »Hauptstadt der Bewegung«, einem Spaziergang mit dem Nachtwächter oder einem Bummel über den Viktualienmarkt? Sie haben die Wahl! Das gilt auch für das Beförderungsmittel: mit der Tram durch die Innenstadt oder die umgebenden Stadtviertel, gemütlich-nobel mit der Kutsche oder etwas sportlicher mit dem Fahrrad oder dem Segway.

INFORMATIONEN

Bei **München Tourismus** können unterschiedliche Stadtführungen gebucht und entsprechende Veranstalter erfragt werden (► S. 358).
Die Website von **Rent-a-guide** stellt an die 50 Touren und viele Anbieter vor: www.rent-a-guide.de.

STADTFÜHRUNGEN

Bekannte Veranstalter mit einem großen Programm für die unterschiedlichsten Bedürfnisse.

Spurwechsel
Au, Ohlmüllerstraße 5
Tel. 089 692 46 99
www.spurwechsel-muenchen.de

Stattreisen
Tel. 089 54 40 42 30
www.stattreisen-muenchen.de

Weis(s)er Stadtvogel
Altstadt, Unterer Anger 14
Tel. 089 2 03 24 53 60
www.weisser-stadtvogel.de

Münchner Stadtführungen
Tel. 089 24 23 17 67, www.muenchenstadtfuehrungen.de

Münchner Bildungswerk
Die Katholische Erwachsenenbildung führt u. a. in die Münchner Kirchen.
Tel. 089 54 58 05-0, www.muenchner-bildungswerk.de

Bildungswerk Bayern
Das Bildungswerk des DGB mit großem, facettenreichem Programm.
Tel. 089 55 93 36-40
www.bildungswerk-bayern.de

MIT TRAM UND BUS

www.mvg.de
Mit Tram und Bus ist die Stadt bequem und ganz »hautnah« zu erleben. Hin- und Rückfahrt gelten jeweils als eine normale Fahrt.

Tour 1: Tram 19 Hauptbahnhof – Promenadeplatz – Nationaltheater – Maximilianstraße – Maximilianeum – Haidhausen – Ostbahnhof, zurück mit Bus 100 (Museenlinie) über Prinzregentenstraße und Kunstareal.

Tour 2: Tram 16 Hauptbahnhof – Gärtnerplatz-/Glockenbachviertel – Deutsches Museum – Haidhausen – Bogenhausen – Herkomerplatz, zurück mit Tram 18 durchs Lehel und Gärtnerplatzviertel zum Sendlinger Tor/Stachus/Hauptbahnhof.

Tour 3: Tram 27 Hauptbahnhof – Kunstareal (Maxvorstadt) – Schwabing – Nordbad, zurück mit Bus 154 durch den Englischen Garten zur Tivolistraße, dann Tram 18 zum Sendlinger Tor/Stachus/Hauptbahnhof.

MÜNCHENTRAM

Vergnügliche Stadtrundfahrt mit einer alten, rumpeligen Trambahn und kundigem Führer. Im Advent fährt die »Christkindltram« (vom Sendlinger Tor/Matthäuskirche).
Anf. Jun – Anf. Okt. Sa., So./Fei. 11, 12, 13, 14 Uhr von der Sonderhaltestelle Max-Weber-Platz (Einsteinstraße), ca. 55 Min., 10 €
www.mvg.de, »Services«

DOPPELDECKER-BUSSE

Das klassische Sightseeing mit dem (offenen) Doppeldecker-Bus führt zu den wichtigsten Sehenswürdigkeiten, an den Haltestellen unterwegs kann man aus- und wieder einsteigen. Die Busse beider Unternehmen fahren gegenüber dem Hauptbahnhof vor dem Elisenhof ab.

CitySightseeing München
3 unterschiedliche Touren mit Möglichkeit zum Kombinieren.
Tgl. 10 – 17 Uhr, www.citysightseeing-muenchen.de

Gray Line
Express Circle: 1 Stunde
Grand Circle: 2.30 Std.
www.stadtrundfahrten-muenchen.de

MIT DEM FAHRRAD

Die meisten Veranstalter haben geführte Radeltouren im Programm, auch außerhalb der Stadt.

KUTSCHENFAHRTEN

Ganz geruhsam und stilvoll – der Kutscher trägt Frack und Zylinder – ist die Fahrt vom Chinesischen Turm durch den Englischen Garten oder auch durch die Altstadt Münchens.
Kutscherei Hans Holzmann
Tel. 089 18 06 08 (tgl. 10 – 12 Uhr)
www.kutschen-muenchen.de

TAXI GUIDE MÜNCHEN

Qualifizierte Stadtführer holen Sie von jedem beliebigen Punkt ab und zeigen Ihnen die Stadt und ihre Umgebung, etwa die Fußballstadt München oder die Locations der Technoszene, auf den Spuren berühmter Musiker oder Papst Benedikts XVI.
Tel. 0175 481 28 48 (8–20 Uhr)
www.taxi-guide-muenchen.de

FAHRRAD-RIKSCHAS

Nicht billig, aber klimafreundlich wird man durch die Altstadt, den Englischen Garten oder zu individuellen Zielen chauffiert; auch Startpunkt und Fahrdauer kann man selbst festklegen. Hauptdrehscheibe ist der Marienplatz (beim Kaufhaus Beck), ein weiterer Standplatz am Chinesischen Turm im Englischen Garten.
www.**pedalhelden.de**
Tel. 089 2 42 16 88
www.**muenchen-rikscha**.de
Tel. 089 41 61 60 35
Rikscha-AG des ADFC
Tel. 0176 43 21 99 54
www.rikscha-muc.org

MIT DEM SEGWAY

In unterschiedlichen, 3 Stunden langen Touren lernt man München auf ungewöhnliche Art kennen. Führerschein Klasse B, Führerschein ab 17 oder Mofa-Prüfbescheinigung nötig.
Tel. 089 24 20 34 01
www.seg-tour-munich.de

BESONDERE TIPPS

Bis ins Dritte Reich und die Gegenwart spielten die **Juden** in München eine große, heute oft überraschende Rolle (Stattreisen, artattendance.com, schauplatz-muenchen.de). »München leuchtete« – auch namhafte **Schriftsteller/-innen** haben die Stadt geprägt. Als Kenner der Familie Mann hat sich Dirk Heißerer einen Namen gemacht (lit-spaz.de). Nicht weniger interessant sind die Lebensgeschichten etwa von Erich Kästner, Lena Christ oder Oskar Maria Graf (bei mehreren Anbietern).

Das traditionsreiche **Musikleben** der Stadt bringt der Pianist und Musikhistoriker Thomas Krehahn näher (thomaskrehahn.de).
Ein Muss ist eigentlich eine Tour durch das multikulturelle **Bahnhofsviertel** südlich der Bayerstraße, in dem Einwanderer von der Türkei bis Pakistan eine eigene bunte, großstädtische Welt geschaffen haben, aber auch über die Hälfte der Münchner Hotelbetten lokalisiert sind (www.im-muenchen.de, www.rent-a-guide.de).
Ein anderes interessantes Quartier ohne »Szene-Wert« ist **Giesing** auf dem und unterhalb des Isar-Hochufers, einst ein »Glasscherbenviertel«, in dem auch die beiden großen Fußballvereine ihr Hauptquartier haben (Stattreisen, Spurwechsel). Auch das schickere **Haidhausen** hat Interessantes zu bieten (▶ Üblackerhäusl, S. 108; Stattreisen).
Aus der **kulinarischen Perspektive** lernt man neue Welten besonders angenehm kennen. Streifen Sie durch Haidhausen oder Schwabing und machen Sie Station in einer alteingesessenen Metzgerei, einer italienischen Eisdiele, einem Feinkostladen und/oder bei einem türkischen Bäcker.
www.eat-the-world.com, Tel. 030 20 62 29 99-0; ▶auch Stadtvogel
Auch schicke Bars sind zu entdecken. Genießen Sie einen Cocktail mal im Ambiente eines Luxushotels – beim **Hotelbar-Hopping** stehen gleich 6 Etablissements auf dem Programm.
Ca. 40 €, VIP-Paket für 4 P. ca. 250 €, Tel. 0174 943 97 93
www.sparkling-munich.com.

ÜBERNACHTEN

Nicht weniger als 14 Millionen Übernachtungen zählten 2016 die über 400 »Beherbergungsbetriebe« der Stadt. Beeindruckend groß ist daher die Auswahl an Nächtigungsmöglichkeiten, für jeden Geschmack und tatsächlich auch für jeden Geldbeutel.

Das Angebot reicht, wie zu erwarten, von purem Luxus in traditionsreichen Häusern über große, eher zweckmäßige Hotelkomplexe zu modernen Design-Hotels, von kleinen, feinen Häusern bis zu preiswerten Gasthäusern in den Außenbezirken. Seit einigen Jahren erstellen internationale Hotelketten, z. B. Ibis, Novotel, Mercure, Motel One und Eurostars, in zentrumsnahen bzw. peripheren Ausfallstraßen (wie Schwanthalerstraße, Arnulfstraße, Tegernseer Landstraße) große Häuser im etwas gesichtslosen Schuhschachtel-Stil; doch logiert man dort komfortabel und zu akzeptablen Preisen, meist ist eine U-Bahn- oder Tram-Haltestelle nicht weit. Während des Oktoberfests und der großen Messen verlangen viele Hotels im Großraum München deutlich höhere Preise (zwischen 10 und 200 % Aufschlag). Das Frühstück wird häufig separat berechnet, in unseren Angaben zu den Preiskategorien ist es enthalten. Insbesondere junge Gäste frequentieren die Hostels, einen Boom erleben auch die Mitwohnangebote (nicht immer koscher; man schätzt, dass in München ca. 1000

Wohnungen dafür zweckentfremdet werden). Außer in den Jugendherbergen können jung(geblieben)e Menschen im Sommerhalbjahr im »Tent« nächtigen, einem Camp mit unterschiedlich großen Zelten. Für Freiluftfans stehen schön gelegene Campingplätze zur Verfügung. Preisgünstigere Unterkunft findet man auch im Umland; mit der S-Bahn erreicht man das Stadtzentrum schnell und bequem. München Tourismus (▸ S. 358) hilft mit Informationen und Zimmervermittlung.

Spezialangebote

Es lohnt sich, bei den Hotels nach Arrangements und Sonderaktionen zu fragen, auch mit direkter Online- und Früh-Buchung kann man sparen. Das gilt auch für Luxushäuser – so kommt man etwas preisgünstiger zum exklusiven Genuss: im Bayerischen Hof z. B. mit dem »City Break« (2 Nächte mit Abendmenü und Champagnerfrühstück), das Kempinski Vier Jahreszeiten bietet »3 Nächte für 2«, Wochenend-Preise etc.; die preisgekrönte Küche des Königshofs am Stachus und seines Ablegers Werneckhof kann man beim »Dine & Shine«-Arrangement (2 Nächte + 2 große Menüs) kennenlernen.

HOTELS

PREISKATEGORIEN

Übernachtung für 2 Personen im DZ in der Hauptsaison (April–Okt.)

€€€€	über 300 €
€€€	bis 300 €
€€	bis 200 €
€	bis 100 €

❶ etc. ▸ Stadtplan S. 348/349

⓭ BAYERISCHER HOF €€€€

Berühmte Gäste aus Politik, Wirtschaft und Kultur nehmen in dem 1841 gegründeten Hotel Quartier. Fünf Restaurants von michelinbesternter Gourmetküche über Bayerisch bis Exotisch-Polynesisch. Durchaus erschwinglich ist ein Abend in einer der 6 Bars (besonders attraktiv die Blue Spa Bar auf dem Dach und die Falk's Bar), im Night Club treten internationale Jazzstars auf.
Altstadt, Promenadeplatz 2 – 6
Tel. 089 21 20-0
www.bayerischerhof.de

❹ THE CHARLES HOTEL €€€€

Eine Luxusherberge für betuchte Gäste, mit dementsprechendem Komfort. Spa mit großem Beauty- und Wellness-Angebot, 15-Meter-Pool. Das Restaurant »Sophia's« pflegt eine leichte internationale Küche.
Maxvorstadt, Sophienstr. 28
Tel. 089 54 45 55-0
www.roccofortehotels.com

⓲ KEMPINSKI VIER JAHRESZEITEN €€€€

Luxushotel an Münchens berühmtester und teuerster Einkaufsstraße, mit Concierge- und Limousinen-Service. Im Restaurant »Schwarzreiter« genießen Sie innovative Küche mit regionalem Touch. Die Lobby gilt als »schönstes Wohnzimmer Münchens« – perfekt für den Afternoon Tea.
Altstadt, Maximilianstr. 17
Tel. 089 21 25-0
www.kempinski.com

MÜNCHEN
200 m
©BAEDEKER
Olympiapark, BMW Welt
Alter Nördlicher Friedhof
St. Benno
Ferdinand-Miller-Platz
MAXVORSTADT
Neue Pinakothek
Technische Universität
Alte Pinakothek
Reich der Kristalle
Paläontologisches Museum
Münchner Volkstheater
Stiglmaier-platz
Museum Brandhorst
Ägyptisches Museum
Pinakothek der Moderne
Lenbachhaus
Glyptothek
Königsplatz
Hochsch. für Musik
Markuskirche
Antikensammlungen
NS-Dok.-zentrum
St. Bonifaz
Amerikahaus
Karolinenplatz
Nymphenburg, Botanischer Garten
Circus Krone
Marsplatz
Bayer. Rundfunk
Rundfunkpl.
ZOB
Pl.d.Opfer des Nationalsozialismus
Maximiliansplatz
Salvatorkirche
Theatinerkirche
Justizpalast
Lenbachplatz
Hauptbahnhof
Bahnhofpl.
Europ. Patentamt
Dreifaltigk.-kirche
HACKENVIERTEL
Künstlerhaus
Bürgersaalk.
Michaelskirche
Promenadeplatz
Hypo-Kunsthalle
Karlsplatz (Stachus)
Jagd-mus.
Frauenkirche
Neues Rathaus
Marienplatz
Damenstiftsk. St. Anna
Deutsches Theater
LUDWIGSVORSTADT
St. Paul
St.-Pauls-Pl.
Peterskirche
Asamkirche
Stadtmuseum
St. Jakobs-Pl.
Synagoge
Schrannenhalle
Georg-Hirth-Platz
Sendlinger Tor
Theresienwiese
Klinikum Innenstadt der LMU
Matthäuskirche
Kaiser-Ludwig-Pl.
Marionettentheater
Gärtnerplatztheater
Gärtnerplatz
Stephansplatz
Bavaria & Ruhmeshalle
Esperantoplatz
Goethepl.
Holzpl.
Alter Südlicher Friedhof
GLOCKENBACHVIERTEL
ISARVORSTADT
Verkehrszentrum
St. Maximilian
Kapuzinerpl.
Emil-Muhler-Torweg
Frühlingsanlagen
Tierpark Hellabrunn
Nymphenburger Str.
Schwanthalerstr.
Landwehrstr.
Bayerstr.
Sonnenstr.
Lindwurmstr.

Schwabing
Rumford-schlössl
Chinesischer Turm
Orangerie
Monopteros
Milchhäusl
Englischer Garten
Siegestor
Universität (LMU)
Geschwister-Scholl-Platz
St. Ludwig
Bayerische Staatsbibliothek
Ludwigstraße
Japanisches Teehaus
Archäolog. Staatssamml.
Prinz-Carl-Palais
Haus d. Kunst
Theatermuseum
Hofgarten
Staatskanzlei
Prinzregentenstr.
Bayerisches National-museum
Sammlung Schack
Luitpold-brücke
LEHEL
Residenz
Marstall
National-theater
Klosterkirche
Regierung von Oberbayern
Kammer-spiele
Maximilianstr.
Hofbräu-haus
Museum Fünf Kontinente
Maximiliansbrücke
Maximilianeum
Maximilians-anlagen
Friedens-engel
Villa Stuck
Monacensia
St. Georg
BOGEN-HAUSEN
Prinzregenten-theater
Klinikum rechts d. Isar
Einsteinstr.
Alter Haid-hauser Friedhof
Bier- u. Oktoberfest-museum
Isartor (Valentin Karlstadt Musäum)
St. Lukas
Praterinsel
Alpines Museum
Hofbräukeller
St. Johann Baptist
Muffathalle
Nikolai-kirche
Johannes-kirche
Innere Wiener Str.
Müller'sches Volksbad
Kultur-zentrum Gasteig
Europ. Patentamt
Deutsches Museum
Museumsinsel
AU
HAIDHAUSEN
Rosenheimer Platz
Goethe-Inst.
Mariahilfkirche
Ostbahnhof
Postwiese
WERKSVIERTEL
Berg am Laim
Grünwald, Bavaria Filmstadt
Ramersdorf

16 MANDARIN ORIENTAL €€€€
Der elegante Neorenaissance-Bau beherbergt ein exklusives Fünf-Sterne-Hotel (ab 800 €/Nacht). 2015 eröffnete der japanische Starkoch Nobuyuki Matsuhisa sein elegantes Restaurant, mit sehr teuren Gerichten, aber auch durchaus bezahlbaren Menüs. Von der Dachterrasse mit Lounge und Pool hat man einen traumhaften Blick über die Altstadt.
Altstadt, Neuturmstr. 1
Tel. 089 2 90 98-0
mandarinoriental.de/munich

15 CORTIINA €€€
Die Lage! Lebhafte Gasse in der Altstadt mit guten Läden und Bars etc., das Hofbräuhaus um die Ecke. Mit dem an den 1960er-Jahren orientierten Design ein sehr angesagtes Haus. Hervorragendes Weinrestaurant mit Terrasse im kleinen Innenhof.
Altstadt, Ledererstr. 8
Tel. 089 24 22 49-0
www.cortiina.com

17 HOTEL TORBRÄU €€€
Das älteste Hotel der Stadt, an der Innenseite des Isartors gelegen. Gediegenes, »modern-traditionell« gestaltetes Haus mit freundlicher Atmosphäre.
Altstadt, Tal 41
Tel. 089 2 42 34-0
www.torbraeu.de

23 THE WESTIN GRAND €€€
Eines der riesigen Hotels im Arabellapark, sehr gediegene Zimmer und Suiten, z. T. mit atemberaubender Aussicht. Aller neuzeitliche Komfort mit Indoor-Pool, Spa, Fitnesscenter etc.; in Klassiker ist die Bar Ducktail's mit dunklem Holz und Ledersesseln.
Bogenhausen, Arabellastraße 6
U4 Arabellapark, Tel. 089 9264-0
www.westingrandmunich.com

Luxuriöses »Zimmer mit Aussicht« im Mandarin Oriental

19 HOTEL OPERA €€–€€€
Wunderschönes Hotel mit individuellen Zimmern und romantischem Renaissance-Innenhof. Der U-Bahnhof Lehel am romantischen St.-Anna-Platz ist wenige Meter entfernt.
Lehel, St.-Anna-Str. 10
Tel. 089 21 04 94-0
ww.hotel-opera.de

12 BLAUER BOCK €€
Zentraler kann man kaum wohnen, und das zu fairen Preisen. Die vielen Stammgäste schätzen den Charme des 400 Jahre alten Hauses und die herzliche Betreuung. Mit hochklassigem Restaurant unter dem Witzigmann-Schüler H. J. Bachmaier. Die Deko muss man allerdings mögen.
Altstadt, Sebastiansplatz 9
Tel. 089 23 17 80. Restaurant Di.–Sa. ab 12 und 18.30 Uhr
Tel. 089 45 22 23 33
www.hotelblauerbock.de

14 HOTEL SCHLICKER €€
Zentral nahe dem Marienplatz gelegenes, charmantes Haus, ein Familienunternehmen mit langer Tradition. Parkplatz im Innenhof, Fahrräder stehen kostenlos zur Verfügung. Im Erdgeschoss die Tegernseer Bräustube.
Altstadt, Tal 8
Tel. 089 24 28 87-0
www.hotel-schlicker.de

3 EUROSTARS GRAND CENTRAL €€
Moderner Vier-Sterne-Komplex, auch Dreierzimmer und Appartements. Klimaanlage, große Badezimmer und Betten sorgen für einen angenehmen Aufenthalt. Mit Bar und Tapas-Restaurant, Pool und Sauna.
Maxvorstadt, Arnulfstr. 35 (S-Bahn/Tram Hackerbrücke)
Tel. 089 5 16 57 40
www.eurostarsgrandcentral.com

8 TRYP MÜNCHEN CITY €€
Moderne, gut ausgestattete Zimmer auf sechs Etagen. Sauna und Fitnessbereich sorgen für die Erholung. Südlich nahe dem Hauptbahnhof an einer verkehrsreichen Straße gelegen, zur Wiesn ist es nicht weit.
Isarvorstadt, Paul-Heyse-Str. 24
Tel. 089 51 49 00
www.tryphotels.com

22 STADT ROSENHEIM €€
Angenehme Bleibe in der sympathischen Vorstadt: individuell und geschmackvoll gestaltete Zimmer in einem recht herrschaftlichen Haus der Gründerzeit. Unmittelbar am Ostbahnhof gelegen, die S-Bahn bringt rasch ins Zentrum.
Haidhausen, Orleansplatz 6a
Tel. 089 4 48 24 24
www.hotel-stadt-rosenheim.de

24 FREISINGER HOF €€
Feines, ländliches Anwesen, ruhig am Stadtrand nahe der Isar und dem Englischen Garten gelegen. Heimelige Zimmer im modernen alpenländischen Stil. Das Restaurant verwöhnt mit ausgezeichneter österreichischer und bayerischer Küche
Oberföhring, Oberföhringer Str. 189 (U-Bahn 4 Richard-Strauss-Straße, dann Bus 188)
Tgl. 11–24 Uhr, Tel. 089 95 23 02
freisinger-hof.de

25 GÄSTEHAUS AM ENGLISCHEN GARTEN €€
Romantisch gelegenes, liebevoll geführtes Haus. Jüngst renovierte Zimmer (z. T. ohne eigenes WC) und Appartements. Fahrradverleih.
Schwabing, Liebergesellstr. 8
Tel. 089 3 83 94-10
www.hotelenglischergarten.de

6 HOTEL MONACO €–€€
Familiengeführtes, freundliches kleines Hotel nahe dem Hauptbahnhof. Hübsche Ein- bis Vierbettzimmer, zum Teil nur mit Etagenbad (dann jedoch unschlagbar preiswert).

Der Bayerische Hof, seit über 175 Jahren eine erste Adresse in München

Isarvorstadt, Schillerstr. 9
Tel. 089 5 45 99 40
www.hotel-monaco.de

⑩ MÜLLER INN €–€€
Im ruhigen Hinterhof im 2. Stock, viele Stufen, kein Lift, jüngst modernisiert – eine sehr nette Adresse im hippen Glockenbachviertel. Im Zentrum ist man in wenigen Minuten.
Isarvorstadt, Müllerstr. 43 a
Tel. 089 26 66 78
www.muellerinn.com

⑨ HOTEL MARIANDL €–€€
Außen Neorenaissance der Gründerzeit, innen charmant verwinkelte Zimmer mit Thonet-Möbeln und Parkett. Im Haus das Café am Beethovenplatz (► S. 324).
Ludwigsvorstadt, Goethestr. 15
Tel. 089 55 29 10 52
www.mariandl.com

㉑ MK HOTEL €–€€
Einfache, moderne Zimmer, ruhig in einem Hinterhaus nahe dem Max-Weber-Platz (U-Bahn/Tram). Gutes Frühstück im Bistro.
Haidhausen, Einsteinstr. 34
Zentrale Reservierung Tel. 08723 9 78 71-22 00, www.mkhotels.de

20 MOTEL ONE €–€€
Modernes, stylisches Haus, nahe dem Gasteig ruhig am sogenannten Isar-Hochufer gelegen. Kleine Restaurants mit französischer Küche in der Nähe. Für die 6 weiteren Häuser dieser Kette in München siehe Website.
Haidhausen, Rablstr. 2
Tel. 089 4 44 55 58-0
www.motel-one.com

10 PENSION AM JAKOBSPLATZ €
Preisgünstig und freundlich betreut wohnt man in der akkurat geführten kleinen Pension, zentralste Lage.
Altstadt, Dultstr.1
Tel. 089 2 323 15 56
www.pension-jakobsplatz.de

JUGENDUNTERKUNFT

1 DJH-JUGENDHERBERGEN
Neuhausen:
Wendl-Dietrich-Str. 20
U 1/7 Rotkreuzplatz
Tel. 089 2 02 44 49-0
Thalkirchen:
Miesingstr. 4
U 3 Thalkirchen
Tel. 089 7 85 76 77-0
www.jugendherberge.de

7 CVJM-GÄSTEHAUS
Landwehrstr. 13, 500 m vom Hbf
Tel. 089 55 21 41-0
www.cvjm-muenchen.org

5 EURO YOUTH HOTEL
Senefelder Str. 5, 100 m vom Hbf
Tel. 089 5 99 08 80
www.euro-youth-hotel.de

2 HAUS INTERNATIONAL
Schwabing-West, Elisabethstr. 87
Tel. 089 12 00 67 90
www.haus-international.de

INTERNATIONALES JUGEND-CAMP »THE TENT«
300 Schlafplätze in 80 Zelten.
Mit Zeltplatz (keine Caravans)
Geöffnet Ende Mai – Anfang Okt.
Nymphenburg, In den Kirschen 30
Tel. 089 1 41 43 00
www.the-tent.com

CAMPINGPLÄTZE

OBERMENZING
Am Beginn der A 8 nach Stuttgart gelegen, 250 Plätze. Reservierung ist nicht möglich und wäre meist auch nicht nötig.
Lochhauser Str. 59
Tel. 089 8 11 22 35
www.campingplatz-muenchen.de

THALKIRCHEN
Idyllisch im Landschaftsschutzgebiet Isarauen, 630 Plätze. In der Nähe liegen das Freibad Maria Einsiedel und der Tierpark Hellabrunn.
Zentralländstr. 49, U 3 Thalkirchen
Tel. 089 7 23 17 07
www.camping-muenchen.de

LANGWIEDER SEE
An der A 8 München – Stuttgart, in Wald und Feld am gleichnamigen Badesee gelegen, 100 Plätze. Reservierung ist nicht möglich.
Eschenrieder Str. 119
Tel. 089 8 64 15 66
www.camping-langwieder-see.de

B&B, COUCHSURFEN, WOHNUNGSTAUSCH
www.airbnb.com
www.bed-and-breakfast.de
www.couchsurfing.com
www.wimdu.de
www.9flats.com
www.haustauschferien.com

P

PRAKTISCHE INFOS

Wichtig, hilfreich, präzise

Unsere Praktischen Informationen helfen in (fast) allen Situationen in München weiter.

U
U1
U2
EurAide
DB Lounge
DB
Ausgang City, Mess
ReiseZentrum
Exit, Travel Centre
Sortie, Centre de voyage
Mietexplosion
Minga
Bussi Bussi
Täglich mehr als
eine Antwort.
WIESN
WIRTE
TOLLWOOD
Oktoberfest
MAX PLANCK
LAUCHER
WEISSE ROSE
mia san mia!
Coke
Brioche Dorée
PATISSERIE
CAFE
SANDWICH
welcome

KURZ & BÜNDIG

NOTRUFE
Polizei Tel. 110
Notarzt, Feuerwehr Tel. 112

ÄRZTLICHER BEREITSCHAFTSDIENST
Tel. 116 117 (gebührenfrei)
Bereitschaftspraxis Elisenhof
Prielmayerstr. 3 (beim Hauptbahnhof): Mo., Di., Do. 19 – 23, Mi., Fr. ab 14 Uhr, Sa., So./Fei. ab 8 Uhr

ZAHNÄRZTLICHER NOTDIENST
Kassen: Tel. 089 30 00 55 15
privat: Tel. 089 51 71 76 98

ACE NOTRUFZENTRALE
Tel. 0711 5 30 34 35 36

ADAC NOTRUFZENTRALE
Mobil-Tel. 22 22 22

SPERRUNG VON BANK- UND KREDITKARTEN
Tel. 116 116 (gebührenfrei)
Nicht alle Banken sind angeschlossen, aktuelle Liste unter www.sperr-notruf.de. Bei der Verlustmeldung sind für Bankkarten Bankleitzahl und Kontonummer anzugeben, für Kreditkarten Art und Nummer – vor der Reise notieren!.

FUNDBÜROS
Städtisches Fundbüro
Ötztaler Str. 19, 81373 München
Anfahrt: U 6 Partnachplatz, dann ca. 10 Min. Fußweg
Tel. 089 233-9 60 45
U-Bahn, Tram, Bus
MVG, Elsenheimerstraße 61
Anfahrt: U 4, 5 Westendstraße oder Bus 62 Elsenheimerstraße
Tel. 0800 3 44 22 66 00 (gebührenfrei, Mo. – Fr. 8 – 20 Uhr)
Die Verlustmeldung ist auch bei den Kundencentern möglich (►S. 364).
S-Bahn und DB-Regionalzüge
Hauptbahnhof, Haupthalle
bei der Schließfachaufsicht
Tel. *0900 1 99 05 99

ANREISE

Mit dem Kfz

Über die **Autobahn** A 8 gelangt man von Stuttgart, Ulm, Rosenheim und Salzburg nach München, über die A 9 von Berlin, Leipzig, Nürnberg und Ingolstadt. Die A 92 verbindet mit Deggendorf, dem Flughafen München und Landshut, die A 94 mit Passau und Mühldorf. Die A 95 führt von Garmisch nach München, die A 96 von Lindau und Memmingen. Zu Ferienbeginn und -ende sind um München herum, inkl. der Ostumfahrung A 99, viele Kilometer lange Staus die Regel. Der tägliche Berufsverkehr sorgt für Staus, ebenso an Wochenenden der Ausflugsverkehr: am Samstag etwa 8 – 11 Uhr nach Süden zu den Seen und in die Berge, am späten Sonntagnachmittag (ab etwa 16 Uhr) in umgekehrter Richtung. Mit Ausnahme der A 8 münden alle Autobahnen direkt auf den **Mittleren Ring**, den vier- bis sechsspurigen Straßenring um die Innenstadt. In die Innenstadt (der Mittlere

Ring zählt nicht dazu) dürfen Pkw, Wohnmobile und Busse nur mit einer grünen **Umweltplakette** einfahren, sonst riskiert man 80 € Bußgeld. Info unter www.umweltplakette.de.

Mit dem Fernbus

Der Zentrale Omnibusbahnhof (ZOB) ist Drehscheibe für viele Buslinien aus dem In- und Ausland. Er liegt westlich des Hauptbahnhofs und ist mit Tram und S-Bahnen erreichbar.

Mit der Bahn

Ziel aller Fernzüge ist der Hauptbahnhof. Regionalzüge aus dem süddeutschen Raum und Österreich halten oft auch am Ostbahnhof bzw. in Pasing. Von Hamburg, Düsseldorf und Berlin fahren Autozüge zum Ostbahnhof. Auskunft zu den Auto- und den Nachtzügen (City Night Line) gibt die DB. Die Fahrt von Hamburg oder Berlin nach München dauert etwa 6 Std., von Düsseldorf ca. 5 Std, von Zürich gut 4 Std., von Wien 4.30 Stunden.

Mit dem Flugzeug

Der ca. 40 km nordöstlich von München zwischen Freising und Erding gelegene Flughafen – der zweitgrößte Deutschlands – wird von vielen Städten im In- und Ausland angeflogen. Die S-Bahn-Fahrt ins Zentrum dauert 35–50 Min. und kostet 12,80 € (4 Zonen), ab 3 Personen lohnt sich eine Gruppen-Tageskarte (bis 5 Personen, 23,90 €).

Dokumente sichern

Kopien aller Dokumente und Listen wichtiger Daten – von Personalausweis über Kreditkarte und PINs bis zum Flugticket – bewahre man separat auf. Es ist sinnvoll, einen Satz Kopien bei einer Vertrauensperson zu Hause zu deponieren. Man kann die Dokumente auch scan-

BAHNUNTERNEHMEN

Deutsche Bahn
Reiseservice Tel. *0180 6 99 66 33
Automatische Fahrplanauskunft
Tel. 0800 1 50 70 90 (kostenlos)
www.bahn.de
www.bahnland-bayern.de

Schweizerische Bundesbahnen
Tel. (+41) *0900 300 300
www.sbb.ch

Österreichische Bundesbahnen
Tel. (+43) 05-1717 (Ortstarif)
www.oebb.at

BUSVERKEHR

Zentraler Omnibusbahnhof (ZOB)
Arnulfstraße 21, Tram 16, 17 und S-Bahn 1–8 (Hackerbrücke)
www.muenchen-zob.de
Keine telefonische Fahrplanauskunft

FLUGHAFEN MÜNCHEN (MUC)

Flugauskunft
Tel. 089 9 75-00
www.munich-airport.de
Servicecenter Parken 089 975-222
S-Bahn in die Innenstadt
S 1 und S 8, jeweils alle 20 Min. (abwechselnd alle 10 Min.)
S 1: 4.31 (Sa., So. 5.31) – 0.11 Uhr
S 8: tgl. 4.04 – 1.24 Uhr
Lufthansa Airport Bus
zum Hauptbahnhof Nordausgang Arnulfstraße, tgl. 6.30 – 22.30 Uhr, alle 15 Minuten, Fahrzeit 45 Min. bis über 1 Stunde

nen/fotografieren und die Daten verschlüsselt in der Cloud speichern, bei seinem Mailprovider oder bei Diensten wie Telekom Cloud, Dropbox, Google Drive und Microsoft Onedrive.

AUSKUNFT

IN MÜNCHEN
München Tourismus
Herzog-Wilhelm-Str. 15, 80331 München; Tel. 089 233-9 65 00
tourismus@muenchen.de
www.muenchen.de/tam
Kontakt nur per Telefon, Email und Post.

Touristeninformation
Neues Rathaus
Mo. – Fr. 9.30 – 19
Sa. 9 – 16, So./Feiertag 10 – 14 Uhr
Hauptbahnhof
Bahnhofsplatz 2
Mo. – Sa. 9 – 20
So./Feiertag 10 – 18 Uhr

Tourismus München Oberbayern
Balanstraße 57, 81541 München
Tel. 089 63 89 58 79
info@oberbayern.de
www.oberbayern.de

Infopoint Museen & Schlösser
Alter Hof 1, 80331 München
Mo.– Sa. 10 – 18 Uhr
Tel. 089 21 01 40 50
www.infopoint-museen-bayern.de
Informationen zur Geschichte Münchens und zu allen Museen Bayerns.

Deutscher Alpenverein
Service-Stelle am Hauptbahnhof:
Bayerstraße 21/V, 80335 München
Tel. 089 55 17 00-0,
www.davplus.de

INTERNET
muenchen.de
Das offizielle Portal der Stadt München lässt fast keine Frage unbeantwortet, von Sehenswürdigkeiten über Veranstaltungen und Shopping bis zur Online-Hotelbuchung. Mit interaktivem Stadtplan.

sueddeutsche.de/muenchen
abendzeitung-muenchen.de
tz.de/muenchen
Aktuelle Nachrichten aus München und Umgebung, mit Stadtführern und Tipps zum Ausgehen und Erleben.

br-online.de
Der Bayerische Rundfunk versorgt mit vielerlei aktuellen Informationen und Tipps zu Land und Leuten.

in-muenchen.de
»Der« Veranstaltungskalender, mit Infos zu neuen Filmen, Theater- und Konzerthäusern, Ausstellungen, Kneipen und Clubs etc. pp. Erscheint alle 14 Tage auch gedruckt.

ganz-muenchen.de | munichx.de
mux.de | prinz.de/muenchen
Was alles los ist: vom Nightlife über Flohmärkte bis zum Volksfest.

shops-muenchen.de
Münchens Einkaufsstraßen »von Geschäft zu Geschäft«.

radlhauptstadt.muenchen.de
Vielfältige, wertvolle Informationen u. a. zu Fahrradverleihen, Händlern, Reparaturwerkstätten, Verkehrsregelungen und Radtouren in der Stadt.

MIT BEHINDERUNG IN MÜNCHEN

München Tourismus (►Auskunft) gibt in Zusammenarbeit mit dem städtischen Behindertenbeirat die überaus inhaltsreiche Broschüre »Barrierefrei durch München« heraus, mit Informationen zu An- und Abreise, ÖPNV, Museen, Theater etc., behindertengerechten Toiletten und Hotels und sowie Stadtführungen (z. B. für Gehörlose). Download unter muenchen-tourismus-barrierefrei.de.

LESETIPPS

R. Bauer: Geschichte Münchens. München 2008. Die wechselvolle und konfliktreiche Historie der Haupstadt Bayerns, knapp und anschaulich geschildert vom Leiter des Münchner Stadtarchivs. Aufschlussreich auch seine Darstellung der Entwicklung seit 1945.
DUMONT Bildatlas München von M. Kohl und Th. Linkel, Ostfildern 2017. Liebevoll zusammengestellter Bild-Text-Band, der Kunst und Kultur ebenso portätiert wie Schwabing, die »grünen Oasen« und die Shoppingszene. Mit vielen Tipps zu Aktivitäten & Erlebnissen.
K. Festner, C. Raabe: Spaziergänge durch das München berühmter Frauen. Zürich/Hamburg 2002. Bekannte und weniger bekannte Frauen wie Julia Mann und Kathi Kobus, wie Therese von Bayen und Franziska zu Reventlow haben München mitgeprägt. Interessante, facettenreiche Geschichten aus der Geschichte der Stadt.
Lionel Feuchtwanger: Erfolg (1930). Berühmter Schlüsselroman über den anscheinend unaufhaltsamen Aufstieg der NSDAP und Adolf Hitlers. Feuchtwanger nimmt die politisch-menschliche Landschaft im München der 1920er-Jahre genau unter die Lupe.
K. Hollighaus, B. Reis: »Das verfluchte Nest!«. König Ludwig II. und München. München 2011. Gerüchte und Spekulationen um das Leben und Wesen des »Kini« leben fort. Eine Spurensuche in »seiner« Haupt- und Residenzstadt, die er von Herzen hasste.
J. Käppner u. a.: München – Die Geschichte der Stadt von Anfängen bis heute. München 2008. Einblicke in ungewöhnliche, geheimnisvolle und nicht alltägliche Seiten der Stadt und ihrer Geschichte.
D. Clay Large: Hitlers München. Aufstieg und Fall der Hauptstadt der Bewegung. München 2001. Der Historiker beschreibt vor allem das Umfeld, das den Aufstieg Hitlers ermöglicht hat.

Hier kann man sich seine bevorzugte Zeitung eingehend zu Gemüte führen.

C. Metzger, F. M. Frei: 99 × München, wie Sie es noch nicht kennen. München 2014. München und seine Geschichte sind voll von liebenswerten oder seltsamen, von berührenden und unerwarteten Dingen – lassen Sie sich ver-führen.

R. Moshammer: Mein geliebtes München. München 2002. Ein besonderer Stadtspaziergang, reich an Geschichte und Geschichten, an nostalgischen Rückblicken, geschrieben mit Herz und Stil.

H. Rosendorfer: Briefe in die chinesische Vergangenheit. München 1983. Einen chinesischen Mandarin aus der Zeit um 1000 versetzt eine Zeitmaschine nach »Min-chen«, einer Stadt in »Ba Yan«, wo ihm viel Komisches und Absonderliches begegnet. Ein Lesespaß!

B. Setzwein: München. Spaziergänge durch die Geschichte einer Stadt. Stuttgart 2001. Der Münchner Autor zitiert auf seinen Spaziergängen durch die Bayernmetropole Größen wie Oskar Maria Graf und Lion Feuchtwanger.

W. Till, T. Weidner: Typisch München! München 2008. Das »Stadtmuseum zum Mitnehmen« – eine große Revue der Münchner Kulturgeschichte als Versuch, das »Typische« der Stadt zu bestimmen.

Kir Royal: 3 DVDs, 1 Audio-CD, Sony Music Entertainment. Gesellschaftsreporter Baby Schimmerlos (Franz Xaver Kroetz) liefert, unterstützt von Dieter Hildebrand als Fotograf Herbie, den neuesten Klatsch und Tratsch aus der Münchner Bussi-Gesellschaft. Eine bissige, tragisch-komische Satire über Medien, Macht und Moral.

Monaco Franze: 3 DVDs, EuroVideo. In der erfolgreichen TV-Serie erlebt der »ewige Stenz« Franz Münchinger – umwerfend gespielt von Helmut Fischer – seine Großstadtabenteuer unter dem Motto »A bisserl was geht immer!«. Die werden von seiner Ehefrau »Spatzl« (Ruth Maria Kubitscheck) allerdings selten goutiert. Liebevoll und ironisch in Szene gesetzt.

MEDIEN

Zeitungen

Münchens große Tageszeitung – die größte überregionale Tageszeitung Deutschlands – ist die »Süddeutsche Zeitung«. Sie erschien unmittelbar nach dem Zweiten Weltkrieg zum ersten Mal; ihre Vorgängerin waren die 1848 gegründeten »Münchner Neuesten Nachrichten«. Insgesamt linksliberal, vertritt sie wirtschaftspolitisch jedoch Positionen des Neoliberalismus; für die städtische und die überregionale Kulturszene ist sie »die« Infoquelle. Donnerstags erscheint sie mit dem SZ-Extra, der Kultur-Vorschau für die folgende Woche. Der Schwerpunkt des konservativen »Münchner Merkurs« liegt in der regionalen Berichterstattung; er löste 1948 die »Münchner Zeitung« ab. Gleich mit drei Boulevardzeitungen kann die Bayernmetropole aufwarten: die »Abendzeitung« (relativ substanzreich und liberal), die »tz« (konservativ) und die Münchner Ausgabe der »Bild-Zeitung«.

Rundfunk

Der öffentlich-rechtliche Bayerische Rundfunk strahlt fünf Programme aus. BR 1 bringt Hits der 1970er- und 1980er-Jahre; BR 2 ist der Feuilleton-Kanal mit interessanten Beiträgen zu den unterschiedlichsten Themen; BR 3 spielt aktuelle Schlager; BR Klassik (früher BR 4) sendet klassische bzw. E-Musik (und auch ein wenig Jazz); BR 5 aktuell firmiert als Info-Kanal mit Nachrichten alle 15 Min., dazwischen gibt's Hintergrundberichte.

Stadtmagazine

Alle 14 Tage erscheint das kostenlose Magazin »in münchen« mit Info über einfach alles (liegt in Hotels, Gaststätten, Kinos, Läden, Bibliotheken etc. aus), monatlich die Gazette »Applaus« (3,95 €) für die »hohe« Kultur. Gedruckt und online liegt das monatliche »Offizielle Monatsprogramm« vor. Für weitere Online-Magazine ►Auskunft.

PREISE UND VERGÜNSTIGUNGEN

Essen und Übernachten Unter dem Strich ist der Aufenthalt in München nicht teurer als in einer anderen deutschen Großstadt. Preiswerte Nächtigungsmöglichkeiten stehen in großer Zahl zur Verfügung. Immer sinnvoll ist eine frühzeitige Planung und Buchung; oft gewähren Hotels Rabatt bei direkter Onlinebuchung, fragen Sie auch nach besonderen Angeboten (►S. 347). Beachten: Zum Oktoberfest und den großen Messen langt die Hotellerie kräftig zu, allerdings sind die Aufschläge sehr unterschiedlich (10 bis über 200 %). Überraschend moderat sind die Preise in den bayerischen Gaststätten – mit Ausnahme der Innenstadt; außerhalb des Altstadtrings berappt man schon deutlich weniger. Zum Vergleich die Preise für einen Schweinsbraten und eine Halbe Helles: innen um die 15 €/5 €, außen 10–12 €/unter 4 €.

Museen Sonntag ist in München Museumstag: Die meisten Einrichtungen, auch die Pinakotheken, sind dann für 1 € zugänglich. Was natürlich für Gedränge sorgt, v. a. nachmittags. Weiteres ► S. 333.

City TourCard Dieses »Erlebnisticket« umfasst die Benützung aller öffentlichen Verkehrsmittel sowie Ermäßigungen in einigen Museen und bei zahlreichen anderen Attraktionen. Es gibt sie für einen Tag, 3 Tage oder 4 Tage, als Single- oder Gruppenkarte (bis 5 Personen), für den Innenraum oder das Gesamtnetz. Zur Karte erhält man eine Broschüre mit den Angeboten der Rabatt-Partner. Ein Single-Tagesticket Innenraum kostet 11,90 €, ein Gruppenticket 19,90 €; drei Tage kosten 21,90 bzw. 32,90 €. Zu bekommen beim Tourismusbüro (►Auskunft), den MVG-Kundencentern und vielen anderen Stellen, Info unter www.citytourcard-muenchen.com.

VERKEHR

Parken Dichter Verkehr und Parkplatzmangel können den Münchenbesuch mit dem fahrbaren Untersatz stressig machen. Das Zentrum innerhalb des Altstadtrings ist grundsätzlich zu meiden, auch wenn es hier einige Parkplätze und Parkhäuser gibt. Die Altstadt und große Teile des Gebiets innerhalb des Mittleren Rings unterliegen der Parkraumbewirtschaftung, d. h. außer Parkhäusern gibt es eine begrenzte Anzahl allgemein benützbarer Parkplätze (Mo.–Sa. 8–23 Uhr gebührenpflichtig, 15 Min.–2 Std.). Während der Geschäftszeiten und großer Veranstaltungen sind auch die Parkhäuser meist ausgelastet.

Park + Ride

An 37 S- und U-Bahnstationen außerhalb des Mittleren Rings sind über 11 000 **Park + Ride-Parkplätze** vorhanden. Beachten: Sie stehen nur den ÖPNV-Fahrgästen zur Verfügung (ggf. nachzuweisen). Maximalparkdauer ist meist 24 Std. für 1–1,50 €. Länger als 24 Stunden darf man nur in den Anlagen Messestadt Ost und Fröttmaning parken (1. Tag 1 €, jeder weitere Tag 3 €). Unter www.parkundride.de findet man eine Übersicht über alle Standorte mit näheren Infos, auch zur voraussichtlichen Belegung. Die Vorteile: Sie gelangen meist deutlich schneller in die Innenstadt, Sie sparen sich die Parkplatzsuche und die Parkgebühren.

S-Bahn, U-Bahn, Tram & Bus

Der Münchner Verkehrs- und Tarifverbund MVV sorgt mit S- und U-Bahn, Trambahnen und Bussen dafür, dass man fast jeden Ort in kurzer Zeit erreicht. Die Tram fährt seit 1876 durch München, und Sightseeing per Tram ist Kult, mit normalen Linien oder der alten MünchenTram (▶Stadtführungen). Dank den diversen Netzplänen (U-/S-Bahnlinien ▶Umschlag hinten innen) und einem übergreifenden Tarifsystem ist der MVV einigermaßen einfach zu benützen. Übrigens gelten Eintrittskarten für Theater, Oper und Konzert oft auch als MVV-Fahrkarte, v. a. die von MünchenTicket.
Die Region München ist in vier **Zonen** unterteilt, diese wiederum in **Ringe**. Der Fahrpreis richtet sich nach der Zahl der berührten Zonen, wobei das Stadtgebiet – also alles, was der München-Besucher in der Stadt erreichen will – in der Zone **Innenraum** liegt. Fahrkarten, außer Einzelkarten aus Automaten, müssen vor der Fahrt abgestempelt werden. Es gibt Einzel-, Mehrfahrten- (Streifen-) und Tageskarten, die an vielen Haltestellen sowie in Tram und Bus an Automaten zu erwerben sind. Für eine normale Fahrt (mehr als 4 Haltestellen) lösen Erwachsene eine Einzelkarte oder stempeln 2 Streifen auf der Streifenkarte. Für mehr als 4 Fahrten am Tag ist eine Tageskarte billiger. Normale Karten gelten für beliebig lange Fahrten innerhalb einer Zone; etwa halb so viel kostet die **Kurzstrecke**, d. h. eine Fahrt bis zur 4. Haltestelle, wovon maximal 2 mit S- oder U-Bahn bzw. Express-Bus angefahren werden dürfen. **Kinder** bis 6 Jahre in Begleitung Älterer fahren gratis, Kinder von 6 bis 14 Jahren bezahlen im ganzen Netz nur für eine Kurzstrecke. Jugendliche von 15 bis 20 Jahren bezahlen je Zone für eine Kurzstrecke.

Besondere Fahrkarten

Für den Besucher sind außer den praktischen Streifenkarten die **Tageskarten** interessant: Mit der Single-Tageskarte kann man bis 6 Uhr des Folgetags beliebig oft mit allen Verkehrsmitteln im gewählten Geltungsbereich fahren (Innenraum 6,60 €). Die Gruppen-Tageskar-

STADTVERKEHR

Münchner Verkehrs- und Tarifverbund MVV
Info-Tel. 089 41 42 43 44
www.mvv-muenchen.de
www.mvg.de

Kundencenter
Hauptbahnhof, Zwischengeschoss in der S-/U-Bahn-Station
Marienplatz, Zwischengeschoss in der S-/U-Bahn-Station
Ostbahnhof, im DB-Reisezentrum

FAHRRAD:
INFO & VERLEIH
radlhauptstadt.muenchen.de

ADFC München
Platenstr. 4, 80336 München
Tel. 089 77 34 29
www.adfc-muenchen.de

MVG Rad
Der Verleih der Münchner Verkehrsgesellschaft funktioniert über die App »MVG more«. 125 feste Stationen, v. a. an den Nahverkehrs-Haltestellen.

Radius Tours
Im Hauptbahnhof gegenüber dem Gleis 32
Tel. 089 54 34 87 77 20
www.radiustours.com

Doctor Bike
Leonrodstr. 4 (Neuhausen, Tel. 089 13 93 71 01), Innere Wiener Str. 42 (Haidhausen, Tel. 089 48 05 87 32), Marschallstr. 1 (Schwabing, Tel. 089 27 181 43)
www.doctorbike.de

Cycleclinic
Heßstraße 54 (Maxvorstadt)
Tel. 089 85 63 14 82
www.cycleclinic.de

Pedalhelden
Marsstr. 11 (nördlich des Hbf)
Tel.089 24 21 68 80
www.pedalhelden.de

MIETWAGEN

Avis
Tel. *0180 6 21 77 02, avis.de

Europcar
Tel. 040 520 18 80 00, europcar.de

Hertz
Tel. *0180 6 33 35 35, hertz.de

Sixt
Tel. *0180 6 25 25 25, sixt.de

TAXIZENTRALEN

Taxi München eG
Tel. 089 2 16 10

IsarFunk
Tel. 089 45 05 40

te gilt für bis zu fünf Erwachsene (Innenraum 12,60 €), wobei zwei Kinder als ein Erwachsener gelten. Noch preisgünstiger sind die **3-Tage-Single-** (16,50 €) und **-Gruppenkarten** (29,10 €) für den Innenraum. 3-Tage-Karten gelten bis 6 Uhr am vierten Tag.

Mitnahme von Fahrrädern Fahrräder können nur in S- und U-Bahnen mitgenommen werden: Sa., So., Fei. ganztags; keine Beförderung Mo. – Fr. 6 – 9 und 16 – 18 Uhr, in den Schulferien Mo. – Fr. 6 – 9 Uhr. Für das Rad ist eine eigene Tageskarte nötig (3 €, gilt für das Gesamtnetz).

Nachtlinien Der MVV unterhält im Stadtgebiet eine Reihe von Nachtlinien. So kann man zum Beispiel Silvester, Fasching etc. feiern und spätnachts bzw. frühmorgens gemütlich nach Hause fahren. In den Nächten vor Sa., So. und Feiertagen fahren diese Linien alle halbe Stunde.

Museumslinie

An der Buslinie 100 zwischen Hauptbahnhof Nord und Ostbahnhof liegen nicht weniger als 23 Museen, insbesondere die Häuser am Königsplatz, die Pinakotheken, das Haus der Kunst und die Villa Stuck. Sehr praktisch ist der kleine Plan, den der MVV dazu herausgibt.

MVV-App

Die MVV-App (kostenlos im Google Play Store, im Apple App Store und im Microsoft Phone Store) ist die Fahrplanauskunft und der Fahrkartenautomat fürs Smartphone. Sie bestimmt Ihren Standort und berechnet dann den besten Weg und die beste Verbindung zum gewünschten Ziel. Bestimmte Fahrkarten lassen sich nach Registrierung als MVV-HandyTicket erwerben.

Fahrrad fahren

München tut einiges dafür, um seinem Anspruch als »Radlhauptstadt« gerecht zu werden. In der Tat ist das Fahrrad ideal, um die Stadt und ihre Umgebung kennenzulernen. Entlang der Hauptstraßen verlaufen separate Radwege (das Wegenetz soll ca. 1200 km umfassen), Steigungen gibt es nur sehr wenige & kurze. Allerdings ist das Radfahren eher etwas für Versierte. Die Disziplin der Radelkollegen lässt oft zu wünschen übrig: Man fährt zu schnell, missachtet andere Verkehrsteilnehmer, Ampeln und Vorfahrtsregelungen, fährt auf der falschen Straßenseite (d. h. entgegen der Fahrtrichtung), fährt nachts ohne Licht etc. Hinzu kommt die mangelhafte Rücksichtnahme der Autofahrer, insbesondere an Kreuzungen und hinsichtlich Parken auf Radwegen. Also: äußerst defensiv und umsichtig fahren und den Helm benützen! Und an Kfz-Lenker die dringende Bitte, auf Radfahrer zu achten, besonders beim Abbiegen (sie können von links und rechts kommen!). Informationen unter www.radlhauptstadt.de, dort findet man auch einen Routenplaner und eine Liste der Fahrradverleiher. Den »Radlstadtplan« gibt es unter maps.muenchen.de/rgu/radlstadtplan und gedruckt (kostenlos) u. a. beim ADFC München.

REGISTER

I

J

K

L

M

N

O

T

BILDNACHWEIS

Dr. Bernhard Abend 52, 355
akg-images 265, 271, 283, 297, 298, 300
akg-images/De Agostini Picture Library/Dagli Orti 268
Allianz Arena/Ducke 47
Baedeker-Archiv 113
Bavaria Filmstadt 57
Bayerische Staatsgemäldesammlungen, Staatsgalerie im Neuen Schloss Schleißheim 267
Bayerische Schlösserverwaltung (www.schloesser.bayern.de), Sonderrechte 2, 3, 37, 61, 74, 82 oben, 103, 109, 119, 120, 168, 183, 189, 206 oben, 206 unten, 210, 223, 224, 243, 280
Bayerisches Nationalmuseum München/Krack 59
BMW 25
Deutsches Museum 79
DuMont Bildarchiv/Linkel 13 oben, 14/15, 17 oben, 17 unten, 20, 26/27, 29 unten, 45, 64, 84, 98, 120, 129, 168, 200, 231 unten, 236, 239, 325
DuMontBildarchiv/Campo 4, 110, 175, 193, 199, 317 Mitte, 336, 341 unten, 343, 360
Fotolia/kab-vision 317 oben
Franz Marc Frei 3, 10/11, 13 unten, 61, 82 oben, 98 oben, 105, 107, 119, 122, 134, 144 oben, 153, 170, 183, 189, 218, 220, 224, 252, 255, 289, 303, 305, 316 oben, 327, 331
Getty Images 22/23
glowimages 5, 116, 165, 231 oben, 316 Mitte, 316 unten, 317 unten, 341 oben
C. A. Hellhake_www.bilderlesung.de 319
huber-images 29 oben, 37, 74, 132, 161 oben, 161 unten, 245, 280, 328
huber-images/Schmid 2, 115, 185, 206 unten
laif 31, 124/125, 197
laif/Beaufre 283
laif/Kerber 333
laif/Madej 166
laif/Modrow 163
Look 9 (Restaurant Ella im Lenbachhaus), 18/19, 56, 95
Look/Firmhofer 82, 257
Mandarin Oriental München 350
mauritius images 21, 68, 71, 86, 100, 154, 156 oben, 204, 286
mauritius images/Cash 307
mauritius images/Hinrichs/Alamy 352
mauritius images/imageBROKER/Bail 66, 109, 206 oben
mauritius images/imageBROKER/Goerlich 102
mauritius images/ib/Lippert 206 unten rechts
mauritius images/Widmann 148, 229
Stadt München 258
Neumann/Gondola Barocca 223
Neuwirth/SZ Photo 273
NS-Dokumentationszentrum München 137
picture alliance 177, 290, 295, 308
picture alliance/KPA 292
picture alliance/SZ Photo 178
Staatliche Gemäldesammlung/Artothek 144 unten links
Staatliches Museum Ägyptischer Kunst/Franke 141
Tierpark Hellabrunn/Müller 249
Hanna Wagner 173, 235, 251, 274
Widmann 210

Titelbild: Kathy Ziegler/Getty Images

VERZEICHNIS DER KARTEN UND GRAFIKEN

ATMOSFAIR

Reisen verbindet Menschen und Kulturen. Doch wer reist, erzeugt auch CO_2. Der Flugverkehr trägt mit bis zu 10 % zur globalen Erwärmung bei. Wer das Klima schützen will, sollte sich nach Möglichkeit für die schonendere Reiseform entscheiden (wie die Bahn). Gibt es keine Alternative zum Fliegen, kann man mit atmosfair klimafördernde Projekte unterstützen.
atmosfair ist eine gemeinnützige Klimaschutzorganisation unter der Schirmherrschaft von Klaus Töpfer. Flugpassagiere spenden einen kilometerabhängigen Betrag und finanzieren damit Projekte in Entwicklungsländern, die den Ausstoß von Klimagasen verringern helfen. Dazu berechnet man mit dem Emissionsrechner auf **www.atmosfair.de**, wieviel CO_2 der Flug produziert und was es kostet, eine vergleichbare Menge Klimagase einzusparen (z. B. Frankfurt – Marseille – Frankfurt 13 €). atmosfair garantiert die sorgfältige Verwendung Ihres Beitrags. Alle Informationen dazu auf www.atmosfair.de. Auch der Karl Baedeker Verlag fliegt mit atmosfair.

BAEDEKER VERLAGSPROGRAMM

Viele Baedeker-Titel sind als E-Book erhältlich:
shop.baedeker.com

A
Algarve
Allgäu
Amsterdam
Andalusien
Australien
Australien · Osten

B
Bali
Barcelona
Bayerischer Wald
Belgien
Berlin · Potsdam
Bodensee
Brasilien
Bretagne
Brüssel
Budapest
Burgund

C
China

D
Dänemark
Deutsche Nordseeküste
Deutschland
Deutschland · Osten
Dresden
Dubai · VAE

E
Elba
Elsass · Vogesen

F
Finnland
Florenz
Florida
Franken
Frankfurt am Main
Frankreich
Frankreich · Norden
Fuerteventura

G
Gardasee
Golf von Neapel
Gomera
Gran Canaria
Griechenland
Großbritannien

H
Hamburg
Harz
Hongkong · Macao

I
Indien
Irland
Island
Israel
Istanbul
Istrien · Kvarner Bucht
Italien
Italien · Norden
Italienische Adria
Italienische Riviera

J
Japan
Jordanien

K
Kalifornien
Kanada · Osten
Kanada · Westen
Kanalinseln
Kapstadt · Garden Route
Kenia

Köln
Kopenhagen
Korfu · Ionische Inseln
Korsika
Kos
Kreta
Kroatische Adriaküste · Dalmatien
Kuba

L
La Palma
Lanzarote
Leipzig · Halle
Lissabon
London

M
Madeira
Madrid
Maldavien
Mallorca
Malta · Gozo · Comino
Morrokko
Mecklenburg-Vorpommern
Menorca
Mexiko
Moskau
München

N
Namibia
Neuseeland
New York
Niederlande
Norwegen

O
Oberbayern
Oberitalienische Seen · Lombardei · Mailand
Österreich

P
Paris
Polen
Polnische Ostseeküste · Danzing · Masuren
Portugal
Prag
Provence · Côte d'Azur

R
Rhodos
Rom
Rügen · Hiddensee
Rumänien

S
Sachsen
Salzburger Land
Sankt Petersburg
Sardinien
Schottland
Schwarzwald

Schweden
Schweiz
Sizilien
Skandinavien
Slowenien
Spanien
Spanien · Norden · Jakobsweg
Sri Lanka
Stuttgart
Südafrika
Südengland
Südschweden · Stockholm
Südtirol
Sylt

T
Teneriffa
Tessin
Thailand
Thüringen
Toskana
Tschechien
Türkische Mittelmeerküste

U
USA
USA · Nordosten
USA · Nordwesten
USA · Südwesten
Usedom

V
Venedig
Vietnam

W
Weimar
Wien

Z
Zürich
Zypern

IMPRESSUM

Ausstattung:
148 Abbildungen, 26 Karten und Grafiken, ein großer Cityplan

Text:
Dr. Bernhard Abend, mit Beiträgen von Margit Kohl, **Helmut Linde** und Daniela Wilhelm-Bernstein

Bearbeitung:
Dr. Bernhard Abend

Kartografie:
Franz Huber, München;
MAIRDUMONT Ostfildern (Cityplan)

3D-Illustrationen:
jangled nerves, Stuttgart

Infografiken:
Golden Section Graphics GmbH, Berlin

Gestalterisches Konzept:
RUPA GbR, München

Chefredaktion:
Rainer Eisenschmid,
Baedeker Ostfildern

17. Auflage 2018
Völlig überarbeitet und neu gestaltet

Die Erfahrung zeigt, dass trotz aller Sorgfalt von Redaktion und Autoren Fehler und Änderungen nach Drucklegung nicht ausgeschlossen werden können. Dafür kann der Verlag keine Haftung übernehmen.
Kritik, Berichtigungen und Verbesserungsvorschläge sind jederzeit willkommen. Schreiben Sie uns, mailen Sie oder rufen Sie an:

Verlag Karl Baedeker / Redaktion
Postfach 3162
D-73751 Ostfildern
Tel. 0711 4502-262
info@baedeker.com
www.baedeker.com

Printed in Italy

MIX
Papier aus verantwortungsvollen Quellen
FSC® C015529
www.fsc.org

Meine persönlichen Notizen

Meine persönlichen Notizen

Meine persönlichen Notizen

Meine persönlichen Notizen

Meine persönlichen Notizen

Meine persönlichen Notizen

Meine persönlichen Notizen

S-Bahn, U-Bahn und Regionalzug im MVV

Suburban train, underground and regional train in the MVV

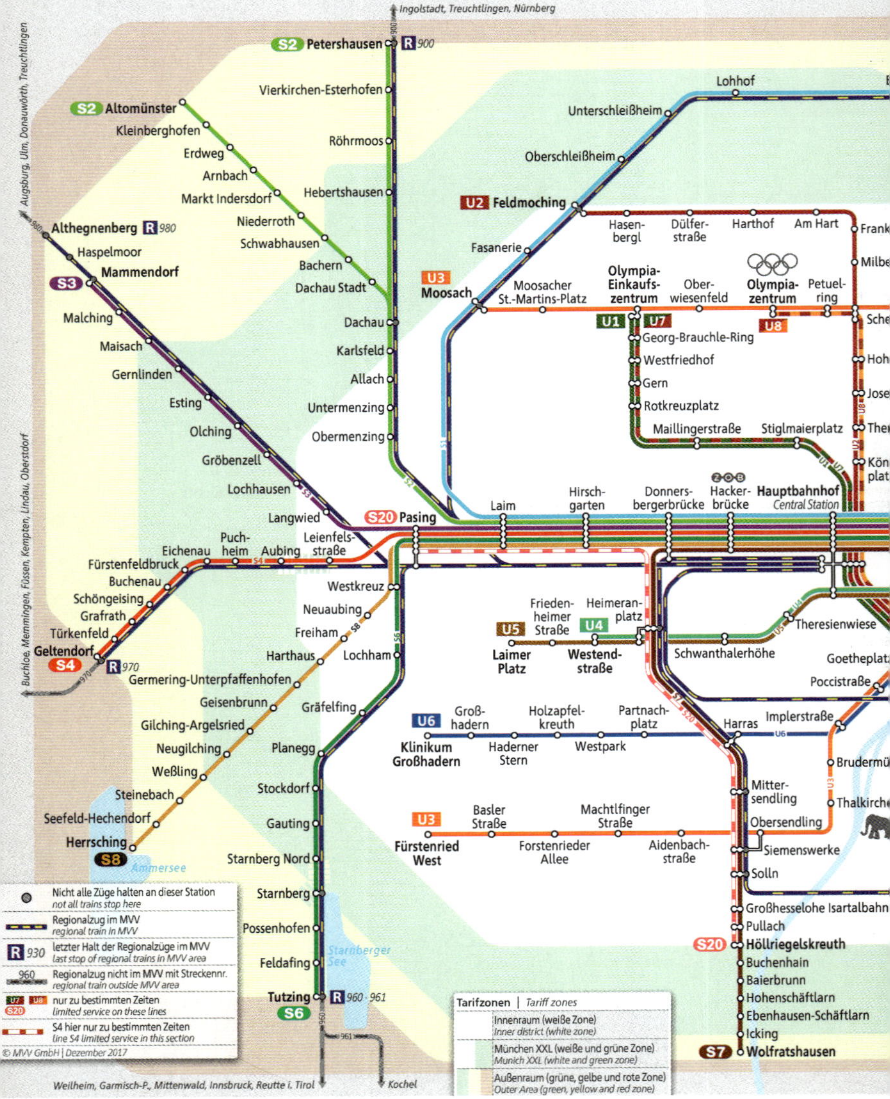